GIM
심상음악치료
사례연구

심층심리치료

GIM 심상음악치료

사례연구

Kenneth E. Bruscia 편저

김경혜·정은주 옮김

圖書出版 하나醫學社

CASE EXAMPLES OF GUIDED IMAGERY AND MUSIC
Compiled by Kenneth E. Bruscia

차 례

1부 GIM과 바니메소드의 범주

2부 사례 연구

역자 서문

GIM심상음악치료(Guided Imagery and Music)는 1970년대 초에 미국에서 Helen Bonny가 창시하였으며 정신역동, 인본주의, 그리고 초월심리학의 이론에 근거한 심층적인 심리치료 기법이다.

국내에서 GIM은 아직 많이 알려지지 않은 새로운 기법의 심리치료 메소드이며, 이에 대한 전문서적이 거의 없는 현 시점에서 사례중심의 책으로 먼저 번역하게 되었다. 이는 GIM을 이해하는 가장 효과적인 방법이 사례연구를 통한 간접체험이며, 각 사례에서 보여주는 다양한 대상에 대한 치료과정이 국내의 GIM치료사에게도 실질적인도움이 될 수 있기 때문이다.

이 책의 제목은 'GIM한국심상음악치료협회'에서 GIM에 대한 공식적인 명칭으로 의결한 'GIM심상음악치료'를 사용하였으며 편의상 본문에서는 GIM으로 표기하였다

이 책은 1부와 2부로 구성되어 있다. 1부는 Bonny가 창안한 바니메소드GIM이 하나의 메소드로서 완벽한 체계를 갖춘 치료방식임을 설명하고, 원래의 바니메소드GIM과 보다 포괄적 개념의 GIM과 GIM에 속하지 않는 방식들을 구분한다. 2부는 여러 치료사에 의해 시행된 다양한 대상의 사례연구가 소개된다. 특히 GIM역사에 기록될만한 중요한 사례들이 포함되어 있어 흥미롭다. GIM창시자인 Helen Bonny가 시행한 사례(사례1,사례2)에서는 클라이언

트가 그린 만다라 해석에 미술치료사 Joan Kellogg가 참여하는 통합적 치료방식의 프로젝트가 진행되는 현장도 만나볼 수 있다. 또한 Bonny가 GIM을 창안하는 과정에 함께 참여했던 Lisa summer의 사례(사례15, 사례16)에서는 바니의 GIM에서 변형된 방식인 그룹 GIM과 MI(음악과 심상)가 처음으로 시도되는 현장이 소개되는데 원래의 GIM을 변형해서 진행해야 했던 그때의 상황과 그 과정이 소개되어 있다. 언어적 상담으로 진행되는 심리치료와는 달리 인간 내면의 표상인 심상이 치료과정의 중심이 되는 GIM심리치료의 특성으로, 기존의 심리치료 방식으로는 접근하기 어려운 심리문제를 다루고 치료해가는 사례들도 많이 볼 수 있다. 특히, 심리적 문제가 원인이 되어 신체적 증상으로 나타나는 경우, 현대의학으로도 근본적인 해결이 되지못하고 원인도 찾지 못한 채 수년간 고통에 시달리다가 만성통증에 갇혀 삶의 질이 현저히 나빠질 수밖에 없는데, Groke의 치료사례(사례7)에서 볼 수 있듯이 이러한 신체화 장애를 해결할 수 있는 효과적인 심리치료 메소드로서의 GIM의 역할도 기대된다.

이 책의 사례들에서 뿐만 아니라 많은 심리치료 임상현장에서 입증되어 온 진실은 거의 모든 심리문제의 원인은 감정이며 모든 감정은 무의식의 반응이라는 사실이다. 그러므로, 심리문제를 근본적으로 해결하기 위해서는 우선적으로 무의식의 변화가 이루어져야 한다. 우리는 누구나 진정한 변화를 원한다면 자신의 깊은 내면의 소리에 귀 기울이고 내면의 깊은 곳에 숨어있는 또 다른 나를 만나 거기서 다시 시작해야한다. GIM은 일상의 의식 상태에서 이루어지는 기존의 전통적인 심리치료와는 달리 내면의 무의식과 만날 수 있는 확장된 의식 상태에서 이루어지므로 무의식의 기억에 묻혀져 있는 뿌리 깊은 심리문제의 근원을 파악해서 심리문제의 진실을 명확하게 이해하고 해결해가는 것이 비교적 용이하다. 확장된 의식 상태에서의 내면탐색과 일상의 의식 상태에서의 언어적 상담이 연결되는 네 개의 단계(프리세션, 이완과 인덕션, 음악-심상가이딩, 포스트세션)로 구성되는 GIM세션에서는 인간 내면의식의 다양한 차원과의 접촉이 가능하므로, 자신의 내면의 소리와 만나고 자신을 괴롭히는 고통의 근원을 확인하고 근본적인 치유를 시작할 수 있게 된다.

우리의 정신건강이 갈수록 위협받게 되는 상황으로 가는 현 사회의 흐름의 방향을 바꾸기는 어려운 현실에서 현대인의 정신건강 문제는 점점 더 심각한 양상으로 전개되어 갈 것이라는 안타까운 미래가 예상된다. GIM이 사회 흐름의 방향을 바꿀 수는 없지만, 한 개인의 삶의 방향을 바꿀 수는 있을 것이다. 심리적 고통을 안고 힘겨운 발걸음으로 이런 저런 심리치료 방법을 찾아다니는 많은 분들이 GIM을 만나 새로운 삶을 시작하게 되고, 나아가 GIM이 심리치료의 한 흐름을 이끌어가는 치료메소드로 뿌리내려가기를 기대하면서, 이 책이 그 과정에서 작지만 의미 있는 역할을 할 수 있기를 소망한다.

이 책을 번역하면서, 또한 GIM치료사로서 클라이언트들을 만나면서 갖게 된 큰 깨달음이 있다. 클라이언트와의 만남에서 그 사람이 가진 심리적 문제를 만나기 전에 그 사람 자체를 먼저 만나고 온전히 받아들일 수 있어야 한다는 것. 그런 후에야 비로소 치료가 시작될 수 있다는 것. 이 깨달음을 상기시켜주는 Bruscia의 치료 후기(사례3)를 전하면서 역자 서문을 마무리하고자 한다.

> 매트가 그렇게 많은 폭풍우 같은 참혹함 속에서 살아남다니,
> **인간의 정신**이란 얼마나 대단한 것인가!
> 매트의 깊은 상처를 치유하고 그의 삶을 소생시킨,
> **심상**이란 얼마나 강력한 것인가!
> 너무나 자연스럽게 우리의 가장 깊고도 가장 친밀한 곳을 넘나들면서,
> 우리 존재의 세포 하나하나에 공명하고 위로하고 이해하는,
> **음악**이란 얼마나 놀라운 삶의 선물인가!
> 매트와 같은 사람이 자신의 삶의 길을 갈 수 있도록 이끄는 것은
> 우리의 지식이나 행동이 아니라, 어떤 상황에 처해있는 사람이건
> 우리가 받아들이고 사랑하는 것에 있음을 깨달으려면,
> **치료사**는 얼마나 인간적이 되어야 하는가!

김경혜 • 정은주

서문

Kenneth E. Bruscia

임상사례는 다양한 치료 형태가 어떻게 이루어지고 있는지, 또한 클라이언트가 그 치료에 어떻게 반응하는지를 매우 잘 보여준다. 이 책은 다양한 클라이언트에게 사용되는 특수한 음악치료 기법인 GIM심상음악치료(Guided Imagery and Music, 이하 GIM)를 여러 방식으로 설명한다. 이 책의 주요 목적은 음악치료 전공학생과 전문가들에게 다양한 임상사례를 소개함으로써, 주의 깊게 분석하고 비교하여 GIM이 치료적 목적을 위해 가장 효과적으로 사용되는 방법에 대해 깊이 이해할 수 있게 하려는 것이다. 서문에서는 각각 다른 차원에서 다양한 관점으로 사례를 비교하고 분석하는 데 도움이 되는 자료를 제공하려고 한다.

구체적으로, 서문에서는 임상사례를 읽으면서 갖게 되는 다양한 관점에 대한 견해를 제시한다. 이는 임상사례를 읽고 해석하는 다양한 방식이 있다는 것과 여러 관점을 고려할수록 보다 풍부한 통찰력을 가질 수 있게 된다는 것을 전제로 한다.

사례를 읽는 가장 유익한 방법은 어떤 특정한 관점에서 그 사례를 읽고, 그 관점에서 그 사례를 보는 것이다. 특별한 시각이나 관점을 택하여 그 사례를 탐구하고, 그 결과 발생되는 의문을 갖는 것이 중요하다. 읽기 관점 중 가장 도움이 되는 세 가지는 과학적 · 개인적 · 임상적 관점으로서, 각각 깊이 생각해볼 매우 다른 의문점을 제기한다.

과학적 관점에서 읽기

과학자들은 사례를 읽을 때 대개 두 가지 기본적인 질문에 대한 해답을 찾는다. 첫째, '이 사례는 믿을만한가?'이다. 다시 말해, '저자의 인식과 해석이 얼마나 정확한가, 또 제시된 결과와 결론이 얼마나 신뢰할만한가'이다. 물론 이것은 과학자만이 제기하는 질문은 아니다. 누구나 그 사례가 얼마나 신뢰할만한 것인지에 의문을 갖는 법이다. 특히 그 사례연구의 대상과 동일한 문제나 사정으로 치료받아본 적이 있거나 동일한 치료법을 사용하고 있는 경우라면, 그 사례의 신뢰성은 중대한 관심사가 된다.

이어지는 두 번째 과학적 질문은, '이 사례에서 얻은 정보가 다른 사례에도 적용될 수 있는가?'이다. 좀 더 엄밀히 말하면, '이 사례의 결과를 비슷하거나 대등한 사례에 일반화시킬 수 있는가'이다. 여기서도 역시, 비슷한 대상이나 치료방법에 경험이 있는 치료사들은 과학자처럼 이 질문에 관심을 갖는다. 그들은 그 사례에 예시된 기법이나 원리들을 자신의 치료에서 클라이언트에게 적용할 수 있는지에 관심을 둔다. 또한 그 사례가 클라이언트의 치료를 향상시킬 수 있는 신뢰할만한 아이디어를 주는지를 질문한다.

과학자들은 또한 사례연구에서 매우 중요한 정보를 수집할 수 있다. 사례에는 치료과정이 자세히 서술되어 있기 때문에 대개 무엇이 과학적으로 연구되어야 하는지에 대한 무수한 아이디어를 제공한다. 임상사례는 무엇이 특정 클라이언트에게 효과가 있었고 무엇이 효과가 없었는지를 설명함으로써 연구자에게 후속연구가 예상되는 임상 프로토콜과 치료결과를 보여주거나 실험할만한 특정 가설을 제시한다. 또한 임상사례는 실제로 진행되기 때문에 실험실 연구처럼 변수들을 통제할 수 없다. 그러므로 임상사례는 연구 진행시 가장 관련이 있을만한 독립변수와 종속변수는 물론, 통제가 필요한 가외변수 등 어떤 특정변수를 고려해야 할지에 대해 매우 중요한 정보를 준다.

개인적 관점에서 읽기

임상사례를 읽으면 자연적으로 그 사례에 나오는 사람을 자신과 동일시하거나 또는 다른 사람과 동일시하게 된다. 그 사례의 대상이 클라이언트, 치료사, 다른 클라이언트, 사랑하는 사람 등이 될 수 있다. 사례에 나오는 사람과 동일시하게 되면, 각 인물이 경험하고 있는 것을 체험적으로 이해할 수 있게 되고, 그 인물이 어떻게 반응했는가를 본인이라면 어떻게 반응할까와 비교해 볼 기회를 얻게 된다. 예를 들면 다음과 같다.

1) GIM클라이언트와 동일시: 클라이언트는 치료사, 음악, 심상에 대해 어떻게 생각하고 느껴야 하는가? 내가 클라이언트라면 똑같이 생각하고 느낄까? 이 클라이언트는 치료사에게, 음악에게 무엇을 필요로 하고 원하는가? 클라이언트의 심상에서 어떤 부분이 놀랍거나 감동적인가? 나는 그러한 심상이 클라이언트에게 어떤 의미를 준다고 믿는가?
2) GIM치료사와 동일시: GIM치료사는 클라이언트, 클라이언트의 심상, 음악 및 치료사의 가이딩에 대한 클라이언트의 반응에 대해 어떻게 생각하고 느껴야 하는가? 나도 똑같이 생각하고 느낄까? 이 클라이언트와 공감할 수 있을까? 나라면 어떤 음악을 사용할까?

공감이 시작되면 좋은 점은 일단 그 사람의 입장이 되어 그 인물에 대해 민감해지면서, 끝없이 공감하게 되고, 그 사례에 대한 개인적 반응들이 생생한 체험이 된다.

임상적 관점에서 읽기

임상적 관점은 그 방법을 사용하는 치료사들이 가장 많이 제기하는 방법론적인 질문과 주로 관련된다. 치료사는 무엇이 효과가 있고 무엇이 효과가 없는지를 알고 싶어 한다. 실제적으로 그들은 다음과 같은 질문에 가장 관심이 있다.

1) 이 사례로 볼 때, 나는 나의 클라이언트에게서 무엇을 찾아보아야 할까? 치료에서 클라이언트의 어떤 부분을 더 다루어야 할까? GIM에서 클라이언트의 이런 측면에 나는 어떻게 접근할 수 있을까?
2) 이 사례는 GIM에 대한 내 생각에 영향을 주는가? 내가 이 클라이언트를 치료한다면 방법을 바꾸게 될까?
3) 이 사례로 볼 때, 이런 유형의 클라이언트에게 가장 적합한 치료사-클라이언트 관계는 어떤 것이며, 그러한 관계를 형성하는 가장 좋은 방법은 무엇인가?
4) GIM에서 이런 유형의 클라이언트를 치료할 때 정신역동, 인본주의, 초월주의, 그 외의 또 다른 방법들 중 어떤 방향이 가장 적합한가?
5) 이 유형의 클라이언트에게 음악의 역할은 무엇인가? 이 클라이언트의 음악선호도와 감상스타일은 어떠한가? 어떤 종류의 음악이 가장 치료적으로 적합하고 효과적일까? 어떤 종류, 어떤 스타일의 음악이 가장 많은 감정을 끌어내고 가장 의미 있는 심상을 떠올리게 할 수 있는가?
6) 이 클라이언트는 GIM의 다양한 음악프로그램에서 어떻게 반응했는가? 그 프로그램의 사용에 대해 이 사례에서 나는 무엇을 배울 수 있는가?
7) 이 사례로 볼 때, 클라이언트가 감정을 표출할 때, 저항할 때 또는 진전이 없을 때 대응하는 최선의 방법은 무엇인가?
8) 이 사례로 볼 때, 클라이언트의 치료 진행 상황을 평가하는 데 어떤 임상기준이 사용되어야 하는가?

마무리

이 책에 나온 모든 사례는 바르셀로나 출판사에서 이미 출간된 책들에서 발췌하였고, 사례 16만 Summer의 논문과 한국어로 된 책에서 발췌한 것이다. 이 책에 실린 다양한 사례들은 GIM치료사와 클라이언트 모두에게 시사하는 내용이 있으며, 또한 GIM이 다양한 환경에서 다양한 클라이언트에게 어떻게 사용되고 있는지를 보여주고 있다. GIM은 일반학교와 특수학교, 교정시설, 의원과 병원, 정신건강의학과, 정신건강클리닉, 중독센터, 종교공동체, 호스피스, 사설기관 등에서 시행되어 왔다. GIM에 적합한 대상은 삶의 문제 또는 관계의 문제를 갖고 있거나 개인적 성장을 추구하는 사람과, 인격장애 · 중독 · 우울 · 불안 · 정신이상 등으로 진단받은 사람, 학대나 트라우마 경력이 있는 사람, 만성 또는 중병 환자, 종말기 환자 등이다.

1부

GIM과 바니메소드의 범주

1. 바니가 창안한 GIM은 메소드인가?
2. 어떤 종류의 메소드인가?
3. 바니메소드를 규정하는 것은 무엇인가?
4. 바니메소드에서 변형되어 온 것은 무엇인가?

1부

GIM과 바니메소드의 범주*

Kenneth E. Bruscia

지난 수십 년간, 헬렌 바니(Helen Bonny)의 영향을 받아, 의식이 확장된 상태에서 음악을 들으며 자발적으로 심상을 떠올리게 하는 다양한 방식에 대한 명칭과 정의에 많은 혼란이 있어왔다. 처음에는 이런 식으로 진행되는 모든 방식이 'GIM(Guided Imagery and Music)'으로 불리다가, 보다 깊이있는 치료로 발전된 개인형식과 원래 비치료적 목적으로 개발된 그룹형식 간에 구분이 생기기 시작했다(Bonny & Savary, 1973). 결과적으로 개인형식은 'GIM'으로, 비치료적으로 사용되는 모든 그룹형식은 '음악과 심상(Music and Imagery)'으로 불리게 되었다. 이러한 가운데 기관과 임상 환경에서 여러 음악치료사들에 의해 치료적으로 사용되는 그룹형식이 개발되고 있었다(Summer, 1988). 이후, 이러한 적용이 치료적이었기 때문에 그룹형식 역시 'GIM'으로 불리게 되었다. 이 시점에서 GIM은 바니가 발전시킨 것인지 아닌지와는 상관없이 치료를 목적으로 하는 모든 개인형식과 그룹형식을 가리키

*Bruscia, K., & Grocke, D.(Eds). (2002). *Guided Imagery and Music (GIM): The Bonny Method and Beyond.* Gilsum NH: Barcelona Publishers.

는 데 사용되고 있었다. 반면 '음악과 심상'이라는 용어는 무수한 비치료적 그룹형식에 대한 포괄적 명칭으로 남아있었다.

한편, 혼란은 심리치료 관련 분야에서도 나타나고 있었다. 1970년대 후반과 1980년대에 심상기법이 폭증하여, 심상을 포함하는 다양한 치료 형식의 문헌에 '유도된 심상(Guided Imagery)'이라는 용어가 널리 사용되었다. 이 기법들에는 음악을 사용하는 형식도 있고 사용하지 않는 형식도 있었는데, 바니가 개발한 것도 아니며, 많은 경우 심지어 GIM과도 거리가 멀었다.

이 시기와 1990년대에 들어서서 'GIM'과 '음악과 심상'의 적용은 계속 늘어났고, 다양한 치료사들의 치료방식과 여러 클라이언트의 필요에 부응하기 위해 점점 더 많은 변형이 이루어지고 있었다.

그러다가 1990년 중반에, 이 상황을 명확히 정리하기 위해 바니가 그 방법에 자신의 이름을 붙이게 되면서 GIM은 '바니메소드GIM(Bonny Method of GIM)' 또는 'BMGIM'이 되었다. 이로써 바니가 개발한 음악에 의한 심상 방식을 다른 분야에서 시도되는 무관한 심상 방식들과 구별해주는 보다 분명한 기준이 만들어지기는 했지만, 명칭 변화가 그 때까지 변형되어 사용되어온 모든 바니의 방법을 구분해주는 수단이 되지는 못했다. 가장 분명히 떠오르는 의문은 'BMGIM'에 바니가 직접 개발한 개인형식과 그룹형식이 모두 포함되느냐이다. 이 의문은 자연히 더 많은 의문을 갖게 한다. 즉, 수정되고 변형된 바니메소드도 모두 '바니메소드'라고 불려야 하는가? 만일 그렇다면, 그 기준은 정확히 무엇인가? 바니가 개발한 것은 정확히 무엇이고, 다른 사람들이 바니의 방식을 발전시키고 확장하기 위해 해온 것은 정확히 무엇인가? 심지어 바니의 의도와 상반되더라도 바니 이름으로 했다면 인정해주어야 할까?

유감스럽게도 GIM영역에서는 이러한 의문들에 대해 합의에 이르지 못했다. 현재 일부에서는 바니가 직접 개발한 개인형식과 그룹형식은 물론 그에 대한 모든 수정과 변형을 포함하여 바니의 영향을 받아 시행되는 모든 방식에 대한 포괄적인 용어로 바니메소드를 사용한다. 또 일부에서는 바니의 영향을 받은 모든 방식에 대한 포괄적인 용어로 'GIM'을 사용하면서도, 바니가 직접 개발한, 가장 정확히 '바니메소드'로 불릴 수 있는 방식과 그 후 수정되고 변형된 방식을 구분한다.

이 장은 후자의 입장이며, 다음 용어들은 아래 정의된 대로 사용된다.

• 'GIM'은 확장된 의식상태(an expanded state of consciousness)에서의 음악-심상화(music-imaging)의 모든 형식을 말하며, 바니가 개발한 특정한 개인형식과 그룹형식뿐 아니라 여기서 변형된 모든 형식을 포함한다. 그러므로 GIM은 의식이 확장된 상태에서 음악을 들으며 심상을 떠올리게 하는 형식을 모두 포함하는 포괄적인 명칭으로서, 심상에 대한 가이딩이 있건 없건, 클래식음악이 사용되든 다른 장르의 음악이 사용되든, 그리고 세션형식 자체가 변형되더라도, 치료나 치유나 자기계발이나 영적 성장의 목적을 위해 개인이나 그룹 환경에서 행해지는 방식을 포함한다. 그러나 나중에 논의되겠지만, GIM에 경계선은 존재하고, 음악치료에 속하는 비슷한 많은 기법은 GIM에 포함되지 않는다.

• '바니메소드'는 바니가 원래 개발한 모든 방식을 가리킨다. 당연히 여기에는 바니가 개발한 개인형식과 그룹형식이 다 포함되지만, 두 형식간의 중요한 차이(치료vs.성장, 심상에 대한 가이딩있음vs.없음 등) 때문에, 필자를 포함해 일부 저자는 개인형식에만 'BMGIM'을 사용하고, 그룹형식은 '그룹GIM' 또는 '음악과 심상(Music and Imagery)'이라고 한다. GIM문헌에 통일된 것이 없고 GIM영역에서 합의된 것도 없으므로, 각 저자가 이 용어들을 어떻게 정의하고 사용하는지에 주목해야 한다. 이 문제들에 대해 좀 더 합의가 이루어져서 'I'와 'G'를 삽입하여 개인형식이나 그룹형식을 명시한다면, 이후에 나올 출판물에서는 혼동을 피할 수 있을 것이다. 그래서 우리는 바니 개인형식에는 BMIGIM을, 바니 그룹형식에는 BMGGIM을 사용할 것이다.

• 바니메소드에는 바니가 처음 개발한 개인형식이나 그룹형식을 변형하거나 수정한 것은 포함되지 않는다. 이 변화된 형식들은 '변형된 BMGIM'이라든가 보다 포괄적으로 'GIM'이라고 해야 할 것이다. 요약하면, 'GIM'은 의식이 확장된 상태에서의 음악-심상화의 모든 형식이며, '바니메소드'는 바니의 모든 치료방식이며, 'BMIGIM'은 바니의 개인치료형식을, '그룹GIM'이나 '음악과 심상'은 바니의 그룹치료 형식을 말한다.

이 장에서 다루어지겠지만, 다양한 기법과 형식이 GIM이라는 포괄적인 범주에 포함될 수 있는데, 그 중에는 명백하게 바니메소드의 범주 안에 있는 것도 있고 밖에 있는 것도 있다. 또한 음악, 이완, 그리고 심상을 포함하면서도 바니의 방식과는 매우 다르게 개발되어 바니메소드의 범주 밖에 있는 음악치료 기법들도 많이 있다. 이 기법들과 형식들은 모두 목적과 기법과 방향과 과정에서 상당히 다른데도 서로 혼동되는 경우가 많아, 전문가 자격요건에 대한 오해를 일으킬 뿐만 아니라 개념적 명확성을 모호하게 하고 있다. 이는 결국 GIM의 안전한 임상윤리에 심각한 문제들을 제기한다. GIM전문가가 갖추어야할 자격요건은 무엇인가? 음악, 확장된 의식상태, 심상을 결합한 다양한 기법을 실행하려면 어떤 종류의 교육이 필요한가?

이 장의 목적은 GIM인 것과 GIM이 아닌 것에 대한 기준을 확립하고, GIM의 포괄적 범주 내에서 바니메소드인 것과 바니메소드가 아닌 것에 대한 기준을 확립하는 데 있다. 이 과정에서, 관련 음악치료 기법들과 비교하며 다양하게 변형된 GIM과 바니메소드 간의 차이가 명확해질 것이다. 이러한 기준과 차이를 토대로 바니메소드의 본래의 형식을 확보하고, 함부로 동일시하는 일을 방지하며, 바니메소드가 그 자체의 개념과 방식으로 자유롭게 개발될 수 있게 되기를 바란다. 이렇게 분명한 기준을 확립하는 것은 모든 형식의 GIM을 윤리적으로 시행하기 위한 자격요건을 규정하는 데에도 도움이 될 것이다.

이 기준을 규정하려면 몇 가지 질문에 답해야 한다. 1) 바니의 방법은 그 자체로서 메소드의 자격에 필요한 이론적, 경험적, 절차적 완성도를 갖추고 있는가? 2) 바니의 방법은 어떤 메소드인가? 음악치료의 형식인가, 심리치료의 형식인가, 목회상담의 형식인가, 영성훈련 또는 교육의 형식인가? 3) 원래 개념의 바니메소드를 규정하는 특징은 무엇인가? 4) 바니메소드를 변화시키고, 변용하고, 확장시키는 과정에서 조정되어진 변수들은 어떤 것인가? 5) 다양한 형식의 GIM은 음악치료 기법들과 어떻게 구별될 수 있는가?

1. 바니가 창안한 GIM은 메소드인가?

어느 분야든지 살펴보면, 최종적으로 생기는 근본적인 질문은 '그 메소드를 구성하는 것은 무엇인가?'이다. 그 질문에 답할 수 없다면, 그 메소드는 정확하게 확인되고 정의되고 구별될 수 없으며, 결국 쓸모가 없어지기 때문이다. 만일 모든 메소드가 본질적으로 같다면, 본질적으로 더 낫거나 더 적절한 방식은 없을 것이고, 메소드간의 차이도 의도적이 아닌 우연한 것이 된다. 그러므로 다음 질문이 중요하다. 바니의 방법은 그 자체로서 하나의 메소드를 구성하는가? 일관된 방식으로 이끌어가기 위해 필요한 독창성과 명료성을 가지고 있는가?

메소드는 이론적 원리, 목적, 시행지침과 금기사항, 방법론적 절차와 기법, 시행상의 관계에 대한 가이드라인, 기대되는 시행효과, 자격이나 교육의 요건 등으로 구성되는 완전한 실행시스템이라고 규정할 수 있다(Bruscia, 1987). 이런 완전한 시스템을 개발하려면, 창시자가 1) 충분한 시간 동안 심도 있게 집중적으로 그 메소드를 연구 · 실행하고, 2) 이러한 장기적 실험을 기반으로 상호 일치되는 일련의 원리, 메소드 그리고 기법을 확정해야 한다(Bruscia, 1987).

이러한 기준에서 볼 때, 바니의 방법은 메소드로서 분명한 자격을 갖추고 있다. 바니는 개인치료와 그룹치료, 이 두 가지 형식을 발전시키는 데 30년 넘게 주력해 왔다. 그 과정에서 시행지침과 금기사항을 확인했으며, 모든 필요한 음악적 자료들(음반이나 녹음된 음악 프로그램 등)을 만들어 냈고, 각 메소드를 적용할 매우 구체적인 기법을 개발했다. 바니는 또한 인본주의와 초월주의 이론의 원리를 적용하여 개인치료와 그룹치료의 목적과 과정, 클라이언트-치료사 관계의 본질을 규정했다. 그러므로 바니가 처음 개발한 GIM은 명확하게 하나의 실행 메소드이다.

한 걸음 더 나아가, 메소드는 유일성과 독창성에 의해 규정되므로, 바니메소드에서 유일하고 독창적인 것이 무엇인지 찾아보는 것이 중요하다. 물론 바니가 의식을 변화시키고 심상을 이끌어내기 위해 최초로 음악을 사용한 사람은 아니지만, 바니는 이 두 과정을 결합한 절차를 최초로 고안해낸 사람이다. 즉 LSD 치료의 음악 작업(Bonny & Pahnke, 1972)을 기반으로, 바니는 클라이언트가 음악을 듣기 전에 의식이 확장된 상태에 들어가도록 도와주면 음악에 대한 반응이 크게 향상되고, 그 결과 심상세계에 더 잘 들어가게 된다는 것을 발견했다. 또한 바니가 발견한 것은 계속해서 음악을 들으면 그 결과 의식이 계속해서 깊어지고 이동하고 확장된다는 것이다(Bonny, 1999). 이와 같이, 의식과 음악과 심상이 동시에 작용하는 바니의 방법은 유일하고 독창적이며, 이것이 바니의 메소드를 규정한다고 분명히 말할 수 있다.

또 다른 획기적인 것은 바니가 심상을 가이딩하기 위해 특별히 디자인된 클래식 음악프로그램을 사용한다는 것이다. 음악치료나 관련 분야에서, 어떤 형식의 심상치료도 이렇게 일반적 목적과 적용에 따라 미리 디자인된 음악프로그램을 사용한 적이 없었다(이 프로그램들은 주로 바니의 개인형식에 사용되며, 그룹형식에서는 음악의 선택과 배열에 기초가 되기는 하지만, 음악 진행시간이 짧아 프로그램 전곡을 모두 사용하는 경우는 드물다).

끝으로, 바니가 확장된 의식 상태에서 언어적 소통 방법을 사용한 것 역시 유일하고 독창적이다. 바니가 수년간 LSD 치료에서 일한 경험과 자신의 메소드에서 알게 된 것은, 심상을 가이딩할 때, 심상 진행을 도와주는 언어 중재가 있고 침범하고 방해하는 언어 중재가 있다는 것이다. 가장 효과적인 중재는 1) 비지시적 중재(치료사는 클라이언트가 스스로 심상을 주도하고 조절하게 한다), 2) 비분석적 중재(치료사는 클라이언트의 심상에 대해 스스로 분석하게 만드는 질문을 삼가한다), 3) 음악에 기반을 둔 중재(치료사는 모든 중재를 음악 안에서 일어나고 있는 일에 맞추어 한다)이다(Bonny, 1978). 흥미롭게도 이러한 가이딩 방식은 바니의 인본주의적 치료방향과 그 과정에 대한 기본전제와 매우 일치하기 때문에, 바니 메소드에 상당한 일관성을 가져다준다(Bonny, 1999).

2. 어떤 종류의 메소드인가?

메소드 창안 당시 바니는 음악치료사로 일하고 있었고, 바니의 초기출판물 대부분이 음악치료 문헌에 실렸기 때문에, 바니메소드가 당연히 음악치료에 속한다고 짐작할 수 있다. 하지만 AMI(Association for Music&Imagery) 저널을 대략만 살펴보아도, 일반적 개념의 GIM은 다양한 치료목적을 달성하기 위해 심리치료, 상담, 정신의학, 의료, 치유, 간호, 영성 훈련, 교육 등 많은 다른 치료양식 내에서 실행되는 것을 쉽게 볼 수 있다. 게다가 치료사들의 교육배경과 전문분야도 매우 다양하다. 이런 다양성 때문에 사람들은 GIM을 다양한 방식으로 인식한다. GIM을 음악치료 분야에 뿌리를 둔 것으로 보기도 하고, 음악과 심상을 사용하는 심리치료나 상담의 메소드로 보기도 한다. 또한 음악을 치유와 변형의 매체로 보기도 하고, 심상이나 관계 등에서 일어나는 치유와 변형을 지원해주는 것으로 보기도 한다.

GIM이 어디에 속하는지 이해하려면, 먼저 GIM이 음악치료와 얼마나 관련되고 중복되는지를 살펴보아야 한다. 음악치료는 치료, 치유, 자아실현을 목적으로 상호관계의 맥락에서 음악활동(즉흥연주, 감상, 작곡, 연주 등)을 하는 것이다(Bruscia, 1998a). 이와 같이 동일한 목적으로 상호관계의 맥락에서 음악을 사용한다는 점에서, GIM은 음악치료의 한 형식으로 볼 수 있다.

GIM과 음악치료의 또 다른 근본적인 공통점은 성찰, 치유, 행동변화 같은 결과보다는 사용하는 메소드(즉, 음악)로 그 범주가 규정된다는 것이다. 음악치료가 단순히 음악적 결과보다는 심리치료적, 의료적, 영적 결과를 가져온다고 해서 또 다른 학문이 되는 것은 아니다. 음악치료는 음악을 핵심 메소드로 사용한다는 점에서 음악치료인 것이지, 그 목적이라든가, 메소드가 적용되는 상황이나 환경이라든가, 치료사의 전문성 때문에 음악치료라고 하는 것이 아니다. 이런 점에서 음악치료와 GIM은 미술, 무용, 드라마, 시 치료와 비슷하다. 이 양식들은 모두 다양한 결과를 가져오기 위한 방법으로서 특정한 예술형식을 사용한다는 단지 그 사실에 따라 정의된다. 이처럼 GIM과 예술치료는, 사용된 특정 방법 대신 결과의 본질에 의해 정의되는 심리치료, 의료, 교육, 영성지도와 매우 다르게 정의된다. 예를 들어 심리치료는 결과를 얻기 위해 사용된 방법이 아닌 그 결과의 심리적 본질에 의해 정의되며 의료, 교육, 영성훈련도 결과를 얻기 위해 사용되는 다양한 방법이 아닌 그 결과의 특성으로 정의된다.

GIM이 시사하는 바는 분명하다. GIM은 목적이 의료적이라고 해서 의학 양식이 되는 것도 아니고, 입원환자에게 안정감을 준다고 해서 간병 양식이 되는 것도 아니다. 또한 GIM은 상담교육을 받은 사람이 한다고 해서 상담 양식이 되는 것도 아니고, 음악과 함께 언어적 대화가 사용된다고 해서 심리치료나 상담이 되는 것도 아니다. GIM은 다른 예술치료처럼, 음악이 주요 메소드로 사용된다는 사실로 정의된다.

그렇다면 GIM이 하나의 음악치료 형식으로서보다는 심리치료, 치유, 영성훈련 등의 메소드로 인식되는 이유를 문헌에서는 어떻게 설명하고 있는가? GIM이 음악치료의 형식으로 실행되고 있는지, 또는 다른 양식의 일부로서 실행되고 있는지를 결정하는 것은 무엇인가? 이 질문에 대해 가장 간결하고 직접적인 대답은, 그것은 전적으로 음악이 어떻게 사용되느냐에 달려있다는 것이다.

현재 GIM에는, 실제 음악에 의존하는 정도에 차이는 있지만 음악이 수용되고 사용되는 무수한 방식이 있다. 어떻게 음악이 사용되느냐는 세션에 따라, 클라이언트에 따라, 치료사에 따라 달라진다. 치료가 음악경험에만 전적으로 집중하고 의존하기도 하고, 다른 요소에 더 집중하고 의존하기도 한다. 더 구체적으로 말하면, 세션이나 클라이언트나 치료사가 GIM의 핵심경험으로서 음악에 집중하고 의존하는 경우도 있고 심상, 확장된 의식상태, 언어중재, 신체중재, 또는 다른 예술양식에서 이루어지는 방법에 집중하고 의존하는 경우도 한다. 마찬가지로, 실제적인 변화나 변형이 음악과 관련되기도 하고, 그렇지 않기도 하다.

음악이 사용되는 다양한 방식들은 GIM이 음악치료 영역에 속하느냐, 또는 다른 치료양식에 속하느냐에 대해 시사해주는 바가 크다. 음악을 치료의 중심변수라고 볼 때, GIM은 한쪽 끝에 음악치료, 반대쪽 끝에 다른 치료양식들이 있는 연속선상에 위치한다. 연속선의 한 끝인 음악치료에서 음악은 치료로서(as therapy) 또는 변화의 매체로서 사용되며, 반대쪽 끝에서 음악은 치료 안에서(in therapy), 또는 변화를 일으키는 많은 요인 중 하나로서 사용된다(Bruscia, 1987). GIM에 대해 좀 더 상세하게 말하자면, 원하는 결과의 본질과 상관없이, 치료가 치료나 변화의 주요 매체로서 주로 음악에 지속적으로 의존하는 경우는 분명 음악치료의 영역 안에 들어간다. 하지만 GIM이 심상, 언어적 상담, 관계, 확장된 의식 상태, 음악 또는 다른 예술 등에 다양하게 의존하는 경우는, 원하는 결과가 정서적인지, 영적인지, 의료적인지 등의 여부에 따라 다른 치료양식의 영역 안에 있게 된다. 이 연속선의 양끝이 실제 GIM 자체에서 어떻게 나타나는지 살펴보자.

1) 변화(transformation)로서의 음악: GIM은 음악치료이다

GIM에서 음악이 변화의 매체로 일관되게 사용될 때, 변화과정 형성을 위해 다른 양식(언어적 상담, 미술작업, 몸동작 등)에 거의 의존하지 않고도, 음악을 통해 클라이언트의 변화과정이 일어나고 통과되고 완성된다. 이러한 완전하고 몰입되는 음악적 체험은 클라이언트가 음악에 마음을 열고 그 음악 안에서 전개되는 변화의 과정에 들어가는 GIM세션에서 흔히 볼 수 있다(Bunt, 2000). 이런 경우 클라이언트는 순간순간 음악에서 전개되는 구조나 과정 안에 있으면서, 그 음악으로부터 직접적으로 떠오르는 심상과 내적 체험을 만들어낸다. 연속적으로 변화되어가는 음악적 구조와 과정 안에 머물면서 클라이언트와 심상도 마찬가지로 변화되어간다. 이 모든 현상은 사실상 본질적으로 음악적이며 말로는 표현하기 어렵다. 심지어 클라이언트가 비음악적 심상(동물, 사람, 상황 등)을 사용해 말로 그 체험을 표현하려고 할 때도 마찬가지다. 사실 비음악적 심상들을 말로 전달하는 것도 종종 본질적으로는 음악적인 체험을 표현해내는 것으로 보인다. Bush(1995)는 자신이 경험한 GIM에 대해 언급하면서 변화로서의 음악의 완벽한 예를 제공했다. GIM이 진행되는 동안, 치료사는 음악에 자신을 맡기라고 했다. 다음은 Bush가 자신의 체험을 설명한 것이다.

> 나는 자세를 바꾸고 음악에 내포된 느낌에 다시 주의를 집중했다. 그러자 음악소리는 실체를 띠기 시작하면서, 그 멜로디의 흐름 안에 나를 완벽히 흡수했다. 나는 리듬에 맞추어 호흡하기 시작하며, 소리 사이의 간격 안에 공간을 초월한 것처럼 느껴지는 곳으로 들어갔다. 내 몸은 잊혀졌고 나는 살아있는 하모니가 되었다. 내 의식의 모든 부분이 음악과 조율되었다. 나는 연주되고 있었다. 나는 완전히 음악적 힘으로 채워졌다. 시간과 공간은 존재하지 않았다. 음악과 나는 하나였다 (8~9쪽).

이러한 변형적인 음악체험은 자연스럽게 일어날 수도, 클라이언트에 의해 시작될 수도, 치료사에 의해 의도적으로 이끌어질 수도 있다는 것을 인식하는 것이 중요하다. 그리고 이런 체험은 GIM세션 내내 이어질 수도 있고 어쩌다 일어날 수도 있다. 많은 부분이 치료사가 GIM을 어떻게 개념화하느냐와 그것이 어떻게 작용하느냐에 달려 있다. 그럼에도 불구하고 GIM이 이런 방식으로 계속 실행되고, 개념화되고, 경험될 때, 그것은 분명 순수한 음악치료의 영역 안에 있게 된다.

2) 변화 안에서의 음악: GIM은 다른 치료양식에 속한다

연속선의 반대쪽 끝은 다른 매개체에서 일어나는 변화과정을 돕기 위해 음악이 사용되는 경우다. 이는 GIM에서 클라이언트의 변화과정이 배경자극인 음악의 도움으로 심상체험, 신체중재, 미술작업, 또는 언어적 상담에서 일어나고 진행되고 완성될 때 나타난다. 여기서 중요한 것은 음악을 본질적으로 변화의 체험 자체로 경험하지 않고, 대신에 음악의 도움으로 비음악적인 심상과 경험들이 일어나게 하는 데 있다. 이 경우 치료사는 GIM을 음악 자체보다는 음악으로 이끌어낸 심상을 사용하는 것으로 간주하며, 따라서 음악 안에서 체험한 변화보다는 심상의 의미를 끌어내고 탐색하고 토의하려고 한다. 여기서는 GIM세션의 언어적 역할이 음악보다 더 중요성을 띠며, 통찰에 있어서도 말로 표현하기 어려운 음악적인 어떤 것보다 언어적인 통찰을 얻는다. GIM에 대한 이러한 접근은 음악치료에서 떠나, 클라이언트를 위해 또는 클라이언트와 함께 세운 목적이나 원하는 결과의 특성에 따라 다른 치료양식으로 이동하게 된다.

이상의 연속선상에서 GIM을 요약하면, 보통 '음악에 맞추어 가이딩하고' 음악을 변화의 주된 매체로 의존하는 치료사는 GIM을 음악치료의 형식으로 사용하고 있다. 반면에, 음악에서 떠오르는 심상과 체험을 가이딩하고 탐색하며 상담하는 치료사는 그 목적이나 결과에 따라 GIM을 심리치료, 상담, 의료, 신체치료 등의 형태로 사용하고 있다. 간단히 말해, GIM이 메소드 중심이면, 즉 변화의 중요한 매체로서 음악에 의존하면 음악치료 영역에 속하는 것이고, 결과 중심이면, 즉 다른 치료양식에서의 변화를 촉진하기 위해 음악을 사용하면 결과의 본질에 따라 다른 영역에 속하게 되는 것이다.

3. 바니메소드를 규정하는 것은 무엇인가?

바니는 두 가지 형식의 GIM을 개발했다. 이 책의 목적을 위해, 개인형식은 '바니메소드 GIM(BMGIM)', 그룹형식은 '그룹GIM'이라고 부르기로 한다.

1) 개인형식

바니의 저서(2002)에 따르면, BMGIM은 다음과 같이 규정할 수 있다.

① 개인형식이다.
② 의식을 탐색한다(힐링, 심리치료, 자기계발, 영성훈련 등에서).
③ 자발적으로 심상을 떠올린다.
④ 확장된 의식상태(expanded state of consciousness)에서 진행된다.
⑤ GIM전문프로그램으로 디자인된 클래식음악 프로그램을 사용한다.
⑥ 음악-심상가이딩 과정이 치료사와 클라이언트가 교류하는 가운데 진행된다.
⑦ 치료사는 비지시적이고 비분석적이고 음악에 근거한 중재를 사용한다.
⑧ 치료사는 모든 중재를 클라이언트 중심으로 사용한다.
⑨ 이 모든 것은 구조화된 세션형식(**프리세션…>이완과 인덕션…>음악-심상가이딩…>포스트세션)** 내에서 이루어진다.

이 9가지 특성이 이 메소드를 규정해주며, 이것들이 모두 갖추어져야 바니가 처음 개발한 순수한 BMGIM 형식으로 간주될 수 있다. 그러므로 이 특성들 중 하나라도 생략되었거나 중요한 부분이 많이 다르다면, 그 메소드는 BMGIM로 간주되거나 명명되어서는 안 되며, 변형된 바니메소드로 위의 정의적 특징 중 몇 가지가 변형되었느냐에 따라 'GIM'이라는 포괄적 범주에 들어갈지, 완전히 다른 메소드로 구분해야할지를 고려해야 할 것이다.

2) 그룹형식

바니 저서(2002)에 따르면, 그룹GIM은 다음과 같이 규정할 수 있다.

① 그룹 환경에서 각 개인의 문제에 접근한다.
② 의식 탐색을 목적으로 한다(교육, 훈련, 자기계발, 영성훈련 등에서).

③ 각 그룹원은 자발적으로 심상을 떠올린다.

④ 확장된 의식상태에서 진행된다.

⑤ 장르에 상관없이 한 곡 이상의 음악을 사용한다.

⑥ 음악-심상 과정이 치료사와의 대화나 지시없이 진행된다.

⑦ 클라이언트 중심이다.

⑧ 구조화된 세션형식(**프리세션…>이완과 인덕션…>음악-심상…>포스트세션**) 내에서 이루어진다.

여기서도 역시, 이들 정의적 특성 중 어느 한 가지라도 어떤 방식으로든 수정되었다면, 그 방법은 변형된 바니메소드로 간주되어야 하며, 그것은 GIM의 범주에 속하거나 GIM의 범주에서도 벗어난 방식이 될 것이다.

4. 바니메소드에서 변형되어 온 것은 무엇인가?

바니방식의 GIM을 규정하는 데 사용된 변수들은 클라이언트나 상황이나 목적이나 치료사에 따라 무수한 방식으로 변형될 수 있다. 다음에서 이러한 변형들을 GIM과 바니메소드의 범주와 관련해서 살펴보려고 한다.

1) 목적

개인형식과 그룹형식을 비교해 보면 목적에 대한 차이는 없는 것 같다. 둘 다 의식의 탐색과 확장에 목적을 둔다. 하지만 바니의 저서와 진행해온 과정을 보면, 바니가 의식에 접근하는 방식은 개인의 경우와 그룹일 경우에 매우 달랐다. 원래 바니는 음악심리치료 형식으로 개인GIM을 창안했으며(Bonny, 1976), 이후 저서들(Bonny, 1999)과 사례연구(Bonny, 2002)에서도, 계속 클라이언트가 개인 대상인 경우는 본질적으로 심리치료적이라고 말했다. 반면에, 바니의 저서에서 훨씬 주목을 덜 받은 그룹형식은 원래 교육, 훈련, 개인성장, 영성 같은 비치료적 목적을 추구하기 위해 '음악과 심상(Music and Imagery)'방식으로 제시되었다(Bonny&Savary, 1973). 바니(1994)는 "더 깊은 무의식을 탐색하는 가장 효과적이고 주요한 방식은 개인형식이며, <음악과 마음>에 나온 기법 설명은 비교적 지엽적인 것으로 보인다. 그것은 시도해가는 과정의 일부였고, 따라서 특정 상황에서 가치가 있었다(p.72)"라고 설명한다. 바니의 그룹형식을 치료현장으로 확장한 주목할 만한 사례로는, 다양한 기반에서 그룹GIM을 임상적으로 적용한 Summer(1988)가 있는데, Summer는 '그룹 음악과 심상(Group Music and Imagery)'을 개발하기도 했다. Short(2002)는 또한 임상 대상에서 음악과 심상을 사용하고 있는 치료적 그룹과 바니의 그룹 방식을 구별하기도 했다.

인본주의적 심리학에 오랫동안 몰입해온 바니의 입장은 분명 바니의 개인형식과 그룹형식의 목적이 치료적인 것인지를 혼란스럽게 하는 요인이다. 인본주의에서는 건강이 병리보다 강조되며, 치료라고 불리든 그렇지 않든, 모든 과정의 주요 목적이 자아실현이다(Bonny, 1999). 따라서, 바니가 분명한 심리치료의 테두리 안에서 개인을 대상으로 할 때조차도, 그 목적은 병리 중심적이거나 순수하게 심리학적이라기보다는, 특성상 전인적, 성장중심적, 초월적인 것이었다(Bonny, 1999). 그러므로 바니가 GIM의 개인형식과 그룹형식에서 이 방향을 따르는 동안 당연히 바니의 목적은 다양했고, 클라이언트와의 관계의 본질 또한 다양했다.

앞서 말한 메소드에 대한 기준, 즉 창안자가 충분한 시간 동안 심도 있게 집중적으로 연구하고, 그 결과 상호일치하는 일련의 원리와 메소드와 기법이 확인되어야 한다는 기준이 적용될 때, 다른 메소드와 구별되는 분명한 경계선이 확인될 수 있다. 바니는 개인형식을 비치료적 목적에 사용하기 위한 방법론적 원리들을 광범위하게 개발하지 않았으며, 마찬가지로 그룹형식을 치료적 목적을 위해 사용하기 위한 방법론적 원리들도 충분히 개발하지 않았다. 그러므로 엄밀히 말하면, 바니가 두 형식을 모두 치료적, 비치료적 목적에 사용하는 것을 지지하기는 했지만, 바니 자신은 개인형식은 치료 목적에, 그룹형식은 비치료적 목적에 사용했다. GIM을 이와 다르게 사용하는 것은, 바니의 영향을 받았다 하더라도, 바니가 전적으로 개발한 것이 아니므로, 모두 바니메소드의 범주에서 벗어나게 된다.

2) 의식의 상태

확장된 의식 상태는 모든 형식의 GIM의 필수적인 부분이다(Bonny, 2002). 이러한 상태로 들어가면 음악에 충분히 마음을 열게 되고, 나아가 확장된 상태를 더 깊이 탐색하게 된다. 그래서 GIM은 확장된 의식 상태를 목적을 이루기위한 수단으로 사용하며, 또한 이러한 의식 상태의 탐색 자체를 목적으로 발전시킨다. GIM세션 전 과정이 확장된 의식 상태로 들어가게 하는 역할을 한다고도 말할 수 있다.

의식 상태와 관련해 두 개의 기준이 확인되어야 한다. 먼저, 음악듣기가 확장된 의식 상태에서 이루어질 때만이 GIM의 범주 안에 들어간다는 것이다. 그 외의 모든 유형의 음악듣기는 포함되지 않는다. 그래서 치료사가 음악듣기 전이나 중간에 의식의 확장을 금지하거나 억누르거나 제한하려고 하는 경우는, GIM의 범주에서 벗어난다. 그 두 가지 예는 투사적 듣기와 이완을 위한 듣기이다.

투사적 듣기(Projective Listening) 이 음악치료기법에서는, 치료사가 꼿꼿한 자세나 일상의 의식 상태에 있는 클라이언트에게 음악을 제시하고, 음악을 들으면서 심상을 떠올려보라고 요청한다. 이는 음악을 들으며 자유연상하기, 음악을 들으며 투사되는 이야기나 드라마 만들기, 음악을 들으며 투사되는 그림을 그리거나 몸동작하기 등이 포함된다(Bruscia, 1998a). GIM은 치료사가 클라이언트를 확장된 의식 상태로 들어가도록 이끄는 반면에 투사적 감상에서는 일상의 의식수준을 유지하거나 의식의 확장을 제한하며 진행한다는 점에서, GIM은 투사적 감상과 다르다.

이완을 위한 듣기(Relaxation Listening) 두 번째 기준은 GIM의 목적이 의식을 탐색하는 것이지, 이완된 상태에 도달해 유지하는 것이 아니라는 것이다. GIM에서 치료사가 클라이언트를 이완된 상태로 들어갈 수 있도록 도와주는 것은 클라이언트가 음악의 도움으로 더 쉽게 더 깊은 의식 상태를 탐색할 수 있도록 하기 위해서다. GIM의 목적은 분명 의식의 탐색 없이 클라이언트를 이완된 상태에 붙잡아두는 것이 아니다.

음악치료사는 클라이언트를 이완된 상태로 이끌고 유지시키기 위해 음악을 자주 사용한다. 대개 이러한 이완을 위한 음악듣기는 GIM과 동일하게 음악, 심상, 이완을 포함하지만, 그 목적과 결과는 GIM과 매우 다르다. 이완을 위해, 음악치료사는 지원적인 음악을 배경으로 사용하면서, 보통 이미지를 사용하여 이완을 위한 도입으로 이야기를 들려준다. 예를 들어, 치료사는 배경음악으로 매우 조용한 곡을 들려주며, '빛나는 공'을 떠올리게 해서, 그 공이 순서대로 신체 각 부분으로 이동하여 따뜻함과 이완을 가져다주는 심상을 클라이언트에게 제시한다. 이 과정에서, 클라이언트는 개인적 심상이 떠오르는 것은 억제하고 치료사가 제시하는 심상을 따라가게 된다. 대부분 배경음악은 뉴에이지 스타일인데, 그 이유는 이완을 위해 반복되는 언어적 지시에 어울리는 반복이 들어가 있고, 불필요한 심상을 불러일으킬 가능성이 클래식 음악보다 적기 때문이다(Bonny, 1994).

이완을 위한 듣기에서 심상과 음악은 이완을 유도하고 긴 시간 유지하기 위해 사용된다. 반면에, GIM에서는 클라이언트가 음악을 들으며 자유롭게 심상을 떠올리게 하기 위해, 음악이 시작되기 전에 '빛나는 공'과 같은 것으로 이완을 유도한다. 이 경우에 심상과 음악은 '이완'의 상태를 넘어서서 순간순간 더 깊어지고 더 넓어지면서 확장된 의식 상태를 충분히 탐색하게 해준다. 이와 같이 이완을 위한 듣기는 목적과 절차에 있어 GIM과 매우 다른 음악치료 기법이며, 따라서 GIM의 범주에서 벗어난다.

의식 상태에 관하여 그 차이를 요약하면 다음과 같다. 포괄적 메소드인 GIM이나 특히 바니메소드는 음악치료에 사용되는 투사적 듣기와 이완을 위한 듣기 기법을 포함하지 않는다. 투사적 듣기는 음악으로 심상 반응을 끌어내오지만, 확장된 의식 상태와 관련이 없다. 그래서 투사적 듣기는 GIM과 비슷함에도 불구하고 GIM이나 바니메소드의 일부가 아니다. 이완을 위한 듣기는 이완된 상태로 이끌고 유지시키기 위해 특정 이미지를 사용하여 심상을 유도하지만, 자발적인 심상과 음악듣기를 통해 의식을 자유롭게 탐색하는 것과는 관련이 없다. 그러므로 구성요소는 GIM과 비슷해도, 이완을 위한 듣기는 GIM이나 바니메소드에 속하지 않는다.

3) 자발적 심상(Spontaneous Imaging)

바니메소드의 개인과 그룹 형식의 심상은 모두 자유롭고 자발적이다. 클라이언트는 심상을 자유롭게 자발적으로 펼치면서, 매 순간 음악에 반응하여 나타나는 심상을 체험한다. 치료사가 음악이 시작될 때 첫 심상을 제시하기도 하지만, 그런 경우에도 클라이언트는 언제든 자유롭게 이 심상을 따라가거나 버릴 수 있다. 물론 클라이언트가 심상에 자발적으로 반응할 수 있는 준비가 되어 있지 않거나, 심상화의 목적이 다소 다른 경우도 있다. 다음의 심상 유형이 그 예이다.

제한된 자발적 심상(Contained Spontaneous Imaging) 이 방법에서는, 예를 들어 치료사가 '집'이란 하나의 심상을 제시하고, 클라이언트가 집의 일부인 대문을 몇 분간 탐색하도록 한 뒤, 거실이나 식당 같은 심상 안에서 계속 따라 나아가게 하여, 치료사가 제시하는 대로 제한된 틀 안에서 자유롭게 심상을 탐색하게 된다.
제한된 자발적 심상은 개인이나 그룹세션에 사용될 수 있다. 특히 처음부터 자발적으로 심상을 떠올리기 전에 준비나 연습이 필요한 클라이언트라든가, 이완된 상태에서의 음악듣기에 좀 더 구조적으로 접근해야 하는 정신과 환자에게 유용하다(Moe, Roesen, & Raben, 2000). 또한 트라우마를 가진 클라이언트나, 한 번에 표출되는 무의식의 양을 제한시켜서 동반되는 모든 카타르시스적 반응을 조정해야 하는 클라이언트에게 적극 추천된다(Blake, 1994; Blake&Bishop, 1994).

이러한 제한된 심상 유형은 개인형식이건 그룹형식이건 바니메소드에만 있는 것은 아니지만, GIM치료사에게 구체적인 가이딩 기술을 요구하는 심상 접근법이다. 그러므로 이 변형은 바니가 특별히 자신의 메소드의 일부로 개발한 방법은 아니더라도, 여기서 요구되는 가이딩 기술의 본질적인 가치 때문에 일반적인 GIM의 범주 안에 속하게 된다.

지시된 심상(Directed Music Imaging) 자발적 심상과 제한된 자발적 심상과는 달리, 음악치료사에 의해 구체적으로 지시되는 심상을 사용하며 GIM과 바니메소드의 범주에 속하지 않는다. 지시된 심상을 사용하는 목적은 통증관리(Rider, 1987; Steinke, 1991), 면역 반응 향상(Tsao, Gordon, Maranto, Lerman & Murasko, 1991), 스트레스나 불안 감소(Hammer, 1996), 질병의 치유과정(Rider, 1987) 등에서 원하는 과정이나 결과를 활성화하거나 경험하거나 훈련할 수 있는 심상을 한 단계 한 단계 체험하는 것이다. 여기서 사용되는 심상은 클라이언트에게 치료적이라고 여겨지는 일련의 신체적 또는 심리적 상황을 제시한다.

심상과 치료 결과가 밀접한 관계가 있으므로, 클라이언트가 심상을 더 이상 확장하거나 발전시키지 않고 지시받은 대로 심상을 경험하는 것이 중요하다. 그래서 치료사는 클라이언트가 심상과 원하는 결과에 집중을 강화할 수 있도록 클라이언트의 관심과 의식을 주의깊게 다루면서, 처음부터 끝까지 심상의 모든 측면을 구체화하여 매우 상세하게 지시한다. 여기서 지시된 심상의 목적은 결과에 한정된 것이며, 클라이언트의 상상이나 의식에서 떠오를 수 있는 심상을 자유롭게 탐색하는 것이 아니다.

재연심상(Reimaging) 또 다른 접근은 재연심상이 있다(Bruscia, 1998b). 재연심상에서는 간단한 BMGIM세션 형식으로 다른 사람의 심상경험을 탐색하는 데 초점을 둔다. 이 기법은 임상이나 슈퍼비전을 목적으로 개인, 커플, 그룹 환경에서 사용된다. 개인이나 커플 세션에는 치료사의 가이딩이 있지만, 그룹세션에는 없다.

- 그룹 재연심상(가이딩 없음): 인덕션 후에 그룹 멤버는 모두 한 멤버가 경험한 심상을 떠올리며 일어나는 일에 자신의 관점에서 참여하거나 관찰한다. 그룹은 한 멤버가 먼저 심상을 떠올렸을 때 들었던 동일한 음악에서 짧게 발췌된 부분을 들으며 그 멤버와 동일한 심상을 떠올린다. 대개 음악은 5분을 넘지 않는다. 각 멤버는 조용히 심상을 떠올린다. 치료사는 그룹이 처음 심상에 들어갈 때와 심상에서 나올 때는 도와주지만, 실제적으로 재연심상을 경험하는 동안에는 그룹과 대화를 나누지 않는다. 목적은 한 멤버가 그룹 전체의 심상에서 도움을 얻도록 하는 데 있다. 한 멤버의 심상을 그룹 전체가 각자의 관점에서 경험해보면서, 그 멤버가 심상에서 마주치게 된 어떤 문제에 대해 새로운 통찰을 얻을 수 있고 새로운 해결책을 찾을 수도 있게 된다.

• 커플 재연심상(가이딩 있음): 인덕션 후에 커플 중 한 명이 파트너가 앞서 체험한 심상에 들어가서, 떠오르는 것들을 자신의 관점에서 참여하거나 관찰한다. 먼저 파트너가 들었던 동일한 음악에서 짧게 발췌된 부분을 들으며 심상을 떠올린다. 치료사는 BMGIM의 표준 가이딩 기법을 사용해 전체 경험 내내 클라이언트와 대화한다. 파트너 두 사람이 함께 하거나, 따로 치료사와 할 수도 있다. 목적은 커플이 서로 충분히 공감하게 해주고 문제에 대한 서로의 인식과 해결 방안을 공유할 수 있도록 도와주는 데 있다.

• 슈퍼비전 재연심상(가이딩 있음): 인덕션 후에 슈퍼바이지(supervisee)는 슈퍼비전에 데려온 클라이언트의 이전 심상으로 들어간다. 슈퍼바이지는 클라이언트가 들었던 동일한 음악의 짧은 발췌부분을 들으며 클라이언트의 심상에서 일어난 것들을 자신의 관점에서 참여하거나 관찰한다. 슈퍼바이저는 BMGIM의 표준 가이딩 기법을 사용해 재연심상 내내 슈퍼바이지를 가이딩한다. 그 목적은, 슈퍼바이지가 클라이언트와 더 충분히 공감하도록 돕고, 클라이언트의 문제와 해결책에 대한 통찰을 얻으며, 클라이언트에 대한 슈퍼바이지의 무의식적 반응을 의식 안으로 가져오고, 클라이언트와 보다 효과적으로 진행하기 위한 방안들을 탐색하는 것이다. Bruscia(1998b)에서 두 가지 예를 찾아볼 수 있다.

재연심상은 다른 사람의 경험이 자신의 심상세계를 탐색하는 토대를 제공해 준다는 점에서 '제한된' 심상 형식이라고 할 수 있다. 그래서 모든 재연심상 형식은 제한된 심상과 마찬가지로 GIM의 포괄적 범주에는 속하지만 바니메소드에는 속하지 않는다.

심상과정의 세 가지 형식을 요약하면, 자유로운 자발적 심상은 바니가 처음 개발한 GIM의 특징이며, 제한된 자발적 심상과 재연심상은 변형된 형태의 GIM이지만 바니메소드에는 속하지 않고, 지시된 심상은 음악치료 분야에는 속하지만 GIM과 바니메소드에는 속하지 않는다. 이와 같이 자유로운 의식 탐색에서 지시되는 의식으로 갈수록, 그 형식은 바니의 GIM에서 멀어지게 된다.

4) 개인형식에서 치료사와의 대화

바니메소드의 개인형식에서는 '음악-심상가이딩' 과정 내내 항상 클라이언트와 치료사 간에 대화가 이루어진다. 대화에서 클라이언트는 체험하고 있는 것을 알리고, 치료사는 비지시적이면서 지원적으로 대응한다. 그래서 바니의 개인형식의 특징을 규명하는 것은 음악을 듣는 동안 계속되는 치료사와 클라이언트 간의 비지시적 대화다. 이는 개인형식에 대한 명확한 기준을 만들어낸다. 대화가 없거나 대화가 지시적인 방법은 GIM이 변형된 방식이거나 GIM의 범주에서 완전히 벗어나는 것으로, 두 경우 모두 바니메소드에 속하지 않는다고 간주되어야 한다. 필요없는 지적으로 보일 수도 있지만, 이러한 명확한 구분은 실제로는 GIM이나 바니메소드에 속하지 않는데도 그 일부로 여겨지는 여러 방법에 의문을 제기하는 것이다.

다음 3가지 경우가 좋은 예다. 먼저, Marr(1998-99)와 Clark(1999)는 가이딩 없는 짧은 개인 GIM세션에 대해 설명했다. 이런 세션 유형은 분명 GIM형식이지만, 결국 바니메소드의 변형이다. 두 번째 예는 치료사가 클라이언트에게 특정한 심상을 순서에 따라 지시하는 '지시된 음악심상'으로서, 이는 앞서 확인한 바와 같이 GIM이나 바니메소드에 해당되지 않는다. 세 번째 예는 클라이언트가 떠올리는 자발적 심상에 대응하여 치료사가 지시적 중재를 사용하는 경우다. 이러한 중재는 거의 대부분 다른 치료 방식(게슈탈트심리치료, 인지치료, 몸치료, 기치료 등)에서 온 것이다. 모든 중재는 심상에서 자발적으로 나타나는 것이 아닌 특정한 치료적 결과를 얻는 데 목적을 둔다. 예를 들어 치료사가 대화를 목적으로 클라이언트에게 빈 의자를 그 장면에 가져오게 하거나(게슈탈트심리치료), 치료사가 클라이언트에게 특정 심상을 '재구성'하기를 요청하거나(인지치료), 치료사가 특정 반응을 이끌어내기 위해 클라이언트의 몸에 특정 지압점을 누를 수도 있다. 이 모든 예에 나오는 방식은 GIM의 범주 안에는 들어가지만 바니메소드에는 들어가지 않는다.

바니(2002)는 모든 저서에서, 세션의 '음악-심상가이딩' 부분에서 클라이언트와 대화할 때 치료사는 비지시적인 입장을 취해야 한다는 점과, 전체 세션이 인본주의나 초월주의 전통 내에서 접근되어야 한다는 점을 일관되게 주장해 왔다. 그러므로 다른 메소드나 방향의 기법이 GIM세션에 도입되는 경우에는 다음의 두 가지 기준이 필요하다.

- 치료사의 접근방식이 프리세션이나 포스트세션 단계에서는 인본주의나 초월주의 방향에서 벗어나 있으면서, 음악-심상가이딩에서 비지시적 접근을 유지한다면, 그 방식은 GIM의 일반적 범주에는 들어가지만 바니메소드의 범주에서는 벗어난다. 예를 들어, 프리세션이나 포스트세션에서의 대화의 초점이 정신역동적이거나 인지적이거나 빈 의자 같은 게슈탈트 기법이 사용될 때, 그 세션은 바니메소드를 벗어난 GIM의 형태로 간주해야 한다. 비록 GIM에 이런 변형이 가능하고 이러한 접근 방식이 분명 GIM에 발전적인 방법이기는 하지만, 바니가 개발한 것은 아니다.

- 치료사가 심상에 계속 지시적인 방식으로 개입하거나 정신역동적, 인지적, 행동적 같은 접근방식으로 클라이언트와 대화한다면, 그 방식은 GIM에는 속해도 바니메소드에서는 벗어난다. 바니메소드는 가이딩에 대한 비지시적, 인본주의적 접근으로 규정된다.

5) 커플과 그룹 형식에서의 대화

개인형식과는 대조적으로, 바니의 그룹GIM에는 치료사 간의 대화와 그룹 간의 대화가 없다. 그 대신 그룹 멤버들은 각자 심상이 떠오르면 언어로 표현하지 않고 심상화하며, 치료사도 언어적으로 개입하지 않는다. 한 가지 예외는 <음악과 심상>에 나온 멤버간의 대화인데(Bonny&Savary, 1973, p.109), 바니의 저서 어디에도 다른 사례는 없다. '그룹 상상(Group Fantasy)'에서는, 그룹 멤버 한 명이 심상을 떠올리기 시작해서, 준비가 되면 다음 사람에게 그 심상을 전달하고, 다음 사람은 또 그 다음 사람에게 전달하고, 결국 모든 그룹 멤버가 다 참여할 때까지 계속한다. 유감스럽게도, 알려지지 않은 어떤 이유로 바니는 이런 형식의 그룹 심상을 더 이상 개발하거나 집필하지 않았기 때문에, 바니의 그룹형식의 필수적인 부분이 되지 못했다.

두 사람 이상 참여하는 음악-심상 세션에서 진행되는 대화의 형식에 많은 진전이 이루어져왔다. 1990년대 초에 필자는 몇 명의 클라이언트가 함께 음악을 들으며 자발적으로 심상을 떠올리도록 가이딩하는 방법에 대한 연구와 실험을 시작했다. 그 결과 저자는 공동 심상화의 몇 가지 명확한 유형을 확인하고 작업해서, 교육 매뉴얼에 이 기법들을 제시하기 시작했다(Bruscia, 1992). 대상이 커플인지 그룹인지, 심상이 진행되는 동안의 상호작용이 어떻게 연결되는지, 치료사가 어느 정도 관여하는지에 따라 다양한 유형이 분류되었다.

점진적 그룹 심상(Progressive Group Imaging) 그룹의 멤버가 차례대로 심상이나 스토리를 전개해간다. 한 사람이 끝나면, 그 사람은 다음 사람에게 계속하라고 신호를 준다. 각 멤버는 순서대로 이어간다. 그룹이 시작하도록 준비해주고 첫 심상을 제공하는 정도 외에, 치료사의 관여는 최소화된다. 그래서 점진적 그룹 심상은 대부분 가이딩이 없다. 위에 말한 대로, 이 유형은 바니가 사용했고, '그룹 상상'이라고 명명했다.

개인에 대한 그룹심상(Group Go-Rounds On Individual) 각 멤버는 차례대로 그룹의 한 사람에 대한 심상을 떠올린다. 심상의 대상인 멤버는 각 멤버의 심상에 반응이나 대응을 해도 되고 안 해도 된다. 그룹 멤버들은 보통 미리 정해진 순서를 따르며, 두서없이 참여하지 않는다. 치료사는 항상 그룹이 심상에 들어갈 때와 나올 때에는 도와주지만, 실제 심상 진행 중에는 멤버간의 대화에 들어가기도 하고 안 들어가기도 한다. 따라서 가이딩이 있을 수도 있고 없을 수도 있다. 결국 각 멤버는 그룹심상의 중심이 된다. Shorr(1986)는 다음과 같이 특정 그룹을 인도한 사례를 소개했다. "스티브의 어깨 위에 서 있다고 상상해 보세요. 어떤 느낌일까요? 그리고 어떤 일이 일어날 것이라고 상상되나요?"(p.173).

그룹에 대한 개인심상(Individual Go-Rounds On Group) 이 방법은 개인에 대한 그룹심상과 반대다. 여기서는 한 사람이 중심이 되서 그룹의 각 멤버에 대한 어떤 것을 차례대로 떠올리는 것이다. 각 멤버는 그 사람의 심상에 반응해도 되고 안 해도 되지만 두서없이 하지 않는다. 치료사는 심상에 들어가고 나오는 것을 도와주지만, 실제 심상 진행 중에는 멤버 간의 대화에 들어가기도 하고 안 들어가기도 한다. 따라서 가이딩이 있을 수도 있고 없을 수도 있다. Shorr(1986)는 한 사람에게 자신이 동물이 된 것으로 상상하고 나서, 각 멤버를 차례로 떠올리게 해서 서로 대화에 들어가게 한 사례를 소개한다.

그룹 재연심상(Group Reimaging, 가이딩 있음) 메인 멤버 한 사람이 특별히 중요한 심상이

나 꿈을 그룹에게 상세하게 설명한 뒤에, 그 심상이나 꿈에 참여자나 관찰자로서 들어갈 그룹멤버들을 선택한다. 치료사는 메인 멤버와 선택된 멤버들이 재연심상에 들어가고 나오는 것을 도와주며, 가이딩할 때 개인 BMGIM의 모든 기법을 사용해 적극적이지만 비지시적인 역할을 담당한다. 참여자들은 심상을 떠올리는 동안 서로 대화를 나누고, 치료사의 도움을 받아, 메인 멤버의 심상이나 꿈속에서 실현되지 못한 기회는 물론 그들 자신의 관점도 탐색한다. 메인 멤버의 심상이나 꿈이 재경험되면서, 그룹 상호작용 안에서 일련의 새로운 관점과 행동으로 발전된다. 이와 같이 결과적으로 그 심상이나 꿈이 변형된다.

커플 공동심상(Couple Co-Imaging, 가이딩 있음) 어떤 관계든 두 명의 파트너가 함께 GIM 세션에서 확장된 의식의 상태에 들어가, 음악을 듣는 동안 치료사와 대화하면서 심상을 떠올린다. Merritt와 Schulberg(1995)는 홀로코스트에 대한 집단적 슬픔의 치료에서 이러한 방법으로 접근했다. 파트너들은 아우슈비츠에 어머니가 감금되었던 미국계 유대인 여성과, 아버지가 군인으로서 수용소에 장비를 배달했던 독일여성이었다. 치료사는 인덕션을 한 후 두 여성이 함께 다카우를 방문했을 때 땅에서 주어온 돌들을 바라보는 심상에서 시작하게 했다. 그런 다음 파트너들은 서로, 그리고 치료사와 대화를 나누면서, 그들 자신의 문화적, 개인적 관점에서 돌의 심상을 탐색했다.

그룹 공동심상(Group Co-Imaging, 가이딩 있음) 모든 그룹 멤버는 상호간에, 그리고 치료사와 대화를 나누는 가운데 자발적으로 심상을 떠올린다. 치료사는 그룹이 심상에 들어가고 나가는 것을 돕고, 개인 BMGIM의 모든 기법을 사용해 적극적이지만 비지시적인 역할을 담당한다. 미묘하게 다른 두 가지 접근방식이 사용되지만, 어느 쪽도 거의 기록으로 남아있지 않다. 필자의 방식에서는(Bruscia, 1992), 치료사가 그룹 전체에 첫 심상을 제시하면서, 각 멤버가 그 심상의 장면에 있는 모습을 떠올리게 해서 상호교류한다. 치료사는 BMGIM의 모든 비지시적 가이딩 기법을 사용하여 계속 전개되는 심상 공간 안에 그룹이 머물게 한다. 두 번째 방식은, Merritt와 Schulberg(1995)에 따르면, Carol Bush와 Sara Jane Stokes에 의해 개발되었다. 여기서는 치료사가 첫 심상을 제시하고, 그룹 멤버들은 각자 자신의 심상에 들어간다. 이 방식에서는 말하고 싶은 느낌이 들면 음악에 대한 자기의 체험을 소리 내어 말한다. 치료사는 적절한 때에 지시나 강화로 그 체험을 가이딩한다. 각자의 독립된 체험으로 시작하여 하나의 공통 체험으로 함께 연결되는 것으로 마무리 된다(Merritt & Schulberg, 1995, p.106).

6) 클래식음악 프로그램의 사용

바니 개인형식의 특징 중 하나가 클래식음악만 사용한다는 점이며(Bonny, 1978), 반면 그룹 형식에는 다양한 스타일과 장르의 음악이 사용될 수 있다. 바니는 다음과 같이 설명한다.

> 시행착오를 통해서, 우리는 개인형식에는 클래식음악이 자아탐색에 필요한 특질인 경험의 깊이, 다양한 음색과 형식, 폭넓은 화성과 멜로디를 제공할 수 있다는 것을 알게 되었다… 반면에 대중음악은 보다 지엽적이며, 형식이 더 단순하고 비교적 가볍다. 그러므로 적절한 형식의 대중음악(대개 연주곡)도 그룹 GIM세션에서 활용될 수 있다(Bonny, 1999, p.73).

바니 개인형식의 또 다른 특징은, 신중하게 선택하고 배열한 클래식음악으로 구성된, 미리 디자인된 프로그램의 사용이다. 사실 바니(1978)는 개인치료에 사용하겠다는 뚜렷한 의도를 가지고 음악 프로그램 전체를 만들어냈다. 바니는 특정한 강도의 윤곽을 염두에 두고 이 프로그램들을 디자인했다. 즉, 클라이언트를 특정한 의식 상태나 감정적 공간으로 이끌어 그곳에 머무르게 하다가, 나오거나 되돌아올 경로를 제공하는 타이밍을 면밀하게 짜서 각 프로그램에 고유한 감정적 등고선을 만들었다. 이같이 바니가 만든 이 음악 프로그램들은 효과적으로 심상과정을 형성해가려는 의도로 디자인했다. 그리하여, 이 프로그램들은 개인세션의 핵심요소이자, 메소드 그 자체를 규정하는 특성이 되었다.

과거에는 프로그램이 오디오테이프로 제시되었기 때문에 치료사가 음악-심상가이딩 도중에 프로그램 자체를 바꿀 기회가 거의 없었다는 것을 아는 것은 중요하다. 유일한 옵션은 한 프로그램 내에서 중간에 다른 곡으로 바꾼다든가, 프로그램의 시작이나 끝에 곡을 추가하거나 뺀다든가, 'Death-Rebirth'나 'Peak Experience' 같은 두 개 이상의 완전한 프로그램을 연속으로 진행한다든가 하는 것이었다(Bonny, 1978). 그러나 CD의 등장으로, 치료사는 개인세션을 위한 음악을 선택하고 배열하는 데 훨씬 많은 유연성을 갖게 되었다. 치료사는 이제 프로그램 안에서 곡을 건너뛰거나, 다른 프로그램의 어떤 지점으로도 쉽게 전환할 수 있어서, 완전히 자발적인 음악 프로그래밍의 가능성을 열게 되었다.

최근의 발전에 비추어 바니의 클래식음악 프로그램의 고유한 특성을 고려해볼 때, 두 가지 중요한 기준을 생각해야 한다. 먼저, 바니 개인형식에서는 클래식음악만이 사용되므로, 클래식 외의 음악을 사용하는 개인GIM은 모두 바니메소드의 범주에서 벗어난다. 둘째, 바니 개인형식에서는 미리 디자인된 음악 프로그램만이 사용되므로, 개인GIM에서의 즉흥적인 음악 프로그래밍은 모두 바니메소드의 범주에서 벗어난다.

이와는 대조적으로, 바니의 그룹형식의 범주는 훨씬 더 넓어서, 클래식 이외의 음악도 포함되며, 미리 디자인된 프로그램만 사용한다는 전제도 없다.

7) 세션과 음악의 길이

바니가 처음에 디자인한대로 개인세션은 보통 1~2시간 계속되지만, 사용되는 음악의 길이나 다양한 다른 요인에 따라 예외적으로 3시간까지 연장될 수도 있다. 이 세션들은 전통적인 심리치료 시간인 50분과 비교해볼 때 꽤 시간이 많이 걸리는 것으로 볼 수 있다. 이러한 이유로, Ritchey Vaux(1993)는 더 짧은 음악프로그램을 사용하고 프리세션과 포스트세션의 시간을 줄이는 것으로 BMGIM세션을 변경해서 사용했다. 이 시도에서 단축된 세션이라도 적절하게 준비만 된다면, 짧은 시간의 심리치료의 한계를 뛰어넘어 효과적일 수 있음을 발견했다(p.29). 하지만, 전통적인 개인 GIM세션 시간을 줄이는 것은 바니메소드를 벗어난다. 두 가지 이유가 있다. 첫째, 보통 길이의 완전한 음악 프로그램이란 거의 있을 수 없고, 앞에서 확인한 것처럼, BMGIM는 대부분 30분을 넘는 미리 디자인된 프로그램을 사용하는 것으로 규정된다. 둘째, 짧은 세션에서의 치료의 깊이가 긴 세션에서의 깊이와 같을 수가 없다. 왜냐하면 원래 길이의 음악 프로그램은 전개됨에 따라 음악이 심상 체험을 깊이 이끌어 줄 뿐만 아니라, 짧은 세션에서는 심상 체험을 뚫고 이어갈 수 있도록 치료사가 의식의 깊이를 지속적으로 모니터해야 하기 때문이다.

반면, 그룹GIM세션은 바니메소드의 범주내에서도 길이가 상당히 차이날 수 있다[Bonny

& Savary(1973)의 음악의 길이 참조]. 사용되는 음악의 양과 그룹 심상체험의 필요와 목적에 따라 많은 차이가 있게 된다. 예를 들어 Moe, Roesen, 그리고 Raben(2000)은 정신과 환자에게 적용하기 위해서는 그룹세션의 음악-심상 과정을 축소할 필요가 있다고 설명했다. 그들은 1시간 세션에서 음악은 10분만 제시했다. Short(1992)는 신체적 장애가 있는 노인 그룹의 경우는 음악-심상 과정이 3~12분 정도 지속될 수 있으며, 더 장시간 진행하기 위해서는 한 곡 보다는 두 곡을 사용하는 것이 더 효과적이라는 것을 알 수 있었다. 다른 그룹 환경에서는 가이딩 없는 음악-심상 과정의 길이는 5~20분 사이이며, 그에 따라 프리세션과 포스트세션의 길이도 달라진다.

요약

이 장의 목적은 바니가 창안한 개인과 그룹 형식뿐만 아니라, GIM이라고 불리는 일반적 형식의 범주를 밝히는 것이었다. 먼저, GIM은 그 자체만으로 진정한 메소드라는 것과, 그 메소드에 대한 충분한 연구와 시행과정을 거쳐 바니는 유일무이하고 자신만의 독창적인 일련의 원리와 기법을 개발했다는 사실을 확인했다. 그 다음으로 논의된 것은, GIM이 메소드 중심이면 음악치료의 양식이고, 결과 중심이면 다른 양식이 된다는 것이다. 구체적으로, 치료사와 클라이언트가 신체적이든, 정서적이든, 정신적이든, 영적이든 상관없이 치료적 변화를 위한 주요 매체나 과정으로 음악을 사용한다면 GIM은 음악치료다. 하지만 치료사와 클라이언트가 심리치료, 힐링, 교육, 의료, 자기계발 등의 분야에서 특정한 결과에 초점을 맞추고 그것을 달성하기 위한 수단으로 음악을 사용한다면 GIM은 그 분야의 한 양식이 되는 것이다.

바니가 창시한 GIM의 개인과 그룹 형식을 그 본질적인 특성의 측면에서 규정하고, 이어 각 특성이 여러가지로 변형된 방식들을 검토하고 비교해 보았다. GIM과 바니메소드에 관련해 여러 방식들이 분류되었으며 다음의 세 가지 주요 범주가 나타났다.

바니메소드

- 개인형식: 자발적 심상, 확장된 의식상태, 미리 디자인된 클래식음악 프로그램, 음악-심상가이딩 동안의 대화, 비지시적 가이딩으로 이루어지고, 치료를 위한 양식이며, 주로 'BMGIM'으로 불린다.
- 그룹형식: 자발적 심상, 확장된 의식상태, 치료사의 선택에 따른 다양한 스타일의 음악, 대화나 가이딩이 없는 음악-심상 과정으로 이루어지고, 자기계발을 위한 양식이며 '그룹 GIM' 또는 '음악과 심상(Music and Imagery)'으로 불린다.

바니메소드 범주에 속하지 않는 GIM 형식

- 제한된 자발적 심상
- 재연심상(커플, 그룹 또는 슈퍼바이지를 대상으로 하며 가이딩이 있을 수도 있고 없을 수도 있음)
- 인본주의나 초월주의가 아닌 방향에서 이루어지는 모든 GIM
- 자발적인 심상의 가이딩이 지시적으로 이루어지는 모든 GIM
- 개인에 대한 그룹 심상과 그룹에 대한 개인 심상
- 공동 심상(커플이나 그룹을 대상으로 하며 가이딩 있음)
- 클래식 이외의 음악이 사용되는 모든 개인GIM
- 즉흥적인 음악 프로그래밍으로 진행되는 모든 개인GIM
- 시간이 단축된 모든 개인GIM

GIM이나 바니메소드에 속하지 않는 음악치료 형식

- 투사적 듣기
- 이완을 위한 듣기
- 지시된 음악-심상

참고문헌

Blake, R. (1994). Vietnam veterans with Post-Traumatic Stress Disorder (PTSD): Findings from a music and imagery project. *Journal of the Association for Music and Imagery,* 3, 5-17.

Blake, R., & Bishop, S. (1994). The Bonny Method of Guided Imagery and Music in the treatment of Post-Traumatic Stress Disorder (PTSD) with adults in a psychiatric setting. *Music Therapy Perspectives, 12(2),* 125-129.

Bonny, H. (1976). Music and Psychotherapy. Doctoral dissertation, Union Graduate School.

Bonny, H. (1978). *GIM Monograph #2: Facilitating GIM Sessions.* Salina, KS: The Bonny Foundation.

Bonny, H.(1980). *GIM Monograph #3: GIM Therapy: Past, Present and Future Implications.* Salina, KS: The Bonny Foundation.

Bonny, H. (1994). Twenty-one years later: A GIM update. *Music Therapy Perspectives, 12*(2), 70-74.

Bonny, H. (1999). *GIM Monograph #1: Facilitating GIM Sessions.(Revised Edition).* Salina, KS: The Bonny Foundation.

Bonny, H. (2002). *Music and Consciousness: The Evolution of Guided Imagery and Music.* Gilsum, NH: Barcelona Publishers.

Bonny, H., & Pahnke, W. (1972). The use of music in psychedelic (LSD) psychotherapy. *Journal of Music Therapy, 9(2),* 64-87.

Bonny, H., & Savary, L. (1973). *Music and Your Mind: Listening with a New Consciousness.* New York: Harper & Row Publishers.

Bruscia, K. (1987). *Improvisational Models of Music Therapy.* Springfield, IL: Charles C. Thomas.

Bruscia, K. (1992). *Level* Three*: GIM Training Manual.* Unpublished manuscript. Philadelphia, PA.

Bruscia, K. (1998a). *Defining Music Therapy (Second Edition).* Gilsum, NH: Barcelona Publishers.

Bruscia, K. (ed.) (1998b). *The Dynamics of Music Psychotherapy.* Gilsum, NH: Barcelona Publishers.

Bunt, L. (2000). Transformational processes in Guided Imagery and Music. *Journal of the Association for Music and Imagery, 7,* 44-58.

Bush, C. (1995). *Healing Imagery and Music: Pathways to the Inner Self.* Portland, OR: Rudra Press.

Clark, M. (1998-99). The Bonny Method of Guided Imagery and Music and spiritual development. *Journal of the Association for Music and Imagery, 6,* 55-62.

Clarkson, G. (1999). The spiritual insights of a Guided Imagery and Music client with autism. *Journal of the Association for Music and Imagery, 6,* 87-103.

Hammer, S. (1996). The effects of guided imagery through music on state and trait anxiety. *Journal of Music Therapy, 33* (1), 47-70.

Marr, J. (1998-99). GIM at the end of life: Case studies in palliative care. *Journal of the Association for Music and Imagery, 6,* 37-54.

Merritt, S., & Schulberg, C. (1995). GIM and collective grief. *Journal of the Association for Music and Imagery, 4,* 103-121.

Moe, T., Roesen, A., & Raben, H. (2000). Restitutional factors in group music therapy with psychiatric patients based on a modification of Guided Imagery and Music (GIM). *Nordic Journal of Music Therapy, 9(2),* 36

Rider, M. (1987). Treating chronic disease and pain with music-mediated imagery. *The Arts in Psychotherapy, 14* (2), 113-120.

Ritchey Vaux, D. (1993). GIM applied to the 50-minute hour. *Journal of the Association for Music and Imagery, 2,* 29-34.

Shorr, J. (1986). Techniques in psycho-imagination therapy. In A. Sheikh (ed.), *Anthology of Imagery Techniques.* Milwaukee, WI: American Imagery Institute.

Short, A. (1992). Music and imagery with physically disabled elderly residents. *Music Therapy: Journal of the American Association for Music Therapy, 11*(1), 65-98.

Steinke, W. (1991). The use of music, relaxation, and imagery in the management of postsurgical pain for scoliosis. In C. Maranto (ed.), *Applications of Music in Medicine, 141-162.* Silver Springs, MD: National Association for Music Therapy.

Summer, L. (1988). *Guided Imagery and Music in the Institutional Setting.* St. Louis, MO: MMB Music.

Tsao, C., Gordon, T., Maranto, C., Lerman, C, & Murasko, D. (1991). The effects of music and directed biological imagery on immune responses (S-IgA). In C. Maranto (ed.), *Applications of Music in Medicine,* 85-121. Silver Springs, MD: National Association for Music Therapy.

2부

사례 연구

사례1 만다라와 GIM

GIM과 미술치료의 통합 *

Helen Lindquist Bonny · Joan Kellogg

> "나의 만다라는 매일 새롭게 만나는 자기(the Self)의 상태에 관한 암호이다. 만다라에서 나는 활발히 움직이고 있는 자기, 즉 나의 온 존재를 보았다. 물론 처음에는 어렴풋이 이해할 수 있을 뿐이었지만, 나에게 대단히 중요한 것으로 여겨졌으며, 소중한 진주처럼 간직했다."
>
> (Jung, 1961, p.195).

도입

심리치료 세션에서, 헬렌 바니가 개발한 GIM세션 후에 미술치료사 조안 켈로그(Joan Kellogg)의 방식에 따라 해석되는 만다라 그리기로 세션을 마무리하는 음악치료의 긍정적

* Bonny, H. (2002). *Music and Consciousness: The Evolution of Guided Imagery and Music*. Edited by Lisa Summer. Gilsum NH: Barcelona Publishers.

인 통합은, 이 두 표현치료의 결합이 혁신적이라는 것을 보여주었다.

메릴랜드 정신연구센터의 단기집중 심리치료에서, 우리는 음악세션에 만다라 그리기를 결합했다. GIM이라 불리는 음악치료기법은 이완과정 다음에 음악을 들으며 치료사의 지속적인 지원으로 진행된다. 헬렌 바니(1975)의 정의에 따르면 GIM은 창의성, 치료적 중재, 자기이해, 심미적 감동, 종교적 또는 초월적 경험을 촉진할 목적으로 보다 깊은 자기(Self)로부터 떠오르는 심상, 상징, 감정을 사용하기 위해 이완된 상태에서 선곡된 음악 또는 프로그램된 음악이나 생음악을 듣는 것이다(pp.121-135).

GIM세션은 일주일 단위로 1시간 반에서 2시간 동안 진행되었으며 만다라 그리기가 이어졌다. 음악치료사는 미술치료사에게 클라이언트의 정보나 검사점수를 제공하지 않는다. 각 세션이 끝난 뒤, 만다라는 미술치료사에게 발송되고, 미술치료사는 진단적 해석을 기록해서 다시 보내주었다.

이 정신의학 연구에서, 원의 미술형식인 만다라는 조안 켈로그에 의해 클라이언트의 치료과정 진행을 시각적으로 관찰하기 위한 투사적 장치로 사용되었다. 그 절차는 12×18인치 도화지의 가운데에 연필로 윤곽을 그린 10인치 지름의 원을 오일파스텔로 색칠하는 것이다. 클라이언트는 먼저 원의 중심에 집중해서 그곳에 모양을 만들고 색칠하고, 원 안에서 계속 그려간다. 원 밖으로 벗어날지 말지는 클라이언트에게 달려 있다. 원은 울타리가 아니라 지표이기 때문이다. 만다라가 완성되면 날짜/이니셜/성별이 추가된다. 최소 36가지 색상의 파스텔이 사용된다.

사례연구

우리는 건강과 온전함(Wholeness)을 위한 치료 효과를 높이기 위한 시도로 GIM에 만다라를 결합한 사례를 제시하고자 한다. 음악치료사의 관점에서, 만다라 그리기는 (1) 클라이언트가 자신의 음악적 체험에서 말로 표현하기 어려운 부분을 구체적으로 묘사해 볼 기회가 되고, (2) 일상적인 의식 상태로 쉽고 편안하게 돌아오게 하는 것 같았다. 대개 음악세션은 클라이언트를 깊게 확장된 의식 상태로 데려가기 때문에 부드럽게, 천천히 일상의 의식 상태로 돌아오는 것이 바람직하다.

미술치료사로부터 제공받는 만다라 해석은, 음악치료사가 클라이언트 치료에 대한 판단을 하는 데 도움이 되는 현재의 긍정적 또는 부정적 경향에 대한 진단 자료가 된다. 우리의 사례연구에서는 음악치료사가 각 음악세션의 내용을 설명한 다음 미술치료사의 만다라의 해석이 제시될 것이다.

이 사례는 5개월여 기간 총 30시간의 세션 과정이다. 클라이언트를 우리 프로그램에 들어오기 전에 많은 검사절차가 필요했고, 그 결과는 치료사들이 볼 수 있었다. 검사로는 다요인 인성검사(16PF Test Profile), 다면적 인성검사(MMPI: Minnesota Multiphasic Personality Inventory), 개인성향검사(POI: Personal Orientation Inventory), 최면감수성검사(Hypnosis Susceptibility Scale)가 시행되었다.

존(가명)은 22세의 대학생으로, 주기적으로 겪고 있는 우울 증상에 도움을 받도록 보내졌다. 그는 이런 증상이 대개 2~4일간 지속된다고 했다. 이럴 때 그는 자살을 생각하기도 하지만 실제로 시도한 적은 없다. 존이 자신의 문제를 상의했던 교수는 그를 우리에게 보냈다.

대상 정보

존에게는 3살 터울 여동생이 있다. 아버지는 필리핀 혈통의 해군 직업군인이고 어머니는 독일계였다. 어린 시절에 아버지는 해군복무로 오랜 시간 멀리 계셨다. 그 외에는 평범한 어린 시절이었다고 그는 말했다.

존은 미국의 한 대도시에서 학교생활 대부분을 보냈다. 그는 대학 1년을 마치고 아버지처럼 해군에 입대했다. 신병훈련소에서 한 달이 지나고 그는 우울감을 느끼기 시작했는데, 그는 동료 신병들이 자기에게 굴욕감을 주었기 때문이라고 했다(자신의 감정을 타인에게 투사). 인본주의적인 전쟁 반대를 근거로, 그는 숙고 끝에 군대에서 명예제대를 할 수 있게 되었다.

이런 경험이 있고 나서 그는 상실감과 우울함을 느꼈다. 그는 학교로 돌아가기로 결정하고, 등록하고, 대학을 잇달아 세 번을 옮겼다. 의뢰서 기록을 보면 그는 완전히 대학을 중퇴할까 생각하고 있었다. 그는 어떤 종류의 약물도 남용한 병력이 없었고, 기본적으로 타인에 대한 성적 관심도 거의 보이지 않았다. 그는 데이트할 시간도 없고 그런 활동에 관심도 없다고 말했다. 그의 종교적 배경은 엄격한 루터교이고, 도덕주의적인 가정교육을 받았다고 설명했다. 하지만 그는 자신의 배경에 반항하게 되었고, 기독교의 위선과 교회에 평화를 위한 노력이 부족함에 대해 무척 혐오하며 말했다. 그는 자신의 종교를 본질적으로 윤리적인 것이라고 정형화했다. 그는 스스로 '세상의 실존적 문제들'이라고 부르는 것에 압도되어 있었고, 스스로 해결책을 찾아야 한다는 책임감을 느꼈다. 그는 삶에 대한 깊은 절망감을 호소했고, 인간 본성에 대해 염세적인 시각을 갖고 있었다. 존은 문제해결에서 지성의 중요성을 강력히 역설하면서도, 상대적으로 자기 인성의 직관적 측면은 중요하게 생각하지 않았다. 그는 우울증을 해소하기 위해 계속 외부 활동으로 바쁘게 지냈고, '내면의 평화'라는 것이 무엇인지 몰랐다. 그는 현재 가족과 살고 있지만 행복하지 않았다.

그는 '개인적 균형과 내적 방향성'을 찾는 것이 치료의 목적이라고 말했다. 그는 "치료가 아무런 도움이 안될까봐 받기가 두렵다"고 했다. 치료사로서 그에 대한 나의 개인적 목적은 자존감 향상, 불안감 감소, 감정조절(그는 너무 쉽게 울었다), 좌절과 분노와 실망의 근원에 대한 탐색과 해결, 그리고 그의 인성의 비인지적 측면(융의 아니마)을 받아들이도록 돕는 것이다.

만다라1(치료시작 전)

존은 치료에 앞서 첫 번째 만다라를 다음과 같이 그렸다. 이 그림을 구성하는 짙은 색 선은

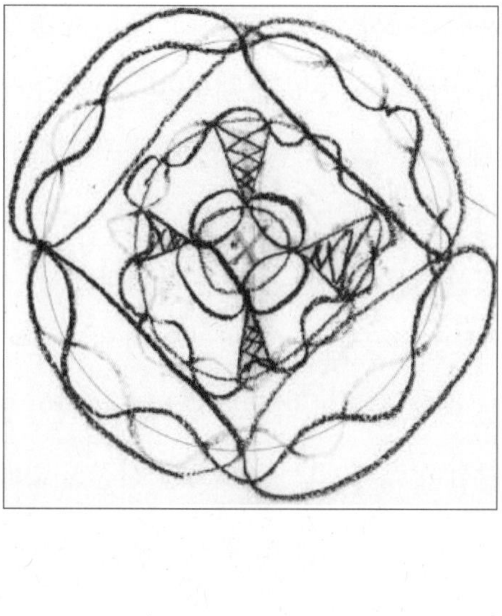

모두 검정과 파랑이고, 밝은 색 선은 노랑이다. 가운데에는 빨강으로 그려진 중심원이 하나 있다. 그 작은 원 안에 있는 'X'는 노랑이다.

존은 치료를 시작하기 전에 만다라에 대한 해석을 들었다. 만다라에 대해 그는, '아마 전자 구름 지도를 그린 것같다… 중심의 X는 마지막에 표시했다'고 썼다.

치료 시작 전의 만다라에 대한 해석

이 사람은 합리주의자인 것 같다. 만다라에서 보여주듯 그는 자신의 감정과 분리된 메마른 사람일 수 있기 때문에, 그의 존재방식을 이해하기가 어렵다. 그가 꾸준히 갈색을 사용한 것은 항문애 성격과 관련이 있을 수 있다. 그는 품행이 바르고, 돈 씀씀이가 꼼꼼하고, 지적 추구에 집착하는 경향이 있을 것이다. 배경은 청교도적이고, 집에서 별로 웃지 않고, 예의바르다. 중심에 있는 남성적인 노란 X가 음울한 느낌의 구속하는 색상의 정원 담장에 둘러싸여 있기 때문에, 그는 갇힌 느낌을 가지고 있다(만다라의 노랑은 태양의 창조적인 면을 나타내는 수많은 기능을 나타내고, 십자가, 즉 X 형태는 이러한 면을 표현하는 데 있는 문제들, 즉 갈림길이나 속박이나 난점을 가리킨다).

세션1

존의 첫 번째 세션에서, 이완 후 6곡짜리 음악프로그램이 사용되었고, 그는 최면감수성검사에서 받은 낮은 점수를 고려하면 예상했던 것보다 더 깊게 심상에 들어갈 수 있었다. 그는 이완되어 음악과 함께 움직였는데, 처음에는 음악과 밀접하게 연결된 심상의 관찰자로서였지만, 세션의 후반부에서는 잠시 심상 속의 인물과 동일시 될 수 있었다.

가장 도움이 된 것은 대성당 장면으로 Tschesnekoff의 'Salvation is Created'가 흐르고 있었다. 그는 '차분하고, 엄숙하고, 슬프지만 우울하지 않게' 자신의 마음을 감정에 맡겼다. 세션 후에 그에게 슬픔과 우울의 차이를 구체적으로 말해달라고 요청했다. 그는 우울을 '좌절된 분노'라고 정의했다. 그는 치료를 시작한 것에 대해 낙관적으로 생각했다.

세션 동안 클라이언트가 경험하고 있는 심상과 감정 상태를 얘기하게 한다. 각 세션이 끝난 다음 주에는 클라이언트가 그 세션에 대해 떠오르는 생각과 반응을 적어보게 한다.

세션2

두 번째 세션에서 Copland의 'Appalachian Spring'이 흐르는 동안, 그는 "비극적인 느낌이 있어요. 십자가의 죽음, 그것이 오고 있음을 미리 아는 것, 그것을 아는 것. 두려움이 아니라, 그냥 아는 거요"라고 했다. 잠시 후 이어서 "꽃을 보고 있어요. 꽃의 근원, 의미, 존재. 음악의 베이스음이 존재와 관련된 깊은 질문 같았어요. 근본 문제를 경시하고, 제대로 알지도 못하면서 수용하는 것"이라고 했다. 세션의 마지막에 우리는 감정으로 들어가는 것에 대해 이야기했다. 그는 동의했으나, 성적인 주제로 들어가는 것에 대한 두려움을 나타냈다. 만다라를 주자, 그는 "내가 텅 빈 느낌"이라며 거부했다. 나는 그 느낌을 최대한 살려 그려보라고 했다.

만다라2 존의 두 번째 만다라에는 원의 중심을 향해 나선형으로 들어가는 노란 선들이 있다. 도형들은 각각 다른 색으로 그려졌다. 육각형은 오렌지, 직선과 쇠격자 모양은 빨강, 'X'와 타원형은 파랑, 중심에서 퍼져나가는 물결선은 검정이다.

해석 선으로 된 다양한 형태들과 함께 노란 회오리는 그의 직선적인 면을 보여주는 또 다른

방식이라고 생각된다. 유일한 곡선 모양은 왼쪽에 있고 파란 색이다. 나는 그가 가장 여성적인 수용적 특성뿐만 아니라 직관 기능도 억압해왔다고 믿는다. 더 적절한 표현은 그의 분석적인 정신은 자신의 감정과 직관을 희생함으로써 발달된 것이다 (파랑은 수용적 특성의 표현으로, 물의 여성적 측면과 상징적으로 동일시된다. 짙은 파랑이 전의식 내 좌측에 위치하여 직관 기능을 가리킨다).

세션이 끝나고 다음 주에 그는 자신의 감정에 대해 보다 명확하게 글로 표현했다. '나는 오늘 우울한 상태에 빠졌다. 도서관에 앉아 있었는데, 오후 중반이 되자 그곳의 모든 사람과 아득히 떨어져 있는 느낌이 들었다. 세상의 모든 문제를 짊어지고 있는 것 같았다. 뭔가 해야 되는데, 무엇인지 모르겠고, 그 문제들이 어디서 오는 건지도 모른다… 근원은 모르지만 그것은 나를 조금씩 갉아먹는 분노 같기도 한데, 그 심연에서 그것은 불안으로 떠오른다.'

세션3

음악이 흐르는 동안 두려움, 분노, 지루함이 모두 두드러지게 나타났다. 그는 음악을 바꿔달라고 계속해서 요청했다. 치료사와의 라포는 여전히 문제였다. 우리는 기본 이슈를 실제로 다루지도 못했다. 그의 방어는 강력했으며, 십중팔구 잠시라도 내려놓을 수 없었을 것이다. 지난 세션에서 자신이 성에 대해 이야기할 준비가 되지 않았다고 말한 것도 아마 중요한 방어일 것이다. 세상에 대한 그의 분노는 분명히 부모와 어쩌면 그 자신에 대한 분노의 투사로 보인다.

만다라3 원의 중심을 향해 나선형으로 들어가는 선은 노랑이다. 4개의 작은 나선형은 초록과 빨강이 교대로 그려졌다. 나선형 사이에 그려진 2개의 화살은 모두 파랑이며, 나선형 사이의 2개의 곡선은 모두 짙은 초록이다.

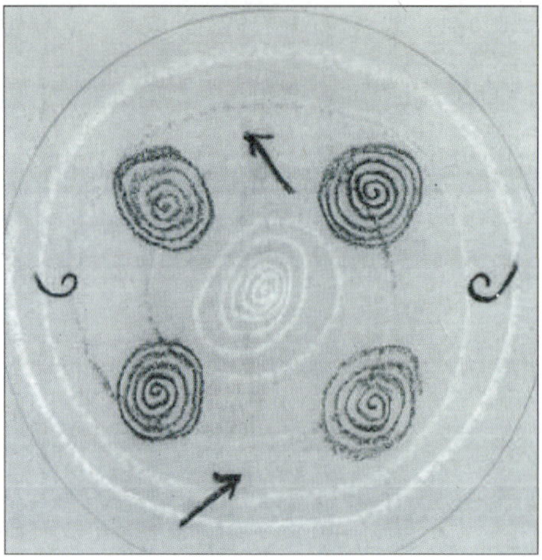

해석 소용돌이로 이루어져 있는데, 이것은 퇴행(되돌아감)을 나타낸다. 그가 세션을 잘하고 있음을 보여주는 것 같다.

존은 보다 희망적인 기분으로 세션에 대해 다음과 같이 썼다. '어떤 자발적인, 개인적인 감정이 일어날 수 있다면, 세션의 가치에 대한 의문은 결코 일어나지 않을 것이다. 나는 나의 사고와 감정 사이에 존재하는 거리를 느끼기 시작했다.'

세션4

세션에 앞서, 존은 집에서 생활하기가 점점 더 힘들어진다고 이야기했다. 그는 아파트를 구해 독립하려는 생각을 하고 있었다. 그러면 그가 말했던 "부모의 가치관과 사고방식의 고압적인 영향"으로부터 자유로워질 것이다.

음악이 시작되기 전에 긴장이완 과정이 있었고, Hanscarl Leuner(1969)의 정서적 심상유도(Guided Affective Imagery) 뒤에 보다 구조화된 심상과정이 진행되었다. 세션은 순조롭게 진행되었고, 나는 우리가 개인적인 문제를 얘기할 정도로 더 가까워지고 있다고 느꼈다.

만다라4 이 만다라에서, 원 밖에 그려진 벽돌 같은 선들은 노랑이다. 중심 원은 2개의 링과 중심으로 되어 있다. 바깥 링은 파랑, 안쪽 링은 빨강, 중심은 노랑으로 그려졌다.

해석 이 만다라는 솔직히 강박적이다. 치료에 진전을 보이기 시작하면 이런 방식으로 자신을 방어하기 시작한다. 이것은 타겟(Target) 만다라로서, 방어기제가 작동하는 전형적인 모습이다. 자기성찰에 너무 빠지면 이런 현상을 보인다. 뭔가가 원 형태의 둥지를 짓는 과정을 촉발시키면 너무 조급해져 여유를 가질 수 없다. 노랑 거미줄은 이런 유형의 사람이 갖는 의존 욕구, 구조에 대한 욕구를 보여준다. 동시에, 유감스럽게도, 성장을 가져다주는 행복한 사건을 막는다.

세션5

많은 클라이언트의 경우, 다섯 번째 세션에서는 보통 카타르시스의 돌파구나 자신에 대한 통찰이 일어난다. 존도 이들 중 하나였다. 치료사와의 라포도 형성되었다. 프리세션에서, 그는 처음으로 세상에 대한 비관적인 감정이 자신의 내면의 혼란 상태의 투사일 수 있다고 말했다. 그는 타인에게 좀 더 수용적이어야 할 필요를 느꼈고, 소통의 부족이 타인보다는 자신의 잘못일 수도 있다고 느꼈다. 존은 우울감이 줄어든 느낌이지만 그 느낌을 믿기가 두렵다고 했다.

음악-심상가이딩 과정에서, 그는 평온한 감정을 느끼다가, 이어서 분노의 감정이 표면으로 나왔다. 나는 'Affect-Release' 음악프로그램과 근육의 저항을 가져오는 생체에너지 운동을 사용해 그 감정을 더 고조시켰다. 나는 그의 손바닥을 누르면서 내 손바닥을 밀어 떨어뜨리라고 했고, 그는 그렇게 했다. Holst의 'The Planets'에 수록된 감정을 자극하는 음악인 'Mars'를 들으며 그 동작을 몇 번 반복했다. 그는 공허함, 혐오, 분노, 냉담, 공격의 감정을 하나하나 표현했다. 나는 그 음악프로그램을 다시 돌려 20분의 재생시간 동안 동일한 방법을 반복했다. 세션 후에 만다라5는 그의 요청에 의해 그리지 않았다.

세션6

앞 세션에서 존을 자기 신체와 접촉하게 한 것은 그의 감정 상태로 들어가는 돌파구가 되었으나, 그에게는 위협적이었다. 그는 "혼란스럽다"면서, 이번 세션에서는 음악 없이 대화만 하자고 했다. 그는 빙빙 돌려 말하다가 마침내 안대나 이어폰 없이 음악을 듣기로 했다. 우리는 그가 극도로 예민한 것에 대해 대화를 나누었다. 그리고 그것이 '부드러운 마음'으로 될 가능성에 대해 장시간 대화를 나누었다. 존은 감정영역에 들어갔을 때 그의 사고에서 혼란과 불확실성을 겪었다.

만다라6 이 만다라는 파랑, 노랑, 빨강으로 그려졌다. 원 둘레는 파랑이다. 중심으로 소용돌이쳐 들어가는 선들은 노랑과 빨강으로 그려졌다. 12시에서 3시 방향과 6시에서 9시 방향

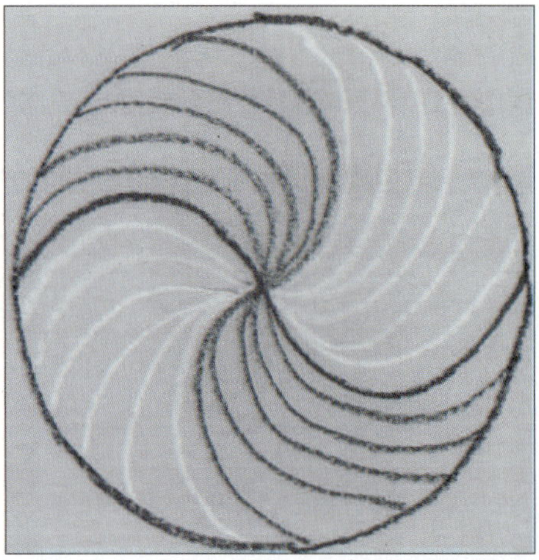

은 노랑이고, 3시에서 6시 방향과 9시에서 12시 방향은 빨강이다.

해석 이는 시계 반대방향으로 돌아서 무의식 영역으로 들어가려는 것으로, '자기(Self) 안으로의 여행'이라는 면에서 아주 좋게 보인다. 부정적인 어머니인 파란색의 원에 둘러싸인 빨강과 노랑은 모두 그 자신의 적극적인 면으로, 그가 탐색에 적극적으로 임하고 있음을 보여준다.

세션7

존은 일주일을 잘 보냈고 기분도 나아졌다. 그는 무엇이건 구조화되어야 한다고 했다. 어떤 것을 상세히 설명하거나 말하지 않으면 그는 불편을 느낀다. 세션은 본성과 일치되는 편안한 감정을 느끼게 해주었고 대인관계를 충족시켜주었으며, 그에게 사람들과의 관계가 필요하다는 사실을 깨닫게 해주었다.

만다라7 이 그림에서 작은 원의 둘레는 하양이다. 가운데에 있는 큰 별 모양은 파랑과 살색으로 그려졌다(별의 가장 큰 점들은 노랑이고, 작은 점들은 파랑과 살색이다).

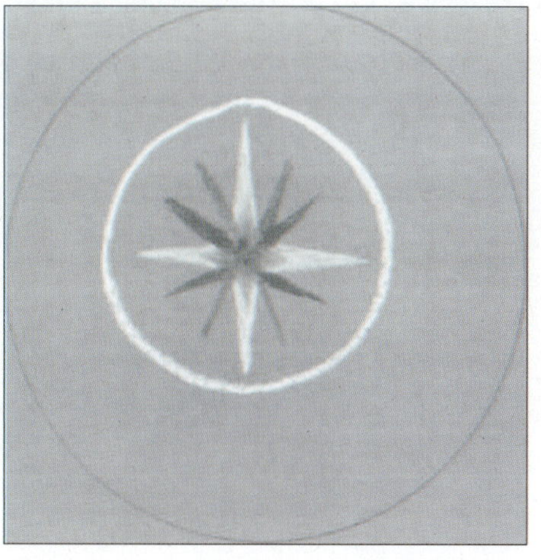

해석 놀라운 만다라다. 하늘의 별처럼 새롭고 희망적인 중심이 보인다. 이것은 자기(Self)의 측면들을 나타내는 여러 색상을 지니고 무지개빛으로 빛난다. 보다 밝은 색들이 사용되었다. 건강하고 불그레한 살구색(분명히 그의 몸이 감정수준에 연관되어 있다), 긍정적인 어머니인 파랑, 마음을 나타내는 아름다운 노랑 등. 이 중심을 둘러싸고 있는 것은 결국 타인으로부터 자신을 차단하지 않는 하얀색의 원이다. 이 만다라는 대단하다.

세션8

존은 지난주에 두 번의 단기 우울증상이 있었다. 그는 다시 자신의 지나친 예민함과 격한 감정에 대해 이야기했다. 그는 어린 시절 7학년이나 8학년이 될 때까지 학교에서 자주 울었다고 회상했다. 그는 또한 아버지가 해군 복무를 위해 처음 집을 떠났을 때 천식이 생겼다는 것을 기억했다.

음악을 듣는 동안 그는 복부에 느껴지는 것이 있다고 했다. 그 느낌과 함께 하게 했고 6학년 때 학교에서의 발렌타인데이의 기억을 끌어냈다. 그는 같은 반 여학생에게 반해 있었고, 그녀에게 당당하게 커다란 발렌타인 사탕을 선물했다. 그는 그런 행동을 한 유일한 학생이었고 선생님과 아이들에게 비웃음과 놀림을 받았으며 또래 앞에서 수치를 당했다. 우리는 그 때 일어난 수치심과 분노에 대해 다루었다. 내가 감정표출을 자극하기 위해 존의 어깨를 누르자, 그는 자기가 느꼈던 것이 분노가 아니라 타인에게 다가가려는 욕구였다고 말했다. 그는 나에게 다가가고 싶다고 했다. 그는 내 손을 요구했으며 내 손을 잡고 온기를 주고받았다. 내가 팔로 그의 어깨를 안았으며, 그는 이 따뜻함과 보살핌을 받아들였다. 따뜻함을 받아들이고 따뜻함을 스스로 원하고 있다는 것을 인식하는 것이 이번 세션의 중요한 요소였다.

만다라8

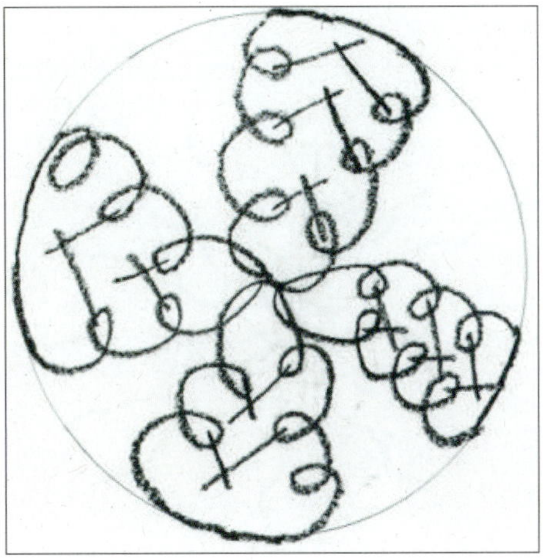

해석 이는 네 방향의 결합에서 나온 직선과 곡선, 파랑과 빨강, 여성과 남성의 혼합체로 그의 내면에 있는 상호대비되는 것의 결합체인 것으로 보인다. 그러나 새로운 자아(ego)의 형성을 알리는 다섯 번째 요소는 중심에 나타나지 않았다. 결합으로 보이는 이것은 칼이 완비된 '용과의 싸움'의 그림이지만, 여기서는 교착상태로 더 나아가지 못하고 있다 (이 방식으로 사용된 빨강과 파랑은 일차에너지 리비도인 빨강이 부정적인 어머니상의 우울한 부정적 속성인 파랑으로부터 독립하려는 대항으로, 중요한 것일 수 있다. 나는 견고한 중심과 실질적으로 진전을 나타내는 노란색이 나타나기를 계속 기다리고 있다).

세션9

지난주에 존은 부모님과 다투었다. 부모님은 그가 냉담하고 거만하며 "부모님의 마음을 도려낸다"고 했다. 세션 중에 존은 사랑에 대해 "내 안에서 실제의 느낌이 없는 하나의 추상적인 이론이다. 부모님은 나를 사랑한다고 하지만, 나는 느낄 수 없다"고 표현했다. 우리는 특히 어머니에 대한 감정결핍에 대해 이야기했다. 나는 다음 세션에서 어머니와 타인들을 향해 '막혀있는' 사랑의 감정에 대해 다루어보자고 했고, 그는 동의했다.

만다라9 이 만다라는 보라와 갈색, 두 가지 색으로 그려졌다. 위의 세 개 선과 아래의 세 개 선은 보라이고, 왼쪽과 오른쪽의 4개 선은 갈색이다.

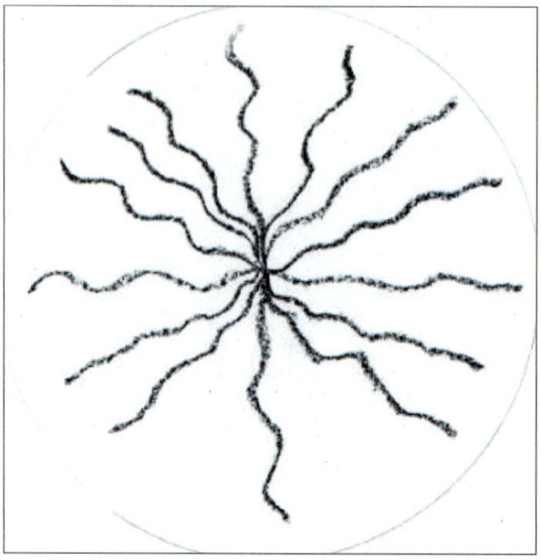

해석 다시 상호 대립되는 것 간의 긴장상태이며, 핵이 없고 공간에 점 하나만 있다. 싸움이 진행 중이다. 긴장이 커지고 있다. 여기서 어떤 진전이 이루어지기를 기대한다(빨강은 파랑 안에서 사라지거나 섞여서 보라가 된다. 보라는 어머니와의 유대에서 양가감정에 갇힌 에너지를 나타내는 경우가 많다).

세션10

이 세션은 존에게 돌파구가 되는 세션이었다. 학창시절 장면들이 많이 떠올랐지만 심상은 없었다. 감정들이 올라왔으며, 그로 인해 그가 가진 감정 표현의 부족 문제를 잘 알게 되었다. 자신의 정서적 욕구와 관련해서, 그는 그 욕구를 부정하고, 억누르고, 심지어 그 자체에 대해 죄책감을 느껴왔다는 것을 예민하게 인식하고 있는 것으로 보인다. 우리는 그가 자기 자신을 위해 정서적 따뜻함을 수용하고 손을 내밀어 인생의 균형을 잡아가야하는 필요성, 즉 이러한 면을 스스로 차단시키는 것을 멈추는 것에 대해 얘기했다. 나는 음악, 무용, 시, 그림 등 그가 받아들일 수 있는 좋은 방식으로 감정에 대한 욕구를 표현하도록 도와줄 수 있는 활동을 권했다. 음악이 끝나고 눈에 띄는 여운이 있었다. 그는 많이 편안해졌고 지금까지 본 중에서 가장 '그 자신'인 것으로 보였다.

만다라10A 이 만다라에는 네 개의 조형물이 있다. 각 조형물은 다른 색이다. 각 조형물을 구성하는 짧은 물결선들은 같은 색이다. 대형들은 오른쪽에서 왼쪽으로 빨강, 노랑, 파랑, 초록으로 그려졌다.

해석 이는 분명 덜 강박적이고 흐르고 있음을 표현하는 듯하며, 변화의 가능성에 보다 열려 있다. 균형이 잡혀있으나 강박적이지 않다. 조형물의 테두리 또한 열려있어서, 큰 신뢰가 뚜렷이 나타나 있다.

만다라10B 큰 수정 같은 형태의 테두리는 초록으로 그려져 있다. 구역 내의 각 도형은 다른 색이다. 가장 큰 원형으로 시작해 시계방향으로 빨간 물결모양 원, 주황 지그재그선, 파란 교차선, 노란 삼각형의 테두리에 둘러싸인 검은 삼각형, 노란 직사각형, 그리고 파란 별 도형들이 보인다.

해석 이 만다라는 확실히 다르다. 미리 계획된 순서를 걱정하지 않고 자연스럽게 성장하는 수정처럼, 정해진 순서를 고집하지 않고 상황에 순응하는 것에 대해 다시 일종의 신뢰를 나타내고 있다. 주황에서 나타나는 강렬한 감정. 이제 확실히 어떤 정서적 반응이 나오고 있다. 좋은 현상이다.

세션11

오늘 세션에서는 존이 그 날 아침에 꾼 꿈을 탐색하기로 했다. 그 꿈은 다음과 같았다.

> 그는 자신의 뜻이 아니라 아버지가 시켜서 거실에 십자가를 놓아야 했다. 어머니는 근처 어두운 곳에 있었다. 모르는 소녀 둘이 지켜보고 있었다. 십자가의 수직 기둥은 존의 키만 했지만 가로는 아주 짧았다. 거기 있는 누구도 감정을 보이지 않았고, 그도 어떤 감정도 느끼지 않았다(두 번째 세션에서 일어났던 십자가 장면을 기억할 것이다). 존은 십자가를 진다는 생각에 "싫어"라고 말했다. "싫어"는 그 일에 대한 굴욕보다도 고통에 대한 예상에서 나왔다. 그는 이층으로 달려가 창문으로 도망갔다.

꿈은 그 시점에서 끝났다. 나는 존에게 세션에서 그 꿈을 다시 체험하기를 제안했고, 그는 그렇게 했다. 꿈의 결말에서 그는 창문으로 빠져나와 철로로 갔지만, 그는 그 철로가 자신을 어디로 인도할지 걱정스러웠다. 거기에는 자유와 해방의 느낌이 있었다.

이어진 포스트세션에서 존은, "나는 상징적으로 그 꿈이, 과거의 과도한 보수적 성향을 보게 하고 그것을 깨고 나오는 것이라고 생각합니다"라고 말했다. 존은 감당하기에는 '너무 큰' 사회운동 프로젝트에 대한 관심과, 윤리와 종교에 대한 과도한 관심 때문에 자신을 '십자가에' 매달았던 미련했던 과거를 떠나고 싶은 감정이 그 꿈이라고 보았다. 그는 이제 지역 정치에 관심을 갖게 되었고, 거기에 참여할 계획이다.

우리는 치료 종결에 대해 의논했다. 그는 지난 세션(열 번째)에서 획기적인 진전이 있었다고 느꼈다. 하지만 그는 새로운 자유가 어떻게 진행될지 보기 위해 당분간 계속하기를 원했다. 나는 그가 치료를 종결할 준비가 되었다고 느껴질 때까지 세션을 계속할 수 있다고 안심시켰다.

만다라11 원 안으로 약하게 그린 4개의 다양한 색의 원들이 있다. 중앙의 원에서 바깥으로 초록, 빨강, 노랑, 연보라로 나타난다. 바깥 원은 가는 연보라 선으로 분명하게 그려져 있다. 시계 1시 방향에 그려진 사각형은 파랑색 테두리에 연파랑 색이며, 그 안의 다이아몬드 모양은 초록색 테두리에 초록색이다. 7시 방향에 그려진 정사각형은 초록색 테두리에 연초록 색이며, 그 안의 세모 모양은 파랑색 테두리에 파란색이다.

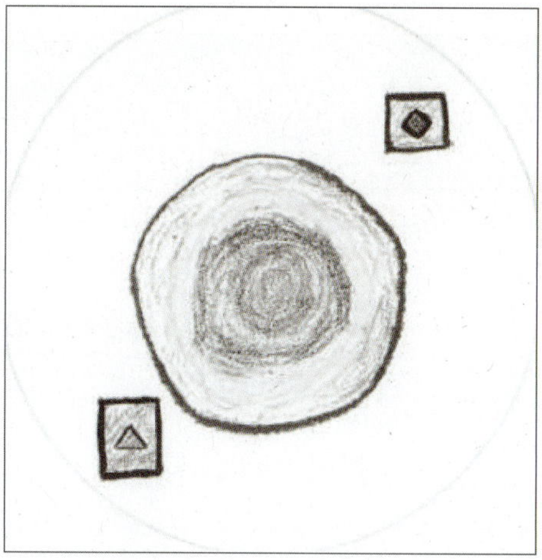

해석 여기서는 계속해서 둥지를 쌓고 있는데, 이것은 변화에 대한 압박감 때문이라고 나는 믿는다. 그는 이제 막 압박감이 일어나기 시작했고, 이것은 수년간 주의 깊게 쌓아온 방어 때문에 변화나 성장이 요구될 때 동원된다. 나는 그가 변화를 시도하면서 압박감이 줄어들 때까지 계속 이런 일이 일어나리라고 예상한다. 그것의 안쪽은 그가 보라색으로 둘러싸이기 전까지는 상당히 엉성할 것이다. 낙담하지 말라. 시간이 좀 걸리더라도 그는 거기 도달할 것이다(새로운 핵이 초록으로 표현되었는데, 초록은 내면화된 아버지와 어머니를 나타내는 노랑과 파랑이 합쳐진 것으로, 자신의 부모를 받아들이는 것이어서 의미가 깊다. 하지만 보라색 테두리는 성장을 제한한다).

세션12

존은 치료에서 확실히 고비를 넘겼다. 그는 이제 2주에 한 번쯤 오게 될 것이다. 그는 나에게 성장의 징후로 보이는 다음의 세 가지 일을 얘기했다. (1) 학교에 불만이 있지만 졸업 때까지 참고 견딜 것임, (2) 더 많은 자유를 위해 부모님 집에서 나오겠다는 결정, (3) 친밀한 애정관계의 필요(나는 남은 몇 세션 동안 따뜻함의 감정을 끌어내는 데 도움을 주려고 한다). 음악이 흐르는 동안 존은 조용히 '그냥 음악을 듣고만 있었다.'

만다라12 만다라의 나뭇잎들은 초록으로 연하게 그려져 있다. 가는 나뭇가지들은 검정으로

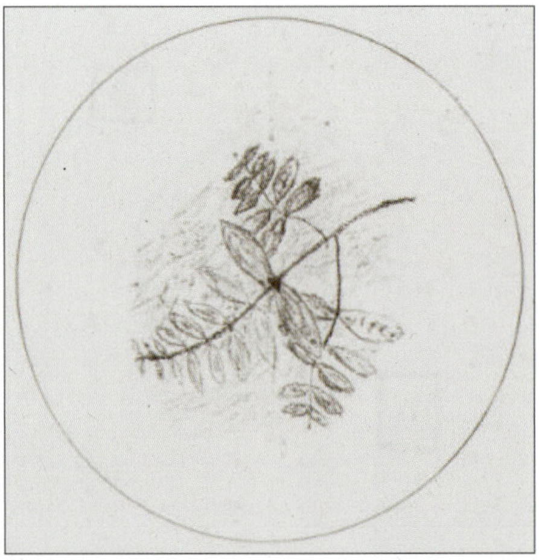

연하게 그려졌고, 나뭇잎 뒤의 배경은 파랑으로 연하게 그려져 있다.

해석 최고의 한 주였음이 틀림없다. 나는 그가 이런 느슨하고 자유로운 것을 보여주리라고 기대하지 못했다. 곡선 모양의 초록 잎들이 달린 성장하는 가지는 의식 영역을 가리키는 좋은 것이다. 그것은 태양을 향해 자라고 있으며, 뿌리는 무의식에 두고 있다. 그것을 둘러싼 다른 색들은 밝은 파랑과 밝은 빨강이며, 그 색들이 어우러진 형태를 보면, 그는 아마도 조심스럽게 다른 차원과 만났을 것같다. 그렇게 그 자신의 겨울인 검은색 가지는 봄의 나뭇잎으로 싹을 틔웠다(정말 기쁜 일이다).

세션13

존은 학교에 계속 다닐지 말지 갈등이 된다고 했다. 그는 덜 강박적이고, 보다 열린 마음으로 자신과 내면의 욕구를 이해하려고 했다. 그는 더 이상 우울하지 않았지만 약간의 내적 혼란, 흔들리는 느낌을 얘기했다. 그는 만다라를 그리고, '웨스트 버지니아에서 본 싹트는 나무'라는 제목을 달았다.

만다라13 이 만다라는 초록, 빨강, 파랑으로 밝게 그려졌으며, 색들은 함께 섞여 있다.

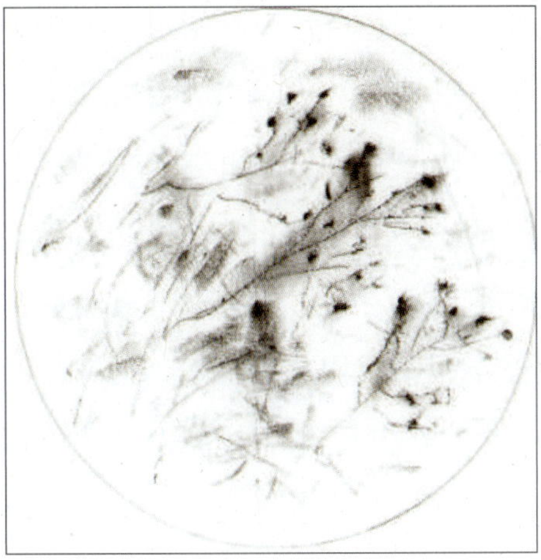

해석 매우 아름답고, 가지 끝에서 싹이 솟아나듯 잠재의식에서 자라나 의식으로 들어간다. 매우 좋은 느낌이 든다는 것 외에는 할 말이 없다.

만다라14 3개월이 지나 존이 세션 종결을 위해 방문했을 때, 다음의 만다라를 그렸다. 이 만다라의 중심에 있는 꽃 모양은 매우 연한 노란 꽃잎에 부드러운 파랑으로 윤곽이 그려져 있다. 꽃의 중심은 검정이다.

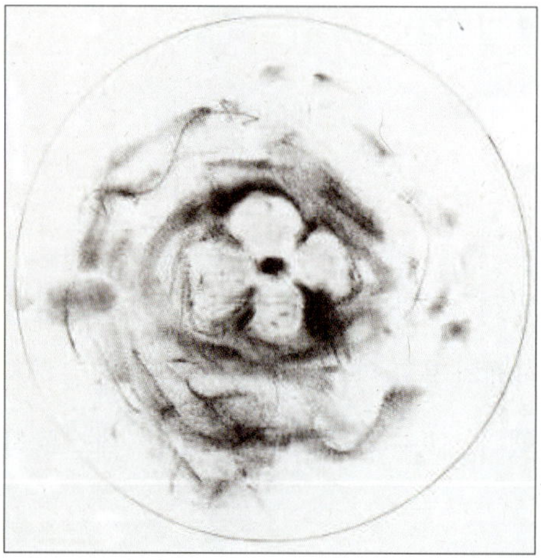

해석 그는 확실히 정신적인 유형의 사람이지만, 이제 단선적이기보다는 유연하고 보다 서정적이다. 중심의 꽃은 밝은 노랑이므로, 나는 그가 긍정적인 의미에서 이상주의자일 것이라고 느낀다. 꽃을 둘러싼 초록색은, 그 색이 양육이나 통제, 또는 그의 결혼이나 정서적 환경을 상징할 수도 있다면, 느슨하고 물 흐르듯 하며 분명 엄격하지 않고 성장 지향적이다. 빨강은 도처에 조금씩 보여서 그의 일차적 욕구가 충족되었다고 느껴진다. 이렇게 4가지 기본색이 반영되었다. 파랑은 초록 안에 가려져 있지만, 노랑과 빨강과 함께 표현되었다. 존의 문제가 성공적으로 해결되었다는 가시적인 증거가 필요하다면 바로 이것이다. 나는 전화 통화상으로 그의 결혼에 대해 알고 있었다. 여기서 초록은 아마도 스스로에 대한 돌봄이 내면화되어 있는 것으로서 중요한 것이다.

치료 결과

존의 사후검사 점수는 치료에서 이룬 성장을 보여준다. MMPI는 정상범주 내에 있었다. 16PF는 정서적 안정성 · 집단의존성 · 편안함 · 이완감에서 증가를 나타낸다. 치료 후 POI(개인성향검사) 프로파일은 자아실현에서 진전이 있었음을 나타낸다. 사용된 음악 프로그램은 Beginners Group Imagery, Imagery, Peak, Comforting, Death-Rebirth, Affect-Release, Cosmic-Astral이다.

치료 후 면담

존의 치료의 영향은 참으로 드라마틱해 보였다. 치료적격심사 당시 여성과 만날 시간도 없고 성적인 관계도 없었던 그가 그 뒤 결혼을 했다. 치료 종결 몇 달 후 지금의 아내가 된 여성과 데이트를 시작했고, 몇 주간 동거하다가 부모님이 참석한 가운데 판사 앞에서 결혼을 했다. 그는 심리치료를 통해 사랑하고 사랑받고자 하는 자신의 욕구에 좀 더 민감하게 되었고, 그것이 지금의 아내인 여성과 관계를 갖게 된 중요한 요인이라고 생각한다. 그는 치료로 인해 목표를 세우고 자신에게 요구하는 데 훨씬 더 현실적이 되었으며… 자신의 인간적 한계와 더불어 다른 사람들의 인간적 한계에 대해 보다 연민을 갖게 되었다고 강조했다.

그는 지난 몇 개월 동안 어떠한 우울한 감정도 없었다고 하며, 치료를 시작했던 때의 상황과 비교할 때 확실한 변화다. 내면의 우울증이 줄어든 이유는 자신과 타인을 더 많이 이해하게 되었기 때문이라고 그는 말한다. 여전히 가끔씩 화낼 때가 있지만 그것은 전에 경험했던 소모적인 분노가 아니며, 보다 현실적으로 표현한다.

존은 자기가 감당할 수 없는 활동에는 많이 참여하지 않기 때문에 지금은 더 많은 책임감을 느끼고 있다고 말했다. 그는 다양한 자선단체에 참여를 줄이는 일이 훨씬 수월해졌다. 나는 또한 그가 이전에 보이지 않았던 건강한 유머 감각에 주목했다. 전반적으로 그는 명석하고 합리적인 로봇이 아니라 훨씬 따뜻하고 감성적인 인간으로 보였다.

말끝에 그는 아내와의 관계에서 성적인 면에 갈등이 없고 매우 의미가 있다고 말했다.

세상과 인류의 미래에 대해 강력히 내세웠던 비관주의에 대해 물었을 때, 그는 객관적으로, 여전히 비관적이긴 하지만 '개인적으로 그로 인해 그렇게 속상하지는 않다'고 했다.

존은 이 프로그램에 참여하면서 클래식음악에 대한 이해가 향상되었다고 느낀다. 그는 이제 음악을 좀 더 친숙하게 들으며 음악이 자신 내면의 감정과 만날 수 있게 도와주는 것을 느낀다고 한다.

그는 자신의 예민함이 통찰력이라는 선물이 될 수도 있고, 그 예민함 때문에 상처받을 수도 있음을 알게 되었다. 상처에 관련하여, 그는 자신의 감정의 이유를 객관적으로 이해하기가 보다 쉬워졌다고 했다. 결론적으로, 그는 "나는 강해지고 자신감을 느끼며, 치료를 통해 얻은 것들이 인생에 큰 도움이 되리라고 생각한다"고 했다.

결론

음악치료사가 진행하는 심리치료인 GIM과 세션의 마지막에 그린 만다라에 대한 미술치료사의 모니터링을 결합하는 통합적 방법은 예술치료 통합의 가치를 보여준다. 본 사례는 치료양식으로서의 음악치료의 효과와 '블라인드 스터디'에 효과적인 모니터로서의 미술치료에 대한 실험(pilot test)을 테스트하는 프로젝트를 위한 연구 프로토콜의 한계를 가지고 있다. 이것은 특히 미술치료사가 가지는 한계로서, 환자에 대한 정보 부재, 환자나 음악치료사와의 상호작용 부족이 그것이다. 세션에서 환자와 미술치료사간의 상호작용이 허용되도록 설계된 연구는 접근이 다르다. 이 경우 환자는 두 예술치료에서 모두 공평하게 혜택을 받을 것이며, 치료 내내 정보가 공유되므로 모니터링 효과는 보다 정확해질 것이다. 치료와 모니터링, 심지어 진단까지도 함께 할 수 있는 보다 광범위한 개념을 정립하는 것은 예술치료사들이 연구와 문서를 개발하기 위한 궁극적인 목적이 될 것이다.

참고문헌

Bonny, H.L. (1975). Music and consciousness. *Journal of Music Therapy, 12*(3), 121-135.

Jung, C.G. (1961). *Memories, Dreams, Reflections.* Aniela Jaffee, Ed., and Recorder. New York, NY: Vintage Books.

Leuner, H. (1969). Guided Affective Imagery (GAI). *American Journal of Psychotherapy, 23*(1), 4-22.

사례2 복합적인 심리문제와 GIM

사례연구: 셰릴 *

Helen Lindquist Bonny

도입

셰릴은 그의 남편 빌(가명)의 노력으로 GIM연구프로그램에 클라이언트로 왔다. 빌은 의식과 음악 연구소(Institute for Consciousness and Music) 주최 1973년 여름 워크숍에 열성적으로 참가했었다. 대단한 열의를 내보이며, 그는 자신도 경험해보았던 자신을 드러내는 GIM체험(self-revealing experiences)이 아내의 문제 - 개인적 갈등과 결혼생활의 어려움 - 를 개선해줄지도 모른다고 느꼈다. 빌은 뮤지션으로 가수였다. GIM에 대한 그의 반응은 음악 자체의 미적 효과와 강한 관련이 있었는데, 그것이 갖는 힘과 종교적 암시는 자주 그를 절정 또는 초월적이라고 할 수 있는 영역으로 데려갔다. 이는 GIM과정에서 '자연스럽게 몰

* Bonny, H. (2002). *Music and Consciousness: The Evolution of Guided Imagery and Music.* Edited by Lisa Summer. Gilsum NH: Barcelona Publishers. Reprinted from: Bonny, H. (1976). *Music and Psychotherapy.* Doctoral dissertation at Union Graduate School, Union for Experimenting Colleges and Universities. Mandala interpretations by Joan Kellogg were taken from Bonny's personal notes.

입되어가는' 긍정적인 반응으로 보였다. 그의 불안정한 성향은 매우 강한 자아로 받쳐져 있었다. 그는 내면의 탐색을 통해 어린 시절 잘 교육되고 보살펴진 자기 존재의 건강한 영역과 만났다.

그러나 셰릴의 상황은 달랐다. 그녀에게는 유년기 불안과 자기 회의가 있었다. 그녀는 여름 워크숍 시리즈의 최종 워크숍에 참가했다. 두 번째 세션에서 셰릴은 출생과 어린 시절로 돌아가 유아기의 억압된 감정으로부터 해방되는 경험을 했다. 치료사 두 명이 공포로부터 보호하는 따뜻한 은신처인 가상의 자궁을 몸으로 만들어 그녀를 감싸주었다. 그 워크숍의 경험은 '마음을 열어주는 효과'가 있어서, 다른 정신역동적 내용들이 표면화되기 시작했다. 그녀가 우리 프로그램에 들어오겠다고 해서 실험 대상자로 받아들여진 것도 이 시점이었다.

면담에서, 셰릴과 남편은 모두 무대예술에 관여하고 있음을 알게 되었다. 워크숍에서 남편만큼 잘 해내야겠다는 압박감을 그녀가 가졌을지도 모른다는 암시가 살짝 보였다. 인터뷰에서 셰릴은 여성스런 외모를 지닌 25살의 매력적인 기혼여성으로 보였지만, 청바지와 구겨진 블라우스를 대충 입고 있어 외모를 별로 돌보지 않는다는 것을 알 수 있었다. 그녀는 다리털을 밀지 않으며 남편의 이름을 사용하지 않고, 자신의 성적취향을 탐색할 자유를 원한다고 말하며, 어떤 '여성해방운동가'의 활달함을 보였다. 질문에 답할 때 그녀는 매우 장황했고, 말 사이의 공간을 강박적으로 제스처와 반복되는 발언으로 채웠다. 그녀는 면담에서 긴장하고, 울먹이고, 산만해 보였다. 그녀는 우울하다고 하지는 않았지만 불안, 죄책감, 곤충이나 고립이나 군중을 두려워하는 공포증 문제를 호소했다. 그녀에게는 눈을 씰룩거리고 목을 긁거나 목청을 가다듬는 틱 장애가 있었다. 이 증상은 그녀가 남편이나 친구나 사장이나 중요한 사람을 '기쁘게 해주려고'할 때 나타난다고 했다.

결핍감, 우유부단, 자신감 부족이 그녀에게 가득 차있는 것 같았다. 그녀는 때때로 은둔했고, 집에만 있기를 원했고, 상점에 가거나 버스를 타고 일하러 가거나 여러 사람과 함께 있는 것을 두려워했다. 금방 울다 금방 웃다, 기분에 일관성이 없고 정서적 불안정성을 보였다. 독립적이고 싶은 강한 열망과 의존하고 싶은 강한 욕구가 병존했다. 이것은 특히 남편과의 관계에서 뚜렷했다. 남편의 이름을 갖고 싶어 하지 않고, 마음대로 오고 갈 자유를 주장하고, 성적 자유에 있어서는 독립적이면서도, 남편이 같은 자유를 갖는 것은 꺼려했다. 그녀는 악몽을 잘 꾸는 편이어서 소리 지르며 깨면 남편이 안정시켜주곤 했다.

대상 정보

셰릴은 4남매 중 장녀였다. 그녀는 가족이 서로 친밀하지 않았다고 했다. 아버지는 매우 안정적인 부모였다. 어머니는 자주 아파서 가족들을 돌보지 못하고, 한 번 아프면 사흘에서 몇 주까지 침대에 누워있었다. 맏이로서 셰릴은 가족을 먹이고 보살피는 책임을 떠맡았다. 이유를 알 수 없는 심신의 고통으로 어머니는 개인병원이나 주립병원에 입원한 적도 세 번 있었다. 다른 자녀들은 집에서 부모에게 환영받지 못했다. 셰릴은 어머니가 자주 아픈 것이 원망스러웠으며, 부모에 대한 자신의 애정 부족에 죄책감을 느꼈다. 그녀는 어머니의 불행에 책임을 느꼈다. 아버지는 말없는 사람이었고 가족 부양에 헌신했다. 셰릴은 바로 밑의 여동생과 잘 지내지 못했다.

학교에서 셰릴은 좋은 학생이었고 미술과 드라마에서 재능을 인정받았다(그녀는 현재 연극을 전공한 예술가로 자신을 소개한다). 그녀는 학사학위를 받고 대학원 연극 과정에 등록했지만, '감독과 관객을 만족시켜야 한다'는 부담감을 더 이상 감당할 수가 없어서 그만두었다.

그녀는 연극단체에서 함께 여행하다가 남편을 만났다. 그들은 1년간 데이트하다 결혼했다. 그녀는 "동거하면 되는데 결혼은 왜 해?"라는 친구의 말 때문에, 결혼을 그렇게 원하지는 않았다. 면담 당시 그녀는 결혼한 지 2년이 되었는데도 여전히 결혼에 대한 저항감을 표현하고 있었다. 성관계가 어렵다고 말했고 자신을 불감증이라고 여겼다. 처음 12회 세션에서, 그녀는 다른 남성이나 여성과 섹스를 해보는 것에 매료된다는 표현을 자주 했다.

그녀의 병력은 지난 일 년 내에 있었던 갑상선 양성종양 수술 외에는 특별한 게 없었다. 치료 초기에 그녀는 소비자 단체에서 적은 월급을 받으며 일하고 있었다. 남편은 그때 실직 중이었다. 그녀는 두 사람 몫을 일해야 한다는 사실에 화가 났다. 남편은 목소리를 연구하고 있었고, 만족할만한 직장을 찾지 못해 실직 상태였다. 셰릴의 종교적 배경은 천주교였다. 그녀는 몇 년 전까지 신실하게 성당에 다녔다. 현재는 어떤 종교도 없다고 했다.

음악 워크숍에서 우리는 긍정적인 관계로 시작했다. 그러나 치료가 시작되기 전에, 셰릴은 나에게 "너무 보수적이다"며 도전했다. 그녀는 "나의 성적 욕구, 남편 아닌 다른 파트너를 갖고 싶은 욕구에 대해 얘기할 필요가 있어요"라고 말했다. 이 말은 받아들여달라는 뜻이라기보다 그녀가 가진 자신감의 결여로 보였으며 안심시켜줄 필요가 있었다. 치료를 위한 목적은 다음과 같이 설정되었다.

- 불안 감소
- 죄책감 드러내기
- 공포감 다루기
- 성적 두려움의 완화와 긍정적인 여성 정체성의 확립
- 자존감 향상

GIM: 셰릴의 치료 과정

셰릴은 5개월 반 동안 19회의 세션을 받았다(총 38시간). 나는 각 세션을 요약했으며 치료 후 후속보고도 포함시켰다.

음악은 19회 세션 중 15회의 세션에서 사용되었다(세션 6, 8, 17, 18에는 사용 안함). 음악프로그램은 빈도순으로 다음과 같이 사용되었다: Peak Experience 8회, Comforting-Anaclytic · Affect-Release · Imagery 각각 4회, Cosmic-Astral 3회, Positive Affect 2회, Death-Rebirth 1회. 나머지 세 번의 세션에서는 다른 음악들이 사용되었다.

만다라는 19회 세션 중 16회의 세션에서 그렸다((세션 1, 11, 17에서는 그리지 않고, 3회에서 2개를 그림). 나는 두 가지 이유로 만다라 그리기를 사용했다. 첫째, 셰릴이 일상의 의식 상태로 돌아오더라도 세션에서 가장 적절한 심상들을 그림으로 포착해낼 수 있는 우뇌 모드에 머물게 하기 위해서다. 둘째, 만다라를 통하면 세션을 말로 설명하기가 쉬워지기 때문이다. 만다라를 그리는 동안 나는 어떤 해석도 하지 않았으며 클라이언트 중심으로 진행되었다.

셰릴이 연구 프로젝트의 일부였으므로, 그녀의 만다라는 모두 동료인 미술치료사 조안 켈로그에 의해 해석되었다. 나는 셰릴에 대한 정보나 그녀의 GIM세션 내용이 조안에게 누설되지 않도록 조심했다. 조안의 해석에는 셰릴의 치료과정에 대한 진단과 예후가 포함된다.

조안이 셰릴의 개인정보나 세션의 내용을 모르기 때문에, 조안의 해석은 오직 각 만다라에 기초했다. 조안의 해석은 셰릴의 만다라와 함께 볼 수 있고, 나의 요약과 세션에 대한 셰릴의 생각도 같이 첨부했다. 세션 후 셰릴의 기록은 셰릴의 개인 기록에서 그대로 발췌한 것이다. 이 기록 중 일부는 그녀의 만다라를 언급했고, 일부는 특정 세션 후에 나와 공유했던 생각들을 광범위하게 쓴 것이다.

세션1(1973년 10월 29일)

요약 세션 음악은 'Peak Experience'와 'Comforting-Anaclytic'과 'Affect-Release'였다. 첫 세션이어서 'Peak Experience'를 사용했으며, 부드러운 감정과 종교적 느낌에 중점을 두었다. 셰릴은 모든 곡에 정서적으로 영향을 받았는데, Beethoven과 Bach에서는 울고, 소리가 큰 부분과 크레센도에서는 위협을 받는 동시에 흥분되는 것 같기도 했다. 어떤 시점에서 그녀는, "낮은 음들이 조심해야 한다고 말하는 것처럼 나를 의심하게 만들어요"라고 했다. Sibelius에서는, "오, 화덕 같은 것이 보여요"라고 했다. Fauré의 곡에서 그녀는 매혹되면서도 여성의 목소리에 불편해했다. 그녀는 정수리에 충만감을 경험하며 "이 곡이 마지막이 아니라서 좋아요"라고 말했다. Brahms의 곡에서 그녀는 "그 과정에 대해, 당신에 대해 분노"를 느낀다고 말하고, "내 감성에 갇힌" 느낌이라고 말했다.

마지막에서 그녀는 스스로 '달콤한' 음악이라고 했던 음악에 싫증이 난다고 했다. 음악이 'Affect-Release'로 바뀌어 Holst의 'The Planets'의 'Mars' 악장과 Bach의 'Toccata and Fugue in D minor'가 연주되었다. 그녀는 특히 Bach곡을 마음에 들어 했고 그 곡이 자신을 기분 좋게 해준다고 했다.

세션2(1973년 11월 7일)

요약 세션에 사용된 음악 프로그램은 'Imagery'와 'Affect-Release'이다. 매우 강렬한 세션이었다. 셰릴은 세션에 왔을 때 유쾌한 기분이었다. 그녀는 직장에서 상사들과의 대화에 성공했고 자신감을 느끼고 있었다. 세션이 시작되자 그녀는 바이올린 선율이 슬프다고 했다.

그녀에게 편안하다고 느껴지는 만큼 바이올린 음악을 최대한 몸 안으로 받아들이라고 했다. 그녀는 눈에 보이게 이완되었다. 그리고는 그녀는 머리 위 공중에 철도가 묶여 매달려 있다고 했다. Copland의 곡이 시작되면서 떨림과 심호흡, 그리고 공포와 두려움이 역력한 반응이 있었다. 이 시점에서 음악은 'Affect-Release'으로 바뀌면서 강렬한 분노의 감정을 자극했다. 그녀의 감정은 머리와 입과 가슴에 몰려 있었다. 그 감정을 고조시켜서 입과 팔로 나오게 하라고 했다. 그녀의 팔은 축 늘어진 채로 있었다. 그러나 그녀는 힘차게 몇 번을 소리쳤다. 나는 그녀에게 주먹을 쥐고 내 손에 대항해 밀고 싸우라고 격려했다. 분노의 힘이 밖으로 향하면서 그녀는 리드미컬하게 베개를 내려칠 수 있었다. 분노의 에너지를 쏟은 뒤, 그녀는 누워서 팔다리의 가벼움이 주는 느낌에 대해 놀라워했다. 그녀의 목소리는 매우 어린애 같고 부드러웠다. 그녀의 얼굴은 근심스런 표정을 띠었고 그녀의 몸은 약간의 불안한 움직임이 보였다. 그녀의 행동에는 너무나 급격한 변화(거의 전부가 중요한 과정이었다)가 나타나서 많이 퇴행된 상태의 그녀에게 다가가는 것이 걱정될 정도였다. 그녀에게 일어나 앉고 싶으냐고 물었고, 그 질문이 결국 그녀를 깊은 상태에서 데리고 나왔다. 그러나 그녀가 완전히 돌아오는 데에는 얼마간의 시간이 필요했고, 눈가리개를 벗었을 때 그녀는 환각상태에서 경험하는 것과 매우 비슷한 현상인 심미적 삼차원, 보다 짙어진 색상, 그리고 깊은 지각 상태를 경험했다.

셰릴의 기록 나는 앞뒤로 몸을 흔들고 있었다. 헬렌과 함께 머물며 내 감정을 설명해야 할지, 아니면 어린 아기가 되는 것으로 들어가야 할지, 어느 쪽으로 가야 할지 몰라서 불안에 사로잡혔기 때문이다. 오래 전에 느꼈던 감정을 느끼고 있다고 말하기가 부끄러웠다(세션 동안 종종 이런 부끄러움을 느낀다). 동시에 나는 내가 아기라는 것을 강하게 느끼고 있었다… 목요일 연극 수업에서 나는 유약하거나 자의식이 강하거나 경쟁적인 것으로 느껴지지 않았다. 사람들이 나를 좋아해주길 바라는 느낌도 들지 않았다… 내가 단조의 바이올린, 애절한 소리의 바이올린에 진정으로 반응하고 동일시하는 것을 알아차렸다… 나는 지난 몇 주간 경박스럽고 소년 같이 보이는 내 모습을 매우 의식했고, 나를 좋아해 줬으면 하는 남자들이 있었던 오늘 특히 그랬다.

만다라 이 만다라는 청록과 흰색 2가지 색으로만 그려졌다. 원의 바깥 테두리는 짙은 청록으로 둘려져 있고, 중앙의 원은 밝은 청록이다. 두 원 모두 빈틈없이 칠해졌다. 그 사이 공간은 청록과 흰색의 밝은 색조로 가볍게 음영을 넣었다.

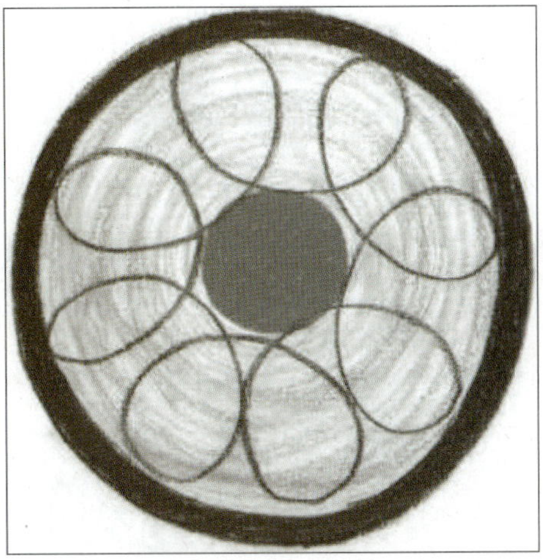

만다라 해석 이 만다라는 어머니나 여성적인 면을 찾으려는 과정이다. 부정적인 파랑이 둘려져 있고 긍정적인 파랑이 중심에 있으며, 그녀는 그 둘을 혼합하거나 통합하려고 그 둘 사이를 뛰어다니고 있다.

만다라에 대한 셰릴의 소감 그녀는 '나와 헬렌'이라고 적었다.

세션3(1973년 11월 19일)

요약 'Imagery'가 사용되었다. 셰릴은 또 다른 강렬한 심상이 일어날까봐 두려워했지만, 퇴행의 깊이를 조절할 수 있다고 하자 음악에 집중해갔다. 잠시 후 그녀는 자기가 음악이 부르는 손짓을 따라갈 수 있도록 조용해달라고 요청했다. 그녀는 3가지 중요한 심상을 체험했다. 세션에서 가장 두드러진 사건은 그녀의 어머니를 본 것이었는데, 젊고 예쁘고 그녀가 좋아했던 모습이었다. 하지만 그녀는 어머니가 입고 있는 격자무늬 드레스가 마음에 들지 않았다. 이 세션에서 치료사와의 신뢰와 친밀함이 증가했고, 앞으로 어머니에 관한 그녀의 감정을 다루어가기 위한 좋은 토대가 마련되었다고 느껴졌다. 그녀는 또한 아기를 낳고 아기가 자라는 것을 지켜보는 체험을 했다. 그녀는 몇 가지 관점에서 이 체험을 해석했다. 그녀는 말 그대로 자기가 아기를 갖고 싶어 한다는 의미였다고 말하고, 덧붙여서 "나는 갑자기 꿈속의 아기가 나 자신이라는 것을 깨달았어요. 그리고 새로운 사람인 나 자신을 내가 좋아한다는 것, 내가 사랑스럽다는 것을 깨달았고, 그래서 행복했어요"라고 말했다. 세 번째 경험은 입이었는데, 빨간 립스틱을 바른 여성들의 입이었다. 그녀는 "이 입들을 이전에 본 적이 있어요. 조롱하고, 비웃으며, 불친절한, 열린 입들"이라고 말했다.

셰릴의 기록 한 가지 선명한 체험은, 내가 말 타듯 앉아있던 긴 은색 원통형 파이프다. 나는 그것이 어디에 닿아있는지 보려고 파이프를 따라 올라가야겠다고 생각했지만, 순간 떨어질까 봐 그대로 있기로 정했다. 하지만 떨어진다고 생각하는 순간 나는 미끄러져 돌며 떨어졌는데, 멈출 수도 없고 내 몸을 조절할 수도 없었다. 나 자신보다 더 강력한 어떤 힘이 느껴졌다. 마침내 나는 포기하고, 내가 떨어지면 무슨 일이 일어날지 알아보기로 했다. 나는 고의적으로 더 떨어졌는데, 공중에서 굴러 떨어지는 것은 놀라웠다. 내가 보니 마치 협곡 맨 아래에 있는 것 같았다. 나는 파이프로 올라가 다시 미끄러지기로 했다. 이번에는 파이프가 미끄럽지 않았다. 내 몸과 손이 균형을 유지해주지 못하고, 나는 다시 일부러 떨어졌다. 그러나 이번에는 마음대로 떨어지지 못했다. 부딪치는 것들이 있었다. 왜 그런지는 몰랐지만 낙하의 즐거움과 속도가 방해받았고, 내가 원하는 것을 경험할 수가 없었다. 나는 지루해지고 화가 났다. 뭔가가 내 낙하나 비행을 멈추게 할지도 모른다고 두려워한 그 순간에, 뭔가가 나를 멈추게 했던 것 같다… 음악 한 곡이 끝나고 다음 곡이 나오기 전 정적 속에서 나는 떨어져 나간다. 내 몸을 떠나 깊이 들어간다. 멋지고 신나는 느낌이다.

만다라 이번 세션에서 그린 첫 번째 만다라에서, 원의 바깥부분은 두꺼운 연노랑 줄로 칠해졌다. 노란 테두리 안에 원의 왼쪽 부분을 채우고 있는 것은 C 모양의 갈색 도형이다. 원의 오른쪽을 채우고 있는 것은 검정 도형으로, 'WHAT?'이라는 단어가 초록과 주황의 인쇄체 글자로 검정 안에 박혀 쓰여 있다. 그 위에는 연갈색 음영이 들어간 갈색 창살이 있다. 작고 빨간 정자 같은 물체가 원 안에 있다.

만다라 해석 만다라 중심에 빨간색 정자가 있다. 이것은 변화의 기회를 잉태한다거나, 빨간

색의 분노의 공간을 사용해 다른 영역에 빛을 던진다는 면에서 상당히 좋다. 이 다른 영역은 왼쪽의 지저분한 갈색과 부풀려진 노랑으로 둘러싸인 오른쪽의 검정색 절망의 영역이다. 나는 치료적 관점에서 이것이 좋다고 생각한다. 이 영역들과 대치하는 것으로 보인다.

만다라에 대한 셰릴의 소감 셰릴은 이 만다라의 뒷면에, '이것은 깊이 생각한 것이고 꽉 막혀 있다. 별로 마음에 들지 않는다.'라고 썼다.

만다라 이번 세션에서 셰릴이 그린 두 번째 만다라는 아래와 같다. 전체가 빨강이고 매우 빽빽하게 그려졌다. 빨강에 파이 조각처럼 중심을 가로지르는 매우 희미한 선들이 있다.

만다라 해석 이것은 분노의 공간이거나 피의 공간으로 보이는데, 그녀가 더 잘 설명할 수 있

을 것같다.

세션4(1973년 11월 26일)

요약 음악은 'Peak Experience'가 사용되었다. 셰릴의 공포증에 대한 성찰이 세션 전후 대화에서뿐 아니라 세션 안에서도 나타나고 있다. 자신을 막았던 블록이나 막대기가, 인정받고 싶은 성인, 특히 어머니로부터의 애정과 관심의 결핍으로 인한 공포임을 알 수 있었다. 그녀는 나에게 위로를 원하면서도 내가 위로해주는 것에 분노를 느끼기도 했다. 가장 중요한 것이 무엇이냐는 질문에, 그녀는 주목받을 정도로 중요한 사람이 되는 것인지, 오로지 그녀 자신이 되는 것인지 스스로 알지 못했다. 이 세션은 문제를 해결해가려는 보다 많은 의욕을 보여주었다. 셰릴은 이전 세션들에서보다 참을성이 더 많아지고 있었다.

만다라 아래의 그림은 청록으로 빽빽이 칠해져 있고, 원에는 황록색 도형이 들어 있다.

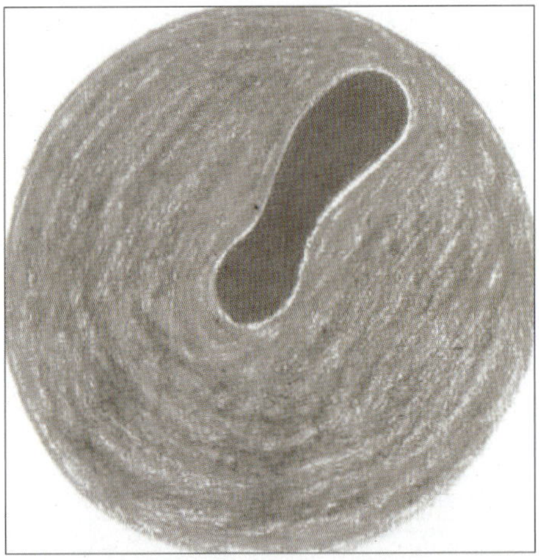

만다라 해석 위의 만다라에는, 방해하며 떠다니는 그림자 뒤에 빛이 있다. 이는 어머니나 그녀의 여성성에 대한 또 다른 경험으로 보이는데, 두 면이 혼합된 느낌이 더 강하다. 초록은 마녀가 사는 어두운 숲이라는 면에서 다소 좋지 않은 느낌이 든다.

세션5(1973년 12월 12일)

요약 이번 세션의 음악으로는 'Peak Experience', 'Affect-Release', 'Positive Affect'가 사용되었다. 이 세션은 특히 심상과 현실 양면에서 자신을 새롭게 받아들이도록 이끈 감정 표출의 면에서 셰릴에게 엄청난 돌파구가 된 것으로 보였다. 쇠기둥이 다시 나타났지만, 이번에는 유리로 변했다가 곧이어 금속 말굽이 되었다. 눈과 머리가 아프다고 불평하면서, 그녀는 "나 때문에 머리가 아파요"라고 말했다. 그녀는 쇠기둥에 좌절감을 느끼며 "아마도 그건 항상 거기 매달려 있을 거예요"라고 말했다. 그녀가 기둥을 흔들자 그것은 거울로 변했다. 그녀가 잡으려고 하자, 그것은 회전해 가버렸다. 'Affect-Release'음악이 나오자 그녀는 용기를 얻어 기둥과 투쟁했다. 나는 그녀의 손을 잡고 그녀에게 온 힘을 다해 그것을 밀고 생각나는 대로 소리치라고 했다. 그녀는 마침내, "나가, 난 네가 필요 없어!"라고 반복해 소리지를 수 있었다. 베개를 마구 치며, 그녀는 "돌아오지 마!" 하고 소리쳤다. Bach의 'Toccata and Fugue'가 연주되어 에너지와 힘과 자존감이 회복되도록 도와주었다. 감정을 표출하고 에너지를 받아들인 후에 그녀는 편안하고 행복해보였다.

'Positive Affect' 음악이 나오고 있을 때, 그녀는 "나는 매번 싸우고 싶지 않아요. 나는 즐겁고 싶어요! 어둔 밤을 통해 빛나는 별들같이 느껴져요. 나에게 비춰지는 하나님이에요"라고 했다. 그녀는 "내 몸을 경험하고 있어요"라고 하며, 처음으로 알아가는 것처럼 자신의 몸 구석구석을 사랑스럽게 만졌다. 마지막에 그녀는 "음악 한 곡 한 곡 모두 선물 같아요! 해결이고 기쁨이예요!"라고 했다.

셰릴의 기록 세션을 처음 시작했을 때, 내 몸은 정말 많이 저항하고 있었다. 나는 매우 편안하고 깊게 느껴지는 내면의 상태에서 계속 빠져나오려고 했다. 나는 갑자기 날고 싶어져서 위로 날아올랐는데, 어둠에 둘러싸여 우주 같은… 그냥 까맣고, 하늘 위지만 하늘에 가깝지는 않은 곳이었다. 나는 개구리가 수영하듯 그냥 급작스럽게 도약했다. 헬렌(치료사)이 손을 내밀어 공기를 옆으로 밀어주었다. 나는 갑자기 커다란 물체를 향해 솟아올랐다. 커다란 기둥, 쇠기둥, 검은색. 헬렌에게 말해주자 그녀는 "쇠기둥이 지금 어떻게 하고 있나요?"라고 물었고, 나는 "회전하고 있어요."라고 말했다. 쇠기둥은 매우 시원했다. 매우 시원한 기둥이었는데, 그것은 분명 살아있었고, 분명 하나의 힘이었다. 그것은 단순히 쇳조각이 아닌 게 확실했다. 매우 시원하고, 매우 멀리 떨어져있고, 매우 강하다고 나는 그 때 생각했다. 그것은 돌아서서 나에게 무슨 공작새처럼 뽐내며 옆모습을 보여주었다. 그것은 돌아서면서 빠르게 돌기 시작하다가 멈췄는데, 그 기둥은 내 왼쪽, 실제로 내 머리가 아픈 곳과 동일한 위치에 있었다. 헬렌이 "그냥 돌게 내버려 두세요"라고 말하기에, 나는 기둥을 붙들려고 하지 않았다. 그저 회전하며 지나가도록 내버려 두었고 헬렌이 그렇게 말해준 것이 좋았다.

그 다음에 일어난 일은 내가 화가 나기 시작했다는 것이다. 나는 그 기둥이 회전해서 가버렸다는 데 대해서 그냥 화가 났다. 뭔지 모르지만 화가 났다. 그러자 헬렌은 분노가 쌓이도록 놔두라고 말했고, 그런 다음 나는 베개를 헬렌에게 대고 밀기 시작했다. 나는 힘을 다해 밀 수가 없었다. 나는 사실 그렇게 하고 싶었다. 그냥 정말 내 몸을 던져버리고 소리 지르고 싶었지만, 옆에 다른 사람이 있을 때 그렇게 하고 싶지는 않았다. 나는 살쾡이처럼 느껴졌고, 좀 더 몸으로 표출하고 싶다고 느끼기는 했지만 충분히 표현되었다고 느꼈다. 나는 점프해서 돌아다닐 수도 있었지만, 그러면 음악과 함께 하는 흐름이 깨질 수 있었다. 나는 정말 본능적이고 동물적으로 느껴졌지만 자발적으로 그런 표현을 하는 것이 부끄러웠는데, 헬렌이 나를 유도해 주어서 좋았다. 그녀는 "누구에게 화가 나는 거예요?"라고 했다. 그러자 자동적으로 어머니와 두 자매가 생각났다. 나는 계속, "가버려. 날 혼자 있게 놔둬"라고 말했다. "여기서 나가, 여기서 나가. 내가 하고 싶은 대로 하게 내버려 둬." 나에게는 사람들이 나에게 기대하는 대로 해야 한다는 끔찍한 압박감이 있다. 그리고 항상 다른 사람의 기대를 의식하며 지내왔다. 나는 그것이 해로운 것이라고 판단하고 나 자신 전부를 풀어주기로 결정했다. 나는 뾰로통한 어린애처럼 느껴지고, 아이처럼 말하고 있었다. 나는 분노 속에서 증기를 발산하는 것 같이 느껴졌는데, 정말 좋은 느낌이었다.

그리고 나는 날기 시작해서 이 기둥에 부딪혔는데, 나는 기둥과 싸우며 여기서 나가라고 말했다. 기둥은 천천히 사라졌지만, 나는 그것이 다시 돌아오리라는 것을 알고 있었다. 나는 기둥을 감당할 수 있다고 느꼈다. 다루기 쉬워졌다고 저절로 느껴졌다. 나는 어떤 것에게 내 인생에서 나가라고 말해본 것만으로도 기운이 났다.

그 다음 나는 추락하지 않고 나는 것에 집중했다. 내가 나는 것을 도와줄 것이 필요했기 때문에, 나는 그 전 주 연기 수업에서 배운 '이끄는 중심(leading center)'이라는 것을 생각해냈다. 몸의 중심인 가슴의 중심에 집중했다가 그 중심을 1, 2피트 앞에 둔다. 그 다음 그 중심이 나를 끌고 가게 놔둔다. 중심이 내가 옮기는 대로 먼저 움직이고 나는 그 중심을 따라가게 되는 것이다. 그 중심은 다른 어떤 것이 아니라 바로 나이지만, 나는 내 몸에 집중하고 있지 않다. 나는 기분이 좋았다. 나는 중심을 따라가고 있었지만 나 또한 나를 이끄는 중심을 움직이고 있었으므로 그것은 서로 독립된 것이 아니었다. 갑자기 눈 깜짝할 사이에 나를 이끄는 중심이 기계로 변했다. 나는 이 기계를 꿈이나 다른 데서 보았던 어떤 것보다 더 분명하게 보았다. 나는 이 기계가 정말로 반가웠고, 그것이 잘 작동되고 기름칠해진 것을 보게 되어 무척 기뻤다. 내가 잘 작동시키면, 나를 위해 움직이게 될 또 하나의 내가 있다는 것을 알게 되어 신이 났다. 기계처럼 그저 작동이 되어야 하는 나의 어떤 부분들이 있다. 그것은 모두 함께 있어야 한다. 나는 연료를 주어야 하고, 그것은 나를 위해 일할 것이고, 그러면 나는 그냥 인생을 즐기면 된다.

그리고 내가 하늘의 검은 어둠을 쳐다보자 흰 빛이 보였다. 구름이 끼었지만 좋았다. 하늘을 바라보자 하늘의 어둠이 막 그 흰색 전체를 덮고 있다는 생각이 들었다. 검은 하늘 뒤에 밝음이 있고, 별들은 세상에 빛을 발하는 그 밝음의 일부다. 다시 말해서, 하늘은 그 밝음이 아니라 그 밝음 앞에 있는 것이다. 갑자기 나는 별 중 하나가 빛줄기처럼 내 머리 바로 위를 비추고 있음을 깨달았다. 나는 그것이 정말로 좋아서 서있으면서, "이건 아마 하나님일 거야. 하나님이 내 머리를 토닥이고 계셔"라고 생각했다. 그리고 나는 나 자신에게 이렇게 해주기로 결정했다. 나는 나 자신의 몸을 만지기로 결정했다. 나는 내 머리를 토닥여주었지만, 그것이 다른 사람… 하나님이라고 생각했을 때 가장 좋게 느껴졌다.

이 상황은 표현하기가 좀 어렵다. 하지만 나는 깊이 있게, 그리고 그 때 내가 느낀 대로 분명하게 표현하고 싶다. 나는 자신을 사랑하기 위해 나 자신을 다른 사람으로 만들어야 했다. 내 손은 하나님의 손이 되었는데, 그것이 다른 사람이었을 때 기분이 너무 좋았다. 내가 내 손으로 내 머리를 느끼고 애정을 주었을 때 그것도 좋았지만, 나는 그 애정을 받는 사람이 될 수가 없었다. 나는 사랑하는 사람이자 사랑받는 사람일 수 있었다. 내가 애정이 필요하면 다른 사람에게 구할 필요가 없었다. 그냥 나 자신에게 애정을 주면 된다. 나는 원하는 만큼, 또는 내가 필요로 하는 때에 자신을 사랑할 시간이 있었다. 갈라진 입술, 무릎, 항상 씰룩거리는 눈꺼풀… 내가 많이 사랑하지 않았던 내 몸의 많은 부분들을 매우 사랑스럽게 만졌다.

나는 큰 사랑을 가지고 내 몸을 느꼈다. "오, 그게 바로 너야, 셰릴. 아름다워. 너야." 헬렌은 "음악을 받아들이고 음악에서 힘을 얻으세요"라고 했다. 그것은 정말 좋았고 음악이 흘러 들어와 내 몸의 각 부분으로 퍼져 갔다. 내 팔이나 가슴이나 골반이나 생식기 안으로 들어오는 음악의 힘. 음악으로부터 큰 힘이 느껴졌다. 그리고 나는 어떤 사람들의 몸은 항상 그처럼 강하게 느낀다는 것을 깨달았다. 내 몸도 이제 긴장하거나 할 필요가 없다. 어떤 식으로든 그 힘을 느낄 수 있다….

만다라 그녀의 다음 그림은 원의 바깥이 보라색 곡선들로 둘러싸여 있고 원의 테두리는 밝은 파랑이다. 원의 맨 아래에는 빗방울 모양의 물체가 겹겹이 있는데, 중심 빗방울인 흰색을 파랑이 감싸고, 다시 연보라가 감싸고, 마지막으로 진보라가 감쌌다. 싹트는 포도덩굴 모양 또한 진보라다. 빗방울 왼쪽은 분홍이다. 원 전체에 바탕이 여러 가지 색으로 채워져 있고 연초록, 파랑, 보라의 소용돌이가 있다. 연노랑 원이 원의 윗부분에 뚜렷하게 보이고, 선홍색의 뼈 모양 형태가 왼쪽에 눈에 띄게 자리 잡고 있으며, 원의 내부는 연초록 소용돌이로 덮여있다.

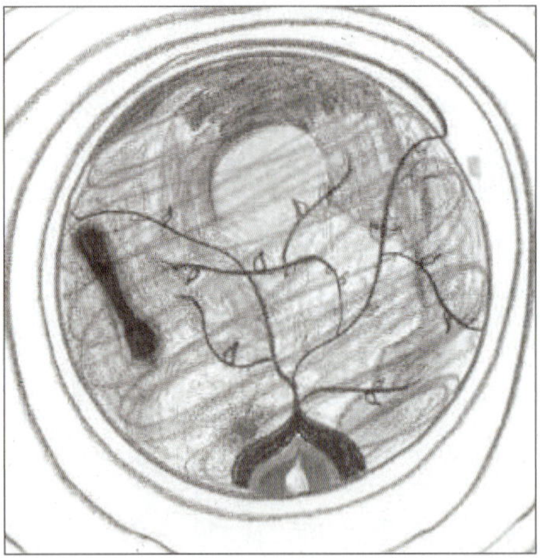

만다라 해석 이 만다라는 매우 아름다우며, 보라색으로 표현된 신성한 어머니(divine mother)와의 만남, 또는 일치의 경험, 또는 온전함 같은 그런 종류의 경험을 표현한 것이다. 12시 방향에 있는 태양 또한 매우 좋은 징후이며, 초록은 밝아지고 생명의 포도나무 덩

굴이 모든 탄생으로 확장되니 좋은 징조다. 아주 좋지만, 유일하게 부정적인 것은 왼쪽의 덩굴에 매달린 핏빛의 뼈다. 피가 함축하는 의미로 보면 이것은 본질상 성적인 오래된 트라우마 같이 보이는데, 낙태와 같은 상실이나, 강간과 같은 외부 유기체가 그녀의 유기체를 침투한 것을 나타내는 것일 수도 있다.

세션6(1973년 12월 12일)

요약 세릴은 세션보다는 대화하기를 요청했다. 그녀는 지난 세션에서 내면으로 깊게 들어갈 수 있었고 그 결과 많은 것들이 표면으로 나오는 것을 느꼈다. 그녀는 이제 대인적으로나 개인적으로나 객관적이 되는 새로운 능력을 가진 것을 느낀다고 말했다. 타인의 요구와 명령에 저항할 수 있는 힘과, 내면의 갈등을 일으키고 에너지를 고갈시키는 내면의 강박을 조절할 수 있는 힘이 자신 안에 있다는 것을 느꼈다. 이것은 다른 사람에게 맞추고 요구된 방식으로 행동하기를 원하는 의존성을 자연스럽게 극복했다는 것을 말해준다. 그녀는 새로운 존재방식, 무섭고 어려운 과정을 시작하고 있는 듯 했다. 그녀는 남편과의 성관계에 대해 말하면서 섹스 중에 불감증일 때가 많다고 했다. 어떤 여성들에게 끌린다며, 이것이 자기의 성적 색채인지 두렵다고 솔직히 말했다. 그녀는 여성과 성적 친밀감을 가져본 적은 없지만 그 가능성을 꿈꿔왔다고 말했다. 그녀는 어린 시절 갖지 못했던 따뜻한 인간관계와 양육에 대한 필요를 성적취향과 혼동하는 듯했다.

그녀는 명상과 성가 부르기에 새로운 관심을 갖게 되었다고 말했다. 이러한 경험을 통해 그녀는 내재하는 하나님에 대한 좀 더 만족스러운 깨달음에 도달했다. 지난 주 세션의 후반부에서, 저 너머 큰 빛의 어둠을 통해 비치는 패턴의 별들과, 그녀 위에 빛을 비추어 따뜻한 느낌이 들게 하는 별을 경험했는데, 그녀는 이 심상을 자기의 새로운 종교적 경험의 일부로 보았다.

그녀는 근사하고 바람직한 존재로서 자신의 새로운 이미지를 보여주고 있다. 그녀는 자신이 어떻게 보이는지, 무슨 옷을 입는지가 이전과는 달리 이제는 중요하게 여겨진다.

만다라 이 세션의 만다라는 원의 바깥이 부드러운 연파랑, 분홍, 보라색 줄로 둘러싸여 있고 원의 테두리는 주황과 청록이다. 원 안쪽은 전체가 밝게 칠해져 있고, 원의 맨 아래에 파스텔 색으로 다양하게 칠해진 나뭇잎이 달린 살색 장미가 싹트고 있다. 눈에 띄는 것은 9시 방향의 붉은 얼룩, 테두리를 돌아 장미 안으로 움직이는 뱀 같은 검정 선이다. 원의 2시 방향에서 튀어나오는 것은 원 밖으로 통과해 뻗어나간 녹색 싹이 달린 녹색 줄기이다.

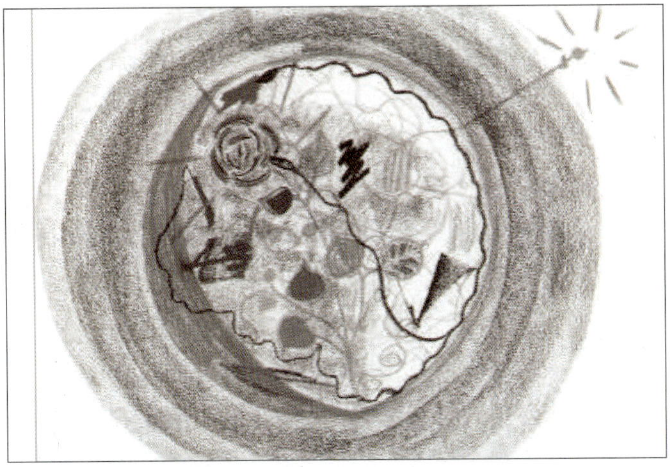

만다라 해석 장미가 있는 또 하나의 아름다운 만다라다. 그러나 그 장미는 검은 줄기에 살색이기 때문에, 내 생각에 이것은 앞서 언급했던 트라우마에 대처하려는 방식일지도 모른다. 왼쪽에 붉은 얼룩, 다시 동일한 피의 장면이다. 진전: 오른쪽에 진초록이 있다. 그녀 안에서 무엇인가 분명히 일어나고 있다. 뱀 같이 앞뒤로 움직이며 조각조각들을 엮고 감아서 표면으로 가져오는 상황에 주목하라.

세션7(1973년 12월 21일)

요약 음악은 'Comforting-Anaclytic'이 사용되었다. 세션의 주제는 어머니와 가족에 대한 깊은 감정이었다. 그녀는 내가 방에 들어섰을 때와 세션 중에 몇 번을 울었다. 그 울음은 어머니뿐만 아니라 자신을 위한 것이기도 한 것 같았다. 그녀는 부모님을 죽은 사람으로 여긴다. 그녀로서는 부모님을 상대하려고 애쓰는 것보다 그렇게 생각하는 것이 더 쉽다. 그녀는 남편 말고는 세상에 혼자 있는 느낌이며, 소통할 수 있는 가족이 있는 사람들이 부럽다고 말했다. 그녀는 세션의 음악에 매우 깊이 반응했고, 'Comforting-Anaclytic'의 첫 곡이 흐르는 동안, “이 음악이 너무 좋아요. 음악이 바로 지금의 나처럼 느껴져요. 차분하고 균형 잡힌 느낌이에요. 이 음악을 계속 듣고 싶은데 끝날까봐 두려운 느낌이에요”라고 했다. 그녀는 이 음악을 다시 들려달라고 부탁했다. 세션의 마지막에 Canteloube의 ‘Brezairola’가 연주되는 동안 그녀는, “내 머리 속에 저런 목소리를 갖는다는 게 얼마나 아름다운 경험인지, 너무 사랑스러워요!”라고 말했다.

만다라 원 밖에 흰색, 분홍, 파랑, 초록, 주황, 노랑, 빨강, 보라색의 구불구불한 선들의 불협화음이 종이 가장자리까지 뻗어있다. 원의 테두리는 주황이다. 원의 중심에는 파랑 테두리에 세 부분으로 나뉜 작은 원이 있는데, 가운데는 파랑, 아래는 빨강, 위는 주황으로 칠해져 있다. 원과 중심 사이의 공간은 연파랑으로 칠해져 있고, 7개의 초록 루프(loop)가 특징을 이룬다.

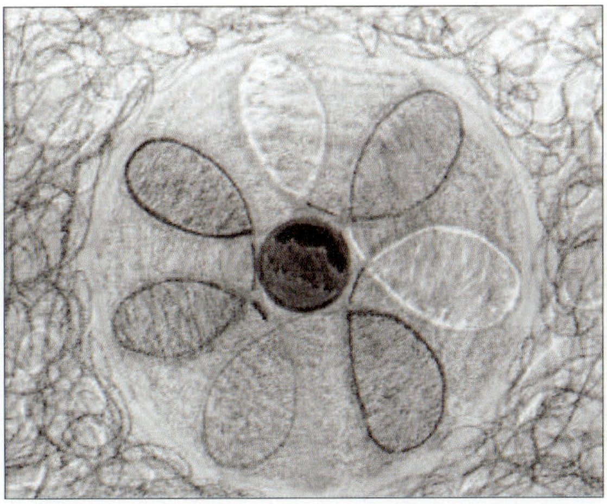

만다라 해석 이 만다라는 매우 아름답고, 파랑을 사용하여 그녀의 여성성의 다양한 측면이 조화롭게 짜여 있는 것으로 보인다. 그녀는 원 밖의 지면을 채워서 자기 존재가 우주적 의미에서 그 전체의 일부임을 인정하는 동시에 흐트러짐 없이 자기의 정체성을 지킨다. 긍정적 경험을 보여주는 그림을 보게 되어 기쁘다.

만다라에 대한 셰릴의 소감 “아름다워요. 그리면서 너무 좋았어요.”

세션8(1973년 12월 28일)

요약 이 세션에서는 음악이 사용되지 않았다. 내가 들어갔을 때 셰릴은 우울한 기분으로 소파에 누워있었다. 그녀는 얘기할 것이 아무 것도 생각나지 않는다고 하더니, 이어서 두 시간 동안 이야기를 했다. 그녀는 복도에서 여자들이 하는 이야기를 들었고 그들이 안으로 들어올까 봐 두려워했다. 그녀는 "그들을 보고 싶지 않다고 생각했어요"라고 말했다. 그녀는 자기가 열었던 파티와, 완벽하게 하려고 했던 자신의 기대가 허물어졌던 것에 대해 장시간 얘기했다. 그녀는 특히 모든 사람에게 즐거운 시간이 되게 해야 한다는 자신의 책임감에 대해 말했다. 이야기하면서 그녀는 이러한 비현실적인 기대를 어머니와의 관계에 관련시킬 수 있었다. '어머니가 아프지 않도록' 가까스로 상황을 안정적으로 유지하고 있었는데, 속상하게도 어머니가 아파버렸던 것이다. 이 시점에서 그녀는 갑자기 흐느끼더니 세션 대부분을 울다 말다 했다. 그녀의 어머니는 가족 모두를 통제하기 위해 병(illness)을 이용했고 며칠씩 계속 누워 있곤 했다. 셰릴은 그런 상황에서 계속 죄책감과 책임감을 갖는 것이 부적절하다는 것을 알고 있었지만, 자기 행동을 뒤집기가 두려웠고 상황적으로 불가능했다.

나는 그녀의 힘들었던 어린 시절에 대해 깊은 연민의 감정을 표현했다. 그녀는 자기가 어떤 동정이나 보살핌을 받는 것이 어색하고, 그런 종류의 관심을 받을 자격이 없다며 움츠러들었다. 연민을 원하지만 그것을 받아들일 수는 없는 양가감정이 표현되었는데, 죄의식으로 인한 고통이나 자신에 대한 요구를 줄이면서 조금씩 좀 더 많이 마음을 열고 받아들일 수 있게 될 것을 알고 있었다. 본 세션은 셰릴이 어린 시절을 상세하게 말한 최초의 세션이었다.

셰릴의 기록 내가 무엇을 하고 싶어 할 때마다, 두려움이 나를 막았다. 헬렌의 정성과 내 스스로 내려놓음으로 인해 어린 시절의 불행했던 많은 장면들을 열 수 있게 되었다… 나는 감정이 '꽉 차오를 때', 참지 않고 울 수 있어서 기뻤다. 남편은 연민으로 받아들였다. 지난 세션 후에 나는 헬렌에게 화가 나고, 어머니에게 화가 나고, 그저 화가 났다. 그것은 '세션 마지막에' 만다라를 그리려고 앉았을 때였다. 헬렌이 나를 버렸다고 느꼈다. 나는 파스텔 색상들도 보기 싫었지만, 기꺼이 그렸다. 나는 이 만다라가 정말 맘에 들었으며 5분 만에 완성했다. 나는 그리면서 이것이 최선이라고 느꼈다. 직접적이면서도 모호하고, 복잡하지도 않아 느낌이 좋았다. 내가 그린 어떤 것과도 달랐으며, 그것도 좋았다. 나는 세션이 분명 내게 깊은 영향을 주었고, 내 만다라 그림의 변화가 이것을 잘 보여주었기 때문에, 더 많이 배우고, 더 많이 고통 받고, 더 많이 해소하고, 더 많이 성장하리라 기대하고 있었다. 물론 실제로는 헬렌이 내가 표현한 것에는 무엇이든 관심을 갖는다는 것을 알고 있지만, 나는 그녀가 예쁜 만다라를 좋아하는 것을 알고 있었기 때문에, 보기 싫은 만다라로 은근히 그녀를 애먹이고 있다고 느꼈다. 나는 이 만다라로 헬렌과 '씩씩하려고 애쓰는' 지난날의 나 자신을 모두 놀라게 하고 어느 면에서는 실망시키고 있다고 느꼈으며 그것은 좋은 기분이었다. 나는 스스로 솔직하다고 느껴졌다.

집으로 오는 내내 나는 왜 그런지 모르게 화가 났다. 아파트 안으로 들어가 남편이 내 얼굴을 보자 울음이 터져 나왔다. 그는 무슨 일이냐고 물었다. 나는 오랫동안 울었고 그는 안아주었다. 이 치료로 인한 내 안의 가장 엄청난 변화는 나 자신과, 내가 느끼고 행동하고 반응하는 방식을 괜찮은 것으로, 이해할만하고 좋은 것으로 여기게 되었다는 것이다. 나는 집을 나서기를 힘들어하는데, 치료가 진행될수록 많이 수월해졌다. 집은 나와 같은 것 같다. 내가 아는 것, 내가 확신하는 것을 떠나 미지를 향해 가면 갈수록 두려움이 줄고 더 강해짐을 느낀다. 나 스스로, 나 자신을 위해 무엇을 하는 것이 나에게는 매우 새로운 경험이고, 할 때마다 계속 모험처럼 느껴진다.

지난 세션 이후 나는 헬렌에게 내가 그녀를 한 인간으로 얼마나 가치 있게 여기는지, 내 감정과 어린 시절의 환경에 대해 그녀가 깊이 받아들여준 것을 얼마나 소중하게 생각하는지 직접 알려주지 못해서 마음이 불편했다. 헬렌이 세상에 존재하는 것만도 소중한데… 헬렌이 나에 대한 연민을 표현했을 때 내가 자연스럽게 받아들이지 못한 것을 그녀는 이해한다고는 했지만, 내 스스로 진실하고 자연스런 반응을 억눌러서 헬렌이 거부당한 느낌, 어떤 면에서는 자기 행동에 비난을 받은 느낌이 들었을까봐 마음이 불편했다. 이런 일은 전에도 있었는데 그 때 나는 헬렌에게 그 상황에 대한 나의 입장을 말해 주었으나, 인간적으로 헬렌에 대해, 내게 연민을 보인 사람에게 내가 한 일에 대해, 그리고 결과적으로 헬렌의 연민을 받아들이지 못했던 나에 대해 지금처럼 마음이 불편하지는 않았다.

만다라 4개의 검은 선이 중심에서 교차하며 가장자리까지 뻗어있다. 3시에서 9시 방향으로 뻗은 수평선의 왼쪽 윗부분에 청록 선이 자리하고 있다. 원은 구불구불한 주황, 초록, 검정의 선들과 다양한 색의 도형들로 채워져 있고, 청록 및 검정 점들이 찍혀 있다. 진초록의 원형의 선들이 원을 둘러싸고 있다.

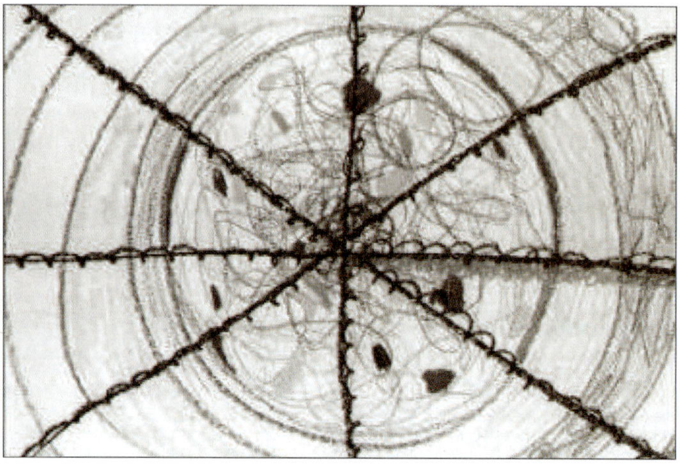

만다라 해석 이 만다라는 살색으로 표현된 몸에 대한 관심, 검정색으로 표현된 죽음에 대한 관심, 그리고 죽음이나 불멸에 대한 인간의 한계를 아름답게 표현하고 있다. 이것은 검은 거미줄을 통해 바깥 땅에 달라붙는 방식으로 의존성의 욕구를 나타내는 작품이다. 만다라 중심을 관통하고 여기 저기 흩어져있는 파랑은 모성으로서의 치료사의 존재라고 느껴진다. 그 안에는 신뢰를 나타낼 준비가 되어있다. 여기서 그녀는, "나는 내 중심에 당신을 들여 놓았어요. 내가 얼마나 두려워하는지 보고, 이 덫에서 데리고 나가주세요"라고 말하고 있는 느낌이다. 또한 그녀가 이 만다라에서 회색을 많이 사용하고 있는데, 회색은 대부분 죄책감, 더러운 자신, 재와 참회의 표현으로 많이 사용한다.

세션9 (1974년 1월 8일)

요약 이 세션에 사용된 음악은 'Peak Experience', 'Positive Affect', 'Comforting-Anaclytic'이다. 셰릴은 소비자단체 일을 그만두었다고 알려주었다. 남편이 집배원 일을 얻어서, 이제 그녀는 집에 있을 수 있게 되었다. 세션에서 그녀가 긴장이완을 요청한 것은 이번이 처음이었다. 그녀는 긴장을 완화시킬 수 있도록 내 손을 자신의 머리와 이마에 대달라고 요청했다. 그녀는 세션 동안 '날아다니며' 좋은 시간을 가졌고, 이전보다 방해물과 기둥이 적어졌다고 했다. 세션에서 그녀의 얼굴에 개미가 기어가는 느낌이 드는 심상이 있었다. 나는 개미가 기어 다니도록 놓아두라고 했다. 개미를 보면서 그녀는 벌이 자기를 공격했을 때가 생각난다고 했다. 그녀는 바로 벌에게 공격당하는 심상으로 들어갔다. 게슈탈트 기법을 사용하여, 벌과의 대화가 시작되었다. 대치한 상태에서 그녀는 벌에게 떠나라고, 꺼져버리라고 말했다. 이어 자신의 공간에 대해 그리고 그 공간을 보호할 수 있는 방법에 대해 말했다. 그녀는 더 이상 개미나 벌이나 다른 외부 상황으로 인한 기구한 희생자가 될 필요가 없다고 느꼈다. 이어서 나는 그녀가 걱정과 불안을 느끼는 자신의 중심 안으로 가도록 이끌었다. 그녀가 좋게 느끼는 한 가지는 자신의 손이었다. 그녀는 "나는 내 손으로 좋은 일을 해왔어요"라고 했다. 이 말에 나는 '걱정되는 부분'에 손을 갖다 대라고 했다. 그녀는 그렇게 했으며, "기분이 좋아요"라고 말했다. 그런 다음 그녀는 자기 몸의 여러 부분에 손을 갖다 대는 의식을 행했다. 그녀는 손으로 얼굴에 '평안'을 가져다주기가 가장 어려웠다.

만다라 밝은 흰색과 노란색 줄이 원을 둘러싸고 있다. 원은 시계 12시에서 8시 방향으로 뻗은 노란 줄로 두 부분으로 나뉜다. 작은 부분(왼쪽)은 밝은 초록이고 노란 점들이 있고, 큰 부분(오른쪽)은 살색과 연한 파랑으로 채워진 배경에 빨강과 보라로 선명하게 윤곽이 그려

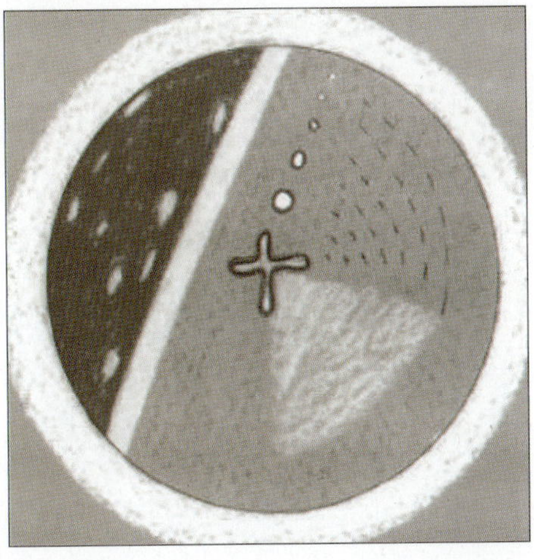

진 흰색 형상들이 있다. 이 구간에는 또한 빨간 점선으로 이루어진 형상이 보인다.

만다라 해석 노란색의 띠가 막혀있는 영역이 보통 어떤 종류의 저항 때문에 활동할 수 없는 의식의 영역이라는 것 외에는 이 만다라를 잘 해석할 수가 없다. 이 색이 가정과 권위에 관련되었으리라는 추측만 할 수 있을 뿐이다. 여러 형태의 밝은 노랑은 너무 빨리 침투되면 분열되거나 증식될 조짐을 보인다.

세션10(1974년 1월 15일)

요약 이 세션에 사용된 음악은 'Cosmic-Astral'과 Halpern의 'Meditation'이다. 셰릴은 이제 좀 더 편안해지고 감정을 보다 자유롭게 표현할 수 있었다. 그녀는 유방에서 혹을 발견했지만, 의사는 양성이라고 생각했다. 일 년 전에 제거된 목 부분의 종양은 양성이었다. 자신의 건강상태에 대한 불안감 때문이겠지만, 죽음이라는 주제가 세션에 등장했다. "나를 부르고 있어요, 죽음이 나를 부르고 있어요. 뭔가 중요한 것에 연관되는 건 좋아요, 신나는 일이 일어나고 있어요."

그녀의 요청으로 내가 그녀 이마에 손을 대자, 그녀는 "좋아요, 생각들이 없어졌어요!"라고 말했다. 그런 다음 그녀는 섹스와 죽음을 중심으로 돌아가는 죄책감을 경험했다. Scriabin의 'Poem of Ecstasy'가 연주되는 동안, 그녀는 다음과 같은 이미지들을 연속해서 경험했다. "타는 냄새가 나요." "그 냄새를 느껴보세요"라고 하자, 그녀는 "배에 통증이… 불안해져요"라고 했다. "남편과의 혼전섹스를 생각하자 통증이 왔었어요. 그… 섹스와 죽음에 대해 말하니 구역질이 나요… 연인들이 사랑을 나누면서 익사하는 D.H. Lawrence의 영화… 그걸 봤을 때 난 울음을 터뜨렸어요… 삶의 장면에서 죽음의 장면으로 옮겨가요… 나는 음악의 그 음이 영원히 지속될 수 있길 바래요… 나 자신을 놓아주고… 잃어버리도록… 토마스 머턴이 죽을 때 팬(fan)이 그에게 떨어졌어요. 마치 찌르듯이… 가슴 속의 바늘이 나를 두렵게 했어요…"(유방암의 두려움과 수술의 두려움이 명백히 나타난다.)

'Meditation'음악이 흐르는 동안 나는 셰릴에게 담요를 덮어주었다. 음악은 보다 긍정적인 분위기로 변화를 가져다주었다. "여기 올 수 있게 되어서 나는 너무 운이 좋은 것 같아요"라고 그녀는 말했다. "나는 평생 이런 상태(세션 기간의 따뜻함과 보살핌을 말함)를 항상 원해왔던 것 같아요. 이런 시간을 갖지 못했던 때가 기억나요. 과거에는 이런 상태를 좋아했어도 나 자신이 즐기도록 놔두지를 못했어요. 이제는 즐길 수 있어요." 마지막에 그녀는, "내가 원하는 건 뭐든지 할 수 있어요"라고 되풀이했다. 셰릴은 이 세션의 마무리에서 매우 긍정적이고 즐거운 감정을 느끼고 있었다.

만다라 이 그림은 중앙의 작은 원이 특징이다. 밝은 빨강으로 윤곽이 그려져 있고 밝은 흰색의 중심이 있다.

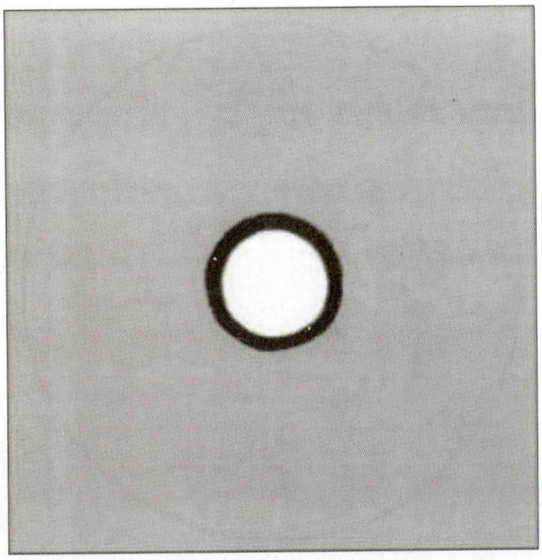

만다라 해석 이 만다라는 흥미롭다. 빨강으로 둘러싸인 하얀 원, 그것으로 끝이다. 이것은 죽음의 개념을 파악하려는 시도이다. 죽음을 탐구하고, 그것을 빨간 물질로 에워싸서 개념화함으로써 편안함을 느끼려는 일종의 실존적인 시도를 심리적으로 표현한 것이라고 생각한다. 나는 이것이 그녀의 신체에 대한 염려와 관련이 있다고 생각한다. 이제 그녀에게 신체적으로 심각한 문제가 없다면(나는 심각한 문제가 있다고 생각하지 않는다), 그녀는 정말로 죽음에 관한 자신의 두려움의 실체를 파악해야 할 텐데, 이는 죽음에 관한 어떤 철학적 틀을 형성한다는 뜻이며, 나아가 '삶'에 대한 일종의 틀을 만들어간다는 뜻이다. 이것은 그녀가 지금까지 피해왔던 것이며, 그녀의 몸은 신체적 위기를 만드는데 공모자가 되어 현재 방식과는 다른, 그녀가 원하는 방식으로 살 수 있게 해줄 변화를 시도하지 못하도록 방해해왔다.

세션11(1974년 1월 22일)

요약 지난 세션 후 어느 날, 셰릴은 유방의 혹에 대해 외과의와 면담했다고 전화했다. 의사는 그 혹을 즉시 제거하고 싶어 했지만, 그녀는 다른 대안을 찾기 위해 기다리기를 원했다. 그녀는 수술 결정을 미루고 좀 더 생각해보기로 했다.

셰릴은 낭종에 대한 불안을 가지고 그것을 제거해야 할지 혼란스러워하며 세션에 왔다. '의학적 소견'을 위해 우리 기관의 의사와의 면담이 주선되었다. 면담은 의학적 관점과 정신의학적 관점에서 도움이 되었다. 그녀는 오늘 방문에서, 치료를 잘해나가고 아기를 갖기 위해서는 낭종이 걸림돌이 된다는 의식을 하게 되었다. 면담 후 그녀는 훨씬 안심이 되어 낭종 제거에 대한 결정을 보다 잘 할 수 있었다.

'Peak Experience'가 본 세션에 사용되었다. 이 음악은 이전 세션에서 그녀에게 '나는 하고 싶은 것을 할 수 있고 아무 것도 나를 해칠 수 없다.'라고 그녀를 격려해준 바 있다.

세션12(1974년 1월 29일)

요약 음악은 'Peak Experience'에 'Cosmic-Astral'이 더해졌다. 셰릴은 세션을 위해 도착해서는, 내가 세션을 이끌어가는 방법을 비판하면서 불안해했다. 그녀는 세션을 꼭 정시에 시작하고, 세션에서 음악을 시작할 때 알려달라고 요구하며, 전반적으로 어린애 같고 적대적인 태도를 보였다. 음악에 들어간 후에, 그녀의 이러한 저항은 자기 질책이 섞인 거절에 대한 두려움이었음이 분명해졌다. 세션 동안, 셰릴은 추위를 느끼며 겁을 먹고 있었다. 나는 그녀에게 담요를 덮어주고 꼭 안아주었다. 그녀는 그 따뜻함과 친밀감을 받아들였다. 세션에서 그녀는 자신과 자신의 환경에 대해 평온과 편안함을 느꼈던 어린 시절 경험에 대한 즐거운 추억이 떠올랐다. 세션에서의 이러한 돌파구는 셰릴에게 주어지는 따뜻함과 친밀감을 받아들이도록 했고, 전에는 감히 생각하지도 못했던 신뢰를 경험할 수 있게 해주었다. 결심을 한 것이 분명했다. 유방의 종양은 목요일에 제거할 것이다.

만다라 원 밖으로, 용지의 가장자리까지 뻗쳐 있는 검정 바탕에 윤곽이 청록색으로 분명하게 그려진 형상들(대부분 원과 선)이 흩어져 있다. 원은 다양한 파스텔 색조로 그려진 선으로 둘러져 있다. 원 안에도 마찬가지로 다양한 파스텔 색으로 윤곽을 그린 형상들(원, 선, 원 안의 선)이 더 있다. 원의 맨 아래에 있는 두 개의 가로선은 밝은 빨간색이다.

만다라 해석 이것은 현미경 슬라이드를 생각나게 한다. 몸에 대한 그녀의 염려와 외부 박테리아에 취약함을 나타내는 것일 수 있다. 이는 모두 보라나 파랑으로 여성성인데, "나의 여성성 때문에 온갖 위험에 취약해요"라고 말하는 것 같다. 대단한 것은 그녀의 치명적인 수동성으로부터 깨어나게 하는 것 같다. 수동적으로 살아가며 자신을 볼모로 느끼는 데에 그녀의 위험이 있다. 원을 둘러싸고 닥치는 대로 그려진 색들과 선명한 흰색으로 볼 때, 이번 세션 동안 의식의 변화가 있었을 것이다.

만다라에 대한 셰릴의 소감 "나를 둘러싼 흰색도 좋고 진보라를 통과하려고 하는 흰색의 느낌도 좋아요. 나를 둘러싼 흰 공간은 내가 가질 수 있는 좋은 것들이 든 주머니예요. 만다라 원의 주변을 여러 가지 색들로 꾸미는 게 재미있었어요."

세션13(1974년 2월 4일)

요약 셰릴의 유방의 낭종은 크기가 작아졌고 그녀는 낭종을 제거하기로 결정했다. 수업(프레젠테이션)에서의 성공으로 그녀는 감정들이 강화되었다. "나는 하고 싶은 것을 할 수 있고 그로 인해 힘들어지지 않을 거예요." 그녀는 자신이 나를 지치게 하고 있는 것 같다면서 아마 세션이 종결되어야 할 것 같다고 했다.

세션 음악은 'Imagery'와 'Peak Experience'였다. 세션에서 그녀는 '날아갈' 때 '물건에 부딪히는' 문제를 계속해서 말했다. 세션의 나머지 부분에서는 하위인격들(Assagioli, 1965)을 상징하는 심상들이 나왔다. 그녀가 과거 자아(old self)라고 밝힌 색은 검정이었다. 그녀의 새로운 자아(new self)는 흰색이었다. 셰릴은 '검정' 자아를 위해 울었다. '흰색' 자아의 욕구와 저항이 두려웠지만, 그녀는 마침내 두 자아를 모두 받아들이고 있었다. 자신의 검은 부분이나 흰 부분 모두 자신을 지배할 수 없다고 판단했다. "나는 두 사람이예요"라고 그녀는 말했다. "나는 여기서 또 다른 나를 내려다보면서 그녀를 위해 울며 그녀는 내게로 당기고 있어요. 그녀는 검정이에요. 나는 그녀를 잃고 싶지 않아요. 그녀는 죽어가고 있어요. 내가 검은 손에 키스하니 내 입술에 검은색이 묻었어요. 나는 뒷걸음질 쳤지만 그것이 내 일부라는 것을 느껴요. 죽음은 모두에게 찾아와요."

"흰 여성은 주도하고 있어요. 그녀가 모든 일을 결정할 거예요. 그녀는 관대해요. 그녀는 다소 비현실적이고, 굉장히 다정해요. 나는 그녀를 그다지 좋아하지는 않아요. 둘 중 어느 것도 나를 지배하지 못해요! 그게 기뻐요. 흰 것이 사랑을 나눌 때의 남자처럼 검은 것 위에서 통제하고 있지는 않아요. 나는 내 안에 남성적인 부분이 있어서 기뻐요. 검은 것은 아이 같고, 흰 것은 어른 같아요. 나는 그 관계를 좋아하지 않아요. 검은 것은 좀 더 현실적이에요. 검은 것이 남자처럼 흰 것 위에 있어요. 동등해져야 해요."

세션 후반에 예쁜 정원의 심상이 있었다. 그녀는 혼자인 것에 만족하며 자신의 길을 가고 있는 것처럼 독립적으로 느껴졌다. 토양은 검정으로 비옥해보였고, 화초에 싹이 날 것 같았다. 그녀는 몸의 '병든' 부분을 잡고, 그 낭종이 몸 안으로 흡수되는 심상을 떠올렸다. 낭종은 흰색으로 보였다. "흡수시켜도 괜찮아." 세션 마지막에, 우리는 신체의 성적인 부분들을 불쾌하게 느끼는 그녀의 감정에 대해 얘기했다.

만다라 원 밖에 진보라 선과 1시 방향에 진보라로 채워진 원이 있다. 작은 파스텔 형상들(뼈 모양과 원)이 원 바깥에 그려져 있다. 원의 윤곽은 다양한 색으로 그려져 있다. 오른쪽 반은 검정으로, 왼쪽 반은 겨자 색으로 빽빽이 칠해져 있다. 원은 파랑, 보라, 초록으로 그려진 창살모양과 보라, 초록, 검정으로 뚜렷하게 그려진 형상들(원과 반원)로 채워져 있다. 원의 아래부분 7시 방향에 검은 빛을 발산하는 검정의 정사각형이 위치하고 있다.

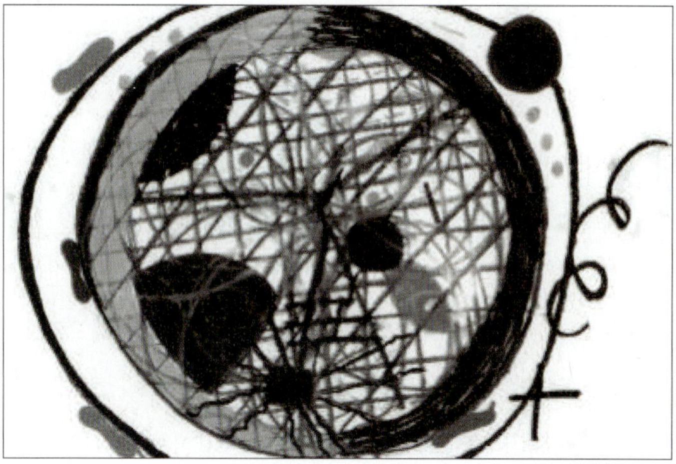

만다라 해석 이 만다라는 매우 혼란스러우며 분명 그녀의 혼란을 보여준다. 주목해야할 점은 유방에 대한 그녀의 부정적 감정으로, 이로 인해 유방은 혼란을 나타내는 완벽한 표적 영역이 된다. 커다란 초록색 부분은 마녀가 사는 짙은 숲의 초록이어서 독으로 가득 찼기 때문에 그녀의 유방에 대한 기억은 나쁘고 아주 불쾌할 것이다. 더 위에 있는 검정은 유방에 대한 파괴적인 태도이며 양육의 의미와는 반대이다. 이는 여성의 신체기관에 대한 편견으로서, 일부 여성들에 있어서는 수술이 필요한 경우여서 흥미롭다. 아마도 그녀는, 자신의 가슴이나 여성성을 미워하게 만드는 방식으로 이 이미지를 자신에게 통합했을 것이다. 남성에 관한 양가감정은 오른쪽을 어둡게 처리한 것에서 뚜렷하고, 파괴력을 내뿜는 맨 아래의 검은 정사각형은 그녀에게는 죽음에 이르는 문이 되는 여성적 역할을 받아드리는 것에 대한 반응일 것이다. 그녀의 어머니는 생사여부와 관계없이 여전히 바깥 주변을 도는 위성으로 작용하고 있고 내면으로도 통합되어 있어서, 많은 감정이 이 어머니에게 묶여 있다. 이제 '한 가지' 긍정적인 징후는 중심의 빨간 선들로, 이는 그녀가 변화에 적극적으로 관여하고 있다는 단서를 '준다.' 하지만, 그것은 적극적인 역할이어야 한다. 그녀의 삶은 완전히 그녀의 손 안에 있고 모든 것을 해결할 능력이 있기는 하지만, 그녀는 변화를 '시작'해야 하며 상자 속으로 돌아가지 말아야 한다. 그녀에게 가장 해로운 것은 환경에 '적응'하게 하는 것일 것이다. 원 안의 부모와 남편과 의사는 모두 그녀가 적응하기를 원하지만, 그녀의 영혼은 출구를 알고 있으며, 그것은 구원의 길인 그녀의 남성 부분, 즉 그녀의 능동성을 실현해가는 일이다.

세션14(1974년 2월 19일, 세션시간: 2시간 30분)

요약 'Comforting-Anaclytic'과 'Peak Experience'가 사용되었다. 셰릴은 자신에 대한 새로운 감각을 받아들이려고 애쓰고 있다. 뭔가 되려고 투쟁하는 그녀의 오래된 방식과 자기 자신이 되려는 새로운 방식 간에 여전히 전쟁이 있기는 했지만, 이 세션에서 그녀는 상당한 진전을 보였다. 그녀는 편안해진 상태로 꽤 오래 음악에 빠져있었으며, 이전보다 '음악과 더 가까워진 것'을 느꼈다. 새롭게 '태어난 나'는 고통스러웠으나 그녀는 새로운 자신을 받아들이고 있었다. "나는 현재의 내가 좋고, 바꿀 필요가 없어요." 그녀의 심상은 "다른 사람이 나를 어떻게 생각하는지 알 필요가 없다"는 것을 이해하도록 도와주었다.

이전의 두 개의 만다라에 등장했던 검은색 상자에 신경이 쓰였지만, 그녀는 아직 그것을 열 준비가 되었다는 느낌이 들지 않았다. "검은 상자는 감춰진 어떤 것이고, 자물쇠가 있어요"라고 그녀가 말했다. "나는 그것들을 비집어 열어보려고 했는데, 안에 있는 것은 모두 손상되었어요." 그녀는 때가 되면 상자들이 열리리라고 확신했다. 세션 마지막에 그녀는, "나는 내가 현실적이 될 수 있다고 느껴요. 나는 있는 그대로 받아들일 수 있고 그것이 영원히 지속되기를 원하지 않아요"라고 했다.

만다라 만다라에는 분홍과 주황 선으로 그려진 형상이 있다. 위로 뻗은 3개의 연파랑의 선들이 있는데, 각 선은 밝은 빨강의 원에 연결되어 있다.

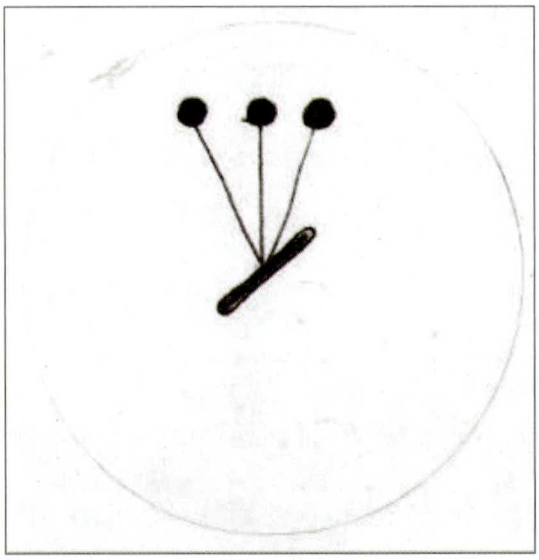

만다라 해석 여기에서 3개가 나타나는데, 능동성에 대한 욕구이며 창의적 기능이다. 여기에 검정은 나타나지 않는다. 주목할 것은 여기와 위의 빨간 원에서 볼 수 있는 숫자 3이다. 이것은 남성의 숫자이고 능동성을 나타내며, 딜레마로부터의 출구를 나타낸다.

세션15(1974년 3월 12일)

요약 음악은 'Imagery'가 사용되었다. 프리세션에서 셰릴은 그녀의 감정과 행동에서 변화가 보이는 5가지 항목을 나열했다.

1. 미사에 참석, 이전의 종교적 믿음 회복
2. 아이를 갖는 것을 고려해보면서, 이와 관련된 책임을 생각해보고 받아들일 준비가 되었는지 스스로에게 자문함
3. 이전의 강박적 사고 대신에 여유를 가지고 깊이 생각하는 능력
4. 아플 때 '아무것도 못하고 있다'는 죄책감 없이 휴식하고 사색하고 느슨해져 있고 음악도 듣기
5. 연극반에서 아이디어를 표현하고 느낀 점을 전달하는 능력

그녀의 성정체성과 성적취향에 대한 질문들이 전면으로 올라오고 있다. 본 세션에서 그녀가 여성들에 대해 어떻게 느끼는지를 알아보았다. 여성에 대한 그녀의 욕구, 여동생과 잘 때 느낀 편안함, 최근 꿈에서의 동성애 장면, 나에 대해 느끼는 분노와 온정이라는 상반되는 감정.

만다라 원은 초록의 작은 잎과 빨간 잎이 달린 초록색 덩굴로 둘러싸여 있다. 원의 내부는 검은 바탕으로 칠해졌다. 중앙의 작은 원은 빨간 윤곽선에 군청으로 칠해졌다. 새는 밝은 주황, 보라, 빨강, 파랑, 초록으로 그려졌다. 원은 9시 방향에서 새의 깃털로 이어졌고 바탕은 연파랑이다.

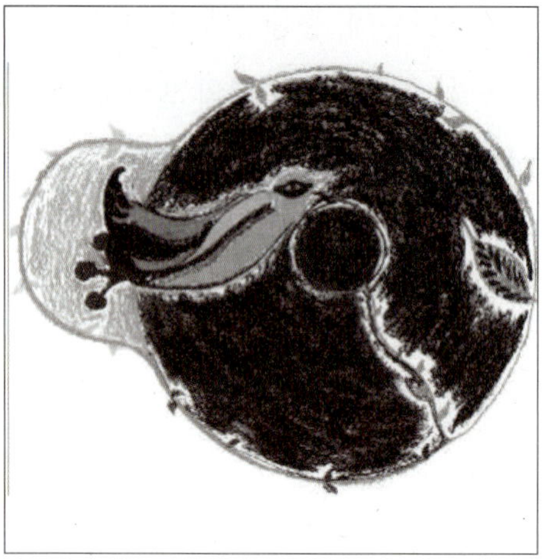

만다라 해석 이것은 매우 아름답고 매우 예언적이다. 영혼의 어둔 밤이 중앙 웅덩이의 생명수 한 가운데서 솟아올라 검정의 빈 공간으로 너무나 잘 나타나 있다. 생명수는 그녀의 여성적 자기를 나타내며, 깃털이 무지개인 새는 남성성 또는 불이다. 불과 물, 남성과 여성의 결합이 흥미롭다. 남근을 상징하는 혀는 난자에 수정할 준비가 막 되었다. 절정 경험이 날개(왼쪽, 무의식 부분)에서 기다리고 있다. 전체는 화환으로 둘러싸여 있어 왕관의 시초인 그리스의 월계관과 다를 바가 없다. 이 만다라는 아주 대단하다. 그녀는 자신의 길을 가고 있다.

세션16(1974년 3월 19일)

요약 세션 전에, 셰릴은 자기 마음에 담아두었던 최근의 두 가지 일에 대해 얘기했다. 첫 번째는 그녀가 한 공연이었다. 그녀는 매우 잘 되었다고 확신하면서도, 다른 사람들로부터 공연에 대한 '진정한' 평가를 받기 바라며 공연 후 무대에 머물러 있었다. 잠시 후 그녀는 자신에게 그런 종류의 확신이 필요 없고, 타인의 피드백 없이도 자신에 대해 좋은 느낌을 가질 수 있을 것이라는 생각이 들었다. 두 번째 사건은 오랜 친구와 관련된 최근의 꿈이었다. 매우 생생한 꿈을 꾼 뒤 그녀는 앉아서 수년간 연락을 주고받지 않았던 이 친구에게 다섯 시간동안 편지를 쓸 수 있었다. 그녀는 친구와의 과거 경험과 자신의 현재 감정 상태를 결합하는 상징적 행위를 통해 자신의 과거를 현재로 가져오는 것 같아서, 이것 역시 기분이 좋았다.

그리고는 성에 대한 자신의 감정을 세션에서 탐색해보고 싶다고 말했다. 남편과의 결혼생활 초기에, 그녀는 가장 낯설게 느껴지는 때가 섹스할 때임을 알게 되었다. 최근에 남편은 초월을 강조하는 종교적 형식의 일에 관련되면서 섹스에 관심이 더 적어졌다. 반면에, 최근에 그녀는 섹스에 대해 좋은 감정이 들기 시작했다. 이러한 감정은 자기 안에서 완전히 자연스럽게 발생된 것이며 '주변 사람들이 인정한 규범에 의해 발생된 것'이 아니라고 설명했다. 그녀의 관심은 섹스에 대한 자신의 감정을 알아내는 것이었다.

'Cosmic-Astral'이 흐르는 동안, 셰릴은 거의 갑자기 주먹을 휘두르며 화가 난다고 소리를 지르기 시작했다. 나는 화를 더 표현하도록 격려했다. 잠시 그런 후 그녀는 자기가 그렇게 할 수 있는 자유를 가져서 기쁘다고 했다. 다음에 느껴진 감정은 가슴 안의 불이었으며, 마침내는 따뜻함이었다. 그러나 가슴과 손 안의 따뜻함에 그녀는 또한 메스꺼움을 느꼈다. 그녀가 매우 좋아하는 특별한 따뜻한 감정이 그녀 가슴 속에 있었으며, 그녀는 내게 그 부분을 눌러달라고 요청했다. 가슴을 누르자 따뜻한 감정이 그녀의 몸의 다른 부위로 흘러갔다. 그 다음에 그녀는 어린아이인 자신을 보았고 자기 몸의 냄새, 좋은 냄새와 나쁜 냄새 모두를 강렬히 인식했다. 좋은 냄새든 나쁜 냄새든 그녀는 외로운 느낌이 든다고 말했다. Scriabin의 'Poem of Ecstasy'가 흐르는 동안, 그녀는 뛰어들고 싶은 풀장을 보았다. 그러나 가까이 가보니, 풀장에 물이 없었다. 그래서 그녀는 무척 화가 났는데, 특히 풀장 주위의 울타리와 풀장 안의 검은 덩어리를 발견했을 때 더욱 화가 났다. 이것을 더 살펴보라는 나의 요청에, 그녀는 무척 두려워하면서 그렇게 했다. 그것은 매우 끈적끈적했고 그녀는 독이 있을까봐 두려워했다. 그녀는 그것이 산패하고 정체된 썩은 것들로 가득하다고 했다. 이 시점에서 그녀는 화가 더 많이 나고 바짝 긴장되며 더욱 겁이 난다고 말했다. 그녀에게 할 수 있는 한 그 감정 안으로 들어가보라고 격려했다. 그녀가 막히는 느낌을 받았을 때, 나는 셰릴의 손 위에 내 손을 얹고, 그 감정을 안에다 가두지 말고 밖으로 밀어내라고 했다. 내 손에 압력을 가하며 두세 번 밀친 후에 그녀는 소리를 지르기 시작했다. 그녀의 감정을 밖으로 표현하도록 몇 번이고 격려했다. 이렇게 두세 번 반복되었고 마지막 무렵 그녀는 거대한 선체의 심상을 보았다. 밀쳐내는 신체적 동작을 통해 그녀는 이 거대한 선체를 자신에게서 밀어 보내버릴 수 있었다. 배가 떠나가자, 그녀는 내면의 환희와 완전한 충만을 느꼈다.

'Salvation is Created'로 시작하는 'Building to Peak'의 후반부가 연주되었다. 곡이 흐르는 동안 그녀는 음악 속에서 휴식했고 자신의 몸과 하나가 된 느낌이라고 했다. 그녀는 평온함의 '절정' 같은 평화로움과 온전함을 느끼며, 자기 몸의 여러 부분들을 만지기 시작했다.

만다라 원은 밝은 터키블루로 칠해졌다. 원 윗부분의 'T' 모양 물체는 초록이며, 'T' 안의 세 개의 별 같은 형태는 노랑이다.

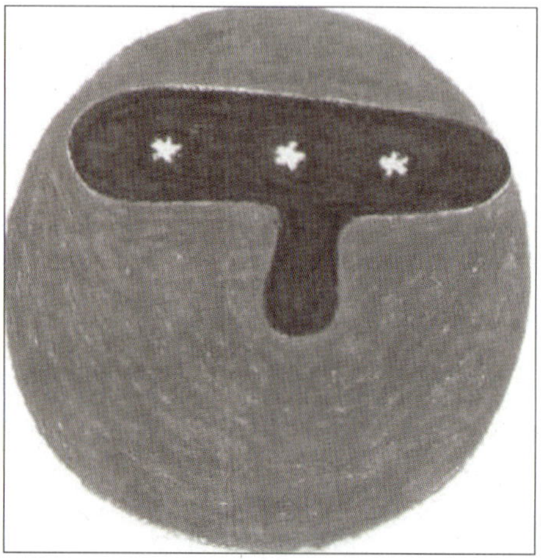

만다라 해석 이 만다라는 파란색이고, 환경으로 느껴지는 진초록의 버섯 형상이 중심에 있으며, 어두운 색으로 보아 다소 우울하다. 그러나 그 안에는 밝은 노랑의 창문 같은 것이 세 개 있는데, 이는 자신의 상황에서 벗어나는 탈출구라고 추정된다. 그녀는 자신의 앞에 놓인 가능성들에 대해 알고 있는 듯하다. 이 시점에서 그녀는 한 가지만이 아닌, 희망과 성장의 여러 길에 마음을 열고 있다. 파란색 우주 안에 있다는 것은, 여성성의 틀 안에서 자신의 삶을 표현하는 것으로 여겨진다.

만다라에 대한 셰릴의 소감 "탄탄하고 기분 좋게 느껴져요. 초록 형상은 중앙으로 내려놓았으면 좋겠어요. 너무 높이 있어서 신경이 쓰여요. 버섯이나 원자폭탄이나 만화의 말풍선 같아요."

세션17(1974년 3월 26일)

요약 음악은 사용되지 않았다. 이번 세션에서는 셰릴이 지난주에 꾼 꿈에 대해 살펴보았다.

다음은 셰릴이 꿈을 기록한 것이다.

> 남편과 부모님과 나는 바다에 있는 덩치 좋은 여자의 집에 있었다. 갑자기 그녀가 우리를 잡아두고 있는 것 아닌가 하는 두려움에, 여기를 나가야겠다는 생각이 들었다. 그녀는 앉아서 뭔가를 쓰고 있었는데(그녀는 거트루드 스타인 소설에 나오는 여자 같았다), 갑자기 다른 사람들은 도망치고 나는 갇혔다. 나는 유리창을 깨고 뛰쳐나갔지만 온통 피범벅이 되었다. 나는 "안 돼, 난 못해… 난 죽게 될 거야"라는 생각이 들어, 그 집안으로 다시 돌아갔다. 나는 그녀가 탁자에 놓은 메모를 읽었다. 그것은 타자로 친 것이었는데, 그녀에게 내가 필요하기 때문에 나를 붙잡아 두어야 한다는 내용이었다. 나는 그것을 믿을 수가 없었지만, 달리 그녀를 설득할 방법이 없었다. 그녀는 나를 사랑했고 원했고… 필요로 했다. 나는 그곳에 오래 있게 될지도 모른다고 느꼈고, 거기 있고 싶지는 않아도 받아들여야 해서 참고 있었다. 나는 일단 도망가려는 시도를 하지 않음으로써 그녀의 신뢰를 얻은 다음에, 몰래 빠져나갈 생각이었다.
>
> 다음 장면: 나는 거기에 한동안, 몇 달인지, 아마 일 년인지 있다가, 갑자기 과거의 나와 남편과의 생활이 기억났다. 마치 내가 그 생활에 대해 잊어버려서 그리워하지 않았던 것 같았다. 우리는 아기를 갖고 싶어 했었다. 이제는 잃어버린 가능성, 그 기억이 주는 고통은 절대적이고 너무나 강력했다. 나는 그녀가 동정심으로 나를 보내주길 바라면서… 펑펑 울었다. 하지만 그녀가 나를 필요로 하고 원하기 때문에… 보내줄 수 없다는 것을 나도 알고 그녀도 알고 있었다. 마치 그녀의 신뢰를 쌓으려고(내가 도망치기 위해)… 연기하는 데 너무 몰두한 나머지 시간이 흘러가 버린 것 같았다. 나는 도망에 대해서도, 남편에 대해서도… 잊어버리고 있었다.
>
> 다음 장면: 2년이 흘렀다. 나는 갑자기 남편이 나를 잊어버릴지도 모른다는 생각이 들었다. 나는 그와 함께 있고 싶었다. 게임은 끝났다(어쨌거나 나는 그녀를 회유해 나를 너무나 원하도록 만드는 게임을 즐겨왔다). 거기에는 성적 감정이 관련돼 있었다. 그 때 나는 그녀의 침대 오른쪽 바로 옆에 내 침대가 있는 것을 알아차렸다. 그건 더블베드처럼 보일 수도 있었다. 나는 아무도 우리가 레즈비언이라고 생각하지 않았으면 좋겠다고 생각했다. 그리고는, 마치 내 꿈을 지켜보는 것처럼, 음… 우리가 그런 관계인가? 우리가 함께 자는가? 라고 생각했다.

셰릴의 꿈속의 덩치 좋은 여자는 수녀가 되었다. 다음 장면에서 그녀는 수녀 친구들을 위해 파티를 열고 있었는데, 그 중 한 수녀는 셰릴이 교구 고등학교 시절부터 알고 지내던 사람이었다. 수녀가 된 덩치 좋은 그 여자는 셰릴을 자랑스럽게 여기며 그녀를 주변에 소개했다. 그 기회를 이용해서 셰릴은 아는 수녀 몇 명에게, "저는 납치됐어요. 전 여기 있고 싶지 않아요. 도와주세요. 경찰에 알려주세요"라고 속삭였다. 그녀는 자신이 그곳에 있고 싶지 않으며 자진해서 있는 게 아니라는 것을 수녀에게 납득시키느라 힘들었다.

그녀는 그것이 어떤 면에서 진실이었기 때문에 미친 듯이 호소했다. 그녀는 그동안 도망치는 것을 잊어버리고 있었다. 그녀는 자신이 떠나고 싶어 한다는 것을 갑자기 알게 되었고, 너무 오래 머문 나머지 도망치는 것을 잊어버렸다는 것이 창피했다. 그곳에 있는 것을 좋아하는 척 하기를 즐기는 동안, 도망은 항상 미래의 일이었다. 수녀 친구가 경찰에 알리겠다고 해주었다. "하나님 감사합니다. 나는 자유다"라고 나는 생각했다. 덩치 좋은 그 여자도 그녀가 나가게 되었다는 것을 알고 있었지만, 할 수 있는 일은 아무것도 없었다.

꿈의 장면들을 자세히 적은 다음 날 내 일기의 기록 "오, 하나님, 이게 모두 무슨 의미인가요? 이것은 저의 분리된 자기들이 싸우는 몽상이지요. 제가 자유로워질 수 있도록 그 열쇠를, 그 해답을, 그 해석을 알기를 기도합니다. 자유로워지고 싶어요!"

다음 날 메모 오늘 갑자기 그 여자가 생각났는데, 사람이 아주 뚱뚱하면 아기처럼 보이듯 그녀는 아기 얼굴같이 동글동글했다. 나는 또, "나를 너무도 원해서 내 거짓 사랑에조차 만족하는 무슨 이런 큰 아기가 다 있어"라고 생각했다.

셰릴은 자신의 꿈을 들려주면서 눈물을 흘리며 지지를 구했다. 전과 달라지고 보다 대담해진 자신의 행동과, 이것이 남편과 주변 사람들에게 어떻게 영향을 주고 있는지에 대해 두려워했다. 그녀는 표현에 있어 더 공격적으로 되었다. 이 모든 것은 셰릴에게 있어 내적 변화가 외적으로 표현되는 변화의 기간임을 보여준다.

세션18(1974년 4월 2일)

요약 음악은 사용되지 않았다. 이 세션은 최근의 통찰들을 통합하는 것이었다. 셰릴은 행복하고 밝은 기분이었다. 그녀는 여러 상황에서 '자기 자신이 되는' 새로운 경험들을 이야기했다. 그녀는 지루한 콘서트에 시달리면서 느낀 분노를 표현하기도 하고, 명상을 통해 해결된 종교적 갈등도 얘기했다. 그녀는 자주 "나는 나예요"라고 말했는데, 타인의 의지에 자신을 맞추기보다 자기 자신으로 존재하는 것이 결국은 더 좋은 것이라는 것을 느낀 것이다. 이것은 지난 세션에서 다룬 꿈에서 얻은 깨달음을 표현하는 것이기도 하다. 치료의 종결이 가까워졌지만, 그녀는 종결에 관해 얘기하기를 주저했다. 그녀 안의 어두운 부분들에 대한 감정이 아직 남아있지만, 이제 그것들은 '분리되었고 다루고 싶을 때 해결할 수 있는 것들이다.'

만다라 만다라의 원은 가는 초록 선으로 윤곽이 그려져 있고, 원에서 바깥으로 뻗은 선들은 검정이며, 이 선들에 붙은 도형들(눈과 반점) 또한 검정으로 그려져 있다. 원 안에 밝은 파랑의 정사각형 '네모'가 있다. 맨 아래의 물 같은 것을 포함해 대부분의 형상은 파랑으로 그려져 있다(물 아래 왼쪽에는 밝은 빨간 선이 들어 있다). 정사각형 위 왼쪽 모서리에 초록의 형상이 있다. 'OH!' 글씨와 초록에서 밖으로 뻗은 선들은 빨강이다.

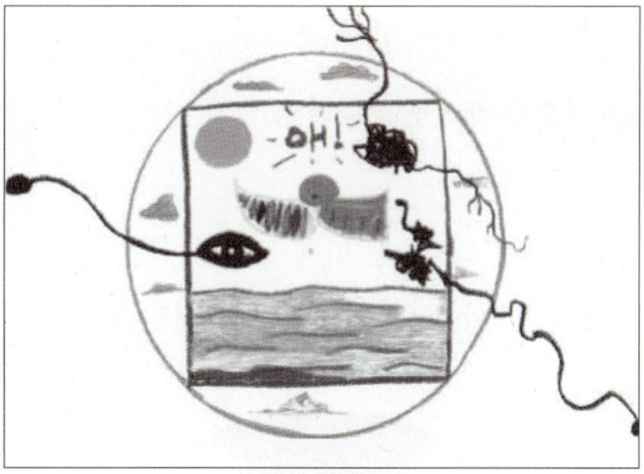

만다라 해석 이 만다라는 해석하기가 어렵지만, 원을 네모로 만드는 것을 표현한 것으로 보인다. 의심을 상징하는 검은 독사들은 마지막에 그려졌다고 생각된다. 원을 네모로 만든다는 것은, 무한한 가능성(원) 안에서 현실적으로 가능한 진정한 변화(정사각형)를 직감하는 것을 의미한다. 이제 변화를 위한 커다란 용기가 필요하다. 그렇지 않으면 변화를 꿈꾸기만 하면서 꿈의 세계에서 사는 것이다. 결과적으로 그녀가 변화를 시도하려고 하면 즉시 이 의

심의 독사들이 그녀를 공격한다. 왼쪽에 있는 독사의 매우 피해망상적인 눈을 주목하라. 이것은 그녀 자신의 무의식에 심겨진, 흔적만 남은, 보복하는 어머니의 눈일 뿐이다. 분명히 그녀는 이 세상에 보다 적합하게 존재하는 방식을 만들어가고 있으며, 고통스러운 'OH'는 독사들의 공격에 대응하는 것이다. 생명의 물이 앞으로의 상황에 대한 그녀의 계획안에 있는 것이 주목된다.

세션19(1974년 4월 9일)

요약 음악은 'Death-Rebirth'와 'Peak Experience'가 사용되었다. 본 세션에서는 최근 몇 달간 셰릴이 마주치고 다루었던 많은 문제 중 일부를 통합했다. 그녀는 삶의 두 가지 영역인 과거와 현재를 연결시키는 데 집중했다. 그러므로 음악이 그녀에게 '기쁨과 슬픔 사이에서, 아무것도 아닌 것과 모든 것 사이에서' 현실감을 느끼게 한다는 통찰은 중요했다. 그녀는 세션 마지막에서 기분이 매우 좋고 배가 고프다고 말했다. 그녀는 종교적 깨달음을 얻기 위해 음악에 몰입했으며, 결국에는 해냈음을 느꼈다. 세션 중 때때로 눈을 뜨고 싶어 했는데, 이에 대해 그녀는 자신의 삶에서 치료사와 타인에 대한 의존에서 벗어나서, '혼자 힘으로 앞을 내다볼' 필요를 상징하는 것으로 해석했다.

만다라 원에는 다섯 개의 요소가 있다. 맨 아래 넓은 부분은 연초록으로 칠해져있고 청록색 화살이 들어있다. 노랑-주황 선이 원을 분할한다. 원의 윗부분은 연분홍으로 칠해져있

다. 원의 맨 위 12시 방향의 짙은 부분은 밝은 빨강이다.

만다라 해석 이 만다라는 새로운 중심, 즉 새로운 자기의 탄생이나 새로운 결합을 나타낸다. 생동하는 장미빛 빨강은, 다량의 원초적인 에너지를 암시한다. 이것이 밑에서부터 올라오고 있는 것에 - 그녀 자신으로부터 나오고 있음을 의미할 수도 있기에 - 그녀가 얼마나 겁을 먹고 있는지를 보면 흥미롭다. 그것을 위에서 내려오는 것으로 보면, 그에 대한 책임을 하나 덜게 된다. "그것이 번갯불처럼 갑자기 나를 때렸다!"고 회피할 수도 있는 것이다. 그녀의 입장에서 어떤 준비가 제대로 안되어 있는 것으로 보인다. 파란색 화살은 여성적인 색의 척추라는 면에서 흥미로워 보인다. 초록은 남성과 여성의 결합, 수정이 일어나는 면에서 좋다. 가장 긍정적인 것은 부정적 어머니가 '사라진' 것이다.

치료 후 보고

마지막 세션 후 일주일이 안돼서 셰릴은 가족의 응급상황 때문에 집으로 불려갔다. 우울증 때문에 주기적으로 입원하던 어머니가 다시 아팠기 때문이다. 셰릴은 집으로 가서 원망하는 마음 없이 가족을 돌볼 수 있었으며, 어머니에게 진료와 단기 입원수속을 해드렸다. 그녀는 어머니가 집으로 돌아온 뒤에도 몇 주간 계속 머물렀다. 그 기간 동안 그녀는 나에게 몇 번 전화했다. 그녀는 한 번도 우울한 적이 없었고, 오히려 가족 속에서 이렇게 잘 할 수 있는 자신을 보며 희열과 기쁨을 느꼈다. 이 일은 그녀의 자부심을 높여주었다.

7월과 8월 두 달간 나는 입원을 하게 되었다. 이때쯤 강한 모자전이(mother-child transference)가 형성된 셰릴에게 나의 병은 흥미로운 문제를 제기했다. 셰릴의 편지는 그녀의 갈등과, 그녀가 그 갈등을 어떻게 다루었는지 보여준다.

> 선생님이 아프시다는 소식을 듣고, 편지를 쓰기까지 오랜 시간이 걸렸습니다. 두려웠습니다. 선생님에 대한 이미지와 내가 선생님을 대해야 하는 방식 사이에서 갈등이 있었거든요. 제 느낌으로는 아이가 부모에게 하듯 선생님께 편지를 써야할 것 같은데, 어린아이 같이 느껴지는 제가 어떻게 존경하는 선생님을 위로할 수 있겠으며, 선생님께 도움이 될 것같은 저의 진지한 생각들을 어떻게 제가 전할 수 있겠는가 하고 느껴졌거든요. 그러나 제가 변화되었던 것처럼, 관계를 변화

시킬 용기를 내야만 했습니다(내가 나 자신을 존중한다는 점에서 이제 선생님과 동등하다고 느낍니다). 선생님의 투병에 대한 저의 염려가, 나를 돌보아준 선생님께 과장되고 하찮은 것으로 여겨질까 봐 두려워서 말하기가 망설여졌어요. 이렇게 편지를 드리는 저의 행동은 내면의 진실을 표현하는 것이며 저를 더 단단하게 만들고, 이미 지금, 그렇게 불편하게 느껴졌던, 질질 끌던 아이에게서 이렇게 빨리 벗어나게 되어 기쁩니다. 추상적이지만, 저에게 일어난 일을 말로 표현하면, 그 아이가 저를 더 높은 수준, 더 강한 다음 단계로 밀어 주었다는 것입니다. 이 수준이 보다 온전한 내 모습이기 때문에 안도감을 느낍니다. 저는 동정심과 애정으로 그 아이를 이해하고 어떤 혐오감도 갖지 않지만, 그 자리에 그대로 있는 것은 불편하고 슬퍼요. 앞으로 나아가고, 뛰어가고, 다음 단계로 날아오르는 기쁨… 설명할 수가 없어요. 어떤 말로도 표현할 수가 없네요. 아프시다는 소식을 처음 들은 그 순간 저는 선생님을 위해 기도했습니다. 저는 선생님을 깊이 사랑했고, 상태가 어떠신지 잘 모르면서도 매우 속상했습니다. 그리고는 선생님을 생각하며 가책을 느꼈어요. 편지를 써야 하는데, 쓰고 싶지 않았거든요. 편지 쓰는 게 불편한 느낌, 솔직하지 않은 느낌, 내면에 '탐탁치 않은' 느낌, 자기비하 같은 느낌이 들었어요. 저는 선생님을 위해 기도하려고 했지만, 제가 실제로는 선생님을 별로 걱정하지는 않는 것같이 느껴졌어요. 애정과 염려의 감정이 막혀 있었지만, 저는 도의상 기도를 했습니다. 그리고 며칠 뒤 전화를 했어요… 저는 전화가 선생님께 '불편한' 일이 될까봐 두려웠어요. 선생님이 힘든 상황이신데, '선생님을 지치게 했던 저에게서 연락을 받는다는 것이 선생님께는 부담이 될까 했습니다. 하지만 저는 "두려움은 던져버려. 이건 나 자신의 지나친 불안감이야. 나는 헬렌과 함께 이 열등감에 도전하는 중이고, 내 마음에 솔직할 거야. 충고든 애정이든 뭐든 내가 느끼는 그대로 헬렌에게 말할 거야. 그게 진짜 나니까"라고 말했습니다. 그러고 보니 이 편지를 쓰면서 두 가지를 '해냈네요'. 중요한 두 가지를요.

기관과의 사후 면담(1974년 8월 26일)

셰릴은 석사학위를 마치려고 학교로 돌아갔다. 그녀의 학위논문은 지도교수로부터 높은 평가를 받았다. 그녀는 개인적 및 영적 성장이라는 주제를 토대로 한 자서전적 연극인 '성녀가 된' 씨튼 수녀 이야기를 연출하고 연기할 계획이다. 셰릴은 이제는 다른 사람에게 베풀고, 다른 사람과 공감하게 되었다고 말하며 이 인물을 묘사해야 하는 자기 능력에 자신감을 가졌다.

치료 종료 후에 갖게 되는 우리 기관 직원과의 면담 중에서 셰릴은 자기 삶에 중대한 변화가 일어났다고 강조했다. 치료 자체에서 자신이 치료사에게 진정으로 사랑받고 받아들여졌으며, 어떤 요구도 없었다고 말했다.

셰릴을 면담한 심리상담사는 그녀가 편안해지고 자연스러워졌다고 했다. 그녀는 사전면담 때와 달리 면담자를 애써 기쁘게 하려고 하지 않았다. 그녀는 보다 매력적으로 옷을 입는다든지… 그런 여성적 역할에 불편해하지 않았으며, 자신이 엄마가 되는 것을 싫어하지 않았다.

면담(1974년 12월)

셰릴이 면담을 위해 전화했다. 그녀는 '개인적 문제'를 상담하려고 뉴저지로부터 왔다. 그녀의 신체적 외모에는 현저한 변화가 있었다. 그녀는 보다 침착해졌고 보다 여성스러워졌는데, 이런 면들은 그녀의 아름다움에 새로운 차원을 더해주었다. 그녀는 매우 성공적이었던 연극 제작과, 주인공 역할을 하면서 그녀가 경험한 성장에 대해 이야기했다. 그 내용은 종교적 깊이와 개인적 솔직함(자신이 원하는 정도에서 행동하는 것)에 관한 것이었다. 이 개인적 솔직함으로 인해 성적 반응이 보다 자유로워졌다고 그녀는 말했다. 가을에 그녀는 남편과 오르가슴에 도달할 수 있었다. 그 새로운 변화가 도화선이 되어 그녀는 남자 주인공에게 마음이 끌려 바람을 피우게까지 되었다. 그녀는 이러한 새로운 관계가 자신의 결혼생활에 어떻게 영향을 미칠지 걱정하고 있었다. 셰릴에게 다음 면담에는 남편을 데리고 오라고 권했다. 이전에 그녀의 남편은 자신도 치료가 필요하다고 말했던 적이 있었다. 감정을 환기시킬 기회가 두 사람 모두에게 도움이 될 것 같았다. 그들에게 뉴저지에 있는 결혼생활 상담전문가를 만나보도록 권했다. 셰릴이 조금도 좋아지지 않은 것이 있는데 그것은 신체적 틱인 코를 훌쩍거리는 것이라고 말했다. 사람들 앞에서 민망한 일인데 스트레스 받을 때 나타난다고 했다.

2년 후 보고(1975년 9월)

셰릴이 첫 치료세션을 시작한 후로 2년이 지났다. 그녀는 치료 효과가 계속 유지되고 있다고 했다. 치료 초기에 설정했던 치료 목적들의 대부분이 다루어졌다. 치료 목적은 불안 수준 감소, 죄책감 드러내기, 공포감 다루기, 성적 두려움(동성애) 완화와 긍정적인 여성 정체성의 확립, 긍정적인 자아개념 확립이었다.

후기

GIM은 퇴행과정과 성숙과정이 상호 지원할 수 있는, 다른 일반적인 치료방식에서는 찾아보기 어려운 구조를 갖고 있는 것으로 보인다. 다시 말해 GIM에서는 성장을 위한 투쟁이 동반되는 일반적인 갈등 없이 클라이언트가 쉽게 퇴행하고 전진할 수 있다. 이 과정은 여러 가지 방식으로 나타날 수 있다.

자존감의 성장은 다른 치료중재에서는 매우 느리고 복잡할 수 있지만, GIM에서는 최소한의 스트레스와 최대한의 자유로움을 갖고 이루어질 수 있다. 이것은 반응하는 자아가 일반적인 형식의 자기평가(self-assessment)를 하지 않아도 되기 때문이다. 음악 자극에 대해 자유롭게 반응하는 자아가 우선적이므로, 자아는 다른 치료 방식에서보다 더 적은 내면의 투쟁과 갈등을 겪으며 스스로를 드러내게 된다.

GIM에 내포된 과정은 존재의 통합(a unification of being), 전체적인 감각(a holistic sense)을 이끌어내는데, 이는 음악의 움직임에 따라 그 목적을 향해 옮겨간다. 음악언어는 자아가 창의적으로 음악에 몰입하고 있는 동안에 자아를 통합시키는 능력을 가질 수도 있다. GIM 후에 '통합되어지는' 느낌을 갖는 것은 흔히 있는 일이다.

음악 자체가 가진 창의성이, 문제를 바라보는 시야를 넓혀주는 창의적인 자극을 클라이언트 내면으로 전달하는 것은 GIM의 흥미로운 측면이다. 이는 창의성의 본질을 자극하여 오래된 문제에 대한 새로운 통찰을 가지게 한다. 새로운 능력이 나타나고 새로운 재능이 드러나며, 문제해결의 새로운 길이 스스로 나타난다. 성장의 과정에서 클라이언트의 문제에 대한 치료사의 창의적 통찰이 또한 도움을 준다.

음악적 과정에서 일어나는 이러한 반응들은 GIM에서 일어날 수 있는 심리적 움직임의 폭과 범위를 보여준다. GIM치료사의 통찰력과 가이딩스킬이 좋을수록 클라이언트의 반응이 더 분명해질 것이다.

참고문헌

Assagioli, R. (1965). *Psychosynthesis: A Manual of Principles and Techniques.* New York, NY: Hobbs, Dorman & Co.

에이즈와 함께 하는 삶을 받아들이기까지 *

Kenneth E. Bruscia

개요

본 사례는 최근 에이즈 바이러스에 감염된 26세의 남성인 매트와의 개인 심리치료를 정리한 것이다. 11회의 세션에서, GIM이 정신역동적인 접근에서 주요 기법으로 사용되었다. 강렬한 심상변형 과정을 통해, 매트는 에이즈와 함께 해야 하는 삶에서 오는 정신적 위기에 맞서지 못하고 있는 것이 과거의 트라우마 사건들 때문이라는 통찰을 얻었다. 이를 통해 궁극적으로 그는 그의 삶에 가장 중요한 질문중 하나와 대면하게 된다 – 죽은 채로 살 것인가, 제대로 살다가 죽을 것인가?

* Bonny, H. (2002). *Music and Consciousness: The Evolution of Guided Imagery and Music.* Edited by Lisa Summer. Gilsum NH: Barcelona Publishers.

대상 정보

우리가 만났을 때 매트는 26세였고, 몇 달 전 '에이즈 양성' 진단을 받은 상태였다. 나는 우리의 첫 만남을 매우 생생하게 기억한다. 악수를 할 때 그가 떨고 있는 것을 느낄 수 있었다. 그는 키가 크고 수척했으며 눈가에 다크서클이 있었다. 그는 불안하고 근심스러워 보였으며 연달아 담배를 피웠다. 웃을 때는 얼굴 근육이 눈에 띄게 움직였다. 때로는 내가 자신을 보고 있는지 확인하려고 슬쩍 나를 쳐다보기도 했다.

매트는 현기증, 떨림, 구토 그리고 열 등의 증상에 대해 호소했다. 그 때문에 그는 AZT(AIDS 항바이러스 약물)와 자낙스(불안조절 약물) 외에도 몇 가지 다른 약물을 복용하고 있었다. 그는 마치 자기가 얼마나 많이 고통 받고 있는지, 또는 얼마나 아픈지를 내게 알려야 할 것처럼, 자신의 증상들과 약물의 필요에 대해서 매우 심각하게 얘기했다. 아마 자신이 얼마나 많은 도움이 필요한지 내게 알려주려고 했던 것 같다. 나는 사실 그가 정말 그렇게 많은 약을 복용할 필요가 있는지 의아했고, 특히 그의 증상들 중 많은 부분이 자낙스의 부작용(Schatzberg & Cole, 1986)일 수 있기 때문에 우려가 되었다. 또한 그가 몸 안의 모든 증상을 다스리기(마비시키기) 위해 약물에 의존함으로써 자기 건강에 대한 책임을 의사와 약물에게 넘길까봐 걱정되었다.

매트는 일을 그만두었고, 최근 몇 달 동안 외출도 완전히 그만두었다. 그는 현기증 때문에 거리에서 의식을 잃거나, 주변에 사람들이 있을 때 불안발작을 일으킬까봐 '극도로 무서워' 했다. 그는 자신에 대한 생각과 두려움에서 벗어나기 위해, 집에서 TV를 보며 대부분의 시간을 보내고 있었다.

매트는 근처 병원에서 혈액투석 기술자로 일하다가 '에이즈'에 감염되었다고 했다. 그는 감염된 주사 바늘에 몇 번 찔렸다고 했다. 이 얘기를 할 때, 그의 어조는 매우 단호했고 딱 부러지기까지 했다. 내가 그를 난잡하다거나 마약을 사용했다고 추측하기를 원치 않는 것처럼 들렸다. 나는 그가 그런 염려를 하지 않게 하려고 얼굴 표정이나 신체 언어에 신경을 썼다. 나는 그가 타인으로부터 비난받은 적이 있는지 궁금했다. 나는 내가 아는 사람 중 에이즈와 거리를 두거나, 에이즈 걸린 사람을 외면하며 단순히 "자업자득이지!"라는 말로 비난하는 사람들을 떠올렸다. 아니면 매트 스스로 죄책감과 수치심을 느끼는 것일 수 있다. 아마도 자업자득이라고 느낄지도 모른다.

매트의 이야기는 계속되었으며, 나는 긴장을 풀기 위해 자세를 바꾸었다. 매트는 6년간 한 남자와 연인관계였다. 그들은 함께 살고 있으며, 매트는 그들의 관계가 매우 끈끈하다고 느낀다. 존은 열 살 연상이고 박사학위가 있다. 그의 에이즈 검사 결과는 음성이었다. 존이 병원 관리자로서의 고소득 일자리를 잃었기 때문에 그들은 당장 심각한 재정 문제를 겪고 있었다. 설상가상으로 매트의 현재 보험회사는 그의 의료비 지불을 거절하고 있었다. 매트는 진단받기 전에 직장과 보험회사를 바꾸었었고, 이제 두 회사 모두 재정적인 책임을 지지 않을 것이다. 매트는 사회보장연금과 복지도 거절당했다. 그의 얼굴이 분노와 좌절로 가득한 것도 당연했다.

매트는 이어서 대화를 가족으로 옮겼다. 그는 이미 가족에게 자기가 게이라는 것과 바이러스에 감염된 자신의 상황에 대해 모두 말했다. 가족들이 매트의 상황을 알고 있다는 사실에 나는 안도했다. 매트 같은 사람은 대부분 사랑하는 사람들에게서 필요로 하는 지원을 받지 못하고 홀로 에이즈에 맞선다. 매트는 두 여동생과 매우 가까웠고, 여동생과 그들의 자녀에 대해 장황하게 말했다. 그리고는 다소 쌀쌀한 어투로 어머니를 '심술궂은 독재자'로 묘사하며, 어머니와 계속 싸움중이라고 말했다. 그는 아버지를 수동적이며 무관심하다고 묘사한 뒤 더 이상 언급하지 않았다. 그 다음 나는 그에게 치료에서 무엇을 성취하고 싶은지 물어보았다. 매트는 이렇게 대답했다.

> 나는 끔찍한 이미지들이 떠올라요… 내가 죽는 것을 볼 수 있어요… 깊은 블랙홀에 거꾸로 떨어지는 것 같은 느낌이에요… 나는 이런 장면들이 다시 떠오를 순간이 두려워서 끊임없는 불안 속에 살고 있어요… 이것이 사라지지 않으면 나는 극심한 공포에 빠져요… 가끔 존이 내 옆에 앉아 있는 걸 상상하면 마음을 진정시키는데 도움이 돼요… 이런 이미지들이 떠오르면 사라지고 난 후에도 매우 우울해져요… 이렇게 살 수는 없어요.

나는 도움을 청하는 그의 외침이 매순간 얼마나 절실한 것인지를 알아차리게 되면서 그의 말에 감동을 받았다. 나는 또한 그의 떨림이 신체증상 이상의 것임을 깨달았다. 그의 '온 존재'가 흔들리고 있었던 것이다.

나는 'GIM'이 어떻게 진행되는지 설명하기 시작했다. 그가 편안해지고 이완되고 집중하도록 도운 다음, 나는 심상을 떠올리는 것을 자극하기 위해 특별히 디자인된 음악 프로그램을 사용할 것이다. 음악을 듣는 동안 그는 신체 감각, 시각, 느낌, 기억, 환상 등의 다양한 내적 체험을 하게 될 것이다. 심상과정 동안 우리는 지속적으로 대화를 나눌 것이고, 나는 나중에 참조하기 위해 그 대화를 기록할 것이다. 나는 내내 그와 함께 하면서 그가 원하는 방식대로 내면세계를 탐색하도록 도울 것이다. 나는 그가 두려워하는 이미지가 나올 가능성과, 결국 그가 그것과 직면해야 할 것이라는 것에 대해 이야기했다. 매트는 누가 자신의 곁에 있어준다면 기꺼이 그런 위험들을 감수하겠다고 생각했다.

치료 과정

심상으로 들어가기

공간을 준비하고 우리 둘 다 최대한 편안하게 한 뒤에(매트는 바닥의 매트에 눕고 나는 그 옆에 앉았다), 나는 매트에게 눈을 감고 심호흡을 시작하라고 했다. 그 다음 나는 그를 인도하여 우리가 나눈 대화를 토대로 내가 만든 이완과 인덕션(a relaxation induction)을 시작했다. 그 과정은 빛나는 공이 매트의 몸 전체를 통과해서 움직이는 심상을 갖게 하여 몸의 각 부분이 '강하고', '살아있는' 느낌이 들게 하는 것이었다.

나는 몇 가지 이유로 이렇게 접근했다. 첫째, 그가 눈을 감고 어둠을 만나면 블랙홀에 거꾸로 떨어지는 무서운 심상이 떠오를까봐 걱정되었다. 따라서 빛에 집중하게 하면 그가 어둠을 밝히거나 어둠을 벗어나는 데 도움이 될 것이다. 둘째, 매트가 '죽은 채 떨어지는 것'에 대해 두려움을 표현했는데, 그가 충분히 이완되려면 자신이 강하고(자신에 차있고) 살아있다고 인식할 필요가 있다고 생각했다. 셋째, 나는 인덕션 단계에서 의도적으로 '보고 – 느끼는' 순서(빛을 보세요, 강하고 살아있음을 느껴보세요 등)로 진행했는데, 그 이유는 앞선 대화에서 그가 자기 경험을 그런 방식으로 표현했기 때문이다(예를 들어, 자신이 죽는 것을 본 다음 즉시 거꾸로 떨어지는 것을 느끼는 것 등). 클라이언트가 자신의 경험을 전달하기 위해 나열하는 감각 경로의 순서를 그대로 따라서 하면 라포를 형성하는 데 도움이 됨과 동시에 확장된 의식 상태로 유도가 용이해진다(Grinder& Bandler, 1981).

나는 첫 번째 세션에서 흔히 사용되는 GIM음악프로그램을 선택했다. 이것은 6곡으로 구성되었고 총 42분이 소요된다. 각 곡은 악기편성과 분위기, 스타일이 매우 다르기 때문에 여러 다양한 심상 과정(시각, 기억, 환상, 감정 등)을 불러일으킬 잠재력이 있다. 또한 각 곡이 비교적 짧아서, 클라이언트가 마음대로 각 이미지나 과정에 들어가고 나올 수 있다. 또한 이 음악프로그램은 클라이언트가 심상의 여러 영역과 단계를 탐색하도록 이끌어 주므로, 임상 평가에 유용하다.

심상 미리보기

GIM세션에서는 인생의 여러 시기가 나타나며, 첫 번째 세션에서는 앞으로 전개될 스토리 전체가 미리 나타난다. 특히 매트의 경우가 그랬다. 그의 첫 번째 세션의 심상들은 무대를 만들고, 배경을 그리고, 그의 인생 스토리의 주요 인물들을 소개했다. 이어진 10회(주1회) 세션에서 이 동일한 심상들은 돌아오고, 변형되고, 새로운 스토리를 만들어내면서, 지속적으로 심상의 실체를 밝혀갔다 — 마치 통찰과 애정어린 끈기를 가지고 매트의 정신에 호소하는 것처럼.

매트의 심상은 섬에 홀로 좌초된 데서 시작되었다. Ravel의 발레곡 'Daphnis and Chloe'의 시작부가 분위기를 조성했다. 다음은 세션기록에서 발췌한 것이다. 괄호의 내용은 나의 중재나 관찰, 들리는 음악의 제목을 기록한 것이다. 생략부호는 침묵, 시간의 경과, 기록에서 상관없는 부분을 나타낸다.

> 나는 사람이 없는 해변을 따라 걷고 있어요… 홀로 좌초된 채로… 앞에 해안선을 막고 있는 거대한 바위가 보여요… [Brahms 1번 교향곡의 Allegretto가 시작된다.]… 걸어서 반대편으로 가고 싶지만… 어떻게 해야 할지 모르겠어요… [주변을 잘 살펴보세요.]… [Raspighi의 'Pines of Rome'의 'Gianicolo'가 시작된다.]… 갈매기들이 저 멀리 물속에 있는 바위 모서리 위를 맴돌고 있어요… 나는 물속에서 바위 주변을 돌 수 없어요… 나는 육지로 걸어가야 해요… 나는 바위 주변을 오르고 있어요… 땅의 커다란 블랙홀 같은 동굴이 보여요… [느낌이 어때요?]… 무서워

요… 하지만 난 괜찮아요… 입구를 막고 있는 철 대문이 있어요… 동굴 입구를 지나 걸어가고 있어요… 죽은 고목나무가 땅에 떨어져 있네요. 뿌리가 모두 불쑥 튀어나와 있어요… 몸통은 앙상하고 그 안에 구멍이 하나 있어요… [Debussy의 'Nocturnes'의 'Sirenes'이 시작된다.]… 어두워지고 비가 내리기 시작해요… 이 바위를 돌 수 있을 것 같지 않아요… 어둠속에서 계속하는 건 무의미한 것 같아요… 해변으로 돌아가는 게 낫겠어요… 나는 돌아가고 있어요… [느낌이 어때요?]… 정말 좌절감을 느껴요… 불안하구요. 이 섬에서 벗어나고 싶지만, 어떤 이유에선지 그럴 수가 없어요… [Tschesnekoffs의 'Salvation is Created'가 거의 알아들을 수 없게 시작된다.]… 해변으로 돌아왔어요… [이제 그곳이 무엇이 보이나요?]… 갈매기들이 있던 물 위에 검은 옷을 입은 사람들이 공중에 떠다니며 맴돌고 있는 게 보여요… [더 보이는 게 있나요?]… 사방을 살펴보고 있어요… 오, 세상에… 남자 둘이 배를 타고 나를 구하러 오고 있어요… 얼굴은 보이지 않지만, 한 명은 빨강, 한 명은 파랑 옷을 입고 있어요… 그들이 나를 배에 태우고 있어요. 그들은 얼굴이 없어요… [Pachelbel의 'Canon in D'가 시작된다.]… 내가 배에 타고… 우리는 떠나요… 나는 바다를 돌아보고 있어요… 우리가 떠나온 곳에 어린 아이가 보여요… 거대한 검은 새가 그 아이 뒤 언덕 위에 앉아 내려다보고 있구요… 우리는 육지에 다가가고 있어요… 검은 새는 따라와서 우리 위에 맴돌고 있어요… 이제 나는 집으로 가고 있어요. 집에 가면 안전할 거에요.

음악이 끝나고, 나는 매트가 일상의 의식으로 돌아오도록 도와주었다. 이어서 심상에 대해 대화하면서, 나는 무엇이든 그에게 가장 영향을 많이 미친 것을 표현하게 하고 내가 치료과정에 의미 있다고 느낀 심상들에 집중하게 했다.

이 세션은 매트의 세션 진행 과정에 대해 믿을 수 없을 정도로 미리 정확하게 보여주었다. 이어진 일곱 번의 세션에서, 그는 이 세션의 주요 심상들을 엮어 갔으며, 그때마다 그 심상들은 그의 인생 스토리를 변형시키거나 옮겨갔다. 다음은 이 중심 심상들(검은 새, 비와 집, 섬의 동굴, 버려진 아이 등)의 전개 양상과, 그 결과 매트가 에이즈를 받아들이는 삶으로 소생되어가는 과정에 대한 설명이다.

검은 새

검은 새는 일종의 적극적 변형과정이 이미 시작된 첫 번째 세션의 핵심 이미지 중 하나였다. 갈매기에서 시작되어 검은 옷을 입고 맴도는 사람들, 불길한 풍모를 지닌 거대한 검은 새로 변해갔다. 매트는 새에게 위협을 느꼈지만, 심상을 떠올리는 중이나 후에도 자신의 두려움을 입 밖에 내지 않았다 – 마치 당시에는 그게 감당이 안 되었던 것처럼. 매트는 또한 그것이 어떤 종류의 새였는지 알아낼 수가 없었다. 그 새에 대해 나에게 올라오는 느낌이 있었다. 나는 아이와 함께 있는 그 새를 신뢰하지 않았다. 나는 새가 맴돌며 따라오는 것이 좋지 않았다 – 마치 죽은 동물을 집어삼키려고 음흉하게 기다리는 독수리처럼. 나는 그 새가 두려웠다.

두 번째 세션 전에 매트의 심상을 적은 기록을 살펴보다가, 나는 매트가 장애물과 직면했을 때와, 도망갈 힘이 없다고 느꼈을 때와, 그 아이를 두고 갔을 때 그 새가 나타났다는 것을 발견했다. 이 점을 생각하다가 나는 매트 위를 맴돌고 있는 그 새 위를 내가 맴돌기 시작하는 느낌이 들었고, 그 때 왜 그렇게 하는 것이 중요하다고 느껴졌는지가 궁금했다. 매트가 보호받아야 할 필요가 있었을까, 아니면 내가 다른 좋은 치료사처럼 그를 보호하거나 구할 수 있다고 스스로를 안심시킬 필요가 있었던 걸까? 내가 그 심상을 제대로 이해하면 어떻게든 그 이미지를 사라지게 할 수 있게 될까? 그 새로부터의 보호가 필요했을까?

그 새는 이후 몇 번의 세션에서 매트의 심상에 다시 나타나지 않았지만, 그의 '만다라' 그림에서는 꽤 두드러지게 나왔다. 처음 그림에서, 그는 해 아래 날아가고 있는 새를 꽤 구체적으로 그렸다. 이후의 묘사에서는 위치와 모양이 바뀌었다. 그 다음 그림에서 그 새는 너무 커서 전체를 어둡게 가리고 있었고, 또 다른 그림에서는 블랙홀 같은 엄청난 흙덩어리였으며, 그 다음 그림에서는 만다라 가장자리에서 등을 돌리고 서있는 어슴푸레한 사람의 형체로 바뀌었다.

네 번째 세션에서 그 새는 매트의 심상에 다시 나타났다. Bach의 'Passacaglia and Fugue in C Minor'가 배경이었다. 매트는 블루맨과 레드맨과 함께 길을 따라 걷고 있었는데, 그 새가 나타나 그들을 따라오기 시작한다. 베이스 멜로디가 계속 반복되면서, 그 새는 그들 주위를 맴도는데, 소리가 커질 때마다 점점 가까이 온다. 푸가가 시작되고, 세 사람이 서로 다투며 그 새가 자기들 위를 맴도는 것을 지켜보는 가운데, 속수무책으로 두려움과 좌절이 한 층 한 층 고조되어간다. 무시무시한 클라이맥스가 닥치고, 화음들이 굉음의 끝으로 치달을 때, 블루맨이 분노에 사로잡혀, 그 새를 쏴서 떨어뜨린다.

Bach의 'Come Sweet Death'가 시작되기 전까지 긴 침묵이 뒤따랐다. 음악은 이제 느리고 적막한데, 매트는 몸이 편안해진 것이 분명한데도, 얼굴에 큰 실망을 보이며 깊이 한숨을 쉬었다. 이유를 묻자, 그는 왜 악한 레드맨이 아니라 선량함의 모델인 블루맨이 그 새를 죽였는지 혼란을 느낀다고 설명했다. 다음 곡인 Bach의 'Partita in B Minor'의 'Sarabande'에서 매트가 블루맨에게 물으니, 그는 해명을 거부하며 "언젠가 알게 될 거야"라고만 한다. 이러한 회피에 대한 매트의 좌절감은 Bach의 'Little Fugue in G Minor'가 흐르는 동안, 세 사람 모두 떠나기로 결정할 때까지 쌓여간다. 떠날 때, 매트는 죽어가는 새 옆을 지나가야 한다. 그가 지나갈 때, 그 새는 그와 대화하려고 하지만 거의 들리지가 않는다. 매트는 듣기를 거부하고, 경멸과 혐오감을 갖고 푸가의 강한 베이스음의 지원을 받아 새 옆을 재빨리 넘어간다. 푸가의 마지막 포르티시모 화음에서, 검은 뱀이 잔디로 빠져나간다.

Brahms의 'Violin Concert'의 느린 악장이 시작되고, 바이올린이 은은한 오케스트라 반주 위에 길고 부드러운 멜로디들을 연주할 때, 매트는 레드맨과 블루맨에 대해 어떻게 느끼는지를 말한다. 그 이질성에도 불구하고, 그는 두 사람 모두를 사랑하고 받아들인다. 그리고 Bach의 'Double Violin Concerto'가 흐르는 동안 놀라운 변형이 일어난다. 매트는 마치 자신의 존재 안으로 그들을 결합시키고 재통합시키려는 것처럼, 블루맨과 레드맨의 손을 잡고 자신 안으로 끌어당긴다. 그러자 셋은 합쳐져 커다란 녹색의 소용돌이를 형성한다. 이 통합은 두 대의 바이올린(블루맨과 레드맨)이 오케스트라(매트)와 완벽한, 조화로운 대위법으로 연주하는 중에 이루어졌는데, 각 파트가 음색에서 거의 구별되지는 않아도 이 통합과정에서의 역할은 명백하게 달랐다.

세션 후 매트와 나는 새를 제거했을 때 얼마나 안도가 되었는지에 대해 이야기했다. 매트는 오랫동안 자기를 고문했던 위협적인 존재를 성공적으로 극복한 것처럼 느꼈다. 우리는 매트의 삶에서 어떤 위협적인 존재가 이 새로 표현된 것인지, 그리고 그것을 극복하니 얼마나 좋은지에 대해 이야기했다. 우리는 에이즈를 포함, 삶의 위협적인 존재들을 정복하려면 더 강해져야 한다는 것에 대해 이야기했다. 우리는 또한 레드맨과 블루맨을 결합시키는 것이, 말 그대로 '자신을 끌어당겨 합치는 것'이 어떤 느낌이었는지도 얘기했다.

나는 말은 안했지만 검은 뱀이 나타난 것이 의심스러웠다. 그것이 여전히 새의 또 다른 변형이 아닐까 의심했다. 그 다음 주에, 매트는 원의 왼쪽 아래 부분을 관통하는 거대한 검은 남근이 있는 만다라를 그렸다. 나는 여전히 그 새가 다시 변형되었다고 생각했지만 매트에게 아무 말도 하지 않았다. 그는 그 새가 정말 떠났다고 믿었고, 실제로 몇 세션에서는 그의 심상에 나타나지 않았다. 그러다가, 공간 곳곳에 많은 검은 점들이 골고루 뿌려져 있는 만다라가 나타났다. 나는 그것을 이전의 그림과 결부시키지 않을 수 없었다. 그것은 검은 남근이 폭발하여, 그 영역을 완전히 점령할 만큼 많은 점들을 발아시킨 것처럼 보였다. 그 점들은 정자처럼 보였다 – 새(또는 뱀)의 검은 정자. 에이즈가 정자를 통해 전염될 수 있기 때문에, 매트의 정신 속에서 그 새는 20세기의 흑사병이며 검은 저승의 사자인 에이즈의 전령이라고 나는 생각했다.

네 번째 세션에서, 그 새가 다시 나타났다. Marcello의 'Oboe Concerto'의 아다지오가 매트를 감정 안으로 서서히 이끌어갔으며, 그는 나무 아래 앉아 있었다. 그 나무는 살아있었고, 뿌리는 땅 속에 있었지만, 매우 슬프고 외로웠다. 가지들은 아래로 늘어져있었고, 몸통에는 커다란 구멍이 있었다. 첫 세션에서 뿌리가 뽑히기 전에 그가 본 나무인 것 같았다. 나는 매트가 아주 어린 시절로 돌아간 것같았다. 그는 어린 시절로 돌아갔다.

> 나는 파란 바지와 빨간 셔츠를 입고 있어요… 8살 때 입었던 옷이에요… 검은 새가 돌아왔어요… 나무 꼭대기에 앉아 있어요… [Rodrigo의 'Concerto de Aranjuez'의 아다지오가 시작된다.] 나무가 그 새를 흔들어 떨어뜨리려 하고 있지만… 그러지 못해요. 비가 오기 시작해요… 목이 간질거려요… [매트가 온몸을 비틀기 시작하고 목소리는 죄어든다.] 나는 바닥에서 꼼짝 못하고 있어요… 붙잡힌… 마비된 느낌이에요… 팔다리가 너무 무거워서 움직일 수가 없어요… 나는 필사적으로 움직이려고 하고 있지만… 못하겠어요… [Bach의 'Prelude in E-flat Minor'의 오케스트라 버전이 흐르는 동안 긴 침묵]… [지금 뭘하고 있나요?]… 나는 개울 아래서… 몸을 씻고 있어요… 그 새는 사라졌어요.

매트의 심상들은 Dvorak의 'Czech Suite'의 로망스와 함께 평화롭게 종결되었다 – 마치 아무 일도 없었던 것처럼. 나는 충격을 받았다. 그 몇 분간의 침묵 속에서 무슨 일이 일어난 것인가? 심상 안의 상황을 추적하는 것은 불가능했으므로, 나는 매트가 의식을 되찾을 때까지 기다린 다음, 그가 땅에서 꼼짝 못하고 있다가 어떻게 자유로워졌는지 물었다. 굳은 얼굴로 내 눈을 똑바로 쳐다보면서, 매트는 "분노 때문이죠!"라고 대답했다. 나는 그가 다시 떨고 있다는 것을 알아차렸다. 더 이상 얘기하지 않았다.

기이하게도, 그 새는 매트의 심상에 더 이상 다시 나타나지 않았다. 나는 이것을 상징적이나 허구적인 탈을 벗고 새의 전모가 밝혀질 준비가 되었다는 신호로 보았다. 심상과 상징은 우리가 억누르고 의식 안으로 들어오지 못하게 하는 매우 고통스러운 내용을 안전한 방법으로 다루게 해준다. 앞으로 보겠지만, 그 새는 매트에게 매우 중요했는데, 그 이유는 꿈의 기능과 마찬가지로 그 새는 매우 고통스러운 일을 서서히 모호한 방식으로 통과할 수 있도록 해주기 때문이다. '상상의 산물'로서의 심상은 특성상 의미를 파악하기 쉽지 않고 현실성이 결여되었기 때문에, 초기 단계에서는 매트가 그것의 진정한 의미를 부인하거나 왜곡하는 것이 가능했다. 하지만 그 새가 다시 나올 때마다, 그 새의 정체는 더욱 뚜렷해지고 그러면서 그동안 부인하고 왜곡했던 정체를 서서히 드러내기 시작하였으며, 마침내 매트는 그 심상 안에서 실제로 일어났던 일과 그 새가 실제로 의미하는 것을 기꺼이 인정하고 의식 안으로 통합할 수 있게 되었다.

이 현상은 이후 몇 번의 세션까지는 일어나지 않았다. 매트가 그렇게 필사적으로 잊고 싶었던 동시에 직면하고자 했던 인생의 사건을 말할 준비가 될 때까지는 몇 가지 다른 심상들이 반복되고 충분히 전개되어가야 했다.

비와 집

폭풍우 심상은 초기 세션에서 몇 번 나타났다. 비의 의미는 대단히 모호하다! 비는 깨끗이 씻어내기도 하고 진창을 만들기도 하고 비옥하게도 한다. 가뭄을 해소해 주기도 하고, 홍수를 일으키기도 한다. 먹구름에서 마구 쏟아지기도 하고 회색 하늘에서 부슬부슬 내리기도 하며, 해가 나면 무지개와 이룰 수 없는 꿈을 가져다 줄 수도 있다. 마치 신이 하늘에서 선과 악을 보내주는 것처럼, 비는 위로부터 내린다(Cirlot, 1971).

매트가 만난 비는 항상 '폭풍우'였고, 그는 주로 집으로 피신했다. 첫 번째 경우는 매트가 시골길을 따라 걷고 있었고, 노부부 소유의 하얀 집을 지나가고 있었다. 얼마 후 매트는 하늘에서 검은 소용돌이를 보았고, 폭풍우가 올 것 같아 집으로 다시 뛰어갔다. 돌아와 보니, 창문과 문은 판자로 막혀있었다. 안으로 들어갈 수가 없어서, 매트는 현관에 서서 먹구름과 비가 지나갈 때까지 기다렸다.

나는 이 심상을 매우 생생하게 기억한다. 내 마음의 눈으로는, 그 집은 눈과 귀와 입이 완전히 가려진 그의 부모님의 얼굴인 것으로 보였다. 그것은 마치 매트가 부모의 무릎(현관)으로 대피하기를 원하며 가정에서의 안전을 찾고 있었지만, 그들은 이미 어디로 떠났고, 적어도 정신적으로 그를 두고 갔다. 그들의 눈은 가리개를 써서 폭풍우를 볼 수 없었고, 귀는 마개로 막혀 있어서 매트가 도움을 청하는 소리를 들을 수 없었으며, 가장 충격적인 것은, 마치 그들이 더 이상 그에게 폭풍우로부터 피난처를 제공하려고 하지도 않고 제공할 수도 없다는 듯 그들의 문이 닫혀 있었다는 것이다. 현관에 서 있는 매트의 심상은 새로부터 보호받지 못한 채 섬에 남겨졌던 아이를 생각나게 했다.

이후의 세션들에서도 매트가 집을 볼 때마다 위험이 도사리고 있었다. 세 번째 세션에서 그는 동일한 현관으로 연인과 함께 뛰어가서 또 다른 폭풍우를 피했다. 다섯 번째 세션에서 그는 집을 지나쳐 전에 그를 놀라게 했던 섬 동굴에 들어갔다. 그때도 비가 내리고 있었다.

섬의 동굴

매트는 처음 다섯 번의 세션 중 세 번의 세션에서 같은 섬에 갔다. 섬은 보통 사람들이 도피처로 들어가는 외딴 곳이다. 바다··· 무의식의 깊고 위협적인 바다로부터의 피난처이기도 하다(Jung, 1954). 나는 이것이 특히 매트의 경우에 더 그런 것 같았다. 그는 특정 사건을 두고 드러나게 놔두어야 할지 억압해야 할지를 놓고 투쟁하고 있는 듯 했다. 그는 섬으로 갈 때마다 어떤 위협에 맞닥뜨렸지만, 맞서기 전에 떠나곤 했다. 섬에서의 심상들은 실생활의 사람이나 사건은 거의 없이 환상과 상징으로 가득했는데, 이는 심상의 진정한 의미가 어떻게든 위장되어야만 그가 이것을 다룰 수 있음을 암시한다. 그가 반복적으로 섬으로 가는 것은, 섬을 완전히 떠나기 전에 섬에서 해결해야 할 과제가 있구나 하는 느낌을 준다.

새가 퇴치된 후, 매트는 무서워하던 심상들과 맞서는 데 더 큰 자신감을 얻었다. 일곱 번째 세션에서 그는 섬으로 돌아가서 곧장 동굴로 들어갔다. 이때 녹색 옷을 입은 남자(세션4에서 레드맨과 블루맨이 매트와 통합되어 형성된 녹색 소용돌이)가 매트와 동행했다.

> 들어가기엔 너무 어두워요… 나는 손전등을 켜고 있어요… 우리는 안으로 들어왔어요… 거대한 동굴 위의 다리를 건너가고 있어요… 밑에는 부글부글 끓는 검은 타르로 가득 찬 구덩이가 있어요… 난 정말 이 안이 불편해요… [어떻게 하고 싶나요?] 이번에야말로 완전히 끝내야겠어요… 우리는 동굴 지붕 위 언덕을 오르려고 다시 밖으로 나가고 있어요… [단호하고 다소 화난 목소리로, 매트가 그린맨에게 말한다.] "땅에 구멍을 파서 이 x같은 동굴에 단번에 햇빛이 들어가게 하자." 우리는 파고 있어요… 동굴 지붕까지 뚫었어요. 동굴 안을 내려다 볼 수 있어요. 이제 안으로 돌아가서 안에 무엇이 있는지 보고 싶어요. 우리는 지붕의 구멍을 통해 돌아왔어요… 햇살이 내려오는 것을 볼 수 있어요… 도처에 녹색 가루가 엄청나게 많아요… 우리는 그것을 양동이에 담아 다리 너머로 던지고 있어요… 그것은 타르를 식히고 있어요… 타르를 비활성화시키는 거죠… 우리가 싸움에서 이겼어요.

세션 후 매트는 자신을 아주 자랑스러워했다. 나는 그의 용기와 투지에 내가 얼마나 감탄하고 있는지 말해주었다. 그는 이 세션을 그토록 위협적이고 죽음의 공포를 느끼게 했던 거대한 블랙홀에 대한 큰 승리로 보았다. 나는 이 심상이 다시 돌아올 수 있다고 조언을 주면서, 중요한 것은 그가 이것에 대한 자기 나름의 '방어수단'을 만들어낸 것이라고 말해주었다. 우리는 또한 그의 내적 자산이라는 면에서 그린맨과 녹색 가루가 무엇을 의미하는 것인지 탐색했다. 매트는, "나의 문제에 내가 무엇을 할 수 있을지를 많이 생각해야 할 것 같아요"라고 하면서 대화를 마무리했다.

외적으로 나는 매트가 자신의 체험과 심상들을 그의 삶에 연결시킬 수 있도록 돕는 데 전념했다. 내적으로는 치료의 진행 과정에서 이 심상들이 암시하는 것이 무엇인지 파악하는 것에 전념했다. 나는 동굴로 햇빛이 쏟아져 들어가게 해서 동굴 안의 내용물을 비추게 한 매트의 용기에 감명 받았다. 매트는 고통스러운 사건을 햇빛에 드러내려고 스스로를 준비하고 있는 것일까? 동굴에서는 무엇이 나올까?

나는 그린맨이 그를 도와주는 자신의 일부라는 매트의 말에 동의했다 — 매트와 동행하면서 그의 무의식에 있는 것을 빛 속으로 가져오는 것을 돕고 싶어 하는. 하지만 나는 또한 그린맨이 치료사인 나의 심상이라는 것도 알아차렸다. 매트는 나에 대한 긍정적인 '전이'로, 내가 보살펴준다는 것, 그리고 나를 통해서 아마 자기도 스스로를 보살피고 뭔가 할 수 있다는 것을 알기 시작하고 있었다. 만일 부정적인 전이가 있었다면, 매트가 마지막에 한 말은 나에 대한 경고일 수도 있었다. "내가 나의 문제에 대해 뭔가를 할 수 있기 전에 선생님이 많이 도와주셔야 합니다."

역설적이지만, 치료사가 이런 종류의 신뢰나 희망을 얻는 것은 치료사의 주된 목표인데도 불구하고 항상 겁나는 일이다. 나는 나의 삶에서의 모든 그린맨을 머리에 떠올리지 않을 수 없었다. 나는 매트를 위해서, 그 중 나를 실망시켰던 많은 그린맨이 아닌 최상의 그린맨처럼 될 수 있기를 바랬다. 나는 이것이 따로 자세히 살펴볼 필요가 있는 '역전이' 반응이라는 것을 깨달았다. 한편 나는 현시점에서의 매트의 필요에 다시 집중해야 했다.

보통 이처럼 의미 있는 세션은 치료 과정의 단계를 구분하는 지표가 되며, 또한 지금까지 진행된 내용을 검토해보는 것은 의식으로 올라온 내용을 확인하고 통합하는 데 매우 도움이 된다. 그래서 나는 이 세션의 심상의 구체적인 세부사항에 대한 논의를 마친 뒤, 매트에게 시간을 내서 이전 세션들을 검토할 수 있을지 물어보았다. 세션들을 정리하기 위해, 우리는 그의 모든 세션 기록과 만다라 그림을 시간 순으로 배열하고 하나하나 진행하였다. 나는 그에게 각 세션과 그림이 무엇을 의미하는지 몇 단어로 요약해서 말해달라고 부탁하고 그것을 기록했다. 마치고 나서, 우리는 그의 진술을 간단한 이야기체로 바꾸었다.

> 내가 섬에 고립되어 홀로 있을 때 나의 모든 문제들이 나타났다. 나는 그 새가 사악하게 마음대로 하도록 놓아두었으나, 나의 최선이 한계점에 이를 때까지 장애물에 하나하나씩 대면할 것이다. 그렇게 하기에는, 나는 두려움으로 소모되고 상황에 대해 아무 것도 할 수 없을 정도로 무력해져 있다. 그러다가 분노가 치솟게 되는데 이것이 나에게 필요한 힘을 준다. 각각 다른 나의 분신들이 각각의 다른 상황에 맞서게 될 것이다. 가장 무서운 일은 내가 노력하기를 멈추고 포기할 때이다. 내가 진정으로 노력한다면… 내가 진정으로 살기 원한다면… 그렇다면 나는 나의 문제들을 해결하려는 용기를 찾을 수 있을 것이다. 아마도 그 용기는 삶이 나에게 준 것에 대한 분노에서 나올

것이다.

매트와 나는 모두 그의 변화에 대해 만족했다. 세션 후에, 나는 매트가 탐색하지 못하고 반복되는 심상 하나가 아직 있다는 것을 깨달았다 – 집이었다.

버려진 아이

여덟 번째 세션에서, 타르가 부글부글 끓어오르고 매트의 삶에 대한 전모가 드러났다. 그것은 끔찍한 어린 시절 이야기였다 – 그것 때문에 그는 새, 비, 집, 섬, 동굴의 심상을 만들어 낼 필요가 있었다.

매트와 나는 시작 심상을 집을 중심으로 해서 세션을 시작하기로 했다. 준비를 위해, 나는 그에게 내면의 힘을 가져다주는 들숨을 들이쉬고, 평정을 가져다주는 날숨을 내쉬는 데 집중하라고 했다. 그런 다음 나는 그에게 어린 시절 가장 좋아하던 집으로 돌아가라고 했다. 매트가 말을 시작했다.

> 나는 뒤뜰에서 놀고 있어요… 내가 6살 때 살던 곳이에요… 나는 빨간 바지와 파란 셔츠를 입고 있어요… 엄마가 나에게 들어오라고 부르고 있어요… 모두가 짐을 싸고 있어요… 우리는 이사가요… 엄마와 아빠는 마지막 트럭 짐을 싣고 떠나고 있어요… 부모님은 친구인 브루스에게 나를 맡기고 갔어요… 그가 나를 차에 태웠어요… 나는 점점 불안해지고 있어요… 그가 나를 너무 꽉 붙잡고 있어요… [매트의 몸이 너무 조여져서 몸의 떨림이 멈출 지경이다. 그의 얼굴은 숨을 쉴 수 없는 것처럼 붉어진다] 그가 멈춰주기를 바랐어요… 이러지 마세요!… 그가 내 위에 있어요… 날 뭉개고 있어요… 난 움직일 수가 없어요… 숨을 쉴 수가 없어요… 소리조차 지를 수 없어요.

그는 강간을 당했던 것이다. 나는 그가 울 수 없다는 것을 안다 – 그 때도 지금도. 나는 또한 그가 눈물을 참고 있다는 것을 안다. 매트는 눈물 이상의 것이 필요했고, 또한 그의 분노를 지지해주고 이러한 시련에서 살아남도록 도와줄 누군가가 필요했다.

강간 장면이 끝나자마자, 매트의 심상은 폭력과 피의 기억, 그의 삶에서 실제로 일어났던 모든 사건들로 넘쳐났다. 그는 맨손으로 이웃 소년의 팔을 부러뜨리고(8세), 할아버지의 폐 출혈 뒤 피를 닦아내고(12세), 포주에게 맞고(15세), 차에 치인 다람쥐를 죽이고(18세), 차에 치인 일(21세)을 기억해 냈다.

그 뒤 우리는 거의 말이 없었다. 나는 브루스에게 당한 일에 대해 너무 안타깝다고 말했다. 그는 아직도 수치스러움을 느낀다고 말했는데, 그 이유는 브루스가 몇 년간 계속 그를 강간했기 때문이었다. 분명 그의 부모는 전혀 감지하지 못하고 있었다. 그는 언제나 자신에게 일어났던 일에 대한 분노를 억압했지만, 때때로 표면으로 올라오기도 했다고 시인했다. 세션이 끝나고 헤어지기가 싫었음이 기억난다. 나는 그를 보내는 것이 그에게 또 다른 버림처럼 느껴지는 것을 원하지 않았다. 내가 생각할 수 있는 전부는 그가 그 날 그 사건 후 빈 집에 혼자 남아 어떠했을까 하는 것과, 지금 또다시 자기 아파트에 혼자 있게 되리라는 것이었다. 그는 괜찮을 것이라며 나를 안심시켰다.

그날 밤 집으로 차를 몰고 올 때, 매트의 심상들이 함께 마구 밀려와 내 의식에 넘쳐났다. 맴돌던 새가, 뒤에 남겨져 아무 것도 모르고 있는, 빨강과 파랑 옷을 입은 아이 위로 내려앉았다. 그리고는, 제압되어 움직이지 못하는 동안에 남근이 삽입되었다. 수많은 더러운 정자의 비가 내렸고, 그 집은 비어 있어 보호해 줄 사람이 하나도 없었다. 가족이라는 나무는 뿌리째 뽑혀 있어서, 다시 푸르게 되려면 누군가가 돌봐주어야 할 것이다. 매트는 자신의 비밀 때문에 항상 사람들을 피해왔기에, 그는 그 때나 지금이나 섬이었다. 그리고 그는 언제라도 자신을 집어삼킬 수 있는 감정의 바다에 둘러싸여 있었다. 동굴에 대해서는, 그의 일부가 블랙홀로 떨어져 죽었고, 남은 부분은 거기에 철 대문으로 잠겼다. 그 여파로 피 − 희생으로서 흘려진 피, 수치심을 일으킨 피, 결국 마지막 형벌로서 감염된 피 − 가 흘렀다.

부활: 죽느냐 사느냐?

이후로 매트의 심상들은 상당히 달랐다. 이전 심상은 하나도 다시 떠오르지 않았다. 새, 비, 집, 섬, 동굴은 모두 그의 과거 삶의 공포를 충분히 표현했었다. 그가 내버려두었던 아이의 비탄과 분노는 이제 그의 의식 안에 있었다. 매트의 삶의 스토리는 드러났다.

과거에서 풀려나는 것의 아이러니는, 해방되었는데도 불구하고, 현재의 현실 속으로 곤두박질치게 된다는 것이다. 매트의 경우는 현재의 현실이 과거의 현실만큼 비참하다. 그가 에이즈에 걸렸다는 사실은 그의 의식을 사로잡고 불안을 가중시켰다. 그의 증상들은 악화되는 것으로 보였고, 그는 더욱 폐쇄적으로 되었다. 그는 자신의 혈구 수치가 그 어느 때보다 좋아졌다는 의사의 말에도 위안을 받지 못하고, 병의 악화에 대해서만 고민했다. 그는 그 어느 때보다 더 겁에 질린 듯이 보였고, 심하게 떨고 있었다. 그렇게 잘 진행되던 심상 떠올리기조차도 주춤해지기 시작했다.

이는 매트에게 가장 암울한 시간처럼 보였지만, 그의 심상이 말해주는 바는 달랐다. 그 다음 세 번의 세션에서, 모두 예수의 죽음과 부활에 관련되는 엄청난 치유의 심상들이 있었다. 매트는 자기를 버린 아버지를 용서하고 십자가를 통해 아버지와의 관계를 치유했다. 그의 옆구리는 작살에 찔리고, 그는 그것을 물로 깨끗이 씻으려고 했다. 그리고 그가 묘지를 통과해 걸어갈 때, 부활절 백합들이 각 무덤 위에 피어났다.

그리고는 전환점이 왔다.

> 나는 내 무덤 위에 서 있어요… 무덤은 열려있고 나는 내 몸을 내려다보고 있어요… 내 뒤에 한 남자가 있어요. 얼굴만 보여요. 그는 아름다워요. 그의 손은 이제 내 어깨위에 있고, 나에게 강해지라고 말해주고 있어요… 매우 아버지 같고 다정하게… 나는 그에게 사랑을 느끼지만 두려워요… 그는 내게 내 몸 안으로 돌아가라고… 내 몸 안으로 들어가 살라고 말하고 있지만… 나는 두려워요… 너무나 낯설어요… 사는 게 두려운지 죽는 게 두려운지 모르겠어요… 그가 다시 "네 몸으로 돌아가 살아라!"라고 반복하고 있어요… 나는 휘청거려요… 뒤로 넘어질 것 같아요… 더 이상 견딜 수가 없어요… 나가야 해요!

갑자기(음악 중간에) 매트는, 마치 무서운 꿈에서 막 깨어난 것처럼 눈을 뜨고 일어났다. 그리고는, 겉보기에 아무런 느낌이나 이유 없이 불쑥 이렇게 내뱉었다.

> 이제는 모든 것을 알겠어요.
>
> 현기증은 지지받지 못해서…

메스꺼움은 울음 대신이며…

위경련은 길을 잃어서…

떨림은 붙잡을 것이 아무것도 없기에…

매트가 감정을 제어하지 못하는 건 이때 처음 보았다. 그리고 이전 어느 때와도 달리, 나에게 자기를 잡아줄 수 있느냐고 물었다. 내가 옆에 앉아 그에게 팔을 두르자, 그는 내 가슴에 머리를 얹고는 울었다 – 안전한 부모의 품에서 울어야 했던 아이처럼. 나는 그의 울음과 떨림이 가라앉을 때까지 토닥여 주었고, 그 때 그는 내가 결코 잊지 못할 말을 했다. "산다는 것이 죽는 것보다 더 블랙홀로 떨어지는 것 같아요."

나는 Laing(1967)이 무(無: nothingness)에 대한 인간의 두려움에 대해 말한 것이 생각났다. "우리는 깊이를 알 수 없고 바닥이 안 보이는 근거 없는 모든 것에 접근하기를 두려워한다. 극단적인 안심과 극단적인 공포 모두 전혀 두려워할 것이 없다."(p. 20) Laing 같은 실존주의자의 관점에서, 나는 매트가 어린 시절의 위기(또는 성심리적 위기)로부터 완전히 실존적(인지적) 위기로 옮겨갔음을 깨닫게 되었다.

비밀로부터 자유로워지다

며칠 후 매트가 나에게 집으로 전화를 해서는 해야 할 이야기가 있다고 했다. 몇 분간 주저하다가, 그는 나에게 완전히 솔직하지 못했다는 말을 했다. 오랫동안 그는 알코올과 약물 중독이었는데, 나에게 그 말을 할 수가 없었다. 나는 그의 목소리에서 그가 이렇게 인정하기까지 얼마나 힘들었는지를 알 수 있었으며, 충격을 받았지만 지금이라도 나에게 얘기할 수 있다는 것이 의미있는 전환점이라며 그를 안심시키려고 애썼다. 그리고는 그에게, "왜 '이제서야' 그 이야기를 하는 거죠? 그 비밀을 털어놓는 이유가 뭔가요?"라고 물었다. 그의 대답에서, 매트의 변화와 함께 치료한 진가가 드러났다. "전에는 차이가 없었어요. 지난 세션에서, 오랫동안 나 자신이 살아있기보다는 오히려 죽어 있었다는 것을 깨달았어요. 내가 살려면, '지금'이라도 어떻게 해야지요. 너무 늦기 전에"

매트는 해독과 치료를 위해 지역병원의 입원실에 두 달 가까이 있었다. 퇴원 후 그는 정신과 의사와 정기적인 후속치료를 시작했고, 에이즈에 감염된 알코올중독자를 위한 주 1회 지원그룹에 합류했다.

몇 달 후, 나는 매트에게 전화했다. 그는 자신의 삶으로 돌아와 자신을 전적으로 책임지고 있는 것 같았다. 대화를 끝내기 전에 매트는 나에게 고맙다고 하며, "선생님은 내가 나 자신을 볼 수 있게 하셨고 아직 살아가야할 삶을 받아들일 수 있도록 진심으로 도와주었어요"라고 말했다.

논의와 결론

매트의 심리치료는 심상, 음악, 만다라, 나의 개인적 관점, 클라이언트와 치료사로서의 우리의 관계, 이 다섯 가지 역동적 요소를 담고 있다. 각각의 역할은 다음과 같다.

심상의 역할

사례 전반에 나타나 있는 것처럼, 매트의 치료에서 심상이 아마도 가장 중요한 역할을 했을 것이다. 심상은 상징적 의미를 지니고 본질적으로 모호하기 때문에, 매트가 매우 두려운 문제를 마침내 의식에 통합하는 데 필요한 거리를 제공했다. 감정과 그에 연결된 에너지를 담고 있는 매체로서, 심상은 또한 매트가 어린 시절 트라우마 이후 내면 깊이 묻어놓았던 절망과 무기력과 분노를 인정하도록 도와주었다.

치료 초기에, 매트는 내면의 투쟁을 해결해나가는 과정에 그의 심상이 상징적 수단을 제공해 주는 것을 스스로 깨달았다. 우리가 진전을 보이면서, 그는 또한 심상의 변형은 정신에서 일어나는 진정한 내부의 변화에 대한 상징적 표현임을 깨달았다.

매트는 새로운 심상들이 나타나면, 전에 누구와도 나눈 적이 없는 자신에 대한 일들을 말할 기회가 된다고 말한 적이 있다. 어떻게든 그의 심상의 세계는 현실을 전달했고, 필요한 거리를 두고 그가 얘기할 수 있는 만큼 현실을 제시해주었다.

심상은 또한 시간과 시간을 초월한 관점을 가져온다. 심상은 하나의 시간대에 제한되지 않기 때문에, 보통 다른 시기 간의 연결 관계를 드러내준다. 따라서 각 심상과 함께 전개되는 이야기들은 매트로 하여금 자신의 과거, 현재, 미래의 연속성을 보도록 했다. 시간 속에서 모든 연결 관계가 드러난다. 과거로부터의 결과가 현재를 맴돈다. 과거에 그 새가 그에게 저지른 악행은 수치심과 죄책감의 씨앗을 심었고, 이는 에이즈 진단에 대한 그의 현재 반응의 근원이 되었으며, 결국 그 새의 암흑이 확산되어 그의 미래를 퇴색시켰다. 매트는 자기가 오래전에 삶을 포기했었다는 것, 억제되어 있기는 했지만 남아있는 몇 가지 중 하나가 분노였다는 것을 깨달았다.

마지막으로, 심상은 또한 이미 그 사람에게 내재되어 있는 지혜를 불러내어옴으로써 깨닫게 하고 조언해준다. 매트의 심상들은 그가 자신 안에서 의미를 찾고 자기 삶을 위한 의미를 만들어가도록 도와주었다. 무의미에서 의미를 찾고 만드는 새롭게 발견된 이 가능성은, 아마 매트에게 무엇보다도 더 중요했을 것이다. 그의 과거는 아무 이유 없이 겪어야 했던 고통과 슬픔으로 가득했고, 그의 현재는 아무 이유 없이 그에게 닥친 질병 때문에 불안과 공포로 가득했으며, 이제 그의 삶은 다시 아무 이유 없이 너무 일찍 끝나게 될 것이다. 이 모든 것은 무엇을 의미하는가? 인생이란 정말 무엇인가? 살 가치가 있는 건가? 이는 매트를 계속 따라다녔던 의문들이다.

과정의 측면에서, 심상은 먼저 무의식과 과거의 비밀을 탐색하기에 적절한, 드러내기 기법(an uncovering technique)으로 작용한다. 매트가 치료에 진전을 보이면서, 과거가 드러나고, 상처받은 아이의 경험들을 다시 보게 되고, 그의 무의식의 상흔들이 드러났다. 그 결과 심상은 시간상으로 전진하여 매트가 현재 문제에 집중하고, 이 문제들이 과거로 인한 잔류물임을 인식할 수 있게 했다. 이 시점에서, 매트는 에이즈에 걸린 채 살아가는 사람으로서 경험하는, '죽은 채로 살 것인가, 제대로 살다가 죽을 것인가'하는 존재론적 갈등에 직면할 준비가 되었다.

이 사례 전반에 걸쳐, 그리고 심상의 역할에 대한 논의에서, 나는 매트의 심상의 상징적 의미와 중요성에 많은 관심을 기울였다. 그 이유는, 심상은 항상 해석되어야 한다고 믿어서도 아니고, GIM에서 흔한 방식이기 때문도 아니다. 나는 매트의 사례에서 보이는 특유한 몇 가지 이유로 해석을 강조했다. 첫째, 심상은 매트의 치료과정 안에서 행동과 변화를 위한 주무대가 되었다. 그의 진행과정은 그의 심상들과 불가분하게 연결되어 심상들과 그 변형 안에서 나타났다. 언어적 상호작용이나 우리의 관계도 중요한 지지 역할을 했지만, 그것 때문은 아니었다. 둘째, 매트의 심상들은 주로 상징적이거나 은유적인 형태이었다. 완전히 감각적이거나 정서적인 유형의 심상, 또는 실생활의 사람이나 장소를 담은 심상들이 많지 않았다. 셋째, Wilber(1986)에 따르면, 인생의 발달단계마다 특징이 되는 병리 현상들이 있어서, 결과적으로 각 단계에 맞는 정신치료 기법과 방향이 필요하다. 나는 매트가 어린 시절의 무의식적 갈등의 억압에서 비롯된 문제들을 특징으로 하는 개인적 발전 단계에 있다고 믿는다. 무의식의 내용은 논리적이거나 직접적인 방식으로 의식에 나타나지 않으며, 의식에 무난히 받아들여질 수 있도록 오히려 상징과 모호함을 필요로 한다. 따라서, 매트와의 치료에서 그의 무의식의 상징적인 언어를 받아들일 수 있고 해석할 수 있는 의미로 옮기는 것에 주력함으로써, 그는 과거에 빠져있는 병리현상으로부터 현재의 현실로 옮겨갈 수 있었다.

음악의 역할

매트의 사례에서 음악의 중요성은 지극히 기본적인 것이다. 음악이 없다면 치료 과정에 너무나도 중요했던 그의 심상은 그렇게 풍부할 수도, 생산적일 수도, 변형될 수도 없었을 것이다. 매트는 음악의 다양한 요소와 그 안의 변화에 매우 민감했고, 그의 심상들은 항상 음악 안에서 일어나는 것과 직접적으로 관련이 있었다. 사실 매트의 심상들은 음악과 너무나 밀접하게 관련되어 있어서, 심상들이 음악에 종속된 것이 아닌지 때때로 의심될 정도였다. 심상이 '음악에 종속된(music-dependent)' 경우는 가이딩에 두 가지 잠재적인 문제가 있게 되는데, 나는 매트의 치료에서 두 가지 모두를 고려했다. 첫째, 치료사가 심상에 대한 너무 많은 통제력을 갖게 된다. 나는 음악을 선택하고 바꾸어 가면서 그의 심상을 특정한 방향으로 이끌어가는 방식으로 심상화 과정을 조종하기를 원하지 않았다. 둘째, 심상화 과정에 저항할 기회를 주게 된다. 때때로 매트가 음악 속에서 중요한 경험에 접근하려고 할 때 음악이 바뀌면, 그는 그 음악을 받아들이면서 진행 중인 심상에서 떠남으로써, 직면할 준비가 되어 있었던 힘들거나 불쾌한 문제를 회피하곤 하였다. 다른 클라이언트들은 비교적 '음악에 독립적(music-independent)'이어서, 음악의 변동이나 심지어 급격한 변화에도 상관없이, 진행 중이던 심상 과정을 밀고 나간다.

아이러니하게도 매트는 감정적으로는 음악에 반응하지 않았다. 매트가 격한 감정을 가졌을 때는, 그 감정이 심상에서 올라온 다음에 음악으로 지지되거나 증폭된 것이지, 그 반대의 경우는 없었다. 심지어 매트는 음악의 정서적 위력에 저항했고, 음악이 어떤 카타르시스적 표출을 자극하는 것도 받아들이지 않았다고 말할 수 있다.

이와는 대조적으로, 음악은 내가 계속 매트의 심상에 정서적으로 관여하고 적절히 대응할 수 있도록 도와주었다. 전에 말했듯이, 나는 매트가 회피했던 감정적 반응들의 유형을 정리해보아야겠다고 자주 느꼈다.

마지막으로 음악은 매트를 더 깊은 수준의 의식으로 데려갈 수 있도록 도와주었으며, 동시에 그 과정에 필요한 지지 기반도 제공해주었다.

만다라

매트는 만다라 그리기를 대단히 좋아했다. 치료적 관점에서, 만다라는 몇 가지 면에서 매트에게 도움을 주었다. 첫째, 만다라는 그가 음악과 심상에 의해 야기된 위협적인 감정들을 감당할 수 있도록 도와주었다. 심상이나 형태나 색들을 원의 경계 안에 넣는 것은 그의 정신을 벗어나 있는 모든 내용에 울타리를 만들어 주었고, 또한 그 내용에 연계된 감정을 어느 정도 조절할 수 있는 수단이 되었다. 원은 알아볼 수 있는, 원형적인(archetypal) 형태이기 때문에 마친 후에 모든 것이 어떻게 어울리는지 잘 보면서 만다라의 '전체'를 보게 하므로, 그가 그 내용을 어느 정도 지적으로 통제할 수 있도록 해주었다.

나의 입장에서, 만다라는 매트의 심상을 이해하기 위한 틀이나 맥락을 제공했다. 말하자면, 만다라는 내가 그의 무의식에 있는 어떤 것에 대한 상징적 동일물(symbolic equivalents)을 알아볼 수 있도록 도와주었다. 예를 들어, 그는 만다라에서 검은 새와 그 새의 동일물과 직접적으로 관련된 몇 가지(일식, 먹구름, 남근, 씨, 블랙홀, 뱀, 동굴, 브루스 등)에 검정색을 사용했다. 심상과 만다라에 나타난 그 동일물들은 겉보기에는 관련이 없어 보이는 무의식의 내용을 같이 연결시켜서, 상징적 주제나 정신 안에서 작동하고 있는 내면의 과정을 드러내준다. 예를 들어, 매트가 사용한 검은 심상이나 상징들은 모두 침입하는 악의 세력(남근, 씨, 뱀, 브루스)이거나 침입당하는 빈 공간(블랙홀, 동굴, 무덤)이었다. 나아가, '침입'이라는 주제는 속성과 활동의 면에서 그것과 관련된 동일물을 만다라와 심상에서 살펴보면 더 잘 이해할 수 있다. 매트는 침입을 성 착취, 수정, 감염, 매장과 연관시켰다.

개인적 관점

이 사례를 통해, 나는 매트와 그의 심상 과정에 대한 나의 개인적인 생각과 반응을 계속 전해왔다. 나의 투사, 해석, 역전이 문제까지도 설명했다. 이러한 개인적 관점이 내가 치료하는 방식에 가장 중요한 것이기에 그렇게 했다. 나에게 심리치료란, 유형이나 기법에 상관없이 클라이언트의 세계, 개인으로서의 나의 세계, 치료사로서의 나의 세계라는 세 경험적 공간 사이를 오가는 과정이다.

나는 그 과정을 나 자신 — 치료사인 나 자신뿐 아니라 개인인 나 자신까지 — 을 클라이언트에게 '빌려주는' 것으로 본다. 이 공간들 모두에 들어가지 않고서는, 심리치료는 불가능하다. 클라이언트의 공간에 들어가지 않고는 그에게 완전히 존재하거나 공감할 수 없다. 하지만 그렇게 되려면, 치료사나 한 인간으로서의 나 자신의 공간을 떠나야 한다. 동시에 내가 클라이언트의 공간을 떠나 나 자신의 개인 공간으로 돌아오지 않는다면 그에게 진정으로 반응할 수 없다. 또한 내가 치료사로서 나의 공간 안에서 전문지식과 기술을 찾아 양쪽 세계로의 나의 이동을 모니터하지 않는다면, 나는 치료적으로 개입할 수가 없다. 물론 이 공간들 사이를 이동하는 능력에 가장 중요한 것은, 필요에 따라 움직일 수 있는 유동적이면서도 확고한 경계선을 갖는 능력이다. 치료사는 자신을 떠날 수 있어야 하지만, 마음대로 돌아올 수도 있어야 한다.

각 공간 간의 이러한 이동은 방법이나 기술이나 이론적 방향에 상관없이 요구된다. 개인이자 치료사로서 내가 누구인지, 개인이자 치료사로서 내가 어떻게 느끼는지가 궁극적으로 음악, 심상, 만다라, 대화 등을 어떻게 사용할 것인지를 결정하기 때문이다. 개인이자 치료사로서 전적으로 인간적이 되지 않고서는 이것들은 치료의 가공물(artefacts)에 불과하다.

실존적 관점에서 나는 각 공간들을 세 가지 차원에서 경험할 수 있다. 즉 (1) 직접적으로(감각을 통한 즉각적이고 직접적인 이해를 통해), (2) 지각적으로(뜨거운/차가운, 슬픈/행복한 등, 지각적이거나 정서적인 경험을 통해), (3) 분석적으로(경험들과 각 공간의 관계에 대한 사려 깊은 분석을 통해).

그러므로, 그 순간에 어떤 공간을 어떤 차원에서 만나느냐에 따라 다음 중 어느 하나를 경험하게 될 것이다.

> 클라이언트의 공간: 직접적으로, 지각적으로 또는 분석적으로
>
> 개인으로서의 나의 공간: 직접적으로, 지각적으로 또는 분석적으로
>
> 치료사로서의 나의 공간: 직접적으로, 지각적으로 또는 분석적으로

물론 클라이언트도 어느 시점에서든 어떤 공간과 어느 차원의 경험에 들어갈지에 대해비슷한 선택권을 가진다고 인정하는 것 또한 중요하다.

클라이언트—치료사 관계

매트와 나는 매우 긍정적인 관계였던 것 같다. 가장 초기 단계에서 나는 그를 좋아했고 그는 나를 좋아했다. 우리는 함께 있는 것이 즐거웠고, 할 말을 잃은 적이 거의 없었다. 우리는 또한 많이 웃었다.

정신역동적 관점에서, 매트는 함께 한 대부분의 치료시간 내내 나에게 본질적으로 긍정적인 전이를 가졌다. 나와 동년배인 남자와의 과거 경험이 있는 매트에게 이것은 극히 중요했고, 항상 쉽지는 않았다. 그는 아버지가 약하고, 눈멀고, 자기를 브루스로부터 보호하지 못한 것에 대해 분개하고 있었다. 그리고 그는 자신에게 성폭행이라는 용서할 수 없는 범죄를 저지른 브루스를 증오했다. 이런 것을 고려할 때 나는 강하고, 믿을만하고, 함께 있어주며, 친절하고, 성적인 면이 없어야 했다. 나는 또한 그가 왜 어머니에게 분개하는가에 주목했다. 그녀는 모든 면에서 매트를 지배하려 했지만, 부지불식간에 브루스가 그에게 하는 짓을 막지는 못했다. 그러므로 나는 그의 어머니처럼 지시적이거나 무심하거나 쓸모없게 여겨지지 않도록 주의했다! 시간에 제한이 있었고, 그가 절대적으로 긍정적인 남성상 또는 아버지지상을 필요로 한다고 느꼈기 때문에, 나는 매트에게 이러한 부정적 전이의 문제를 일으킬 수 있는 것을 피하는 것이 중요하다고 느꼈다. 또한 나와 내가 보여줄 지지에 대한 명백한 신뢰 없이는 우리가 함께 치료하면서 직면해야 할 정서적 도전에 대처할 수 없을 것이라고 확신

했다.

전이의 부정적 측면으로는, 매트가 은폐하는 것들은 분명 이러한 견지에서 볼 수 있다. 그는 성인이 될 때까지 어린 시절의 '수치'를 아버지에게 숨겼고, 이와 마찬가지로, 치료를 종결할 준비가 될 때까지 나에게도 성인으로서의 '수치'를 숨겼다. 결과적으로 그가 치료를 갑자기 종결하게 된 것 또한 내가 알지 못한 채 해결하지 못하고 있었던 나에 대한 부정적 전이가 발단이 되지 않았나 의심스럽다. 나는 종종 그가 자기를 버린 아버지를 벌주려고 나를 '버린' 건지 궁금하다.

미해결 과제

매트와의 치료를 종결해야 했지만 이른 감이 있었다. 치료에서 일종의 마무리를 할 기회를 놓쳐버렸다. 매트가 요양치료 프로그램에 들어가기로 결정하게 되면서, 그가 퇴원하기 전까지는 함께 치료를 계속하는 것이 불가능해졌고, 퇴원하게 되자 우리는 둘 다 매우 다른 상황에 있었다.

계속되었더라면, 우리의 치료는 의존과 감정표현, 이 두 영역에 중점을 두었을 것이라고 느낀다. 그의 의존 문제에 대해 나는 개인의 자유, 의지, 선택, 책임의 중요성을 강조하며 실존적으로 접근했을 것이다. 이것은 과거 환경에서의 의존적 관계와 결핍에 중점을 두는 정신분석적 접근과 대조된다. 만일 부정적인 전이가 있다면, 나는 과거의 누군가와의 관계에 빠져있지 말고 우리 자신의 지금-여기(here and now)에서의 관계에 '진실'해야 한다고 강조할 것이다. 즉흥연주 치료는 이런 문제들을 매우 직접적으로, 특히 진실한 인간관계의 맥락 안에서 탐색할 수 있기 때문에 좋은 방법이 될 수도 있었을 것이다(Bruscia, 1987).

매트는 자신의 감정을 그다지 자유롭게 표현하지 못했다. 가장 강렬한 GIM세션에서조차 그는 울거나, 평정을 잃거나, 심지어 목소리를 높이는 것조차 어려워했지만, 억압되고 있는 매우 강렬한 감정이 있었음은 아주 분명했다. 이런 면도 즉흥연주로 접근할 수 있었을 것이다. 매트가 감정을 충분히 표출할 준비가 되려면, 먼저 자기 몸을 최대로 사용하여 감정이 밖으로 '들리게' 해야 한다고 믿는다. 일단 매트가 음악적으로 보다 자유롭게 자기표현을 할 수 있게 되면, GIM 같은 카타르시스적 감정 표출의 수용적 메소드를 다시 시작할 수 있었을 것이다.

후기

매트의 사례는 진실로 나에게 놀라움 자체였다.

매트가 그렇게 많은 폭풍우 같은 참혹함 속에서 살아남다니, 인간의 정신이란 얼마나 대단한 것인가!

매트의 깊은 상처를 치유하고 그의 삶을 소생시킨, 심상이란 얼마나 강력한 것인가!

너무나 자연스럽게 우리의 가장 깊고도 가장 친밀한 곳을 넘나들면서 우리 존재의 세포 하나하나에 공명하고 위로하고 이해하는, 음악이란 얼마나 놀라운 삶의 선물인가!

매트와 같은 사람이 자신의 삶의 길을 갈 수 있도록 이끄는 것은 우리의 지식이나 행동이 아니라, 어떤 상황에 처해있는 사람이건 우리가 받아들이고 사랑하는 것에 있음을 깨달으려면, 치료사는 얼마나 인간적이 되어야 하는가!

용어 해설

- **에이즈 양성(HIV Positive)**: 면역억제 세포의 과도한 증가와 그에 따른 면역 세포의 감소를 초래하는 인체 면역결핍 바이러스(또는 레트로바이러스)가 혈액에 감염되어있는 상태.
- **에이즈(AIDS)**: 후천성 면역결핍 증후군.
- **GIM(Guided Imagery and Music)**: 헬렌 바니(1978)에 의해 창시되었으며, 이완된 상태에서 치료사와 대화하는 가운데 음악을 들으며 자발적으로 심상을 떠올리는 방식으로 진행되는 치유와 자아실현을 위한 심리치료방법이다. GIM 시행에는 특별한 교육이 필요하다.
- **만다라(Mandala)**: 그림이 주로 원 안에서 그려지는 그림.
- **전이(Transference)**: 클라이언트가 치료사를 자기 삶의 중요한 사람(주로 부모)으로 여기고 이루어지는 관계에서 일어나는, 치료사에 대한 클라이언트의 반응. 긍정적 전이에서 클라이언트는 연관된 중요한 사람에 대한 긍정적 감정을 치료사에게 투사하며, 부정적 전이에서는 부정적 감정을 투사한다.
- **역전이(Countertransference)**: 전통적 의미로는, 클라이언트의 전이에 대한 치료사의 반응. 필자의 정의로는, 치료사 자신의 성격이나 삶의 경험이 근원이 되어 일어나는, 클라이

언트에 대한 치료사의 의식적 또는 무의식적 반응들이다. 긍정적 역전이는 치료사의 이러한 개인적 반응이 클라이언트의 치료에 유익하게 사용될 때 일어나며, 부정적 역전이는 치료사가 클라이언트에 대한 개인적 반응을 인식하지 못할 때 일어나는데, 이로 인해 클라이언트를 위험에 빠뜨리고 치료과정을 위태롭게 한다.

참고문헌

Bonny, H. (1978). *Facilitating GIM Sessions.* Salina, KS: Bonny Foundation.

Bruscia, K. (1987). *Improvisational Models of Music Therapy.* Springfield, IL: Charles C Thomas Publishers.

Cirlot, J. (1971). *Dictionary of Symbols.* (Second Edition). Translated from Spanish by Jack Sage. New York: Philosophical Library.

Grinder, J., and Bandler, R. (1981). *Trance-formations.* Moab, Utah: Real People Press.

Jung, G. (1954). *The Practice of Psychotherapy.* (Collected Works: Volume 16). New York: Pantheon Books.

Laing, R. (1967). *The Politics of Experience.* New York: Pantheon Books.

Schatzberg, A., & Cole, J. (1986). *Manual of Clinical Psychepharmacology.* Washington, DC: American Psychiatric Press.

Wilber, K. (1986). The Spectrum of Psychopathology. Treatment Modalities. In K. Wilber, J. Engler, and D. Brown (Eds.), *Transformations of Consciousness.* Boston: New Science Library -Shambhala.

사례4 내적 잠재력의 실현과 GIM

GIM과 함께 온전함으로 나아가는 여정 *

Rebecca Buell

도입

40대 초반에 나는 GIM을 해보기로 했다. 나는 심리치료사 교육을 받았지만, 관리·사무직에서 일하고 있었다. 나는 직장생활이 근본적으로 만족스럽지 못했다. 늘 피곤했고 감기와 잔병치레가 많았다. 성인시절 대부분을 먹고사는 일에 매달렸지만, 일상 업무에 전혀 만족감이 없었다. 내가 교육받았던 심리치료를 하고 싶었지만, 직장이 주는 재정적 안정을 포기하기는 두려웠다. 스스로의 두려움에 갇혀 내가 제대로 살지 못하고 있다는 생각에 고문당하며 이러지도 저러지도 못했다.

나는 융의 꿈분석 공부를 통해 심상의 힘을 경험했기 때문에 GIM에 끌렸다. 꿈분석에서는 꿈의 내용을 일정한 시간이 지나서 분석하게 되는 것에 비해, GIM은 치료사가 이완된 상태에 들어가게 도와주고 심상이 실제로 펼쳐지는 현장에서 옆에 있어주므로 매우 도움이 될

* Hibben, J. (Ed.) (1999). *Inside Music Therapy: Client Experiences.* Gilsum NH: Barcelona Publishers.

것 같았다. 나는 음악가이기도 하므로, 클래식 음악을 사용해 심상을 불러일으킨다는 원리는 내게 매우 매력적이었다.

나는 음악치료사지만, 여기서는 클라이언트 입장이다. GIM세션의 심상에 대한 설명은 치료가 진행되는 동안 쓴 기록에서 발췌했다. 나는 실명을 사용하지 않기로 했고, 치료사와 상호 동의하에 치료사도 밝히지 않았다. 심상 묘사는 현재시제로 했다(꿈분석을 할 때 이렇게 하는 것이 도움이 되었다). 일곱 번째와 여덟 번째 세션 사이에, GIM세션에서 내가 경험하고 있는 과정과 관련있을 것 같은 꿈을 설명했다. 또한 각 세션에는 치료사와의 상담에서 얻은 통찰을 포함하여, 그 심상이 나에게 주는 의미에 대한 소감을 적었다.

세션

세션1

나는 아름다운 고가(古家)에 있다. 나는 이층 화장실로 올라가서 역겹게 여겨지는 초록의 추한 색을 칠하기 시작한다. 나는 욕실을 추하게 만들고 싶지 않았기에 이것이 다른 누군가의 생각임을 깨닫는다. 하지만 나는 그 일을 계속해야 한다고 느낀다. 결국 어떤 할머니가 문으로 와서 나에게 칠하는 것을 멈추고 자기를 따라오라고 한다. 나는 그 일을 그만둘 수 있게 되어 안도한다.

> 화장실을 칠하는 것은 내 직업을 묘사하는 것임이 분명했다. 나는 나의 선택이 아닌, 다른 누군가의 일을 수행하고 있었다. 나는 내가 하고 있는 일을 좋아하지도 않으면서, 계속 해야 한다는 의무감을 느끼고 있었다. 나는 이런 상황에 매우 익숙하다. 그 할머니는 현자(賢者)인 것 같았다. 아마도 할머니는 내가 이 작업을 멈춰야한다는 것을 알고 있는 나의 일부일 것이다. 아마도 나는 할머니의 말에 따르고 할머니를 더욱 신뢰하게 될 것이다.

세션2

> 하얀 드레스에 빨간 장식띠를 두른 검은 여성이 나와 함께 술을 나눠마신다. 술을 마신 뒤에, 내 몸은 흘러나오는 에너지로 꽉 찬다. 내 몸의 에너지 센터, 특히 가슴의 에너지 센터가 내뿜는 찬란한 색들이 보인다. 나는 온 몸에 기쁨과 힘의 감각을 경험한다. 나는 한 번도 이렇게 완전히 살아있음을 느껴본 적이 없다.

이 세션은 틀림없이 절정 경험이었다. 검은 여인은 또 다른 현자(賢者)인 것 같다. 그녀는 내가 전에 경험해보지 못했던 나 자신의 일부를 보여주었다. 나의 이 부분은 매우 활기가 있고 매우 힘이 있었다. 내가 느꼈던 강력한 감정과 몸의 감각들은 내가 전에 경험해본 어떤 것과도 달랐다. 그동안 나는 나 자신이 훌륭하다고 믿는 것이 어려웠다. 이 세션은 나 자신이 강하고 훌륭한 사람이라는 것을 확인시켜준 것 같다.

세션3

> 나는 황량한, 끝없는 해변 위의 깊은 모래 속을 걷고 있다. 모래 속에서 걷기는 무척 어렵다. 피곤하다.

이 세션은 이전 세션과 반대로 느껴졌다. 이는 아무런 목적도 없이 계속 앞으로 나아가기만 하면서 매우 피곤해지는, 일상생활에서 항상 느끼는 나의 상황이다.

세션4

> 나는 지하실에 있다. 나는 이곳이 자궁이자 무덤임을 감지한다. 할머니(아마 첫 세션에 나왔던)가 나를 불 속에 넣지만, 그 불은 나를 태우지 않는다. 용이 내 명치에서 나와서 자신의 불을 먹는다.

지하실은 내 무의식이나 내면의 자아를 묘사했을 수 있다. 태우지 않는 불은 정화나 변형의 형태일 수 있다. 자신의 불을 먹은 용은 불안감을 주는 심상이었다. 그 심상은 내가 나의 에너지를 세상으로 발산하고는 그 결과 어떻게 될 지 두려워서 재빨리 다시 삼켜버리는 것을 의미하는 걸까?

세션5

> 나는 하얀 늑대가 되어 나의 좌절과 슬픔과 분노를 소리 내어 울부짖는다.

이는 이전 세션의 연장인 것으로 보인다. 하지만 이번에 나는 나의 불을 삼키지 않았다. 이번에는 그 불을 소리내어 발산했다.

세션6

> 커다란 포도나무가 나를 휘감고 조이고 있다. 나는 그 나무를 뿌리채 뽑아서 죽이고 싶지 않다. 나는 결국 몸을 회전시켜서 벗어난다.

이 포도나무는 감금하고 압박하는 내 직장같이 느껴졌다. 나는 직장을 떠나고 싶지만, 그렇게 하더라도 과격하게 처리하고 싶지는 않다. 이 심상은 다른 출구가 있음을 보여주고 있는 것 같았다.

세션7

> 나는 지하 신전에 있다. 흰 튜닉을 입은 사람들이 나를 돌봐주고 있다. 그들은 나를 작은 배에 태워 바다로 보낸다. 나는 해변에서 트렁크를 발견한다. 열어보니 우리 할머니의 작은 사진이 있다.

나는 다시 지하에 있었다. 이번에는 사람들이 나를 도와주고 있었다. 나는 종종 도움을 받아들이거나 도움을 받고 있는 것을 알아차리는 것이 어렵다. 나를 바다로 데려가는 배는 또한 물의 흐름과 함께 이동하고 있었다. 아무런 노력도 필요없었다. 이는 모든 일에 엄청난 노력이 필요한 것 같은 내 일상과는 반대이다. 할머니는 나에게 매우 소중한 분이었다. 창의적이고 자유로운 정신을 지닌 분이었다. 내 심상에서 할머니 사진을 본다는 것이 놀라웠다. 이 사진은 실제로 있는 사진이다. 그것은 할머니의 고등학교 졸업사진이다. 나는 이 사진을 1982년 보스톤에서 이사한 뒤로 본 적이 없다. 이 세션 후에 내 물건들을 살펴보았지만 사진은 찾을 수 없었다. 나는 어머니에게 이 심상이나 사진에 대해 말하지 않았는데, 이 세션 몇 주 후에 어머니는 자신의 물품 중에서 할머니 사진을 찾았고 내가 매우 좋아하리라고 생각했다는 메모와 함께 사진을 보내주었다. 우연의 일치인가?

꿈

그 주 후반에 나는 이런 꿈을 꾸었다. 나는 쓰레기통으로 가서 뚜껑을 연다. 쓰레기통 안에는 새끼 고양이 두 마리의 사체가 있다. 나의 고양이들이다. 나는 충격으로 격한 감정을 느끼며 잠에서 깨어난다.

이것은 강렬하고 충격적인 꿈이었다. 나는 동물을 사랑한다. 꿈에서 나는 내 고양이가 죽고 그 사체가 쓰레기처럼 처리되었다는 것을 알고 엄청난 충격을 받았다. 고양이에 대한 조금의 존중도 없었다. 어떻게 나는 이런 일이 일어나도록 내버려두었을까? 고양이들은 나 자신의 창의성을 의미하는 것으로 보인다. 그것은 아직 발휘되지 못하고 있는데, 죽임을 당하도록 내버려두고 있다. 나는 심지어 그것에 존중을 보이고 있지도 않다. 이는 마치 자명종처럼 나를 깨웠다.

세션8

나는 뱀이 된다. 뱀이 되어서, 땅 위를 기어 다니고, 강한 잔물결 모양의 근육을 느끼고, 혀로 다른 동물들의 향내를 맛보는 것이 어떤 것인지를 매우 생생하게 느낀다. 이것은 내가 경험하고 있는 것과는 매우 다른, 거의 이질적인 형태의 생명 에너지다.

뱀은 내가 한 달 전쯤 꾼 꿈에서 나타났었다. 꿈에서 나는 너무 무서웠기 때문에, 이번 세션에서 내가 뱀이 되는 것은 매우 의미 있게 느껴졌다. 그것은 익숙하지 않은 존재 방식을 기꺼이 받아들이는 것, 기꺼이 다른 관점에서 삶을 경험하는 것을 의미하는 것으로 보였다. 이것은 내가 습관적인 존재 방식을 뛰어넘고 싶다면 반드시 해야 하는 일이다. 아마도 나는 두려움을 돌파하고 있는 중인 것 같다.

세션9

> 나는 개울 안에 누워있고 개울물이 내 몸으로 흐르는 가운데, 나를 돌보고 에너지를 회복시키고 있다.

이 세션은 그냥 편안했고 나를 보살펴주는 것이었다. 나는 지금 인생에서 이런 것이 많이 필요한 것 같다.

세션10

> 젊은 왕자가 내 가이드로 나타난다. 그는 나를 폭포 뒤에 있는 지하 통로로 데려가서 이제부터는 내가 혼자 가야 한다고 한다. 통로에서 빠져나와 보니, 나는 해체된 해골이 되어 빛나는 녹색 불에 둘러싸여있다. 나는 자유롭고 상쾌하며 새로워진 느낌이다.

이것은 죽음-부활 심상으로 보였다. 나의 해체된 몸을 보는 것은 실제로 나에게 커다란 안도감을 주었다! 나는 더 이상 그것을 합치려는 시도를 할 필요가 없다는 느낌이다. 모든 것이 허물어진다 해도 괜찮을 것이다. 새로운 것이 출현하려면 먼저 허물어져야 할 것이다.

세션11

이 세션 며칠 전에, 나는 직장에 사퇴의사를 밝혔다.

> 나는 지하 하수관으로 연결되는 어두운 통로에서 사다리를 내려간다. 여기에는 슬픈 느낌이 강하게 있지만, 나의 슬픔은 아니며, 내게는 여기 있으면서 해결해야할 책임이 없다는 것을 알고 있다. 나는 입구가 나올 때까지 물속을 기어가서 길을 찾아간다.

이것은 그만두겠다는 통보에 대한 나의 죄책감인 것으로 보였다. 하수관들은 내 죄책감을 나타냈다. 내가 옳은 결정을 했다고 확신은 하지만, 나의 사직으로 야기되는 상황에 대해 죄책감을 느낀다. 이 심상은 상황이 쉽지 않으리라는 것을 보여준다. 나는 하수관 물속을 기어가야할지도 모르지만, 출구를 찾아낼 것이다.

세션12

> 나는 지하 동굴에 있다. 여기에선 불이 벌겋게 타오르고 있다. 나는 불타는 막대기를 쥐고 동굴을 나간다. 나는 불타는 막대기에 새 불을 지핀다. 까마귀가 연기로부터 나타난다.

나는 다시 지하의 나의 내면세계, 무의식 자아 안에 있었고, 거기엔 불이 있었다. 아마 이 불은 나의 에너지와 창의성을 의미할 것이다. 내가 불을 바깥세상으로 가지고 나가서 다른 사람들이 볼 수 있게 해야 할 때인 것으로 보인다. 까마귀는 변화의 징조다. 좋은 조짐으로 느껴진다.

세션13

> 나는 내 양쪽으로 어떤 할아버지와 할머니와 함께 길을 걷고 있었다. 그들은 나에게 "앞을 봐요. 뒤돌아보지 말아요"라고 한다. 갑자기 나는 눈부시게 밝은 빛으로 둘러싸인다. 나는 강력한 슬픔과 기쁨의 감정이 동시에 가슴 한가운데를 관통해 빠르게 흐르고, 몸이 아주 뜨거워지고, 나도 모르게 등이 활같이 젖혀지는 것을 느낀다. 나는 그 두 사람의 손을 잡고 에너지 기둥을 오르는데 계속 색이 바뀐다. 나는 경이로운 공허감과 정적이 흐르는 장소에 있다. 나는 경계의 감각이 없고 내 몸이 어디서 끝나는지 알아낼 수가 없다.

이것은 또 다른 절정 경험이었다. 나 자신의 힘과 접촉했던 이전 경험과는 매우 달랐다. 이것은 나 자신보다 훨씬 큰 어떤 것에 관한 것이었다. 이러한 상황은 말로 표현하기가 무척 어렵다. 이것은 깊이 감동을 주는 체험이었으며, 이로 인해 삶에 대한 나의 관점이 결코 과거와 같을 수는 없을 것이다. 나는 갑자기 나의 삶을 훨씬 큰 전체의 맥락에서 바라보게 되고 나에게 펼쳐질 삶을 신뢰할 수 있게 되는 것 같다.

세션14

> 나는 어린 소녀이다. 밤인데, 축제가 계속되고 있다. 나는 춤추고 있다. 사람들이 나를 따라오고 나는 그들에게 가장 인기가 있다. 나는 편안하고, 즐기고 있고, 남의 눈을 의식하지 않는다.

이것이 내 마지막 세션이었다. 이전 세션보다는 훨씬 덜 강렬했지만, 내가 한 선택과 새로운 시작을 위한 준비에 대한 확인처럼 느껴졌다.

이 세션이 끝나고 몇 주 뒤, 나는 몇 년간 만나지 못했던 친구로부터, 심리치료 실습 파트너가 되어주겠느냐고 묻는 전화를 받았다.

치료 후기

내가 경험했던 GIM을 생각해볼 때 가장 인상 깊었던 것은, 나의 심상의 변화가 나의 외적인 삶의 변화를 예시했다는 점이다. 심상이 변하면, 외적 삶이 반응했다. 이러한 반응의 대부분은 내가 시작한 것이 아니다. 나의 내면은 무엇이 일어나야 할지 알고 있었지만, 일반적이고 논리적인 사고를 통해서는 이러한 인식에 접근할 수가 없었다. 심상은 나의 내적 인식에 접근할 수 있는 통로였다. 음악은 세션에서 심상을 불러 일으켜서 보다 쉽게 전개되어가게 해주고, 내가 체험한 강한 감정을 유지하고 지지하도록 도와주었다.

나는 또한 영적 관점이라고 생각되는 것에서 나온 통찰력을 얻게 되어 감사하다. 이것은 내가 기대했던 것이 아니었다. 나는 한계에 이른 나의 일을 그만둘 용기를 얻기 위해 치료에 왔다가 나의 삶과의 근본적인 관계를 변화시켜준 체험을 안고 간다. GIM을 통해, 나는 스스로 갇힌 삶에서 벗어나 나의 의지를 제대로 실현할 수 있는 사람이 되게 하는 힘과 믿음을 찾을 수 있었다.

사례5 사별, 상실, 트라우마와 GIM

GIM, 어둠 속에 빛을 밝히다 *

Leslie Bunt

도입

이 사례는 17회의 GIM세션으로 어둠과 고통 속에 빛과 치유를 끌어들인 용기 있는 여성의 이야기다. 피오나는 원래 배우자 상실 후 사별 지원건으로 의뢰되었지만, 세션이 진행되면서, 이 특정한 상실을 다루는 중에 어린 시절의 학대로 인한 상실과 트라우마를 탐색하게 된다. GIM은 슬픔, 고립, 죄책감, 분노 등 애도과정에 연관된 복잡한 감정을 표현할 수 있는 안전한 환경을 제공해주며, 클라이언트가 깊게 묻어둔 다른 상실들을 의식의 빛으로 옮기는 데 필요한 내적인 힘을 강화하도록 도와줄 수 있다. 피오나의 경우처럼 자아의 힘이 충분하다면, 이러한 어린 시절의 상실에 대한 애도를 현재 시점에서 재경험하고 해결해 나가는 것이 가능할 것이다. 피오나의 전체 치유과정을 살펴보는 데는 융 분석가인 나의 슈퍼바이

* Meadow, A. (Ed.) (2011). *Developments in Music Therapy Practice: Case Study Perspectives*. Gilsum NH: Barcelona Publishers.

저와의 토론이 도움이 되었다. 피오나의 치유과정의 주요 단계와 주제를 설명하기에 앞서, GIM의 배경과 이 치료과정에 적용된 핵심 개념들을 소개한다.

기본 개념

GIM메소드는 헬렌 바니(2002)가 창시한 것으로, AMI(Association of Music and Imagery)에서는 '내면 경험의 역동적인 전개를 자극하고 유지하도록 특별히 구성된 클래식음악 프로그램을 사용하는 음악중심의 의식 탐색'이라고 정의했다. 1시간 30분에서 2시간 길이의 개인세션은 4개의 상호 연결된 단계로 이루어진다.

1) **프리세션**: 그림이나 그 밖의 비언어적 매체도 사용되지만, 일반적으로 대개 언어를 사용한다.
2) **이완과 인덕션**: 클라이언트가 확장된 의식상태로 들어갈 수 있도록 도와주고, 클라이언트의 심상 과정을 위한 시작 심상을 제공하는 단계까지 진행한다.
3) **음악-심상가이딩**: 치료사가 클라이언트의 내적 체험과 과정을 유지하고 심화시키기 위해 언어적, 비언어적 중재로 지원하는 가운데, 클라이언트는 체험하고 있는 다양한 감정, 신체 감각, 통찰, 회상, 음악과의 연결관계, 심상, 색상 등에 대해 치료사와 공유한다.
4) **포스트세션**: 치료사는 클라이언트가 '지금 여기(here and now)'로 돌아와서 언어적으로 심상과 자신의 이슈를 연관시키도록 도와준다. 다른 비언어적 매체도 사용될 수 있다.(각 단계에 대한 상세한 설명은 Abrams&Kasayaka, 2005; Bonny, 2002; Clark, 1991; Goldberg, 1995 참조)

GIM은 애도과정이 무리 없이 서서히 드러날 수 있도록, 지지적이고 안전한 치료공간을 제공한다(Creagh, 2005 참조). 치료사가 지켜보며 지원하는 가운데 매우 이완된 상태에서 음악을 듣는 것은, 클라이언트가 자신의 속도에 맞춰 슬픔과 연관된 변화하는 감정들을 다루어가는 데 필요한 내적 역량과 힘을 찾을 수 있는 기회를 제공해 준다. 피오나의 사례에서 보겠지만, 특정한 상실을 다룰 수 있도록 충분한 내적인 힘이 생기기까지는, 음악과 치료사 모두에 대한 충분한 신뢰가 형성될 시간 또한 필요하다(음악과 심상과 치료사간에 전이되는 복잡한 관계의 탐색은 Bruscia, 2002 참조). 음악은 이 전개과정을 지원하는 내면의 조력자의 존재를 추가적으로 불러내기도 한다. 우리는 피오나의 사례에서 수호천사인 이런 인물들의 중요성을 보게 될 것이다. 이런 종류의 조력자의 지원에 대해서는 애도과정에 GIM을 사용한 다른 치료사들도 발표한 바 있다(Smith, 1997).

음악 선택 또한 이 초기 전개 단계에서 매우 중요하다. 피오나가 상실을 표현하는 감정들과 연결되기 시작하는 초기 세션에서는, 매우 지원적이고 예측가능하며 돌봄의 특성을 가진 음악이 사용되었다. 피오나의 초기 세션들에서, 배우자 상실은 기억에서 희미해진 상실, 가족의 지속적인 학대로 인한 그녀 자신의 어린 시절의 순수함의 상실이란 문제를 점진적으로 풀어갈 촉발인자가 되었다. 그녀가 애도과정의 여러 측면을 해결해 나갈 충분한 힘을 얻게 되자, 그녀는 어린 시절의 상실과 트라우마를 재경험하기 위해 이러한 어두운 과거에 대한 기억들을 현재의 빛 속으로 불러올 수 있었다. 이 치료단계에서는 이 복잡하고 어려운 기억과 감정들을 만나고 받아들이기 위해 보다 강하고 도전적인 음악이 사용되었다.

슈퍼바이저와 이 사례의 내용을 검토해 보니, 이 트라우마적 소재의 점진적인 전개와 표현은 Herman(1992)이 서술한 세 단계의 '회복' 과정과 명백히 일치했다. 치료의 '첫 번째 단계'에서 '안전'과 신뢰를 확립한 후, 어린 시절 상실에 대한 '기억과 애도'라는 '두 번째 단계'에 들어서게 되고, 이는 '일상생활로 다시 연결되어' 미래 계획을 세우는 '세 번째 단계'로 진행되었다(Herman, 1992, p.155). Ventre(1994, 1995)는 Herman의 단계를 사용하여, 32세 여성이 어린 시절 트라우마적 학대에서 받은 '상처'를 치유하는 데 도움을 준 '2년 과정의 GIM' 틀을 마련했다. 이후에 Moffitt은 자신의 클라이언트의 기록 '회고와 시(reflections and poetry choices)'를 그림과 함께 공동 출판했는데, 이는 가족의 성적학대로 인한 오랜 기간의 고통으로부터 회복해가는 과정을 Herman의 단계와 결합시킨 연구였다(Moffitt & Hall, 2004). 이러한 연구들은 '상실과 트라우마'라는 복합적인 주제들을 다루기 위해 GIM을 사용하는 문헌의 발전에 공헌하였다. Borling(1992)은 GIM을 통해 학대받은 클라이언트가 깊이 묻힌 분노, 공포, 슬픔, 억울함의 감정을 인식하도록 돕는 방법을 논의했다. 트라우마에서의 회복을 돕기 위해 GIM을 사용한 또다른 사례연구로는 Pickett(1995)의 연구가 있다.

학대 시기와 결부된 공포와 분노가 서서히 쌓이면, 신체적 긴장이 몸속에 갇히게 되고 '얼어붙는(freezing)' 반응을 나타내게 된다(Rothschild, 2000). 이는 극단적인 '무기력'의 상태에서 발생할 수 있는, 방어기제라고 볼 수 있다(Levine, 1997). 피오나의 이야기 앞부분에도 이러한 얼어붙는 상태의 예들이 나온다. 나중에는 깊숙이 뿌리박히고 가두어졌던 이러한 기억들이 신체적 표현과 배출로 나오는 순간들도 있다.

피오나의 GIM과정을 살펴보면 의식과 무의식 영역 사이, 빛과 어둠 사이의 경계공간에 존재하는 상징적인 내용의 사례들이 많이 있다. Romanyshyn(2007, p.27)은 융을 언급하면서, 상징의 기능중 하나는 정신 속에 깊이 숨겨져 있는 상태와 의식적인 인식의 '빛'으로 옮겨진 상태 사이의 이 공간에 존재하는 것이라고 했다. 백조 같은 상징들은 피오나의 심상과정 내내 다양한 단계에서 등장한다. 피오나의 어린 자아의 탐색에서처럼, 지혜로운 할머니의 등장 같은 다른 전형적인 인물들도 나타난다. 융 심리학은 Tasney(1993)에 의해 GIM 사례연구에서 영웅과 그림자를 포함한 원형들을 연구하는 데 사용되었다. 피오나 내면의 어둡고 그림자적인 측면들을 비추기 위해 빛을 가져오는 것은 상극의 결합, 심상의 적극적인 사용 그리고 심상 극복해가기를 강조한 융과도 관련이 된다(Meadows, 2002; Ward, 2002).

클라이언트

피오나는 의뢰 당시 50대 초반이었다. 그녀는 최근에 배우자 로버트를 암으로 사별했다. 그녀는 애도과정의 지원을 위해 GIM에 의뢰되었으나, 앞에서 말했듯이, 그리고 다음에서 알 수 있듯이, 로버트의 상실은 어린 시절의 죽음 및 다른 트라우마의 경험들과 연결되어 있었다. 피오나의 아버지는 돌아가셨고, 어머니는 세션 과정 중 점점 몸이 나빠지기는 했지만 아직 생존해 계셨다. 피오나는 자원봉사자로 일하고 있었다. 그녀는 예술, 명상에 관심이 있었고 자연을 사랑했다. 친구들과 시간을 보내기도 한다고 했지만, 그녀는 자신감이 결여된, 다소 수줍음 많고 불안감이 보이는 사람이었다.

사정 단계 (예비세션과 세션1-3)

피오나의 세션은 배우자의 상실을 다루는 것으로 시작되었다. 그러나 배우자 상실에 대한 탐색은, 피오나가 어린 시절에 대해 말하지 않은 사건들이 있었다고 알리면서, 아동학대의 트라우마적인 기억들을 서서히 펼쳐가는 과정이 되었다. 그녀의 부모가 제공한 환경이 안전하지 않았기 때문에 그녀는 이모에게 어머니 역할을 기대하는 경우가 많았다. 다른 애착대상을 찾아내는 이러한 패턴은 어린 시절의 트라우마로 고통 받는 사람들에게서 관찰되어 왔다(Kőrlin &Wrangsjő, 2004). 피오나는 죄책감 같은 '복합 외상 후 스트레스 장애'(Herman, 1992, pp. 119-122)의 특징을 보이기는 했지만, 대처 능력과 방어기제를 가진 강한 자아의식이 있었다. 이렇게 충분히 강한 에고로 피오나는 이 어린 시절의 기억들에 대한 탐색과정을 견뎌낼 수 있었다(트라우마에 대한 정신생물학적 논의는 Rothschild, 2000, GIM과 관련된 신경심리학적 관점은 Korlin, 2002 참조).

빛을 가져와 오솔길을 비추는 것에 중점을 두고 짧은 예비세션이 시작되었다. 피오나는 Bruscia의 'Pastorale'의 처음 두 곡인 Debussy의 'Prelude à l'après-midi d'un faune'와 Liadov의 'The Enchanted Lake'에서 지지받는 느낌을 받았다(각 세션의 개요는 부록 A 참조). 그녀는 자신의 충실한 애완견과 함께 강가를 걷다가 '너무나 희고, 순수하며 때묻지 않은' 두 마리 백조를 보았다. 그녀는 이 아름다운 생물들처럼 강하고, 자유롭고, 두려움 없고, 자랑스럽고 당당하기를 소망했다(약간의 슬픔과 함께). 백조의 이 복잡한 상징은 죽음과도 관련이 있는 '백조의 노래'와 함께 '욕망의 완전한 만족'을 가리킨다(Cirlot, 1971 p.322). 이 예비세션에는 매우 지원적인 체험이 있었는데, 그녀가 백조들과 개를 데리고 햇빛이 드는 정원으로 들어가서 냄새 맡고 만질 수 있는 체험이었다. 갑자기 누가 뛰어나와서 놀란 그녀는, "아무도 당신을 해치지 않을 거예요"라고 말해주는 개와 백조들에게 보호를 받는 느낌이었다. 그녀는 보다 강해짐을 느꼈고, 정원을 떠나기가 힘들었다.

이어진 세 번의 세션에서 그녀는 점점 더 신뢰하기 시작했고 안전한 오솔길을 벗어나 보다 울창하고 어두운 숲으로 빛을 가져오기 시작했는데, 이는 숨겨진 잠재의식의 내용이 점차적으로 펼쳐지는 상징이다. 골짜기의 백합 향기는 어릴 때 침실 탁자 위의 가장 좋아하던 향수를 생각나게 했다. 그녀는 끝내지 못한 일을 하기 위해 침대로 갔었다. 그녀는 화장실로 내려가는 일이 너무 무서워서 결국 Bach의 'Christmas Oratorio'(Caring 프로그램 중)의 'Shepherds' Cradle Song'을 들으며 부드럽게 안겨 흔들리다가 음악과 일치되면서 안정되어 잠이 들었다.

아이 피오나와 성인 피오나가 나타나기 시작했다. 두 번째 세션 시작부분에서 그녀는 최근 산책하다가 수소 몇 마리와 마주쳐 공포로 얼어붙으면서 즉각적으로 어릴 때의 숨 막히는 공포를 연상한 일이 생각났다. 성인 피오나는 어린 자신을 돌볼 방법을 찾기 위해 어린 피오나의 손을 잡고 GIM으로 데리고 왔다. 세션 동안, 융의 지혜로운 여자의 전형을 연상시키는 세 할머니가 피오나에게 아름답고 따뜻하고 햇빛이 드는 정원을 보여주었다. 성인 피오나는 너무나 웅장한 이 집을 어린 피오나에게 보여주었다. '이것은 그녀의 것이어야 했는데 빼앗긴 것이다. 그녀는 그 집에 대한 권리가 있었다.' 성인 피오나는 화가 났으며(얼어붙는 반응에 대한 또 다른 대응; Levine, 1997) 곧이어 이것은 '고통과 슬픔'으로 변했다… '그녀는 어둠 속에 너무 오랫동안 있었고, 이제 그녀는 빛을 가졌으며, 매우 사랑스럽고 매우 좋은 사람이며, 몸은 나이가 들어가고 있다.'

자신의 아이 부분과 성인 부분의 이러한 통합에서, 피오나는 사별한 남편의 심상과 만날 정도로 강해진 것같았다. 마치 그녀가 이 시점까지 스스로 안전한 장소를 준비하면서 자신의 힘을 길러온 것 같았다. 로버트는 피오나가 모르는 곡인 Duruflé의 'Requiem'중 'In Paradisum'의 시작 마디에서, 음악적으로 일치되는 순간에 나타났다. 로버트는 긴 가운을 입고 인어나 물고기처럼 미끄러지듯 지나가면서, '안녕'하는듯한 미소를 지었다. 피오나는 그가 좋은 곳으로 갔음을 느꼈고 그래서 편안했다.

치료 과정

로버트의 상실 (세션4)

로버트의 사망 1주기가 네 번째 세션 얼마 전에 있었다. 피오나는 로버트의 뼈가 어두운 무덤에서 썩고 있다고 생각하는 것이 무서웠다. 그녀는 세션에서 자신이 그의 무덤 옆에 있는 것으로 시작해달라고 부탁했으며, 음악(Grieving 프로그램)이 어두운 곳을 볼 수 있는 빛을 사용해서 그녀가 무덤 속을 들여다볼 수 있도록 도와줄 수 있었다. 부서진 두개골의 심상은 그녀의 어린 시절 집 지하 창고의 부서진 인형의 두개골과 연결되었다. 그녀는 그 뼈들을 올바른 순서로 놓기를 원했고, 그 심상은 로버트의 몸과 인형 사이를 오갔다. 그녀는 양초에 불을 붙이려고 가까운 교회로 들어갔다. 그녀는 점차 차분해지는 것을 느꼈다. 모든 것이 괜찮았다. 뼈들은 모두 이전 세션의 백조들처럼 깨끗하고, 희고, 순수하고 때묻지 않았다. 피오나는 빛으로 가득 찬, 어슴푸레한 하얀 형상을 보았다. 그녀는 혼자가 아니었기에 기분이 나아졌다. 그녀 또한 자기를 어둠으로부터 데리고 나갈 누군가를 기다리고 있었던 것이다. 로버트와 그녀를 위한 그 동일한 빛이 무덤 옆과 교회 사이로 그녀를 이끌었다. 로버트의 영혼은 '교회 안, 빛 안에 있었다.' 세션은 또다시 '백조 같은 날개'를 가진 네 명의 크고 강한 천사들의 등장으로 절정에 달했다. 그들은 온화하고 친절하고 이해심이 많았으며, 피오나는 '오랫동안 그들을 알고 지냈던' 것같이 느껴졌다. '이방인이 아니고 좋은 가족 − 어머니, 아버지, 이모, 삼촌 − 같았다'(나의 슈퍼바이저는 이들이 네 명의 대천사와 연결되는 것에 주목했다). 피오나는 천사들에게 로버트를 돌봐달라고 부탁을 했을 때 그 대답을 듣고 몸에 전율을 느꼈다. 천사들은 그녀에게 넘어가라고, '고통 너머로 가라'고 요청했다. 그리고 또한 그녀에게, "믿음을 가져야 해요. 믿음을 가지면 우리는 절대 당신을 실망시키지 않을 거예요"라고 말했다. 피오나는 영광스러운 햇빛 속에서 무덤 위에 꽃을 놓는 것으로 세션을 마쳤다.

어린 시절 트라우마 (세션5-8)

피오나는 GIM의 과정이 안전하고 믿을만하다고 느끼기 시작했다. 애도와 로버트에 대한 어느 정도의 치유가 촉매 역할을 하여 어린 시절 기억들의 일부가 좀 더 구체화되었다. 세션4에서는 처음부터 '순결한' 백조와 어린 피오나를 돌보는 것과 부서진 인형과 뼈가 함께 있는 것이 언뜻 나타났다. 이러한 어린 시절 기억들이 표면화되면서, 그녀는 자신의 상실에 대한 애도 과정을 시작하고 있었던 것 같다.

이 핵심이 되는 중요한 세션들에서 사용된 강한 음악의 도움으로 그녀는 다음과 같은 두려운 심상들의 상징적 의미를 탐색할 수 있었다.

- 어머니가 무섭게 격분하는 동안 냄새나는 위층 벽장에 숨음
- 침실의 판자로 막은 벽난로와 문
- 할머니가 돌아가신 방
- 대낮에 할아버지와 아버지가 둘 다 술에 취해 집으로 돌아옴
- 피오나가 자주 내던져졌던 지하창고
- 부모님을 두렵고 화나게 했던 어둡고 음침한 우물(세션2에서도 잠깐 나왔음)

이 심상들의 너무 많은 부분이 숨는 것, 어둠 속이나 막힌 곳에 있는 것과 관련되어 있었다. 피오나는 자신을 보호하고 방어할, 고통과 아픔에서 벗어날 길을 찾아야 했다. Bach의 'Passacaglia and Fugue in C minor'의 오케스트라 편곡을 듣는 동안(세션6), 그녀의 수호천사가 그녀에게 힘을 주어 우물 속을 내려다보고, 갇힌 물속에서 생명을 찾았다. 피오나는 아버지가 약자였고 어머니의 지배를 받았으며, '평화를 지키기 위해' 무엇이든 했던 사람이었음을 깨닫기 시작했다. 그녀는 더 이상 아버지가 무섭지 않았고 도리어 불쌍해지기 시작했다. 피오나는 보다 자유로워지는 것을 느꼈고 통제력을 갖게 되었다. '우물은 나보다 그들을 더 무섭게 했어. 내가 그들의 두려움을 떠맡은 거야.'

하지만 비참하게도, 이 집에는 그녀에게 공포스런 일들이 더 많이 있었다. 그녀는 분만 중에 어린 나이로 죽은 가족의 관을 지하창고에서 발견하는 반복되는 트라우마 기억과 다시 만나기 위해서는(세션7: 죽음과 재탄생) 무엇보다 중요한 수호천사로부터 많은 빛과 지지가 필요했다. 피오나는 또한 자신의 일부가 어머니와 아이와 함께 관에 들어있는 것처럼 느껴졌다. 그녀는 그 아이와 자신이 모두 밖으로 나오게 하려고 울부짖었다. 세션 후 다음 질문들이 슈퍼비전에서 다루어졌다. 그녀는 자신의 잃어버린 어린 시절을 애도하고 있는 것인가? 이 내용은 드러내어져야 하는 기억의 은유적인 표현인가? 성인이 된 문턱에서 그녀에게 이 모든 것이 어떻게 느껴지고 있을까?

피오나는 장례식에서, 아기가 죽지 않았을지도 모른다고 걱정하며 얼마나 무서워했는지가 기억났다. 피오나는 아이와 어머니를 위한 아름다운 새 무덤과 장례식을 만들어냈다. 세션에서 그녀는 마지막으로 이렇게 말했다. - "이제 빛이 있어요. 그 아이는 잊혀지지 않았어요, 그 아이는 항상 나와 함께 있어요, 안녕 내 사랑." 그 말은 Mahler의 'Das Lied von der

Erde' 중 'Der Abschied'의 마지막 부분에서 나왔다. 그 장례식에 더할 나위 없는 피오나의 작별인사였다. 그녀는 상징적으로 자신의 어린 시절에 작별인사를 하는 것이었을까?

이 중요한 세션들은 비통함, 놓아줌, 회복의 시작이라는 갈수록 깊어지는 순환 구조로 이어졌으며 음악에서의 주제에 대한 변주곡 형태와 유사했다. 세션8에 이르자, 그녀는 가족들이 자신에게 행한 가장 끔찍한 기억과 직면할 수 있는 충분한 내적인 힘을 갖게 되었다. 지속적인 강력한 두려움 하나는 어두운 건물들, 교회 첨탑들, 탑에 대한 것으로, 그 안에는 상징적으로 매우 고통스러운 일이 내재되어 있었다. 그녀는 특히 한 교회 첨탑에 대한 공포에 직면하기 위해 음악을 사용할 수 있도록 요청했다. 피오나가 그 공포에 직면할 수 있도록 즐거운 저녁시간이 끝나고 친구들을 떠나 무서운 첨탑 근처의 버스 정류소로 이동하기로 했다. Elgar의 'Enigma Variations'의 발췌곡(Positive Affect)에서 힘을 얻은 후, 그녀는 지독히 무서웠지만 수호천사가 함께 하는 것을 인식하며 첨탑을 향해 움직였다. Mazart의 'Laudate Dominum'이 노래되는 동안, 천사는 이해하지 못하는 것 같았다. Barber의 'Adagio for Strings'가 시작될 때 천사는 슬퍼보였다. 음악이 강렬한 클라이맥스로 향해 갈 때, 피오나가 음악과, 전개되는 심상과, 그리고 나의 가이딩에 연결되는, 변형을 위한 명백한 틀이 형성되어졌다. 여기서 나타난 심상들은 다음과 같다.

천사는 피오나의 고통을 느낄 수 있고, 등을 구부려 그녀의 배를 안는다.

천사는 눈물을 흘린다.

천사는 이해하고 피오나의 손을 잡고, 그녀에게 힘을 준다.

천사는 일어나서 그녀의 배를 놓아준다.

천사는 피오나를 감싸 안는다.

그들은 함께 첨탑을 올려다본다(가장 큰 볼륨 뒤에 일반적으로 이어지는 음악의 짧은 휴지 구간 동안).

피오나는 첨탑이 가족 중 학대자를 나타낸다는 것을 깨닫는다.

천사는 학대자를 어떻게 해줄까 묻는다.

피오나는 "보내주세요, 떠나가 버리도록 해주세요, 교회 첨탑에서 끌어내 주세요"라고 대답한다.

첨탑은 이제 그냥 텅 빈 좁은 통로, 돌일 뿐이다.

첨탑은 지붕이 뾰족한 우스꽝스러운 물체다.

Barber 다음으로 Gounod의 'St. Cecilia Mass'중 'Santus'에서 '잘난척하는 테너'와 '자기중심적인 합창'이 그녀를 짜증나게 했다. 그들은 이해하지 못했다. 그녀의 천사만이 이해해 주었다. 그녀는 Strauss의 'Death and Transfiguration'의 발췌곡에서 목소리들이 사라졌을 때 더 강해짐을 느꼈다. 여기서 피오나와 그녀의 천사는 정화시키는 매우 치유적인 분위기에 흠뻑 젖었다. 압도적인 어두운 물체는 그 상징적인 힘을 모두 잃었다. 어린아이였을 때 이 공포는 그녀를 얼어붙게 했다. 말문이 막히고 누구에게도 말할 수 없었다. 이제 그녀는 첨탑을 있는 그대로 볼 수 있었는데, 그것은 원래 크기로 줄어들어 있었다. 세션 후에 그녀는 이 첨탑을 찾아보러 갔고, 다음 세션을 시작할 때는 더 이상 같은 공포가 생기지 않는다고 했다.

표출과 화해 (세션9-14)

피오나는 이후 세션에 올 때 그녀의 GIM세션과 관련된 물건이나 그림들을 가져왔다. 백조와 연관된 새 깃털들, 로버트 산소에 있는 천사의 그림, 그리고 첨탑과의 강력한 투쟁 후에는 반짝이는 하얀 깃털로 덮인 검은 첨탑의 그림 등을 가지고 왔다. 그녀는 기억들로부터 풀려나서 자유로워지고 전진할 수 있게 된 것에 대해 얘기하기 시작했다. 그녀는 로버트든 학대하던 가족이든 아무도 그녀를 과거로 되돌리지 못한다는 것을 깨닫고 있었다.

세션은 그녀의 요청으로 고요하고 사색적인 치유와 회복에 초점을 둔 것과, 두려운 감정에 다시 연결시키기 위해 보다 강한 음악을 사용하는 것 사이를 오가기 시작했다. 그러나 이제 피오나가 이전에 비해 버려지고 두려운 느낌이 줄어들면서 통합이 더 많아졌다.

어떤 세션은 눈 덮인 풍경 속의 매우 행복한 여행처럼, 마법 같은 맛이었다(세션9, Quiet Music). 이때는 은빛 옷을 입은 여성이 깨끗한 흰 백조가 끄는 마차로 그녀를 데려갔다(Holst의 'Venus'동안). 분명 피오나는 새로운 입구를 통해 다른 공간으로 들어가려고 최대한으로, 초월적으로 음악을 사용하고 있었다. 천사들은 그녀를 빛과 색으로 가득한 훨씬 더 멋진 곳들로 데려가기 시작했다. 한 번은 구름 속에 있는 문을 나에게 보여주었다. "아름다운 곳이에요. 천국이 틀림없어요… 전에 여기 있었던 것 같은데, 오랫동안 떠나 있다가 다시 돌아온 느낌이에요. 난 이곳을 알아요. 여기는 내 집, 제대로 된 진짜 집이에요… 나는 어디든 가고 싶은 데로 갈 수 있어요. 너무나 특별해진 느낌이에요… 내가 겪어온 모든 고통이 사라졌어요….” 그녀는 다른 사람을 돕고 싶다는 이야기를 하기 시작했다. “나는 비슷한 상황에 있는 다른 사람들을 돕고 싶어요. 두들겨 맞고 강간당하고 어둠 속에 갇힌 아이들… 나는 그들의 천사가 되어 그들에게 빛과 아름다움을 보여주고 싶어요. 나는 어린 소녀에게 포기하지 말라고 말하고 있어요. 소녀는 너무 슬퍼 보이고 너무 외로워요… 나는 소녀의 마음에 빛을 넣어주었어요… 언젠가 그 소녀가 강해지면 소녀는 누군가의 마음에 빛을 넣어줄 거예요.”

다음은 계속 이어진 표출과 화해의 순간들이다.

- 과거 학대자를 모두 우물 아래로 던지니 맑은 물과 빛이 그들을 녹여버림(세션11, Expanded Awareness).
- 학대자들이 두려움 속에 있는 사람들이었다는 통찰을 얻음.
- 그녀의 잘못이 아니라는 것을 느끼며, 사람들이 계속 그녀에게 화낼 때 슬퍼함.
- 그녀는 자신의 선량한 의지를 위해 열심히 노력해 왔음에 감사함.
- 로버트에게 고맙다는 말을 듣고, 그가 괜찮을 것이라고 믿고 그를 놓아줌.
- ‘이 땅에는 아직 그녀가 필요하며, 해야 할 일들이 있음’을 깨달음.
- 어린 시절의 집을 빛과 햇빛이 가득한 장소로 복원함(세션12, Peak Experience) ‘흰 색으로 깨끗이 칠해져있고 우물 주위에는 꽃이 있는 자랑스럽고 아름다운 내 집…….’
- 어머니에게서 검은 옷을 벗겨내자, 미안하다고 말하는 슬프고 무기력한 노인으로 드러남. 용서의 다정한 순간으로 이어짐(세션12의 마지막에서).
- 로버트가 죽었던 병실을 다시 방문해서 예를 갖추어 작별인사를 하고 그의 개인물품을 깔끔하게 정리함(사망 2주기 즈음인 세션13, 사망 1주기였던 세션4와 동일한 음악 사용).
- 어두운 지하창고를 마지막으로 방문(세션14, Inner Odyssey). Nielsen의 '5번 교향곡'에서 드럼이 연타하는 동안 그 끔찍한 지하창고에 남아있는 검은 물체들의 어두운 이미지를 상징하기 위해 세션에 가져온 검은 비닐 쓰레기봉지들을 찢어버림. “그것이 나를 부수는 대신에, 내가 그것을 부수고 있어요…

아무도 그곳에서 절대 고통 받지 않을 거예요."

파란만장한 세션14의 끝에서 수년간의 끔찍한 기억, 좌절, 상처가 쓰레기로 파기되고 있었고 피오나는 손가락에 새롭고 좋은 에너지와 얼얼한 느낌을 받았다. 그것은 마치 신경계에 갇혀있던 어떤 기억들이, 심상과 감정과 기억을 통해 치유되면서 신체로 표출될 기회를 얻고 있는 느낌이었다(Levine, 1997; Hall, 2009).

마지막 단계 (세션 15-17)

동료들은 피오나가 매우 달라졌으며 보다 자신감 있게 말하는 것을 느낄 수 있었다. 그녀는 편두통과 악몽 없이 잠도 더 잘 잤다. 그녀는 자신에 대해, 그리고 새로운 관계를 준비하는 것에 대해 좋은 느낌을 가질 수 있었다. 백조 – 순결한 흰 백조, 천사 같은 – 에 대한 반복되는 심상은 세션15에서 Clark(1995)이 편집한 프로그램 'Mythic Journey'중에 나타났다. 피오나는 부정적인 생각의 리스트를 강에 던져 버렸지만, 근처의 백조가 그녀가 던진 모든 부정성에 너무 가까이 있어서 오염될까봐 불안했다. 백조는 그녀에게 놓아줄 수 있는 힘과 죄책감을 느끼지 않을 힘을 주었다. 부정적인 것들의 리스트 또한 불태워졌고 모든 검은 재(할아버지의 벽난로 속의 재의 기억)는 발로 짓밟혔다. Ravel이 편곡한 Mussorgsky의 'The Great Gate of Kiev'가 시작되자, 피오나는 유령 같은 검은 형체들의 장례행렬이 과거로부터 자신에게로 다가오는 것을 보았다. 그녀는 유령들을 모두 되돌려 보내기 위해 힘을 냈다. 음악의 클라이맥스에서 그녀는 유령들이 더 이상 그녀를 건드리거나 해칠 수 없다는 것을 깨달았다. 그들은 더 이상 그녀의 일부가 아니었다. 산 정상 위에 서서 그녀는 자신의 강함과 죄책감으로부터 해방감을 느꼈다.

마지막 GIM세션(세션17)을 시작하면서 피오나는 '양 날개가 부러진 새'로 치료를 시작할 것을 제안했다. 날개 하나는 로버트에 대한 비통함인데, 그녀는 이제 치유되었다고 느꼈다. 다른 하나는 어린 시절 학대에 대한 트라우마 기억들로, 치유되는 중이지만 결코 완전히 사라지지는 않을 것임을 알고 있었다. 그러나 이제 그녀는 감당할 수 있으며 이 문제에서 자유로워져서 '날아갈' 수 있는 내적인 힘을 가지고 있음을 알았다. 그녀는 새로운 친구들을 만나고 있는 자유로운 새에 대해 신나게 말했다. 이 마지막 세션은 그녀의 모든 GIM과정에 대한 일종의 결론이었으며, 어둠 속에 빛을 밝히려는 그녀의 소망의 반영이었다. 그녀는 음악 Mostly Bach프로그램의 도움으로, 어린 시절 여름휴가의 어두운 기억으로부터 천사들의 인도로 빛과 변형의 장소로 옮겨갈 수 있도록 해줄 것을 요청했다. 그 장면은 익숙했다 – 매를 맞고 이층 그녀의 방으로 보내져 두려움 속에 아버지의 귀가를 기다리는 것. 그녀는 기절한 것처럼 마루 위에 쓰러졌다. 잠이 도피수단이었다. "그냥 죽고 싶어. 왜 사람들은 그렇게 끔찍할까?" 그녀는 방의 백열등이 그녀의 눈물을 통해 반짝거리는, 위안이 되는 이미지를 보았다. "울지 않았다면 나는 백열등 속의 아름다움을 보지 못했을 거야." 반짝이는 이미지는 강하고 선한 마법의 요정 같았다. 피오나는 집에서, 그리고 학교에서 괴롭힘 당할 때 일종의 피난처로 이 위안이 되는 이미지를 사용했었다. 그 이미지는 그녀의 말처럼 그녀의 생존 수단이었다. "나만의 아름다운 세계, 어항 속, 작고, 안전하고, 밝고, 하늘 높이 있어서 아무도 나를 건드릴 수 없는… 나의 집." 이제는 모든 것이 더 커졌지만, 그녀는 아직도 가끔씩 그 어항으로 가야 했다. 그 안에는 그녀의 애완견만이 함께 있도록 허용되었고, 그녀는 "아마 내가 언젠가 누군가를 믿게 되면, 들여다보게 해줄 것이다"라고 했다.

피오나는 보다 많은 사람들이 그 어항을 들여다보도록 허용되어 자신과 함께 그녀의 삶의 많은 부분을 함께 하기를 바라고 있었다. 그녀는 자신의 비밀을 간직할 필요가 없었고 죄책감 없이 간직할 수도 있었다. 그녀는 종양 환자들의 그림 그리기를 도와주는 것을 꿈꾸었다. 마지막 정리세션에서 그녀는 보다 크게 말할 수 있게 되었으며, 불안과 과거의 공포에 덜 압도당한다고 했다. 그녀는 자신을 방어하는 법을 배웠다. 자기 목소리를 찾은 것이다.

마무리

처음 예비세션에서처럼 우리는 마지막 정리 세션 동안 함께 Debussy의 'Prelude'를 들었다. 같이 들으면서 우리는 그녀가 내게 남긴 카드 위의 양귀비 들판의 심상을 사용했다. 예비세션에서처럼 태양은 빛났고, 그녀는 애완견과 함께 있었으며, 그녀는 자신을 사랑스러운 옷을 입고 양산을 든 아름다운 숙녀로 상상했다. 세션과 우리의 치료는 그녀가 가장 좋아하는 곡, Vauhan Williams 편곡으로 'Quiet Music' 프로그램의 마지막 곡인

'Greensleeves'로 마쳤다.

참고문헌

Abrams, B. & Kasayka, R. (2005). Music imaging for persons at the end of life. In C. Dileo & J. Loewy (Eds.), *Music Therapy at the End of Life* (pp. 159-170). Cherry Hill, NJ: Jeffrey Books.

AMI(n.d.) *Association of Music and Imagery* (Website). Retrieved from www.amibonnymethod.org.

Bonny, H. L (2002). *Music Consciousness: The Evolution of Guided Imagery and Music* (L. Summer, Ed.). Gilsum, NH: Barcelona Publishers.

Borling, J. E. (1992). Perspectives on growth with a victim of abuse: A Guided Imagery and Music [GIM] case study. *Journal of the Association for Music and Imagery, 1*, 85-97.

Bruscia, K. E. (2002). A Psychodynamic orientation to the Bonny method. In K. E. Bruscia and D. E. Grocke (Eds.), *Guided Imagery and Music: The Bonny Method and Beyond* (pp. 225-243). Gilsum, NH: Barcelona Publishers.

Cirlot, J.E. (1971). *A Dictionary of Symbols*(Second edition). London: Rout-ledge & Kegan Paul.

Clark, M. (1991). Emergence of adult self in Guided Imagery and Music (GIM) therapy. In K.E. Bruscia (Ed.), *Case Studies in Music Therapy*. Phoenixville, PA: Barcelona Publishers.

Clark, M. (1995). The heros myth in GIM Therapy. *Journal of the Association for Music and Imagery, 4*, 49-65.

Creagh, B. A. (2005). Transformative mourning: The Bonny Method of Guided Imagery and Music for widowed persons. *Dissertation Abstracts International: Section B. The Sciences and Engineering, 66* (2-B).

Goldberg, F. (1995). The Bonny Method of Guided Imagery and Music. In T. Wigram, B. Saperston and R. West (Eds.), *The Art & Science of Music Therapy: A Handbook* (pp. 112-128). London, Toronto: Harwood Academic Publications.

Grocke, D. E. (2002). The Bonny Music Programs. In K. E. Bruscia and D. E. Grocke (Eds.), *Guided Imagery and Music: The Bonny Method and Beyond* (pp. 99-133). Gilsum, NH: Barcelona Publishers.

Hall, A. (2009). Personal Communication.

Herman, J. L. (1992). *Trauma and Recovery: The aftermath of violence from domestic abuse to political terror*. New York: Basic Books.

Körlin, D. & Wrangsjö B.(2004) GIM European conference, Bulgaria. Personal communication.

Korlin, D. (2002). A neuropsychological theory of traumatic imagery in the Bonny Method of Guided Imagery and Music (BMGIM). In K.E. Bruscia & D.E. Grocke (Eds.), Guided Imagery and Music: The Bonny Method and Beyond (pp. 379-415). Gilsum, NH: Barcelona Publishers.

Levine, P.A. (1997). *Waking the Tiger: Healing Trauma.* Berkeley, California: North Atlantic Books.

Meadows, A. (2002). Distinctions between the Bonny Method of Guided Imagery and Music (BMGIM) and other imagery techniques. In K. E. Bruscia and D. E. Grocke (Eds.), *Guided Imagery and Music: The Bonny Method and Beyond* (pp. 63-83). Gilsum, NH: Barcelona Publishers.

Moffitt, L. & Hall, A. (2004). New grown with pleasant pain (Keats): Recovering from sexual abuse with the use of the Bonny Method of Guided Imagery and Music and the use of poetry. Journal of the Association for Music and Imagery, 9, 59-77.

Pickett, E. (1995). Guided Imagery and Music: A technique for healing trauma. *Journal of the Association for Music and Imagery, 4,* 93-101.

Romanyshyn, R. D. (2007). *The Wounded Researcher: Research with Soul in Mind.* New Orleans, Louisiana: Spring Journal Books.

Rothschild, B. (2000). *The Body Remembers: The Psychobiology of Trauma and Trauma Treatment.* New York: W.W. Norton and Co.

Smith,B. (1997). Uncovering and healing hidden wounds: Using GIM to resolve complicated and disenfranchised grief. *Journal of the Association for Music and Imagery,5,*13-23.

Tasney, K. (1993). Beginning the healing of incest through Guided Imagery and Music: A Jungian perspective. *Journal of the Association for Music and Imagery, 2,*35-47.

Ventre, M. (1994). Healing the wounds of childhood abuse: A Guided Imagery and Music case study. *Music Therapy Perspectives, 12*(2), 98-103.

Ventre, M. (1995). Healing the wounds of childhood abuse: A Guided Imagery and Music case study: Errata. *Music Therapy Perspectives, 13*(1).

Ward, K. (2002). A Jungian orientation to the Bonny Method. In K. E. Bruscia and D. E. Grocke (Eds.), *Guided Imagery and Music: The Bonny Method and Beyond* (pp. 207-224). Gilsum, NH: Barcelona Publishers.

부록 A

세션 요약

세션	시작심상(focus)	GIM 프로그램	심상
예비세션	빛-길	Pastorale(부분)	개와 함께 산책, 백조들
1	빛-길	Caring	향수, 침실
2	숲	Nurturing	피오나(아이·성인)
3	어두운 숲	Nurturing	피오나(아이·성인)
4	무덤	Grieving	뼈, 교회, 빛, 네 명의 천사
5	낡은 트렁크	Creativity Ⅰ	낡은 옷, 우물, 로버트
6	우물	Mostly Bach	천사, 우물속의 생명, 아버지, 정원
7	빛-천사	Death / Rebirth	지하창고, 관, 새로운 무덤
8	버스정류소	Positive Affect	교회 첨탑
9	빛-눈	Quiet Music	은빛 여성, 백조, 빛 속으로 날기
10	음악 속으로	Sublime Ⅰ	천사의 날기, 성탄절
11	언덕	Expanded Awareness	천사, 자신의 날개, 고통을 녹임
12	빛-정원	Peak Experience	어린양, 새로운 집, 슬픈 어머니
13	빛-병원	Grieving	병원 재방문, 로버트의 물품 분류
14	천사-에너지	Inner Odyssey	지하창고, 검은 쓰레기봉투
15	부둣가	Mythic Journey	백조의 날기, 리스트 태우기. 보내주기
16	그림	Inner Odyssey	양귀비, 어머니
17	휴가	Mostly Bach	어머니, 벌, 눈물, 빛, 어항

GIM세션 자료 사용에 동의해준 피오나와 슈퍼바이저 Shelagh Layet에게 감사드린다.

사례6 자아상 치유와 GIM

GIM에서 나타난 성인 자아 *

Marilyn F. Clark

개요

이 사례는 낙태를 겪은 뒤 여러 측면에서 정서적으로 치유될 필요를 느낀 젊은 여성의 1년간의 GIM치료 과정이다. 어렸을 때 그녀는 알코올중독의 영향을 받은 역기능적 가족체계에 대한 반응으로 거식행동을 보였다. GIM을 통해, 쫓겨난 어린 여성 부랑자인 자신의 이미지는 세상의 시련 속에서 단련되어 자신을 돌보고 건강한 관계를 만들어갈 수 있는 성숙한 여성으로 변화되었다.

대상 정보

치료시기에 다이앤은 작은 서점의 공동소유주로, 상담업무를 하는 35세의 백인 여성이었

* Bruscia, K. (Ed.) (1991). *Case Studies in Music Therapy*. Gilsum NH: Barcelona Publishers.

다. 그녀는 남편과 같이 살고 있지는 않지만 기혼이고 자녀가 없었다. 외모는 아주 자그마하고, 어린애 같은 모습이 있었다.

그녀는 3남 3녀의 여섯 자녀가 있는 중산층의 대가족 출신이었다. 그녀가 숭배했던 아버지는 성공한 사업가이며 알코올중독자였고, 어머니는 주부로서 다정했지만 다이앤 생각에는 연약했다. 어렸을 때 그녀의 가정생활은 평화로운 상황을 유지하려고 애쓰는 어머니와, 술에 취하면 공격적이고 괴롭히고 야비하게 변하는 아버지로 혼란스러웠다.

다이앤은 차분하면서도 환경에 흔들리는 민감한 사람이었다. 그녀는 어머니가 가족을 위한 울타리를 세워주지도 않고, 괴롭히는 행동에 대해 아버지를 비난하지도 않았기 때문에, 통제도 보호도 받지 못했다고 느꼈다. 다이앤은 10살 때 거식행동으로 반응했다. 어머니는 어느 여름에 그녀의 체중감소를 알아차리고 억지로 먹였다.

식이장애는 다이앤이 대학에 들어갔을 때 돌아왔다. 대학생활을 시작하기 전 여름에 그녀는 자기가 미쳐가는 것처럼 느껴졌다. 그녀 안의 어떤 부정적인 힘이, 그녀에게 미쳤고 제정신이 아니라고 말하고 있었다. 그녀는 대학생활이 자기 인생 최악의 시기였고 악몽이었다고 했다. 당시에는 식이장애가 치료대상도 아니었고 문젯거리도 되지 않았다.

어렸을 때 그녀는 자신의 피난처로 어머니와의 의존적인 관계를 찾았다. 대학에서 그녀는 미래의 남편인 존을 만났고, 의존을 그에게로 옮겼다. 변호사 공부를 하고 있던 존은 다이앤에게 영웅적인 인물이었다. 그는 신념이 있는 사람이었다. 억압받는 사람들을 해방시키고 싶어 했고, 급진적인 정치성향을 지지했다. 다이앤은 존을 자신도 구해줄 수 있는 사람으로 보았다.

결혼생활에서 그녀는 그가 원하는 것은 무엇이든 주었다. 그녀는 수동적이었고 매우 낮은 자존감을 가졌다. 그녀는 그가 중요한 사람이고 그의 결정이 중요한 반면, 자기는 하찮고 약간 제정신이 아니라고 느꼈다. 그녀는 성관계가 즐겁지 않았다. 자기가 해야 할 의무라고 느꼈고 침해받는 느낌을 자주 받았다. 그가 변호사로서 꽤 많은 돈을 버는 동안, 그녀는 그의 돈을 쓰는 것이 편치 않아 자기가 버는 적은 수입으로 살려고 했다. 이것은 자기 인생을 통제하기 위해 자신을 박탈하는 또 다른 수단이었다.

대학생활 동안, 다이앤은 자신의 내면 상태를 이해하려는 시도로 심리학 공부를 시작했다. 그녀는 전공에 따라 자연스럽게 상담직에 종사하게 되었지만, 그녀의 주요 관심은 여전히 자신의 고통을 치유하려는 데 있었다. 결혼 후 몇 년간 상담전문가로 일하다가 친구와 함께 여성 서점을 열었다. 책에서 그녀는 자신에 대한 많은 지지와 확인을 얻었다. 서점은 아마도 그녀가 세상에 자신을 나타내기 위해 내딛은 중대한 첫걸음이었을 것이다.

30대 중반에 임신했을 때 다이앤은 공황상태에 빠졌다. 그것은 두 번째 임신이었다. 첫 번째 임신은 낙태로 끝났었다. 그녀와 남편은 같이 살기를 그만둔 상태였는데, 남편과의 휴가 중에 두 번째 임신을 하게 되었다. 그녀는 이 임신도 포기하기로 했고, 존은 그녀의 결정에 따랐다. 다이앤은 아기를 가질 준비가 되어있지 않았다. 그녀는 몸에 대한 주도권의 상실이 두려웠으며, 분명한 경계선이 부족하고 주도적이지 못하고 다른 사람의 의지에 굴복하는 자기 어머니처럼 될까봐 두려웠다. 그녀는 이 낙태로 14년간의 결혼생활이 끝났음을 알고 있었다. 이러한 상실들로 위기에 빠진 그녀는 급히 치료를 받으러 오게 되었다.

다이앤은 내가 치료사 소그룹을 위해 실시한 GIM시연에 참석했다. 그녀는 이 메소드에 매우 끌렸고 내가 진행하는 방식에 친밀감을 느꼈다. 그녀는 시연을 본 이후에 곧 나에게 전화를 걸어서 치료를 요청했다.

그녀는 매우 명확하고 깨어있는 사람으로, 치료에 높은 동기가 부여되어 있었다. 첫 번째 세션에서 그녀는 GIM이 자신과 특히 잘 맞는다는 것을 보여주었다. 심상과정이 대단히 잘 진행되었으며, 음악에도 매우 즉각적으로 반응했다.

메소드

다이앤의 치료 전체에 사용된 메소드는 헬렌 바니(1978)가 창시한 GIM(Guided Imagery and Music)이다. GIM은 엄선된 음악들을 사용하여 내적 반응을 이끌어내는 자기탐색 메소드다. 본질적으로 비일상적인(이완된, 확장된) 의식 상태에서 치료사의 도움을 받아 음악을 들으며 심상을 떠올리는 것이다. 몇 가지 기본 단계들이 있다.

클라이언트와 견고한 라포를 구축한 후에, 치료사는 신체 이완이 될 때까지 클라이언트를 가이딩한 후 특별히 디자인된 클래식음악 프로그램에 집중하게 하면서 클라이언트의 심상에 초점을 맞춘다. 그런 다음 클라이언트는 음악을 듣는 동안 자발적으로 떠오르는 다양한 느낌, 감정, 심상을 치료사와 나눈다. 과정 내내 치료사는 언어적/비언어적 기법을 가지고 클라이언트의 감정과 경험을 지지하고 확장시키고 공감한다. 음악이 끝나면 치료사는 클라이언트가 '일상의 의식상태(Waking Consciousness)'으로 돌아오도록 도와준다. 대화나 다른 표현 양식을 사용하여 새로운 깨달음을 통합하는 포스트세션이 이어진다.

음악을 들으며 심상을 떠올리는 과정은 지금까지 의식하지 못하고 있던 무의식의 내용을 자극하는 경우가 많다. 이러한 내용들은 포스트세션에서 다루어지거나, 또는 심상의 상태로 남아있게 하여, 점진적인 통합 과정을 통해 클라이언트의 의식에 영향을 주게 된다.

나의 치료 방향은 클라이언트 중심이다. 즉, 나는 개개인이 치료관계라는 맥락 안에서 자기주도적인 성장이 가능하다고 믿는다. 나는 GIM을 무의식에 접근하여 숨겨져 있는 것을 드러내는 방식의 치료라고 보며, 이 접근방식에는 클라이언트 측의 깊이있는 탐색과 치료사 측의 고도의 전문훈련이 요구된다.

나는 융 심리학의 틀에서 정신(psyche)를 조망하며, 이것이 풍부한 치료의 원천이라고 본다. 나는 또한 융이 규명한 '원형(archetype)'들이 GIM과정의 치료의 진행을 이해하는 데 도움이 된다는 것을 확인할 수 있다.

치료 과정

다이앤은 일 년 정도 GIM을 받았다. 세션시간은 90분에서 120분으로, 치료과정의 상태에 따라 일정이 정해졌다. 그녀는 총 20세션을 받았다.

다이앤의 치료의 주요 주제인 성인 자아의 등장은, 그녀의 내면의 심상 세계를 보면서 이해될 수 있다. 다음은 각 치료세션을 요약한 것이며, 치료적 진행과정을 보여주는 심상과정이 강조되었다.

시작 단계

세션1: 지하실 마녀 다이앤은 집을 살피는 여자아이로 심상을 시작한다. 그녀는 책상들이 있는 방을 발견하고 "공부하고 싶어요"라고 하면서, 치료를 시작할 준비가 되었음을 보여준다. 그런 다음 그녀는 마녀가 살고 있는 어두운 지하실로 간다. 마녀는 집에 대한 이야기를 알고 있다. 다이앤은 마녀와 맞서서 말한다. "겁주지 말아요! 당신은 나쁜 사람이고 아이를 놀라게 할 권리가 없어요. 그만해요. 당신은 나를 이용하고 있지만 난 속지 않을 거예요. 내가 나와 달라고 하면 당신이 나오지요. 하지만 난 당신이 나를 공포에 떨게 하도록 내버려두지 않을 거예요. 나는 당신처럼 크지는 않지만, 그만두라고 말할 힘은 있어요!"

다이앤은 지하실의 마녀로 묘사되는 '그림자(shadow)' 안에 있는 자아의 부분들을 탐색하기 시작한다. 그녀는 두려움에 맞섰다고 느끼며 세션을 마친다.

세션2: 마법의 숲 다이앤은 아이로서 마법의 숲을 계속 탐색하는데, 그곳은 그녀가 동물의 말을 알아들을 수도 있고 돌봄을 받는 곳이기도 하다. 그녀는 성숙한 여인이 되어 춤을 춘다. 그녀는 치료의 효과를 잠시 경험하고 있다. Puccini의 오페라 '나비부인(Madame Butterfly)'의 감미로운 허밍소리가 그녀와 동행할 때, 그녀는 청소년이 되어 성으로 숨어든다. 그녀는 이 '심상 자아(imaging ego)'의 변화를 통해 자신의 발달단계의 여러 시기를 탐색하고 있다. 성인 자아가 된 안도감은 있지만, 그녀는 이 시점에서 성인으로서의 정체성을 지속적으로 유지하지는 못한다.

세션3: 성 방문 다이앤은 성의 왕과 왕비와 마주치자 자기 방식대로 받아들여줄 것을 요구한다. 어머니/아버지, 여성/남성의 '원형적인' 관계가 태양과 달의 심상에서 보인다. 그녀는 태양에게 말한다. "왜 당신은 나에게 응답하지 않나요? 내가 할 수 있는 것이라고는 당신을 받아들이는 것뿐이에요." 태양이 대답한다. "나도 너에게 닿으려고 애쓰고 있어." 달에게서 그녀는 안전함을 느끼고 같은 언어로 소통할 수 있다. 이 세션에서 부모와의 관계는 그녀가 안전감을 느끼며 스스로 통제할 수 있고 존중하는 방식으로 전개된다.

세션4: 해변의 오두막 다이앤은 고아이며, 자신의 집과 같은 해변의 오두막을 발견한다. 보호해주는 어머니가 가족 식사에 그녀를 초대한다. 아버지는 그녀를 받아들여 해변에서 함께 산책한다. 그녀가 아이들과 친구가 되며 가족과 통합하는 동안 Pachelbel의 'Canon in D'가 확고하게 지지해준다. 다이앤은 지지적인 가족과 함께 자신의 심상 세계에 머물면서 치료에 안전한 공간을 지속적으로 확립하고 있다.

세션5: 죽음-재탄생 이 세션에서 다이앤은 관 속에 있는 심상을 경험하면서 변화의 과정에 굴복하기 시작한다. Bach의 'Passacaglia and Fugue in C minor'의 강한 하강 패턴에서 그녀는 생명의 피할 수 없는 죽음과 땅과의 재결합에 굴복하게 된다. 봄과 새로운 생명의 심상이 이어진다. 그녀는 어린아이인 자신과 만나게 된다. 이제는 그 어린 소녀의 말을 듣겠다고 약속한다. 마지막 심상은 여왕의 장례행렬이다. '어머니의 죽음과 아이의 탄생'이라는 이 주제가 그녀의 성장의 열쇠다. 이 심상들은 후에 그녀의 치료 과정에서 보다 강렬한 만남의 장을 마련한다.

세션6: 신뢰를 배움 다이앤은 자기가 어디에 있어야 하는지 모르는 채 고립되고 집이 없다고 느끼는 성인이다. 그녀는 아직 자신의 성인 자아에 확신이 없다. 수증기 같은 형태가 인간의 모습을 띠고 그녀와 신뢰와 인내에 대해 대화를 나눈다. 그녀는 많은 사람에게 소개된다. Vivaldi의 'Gloria'중 'Et in Terra pax'가 들리는 동안 그녀는 그들과 함께 노래한다. 그녀는 자신을 위한 집 같은 곳을 만들고 자신에게 거기에 있으라고 허락해 준다.

세션7: 3대의 춤 이전 세션으로부터 긍정적인 감정을 넘겨받아, 다이앤은 자유와 우아함을 느끼며 춤으로 세션을 시작한다. 그녀는 아픈 여자아이와 함께 부드럽게 춤추면서 치유한다. 그녀는 나이가 주는 교훈을 보여주는 춤을 추는 할머니를 만난다. 다시 한 번 Pachelbel의 'Canon in D'는 그녀 자신의 세 부분인 아이, 성인, 할머니가 함께 춤을 추게 이끌고, 춤을 주면서 각자가 서로의 가치를 인정한다.

세션8: 어린 남동생을 키움 다이앤은 마법의 숲으로 돌아와 어린 남동생을 발견한다. 그녀는 치열하게 그를 보호하면서 도시로 데려가 그를 키워줄 친절한 할아버지를 발견한다. 그녀의 인격의 다른 요소들과 마찬가지로, 젊은 아니무스, 즉 그녀의 남성 부분은 발달할 수 있는 안전한 장소를 찾아야 한다.

세션9: 여성 가이드 다이앤은 한 여성과 마주치는데, 그녀는 다이앤에게 긴장을 풀고 신뢰하라고 조언해준다. 그녀는 "나는 당신이 자신을 사랑하는 법을 배울 수 있도록 이 외로운 길로 데려와야 했어요"라고 말한다. 이 심상은 치료사에 대한 '전이'를 암시한다. 다이앤은, 여전히 저항을 느끼고는 있지만, 자기의 삶이 지금까지의 모습과는 달라졌다는 것을 인정한다. 그들은 축하하며 함께 춤을 춘다.

가족 패턴에 직면하기

세션10: 가족의 장면 Brahm의 'Second Piano Concerto' 제1악장은 다이앤의 혼란스런 어린 시절의 집을 처음으로 떠올릴 수 있도록 도와준다. 어머니와 함께 하는 조용한 순간이 해변에서 하루를 마치고 돌아오는 아버지에 의해 방해받는다. 아버지는 집으로 와서 어머니에게 명령하기 시작한다. 다이앤은 어머니를 존중하지 않는 누구에게든지 화를 내고 위협한다. 그녀는 "엄마, 엄마에게 필요한 건 이런 거예요… 나는 엄마의 수호자에요… 나는 엄마가 원하는 최고의 딸이에요"라고 말한다. 그 심상에서, 그녀는 어렸을 때는 없었던 안전한 울타리를 만들어내고, 부모 모두에게 분노를 표현한다.

아버지

세션11: 신 같은 아버지 이 세션에서 다이앤은 원형 단계에서 아버지와 투쟁한다. 힘찬 저음의 강력한 목소리에 대한 그녀의 헌신이 인정받지 못하자 그녀는 매우 화가 난다. 마치 천국으로부터 밀려난 것 같다. 그녀는 기운을 되찾을 개울을 발견한다. 물은 보살핌도 받지 못한 채 어떻게 인생이 흘러갔는지를 보여준다. 그녀는 나이가 든 것처럼 느껴진다. 세션의 마지막에 그녀는 이것이 자신의 삶의 이야기라고 되새겨 본다. 그녀는 아버지를 숭배했지만, 아버지는 그녀의 헌신을 소중히 여기지 않았다.

세션12: 별과 함께 잠듦 다이앤의 정신은 앞 세션들의 강렬함에서 벗어나 그녀에게 휴식을 준다. 잠자는 심상이다. 그녀는 잠든 채 별들 사이를 떠다닌다. 이 잠자는 심상은 모든 것이 멈추고, Faure의 'Requiem'과 Wagner의 'Lohengrin'의 발췌 부분이 흐르는 동안 그녀에게 휴식과 보살핌을 받는 시간을 준다.

세션13: 왕의 심장 다이앤은 이 '은유적 환상'에서 아버지와의 관계를 통합하기 시작한다. 그녀는 뛰고 있는 심장 하나가 놓여있는 곳으로 가는데, 심장은 누구든지 그 공간을 침범하면 찌를 태세를 갖춘 가시철조망 울타리와 단검들로 보호받고 있다. 조심스럽게 그 심장으로 나아가면서, 그녀는 이것이 왕이 이곳에 두고 어떤 대가를 치르더라도 보호할 왕의 심장이라는 것을 알게 된다. 그녀는 왕에게 그 심장을 원래 제자리인 그의 몸 안에 두는 법에 대해 가르쳐 준다. "나는 그가 사납고 잔인하고 야비한 왕이라고 생각했어요. 하지만 그는 외롭고 공허한 사람이었을 뿐이에요. 내가 그 심장의 중심으로 가는 여행을 하지 않았다면 결코 알지 못했을 거예요"라고 그녀는 말했다.

세션14: 그림자 남자 다이앤은 자기의 '아니무스'를 계속 다루고 있는데, 이번에는 권위와 능력의 측면이다. 그녀는 아버지와 승마하던 기억들로 시작하는데, 거기서 그녀는 체력을 입증한다. 그 다음에는 보다 어린 시절의 기억들과, 신비스러운 군인이 그녀가 단식 훈련을 하는 것을 도와주는 환상이다. 그녀는 자기 의지가 전혀 없는 뚱뚱하고 약한 사람으로 보이는 어머니와 다르기를 원했다. 다이앤은 자신이 특별한 목적을 갖고 있으며 가족 내 여자들과는 다르다고 느꼈다. 어슴푸레한 남자의 모습은 가장 부정적인, 지배하는 특성의 그녀의 아니무스이다.

통합

세션15: 집으로 돌아옴 다이앤은 치료 첫 부분에서 경험했던 환상적인 스타일의 심상으로 돌아온다. 그녀는 자기를 전적으로 환영해주는 곳으로 들어간다. 자연의 모든 것이 그녀가 그곳에 있게 되어 기뻐한다. 그녀는 거기서 자기의 모든 모험담을 듣고 싶어하는 자애로운 여자를 발견한다. 그녀가 여신임을 밝힐 때까지 다이앤은 그녀를 신뢰해도 될지 고민한다. 여신은 그녀에게 "당신은 어둠을 통과해가야 하고 그것이 지나가는 꿈임을 알아야 해요… 감정이 올라오는 대로 놔두세요… 당신은 강한 사람이서 이 시간들을 충분히 이겨갈 수 있어요"라고 말해준다. 자신의 정신 안에서 긍정적인 여성의 심상을 발견하기 시작하면서 그녀의 내적 자아는 강해지고 있다.

세션16: 축하 다이앤은 지난 세션에서 경험한 긍정적인 감정을 유지하며 자신의 내적 힘을 더 깊이 반영하는 '절정 경험'을 가진다. 영적 상태에서, 그녀는 신과 여신을 만나 그들을 위해 춤을 춘다. Barber의 'Adagio for Strings'와 함께 온 세상을 날아다니면서 그녀는 고조된 자신의 감정을 축하한다. 마침내 여신은 무지개 속에서 그녀 앞에 나타난다, 그리스 신화의 여신 아이리스처럼.

어머니

세션17: 죽음-재탄생 II 지난 두 번의 세션에서 힘을 얻은 다이앤은 다시 한 번 깊은 무의식으로 이동한다. 강렬한 색들이 탐색할 필요가 있는, 언어로 표현하기 힘든 감정들을 예고한다. 색들이 사라지며, 두 살 된 다이앤이 보는 가운데, 곰에게 학살된 새끼사슴과 숲 속으로 미친 듯이 달려가는 마녀의 환상적인 장면이 나온다. 이제 성장하여 건강과 빛의 기운으로 둘러싸인 다이앤은 어린 시절의 집 주위를 걷는다. 그녀는 나쁜 기운이 어머니의 침실에서 나오고 있음을 느끼는데, 이는 아마 어릴 때 친밀함에 대해 받은 혼란스런 메시지를 나타내는 듯하다. 그녀는 어머니가 죽어가고 있고 자신이 그녀를 죽인 것임을 깨닫는다. 어머니의 몸에서 어린 소녀가 나온다. 다이앤은 그 소녀가 강하게 자라도록 자신의 빛 속으로 데려간다. 그녀는 그 소녀에게 성장할 수 있고 원하는 사람이 될 수 있다고 말해준다. 이 세션 내내 흐르는 음악이 부드럽고 양육적인 것임을 주목하면 흥미롭다. 음악은 이 강렬한 심상이 진행될 수 있도록 안전한 공간을 제공해 주었다.

자신을 찾음

세션18: 통합 다이앤의 '심상 자아'는 또 하나의 그녀가 목적지 없이 미친 듯이 말을 타고 가는 것을 지켜본다. 여신이 숲에서 나와 다이앤의 두 자아를 모두 둘러싸며 축복을 해준다. 다이앤의 두 자아는 그들이 집이라고 부를 수 있고 쉴 수 있는 곳으로 간다.

세션19: 바다로부터 나옴 가이드인 돌고래와 함께 다이앤은 바다를 떠나 강으로 헤엄친다.

다시 한 번 그녀는 집으로 돌아온다. 숲에서 한 여성이 나오는데 다이앤의 치유를 위한 통로이다. 그 여자는 달과 연결된, 원형적인 여성성이다.

종결

세션20: 여왕의 죽음 이전의 주제로 돌아와, 다이앤은 여왕이 죽어가고 있는 성으로 돌아온다. 이번에 다이앤은 여성과 남성 모두로 나타난다. 남성은 기사이자 집으로 돌아온 여왕의 아들이고, 여성은 여왕의 딸이자 기사의 여동생이다. 여왕이 편안히 죽자, 아들 다이앤은 자기 여동생(딸 다이앤)을 돌볼 것을 맹세한다. 그들은 숲으로 옮겨 낮에는 그가 그녀를 돌보고 밤에는 그녀가 그를 돌본다. 여신은 다이앤(딸)을 밤 내내 도와주고, 그녀가 필요로 할 때마다 함께 있겠다고 약속한다. 이것은 그녀가 어머니에게서 바랐지만 결코 받지 못했던 약속이었다. 치료가 종결되면서, 그녀는 남성과 여성을 통합하고, 이 둘 사이의 돌봄의 균형을 찾을 수 있게 된다.

논의

첫 번째 세션에서 다이앤은 나를 믿을 수 있겠다는 분명한 느낌을 가졌다고 솔직하게 말했다. 그래서 나는 보다 강렬한 음악 프로그램을 그녀에게 사용할 수 있었다. 그녀는 결코 음악에 위축되지 않았으며 그것을 내면세계로 쉽게 받아들였다. 나는 또한 필요한 경우 심상들과 만나고 맞서도록 격려할 수 있었다. 무섭고 강렬한 사건의 심상을 떠올릴 때, 그녀는 항상 용감했다. 나와 음악과 심상에 대한 다이앤의 신뢰는 그녀의 GIM을 성공으로 이끄는 열쇠였다.

다이앤은 자신의 심상을 설명하는 것을 좋아하지 않았다. 하지만 그녀는 더 깊은 수준에서 많은 감정들을 체험하고 있으며, 그 과정에서 내면의 변형이 일어나고 있음을 인식하고 있었다. 치료과정 내내, 그녀는 항상 이유를 설명할 수는 없지만 점점 좋아지는 것을 느꼈다고 했다.

세션 시리즈의 첫 번째 부분인 시작단계는 주로 은유적인 환상이었다. 다이앤은 자신의 내면세계의 안전이 보호되는 곳에서 시작했다. 그녀는 자신이 받아들여지고 자기주장을 할 수 있고 자기가 원하는 대로 할 수 있는 장소들을 발견했다. 그녀는 친절하고 다정한 친구들을 발견했다. 그녀는 자신이 상처받기 쉬운 부분들을 보호했다. 이 모든 경험들은 치료의 두 번째 부분에서 일어난 깊은 내면 탐색을 위한 토대가 되었다.

시리즈의 두 번째 부분인 가족 패턴(아버지와 어머니)에서, 다이앤은 자기 인격의 숨겨진 부분들을 보여주는 기억과 환상의 심상들과 함께 어린 시절에 대한 도전적이고 고통스러운 경험으로 들어갔다. 그녀가 기억들을 재연하면서 격분과 좌절과 분노의 강한 감정들이 흘렀다. 그녀는 이 심상들을 통해 자신의 성인 자아의 도움으로 어린 시절의 무력함을 보상했다. 그녀는 또한 아이의 마술적 사고를 통해서 혼란스러웠던 환경을 이해했다. 특별히 힘들었던 이 과정을 통과하고, 그녀는 휴식하면서 일어난 일들을 통합할 시간을 가졌다. 휴식 시간에 그녀의 내면세계는 보살펴지고, 때로는 영적으로 고양되는 심상을 보여주었다.

이 기간의 심상은 다이앤의 의식의 기억에는 없었던 어린 시절 트라우마들을 암시했다. 그녀의 몇몇 강렬한 심상 경험은 아동기의 학대 가능성을 고려해볼 수 있었다. 그녀와 대화를 하면서 생각해본 결과, 아버지의 알코올중독 행동으로 초래된 어머니와의 정서적 근친상간이 드러난 것으로 보인다. 그녀의 어머니는 남편(다이앤의 아버지)과의 성적 친밀감을 다이앤과의 정서적 유대감으로 대체했다. 이렇게 왜곡된 관계는 다이앤이 성숙한 인간으로 성장하고 자신과 남편과의 진정한 관계를 발전시켜가는데 걸림돌이 되었다.

GIM을 통해 아이와 어머니와 아버지는 성인 자아 안으로 깊이 통합되었다. 집 없는 떠돌이에서 여신의 축복을 받는 사람이 되는 과정은 두려움과 과거 패턴에 당당히 맞서는 것으로 나타났다. GIM과정은 잘 진행되어 갔으며 그녀는 자신의 내면세계에 분명한 목소리를 낼 수 있었다. 그녀는 그 과정을 믿었고 치료과정 초기에 점점 더 나아지고 있다는 것을 인정했다. 시리즈가 끝났을 때, 그녀는 가이드인 여신의 조언을 받아들여 휴식의 시간을 가졌다. 그녀의 이혼은 결정되었고, 서점의 지분도 매각되었다. 그녀는 부모의 집을 찾아가 성인의 관점에서 부모를 이해하게 되는 기회도 가졌다.

용어 해설

- **아니무스(Animus)**: 여성 안의 남성 또는 남성적 특성을 나타내는 융 심리학의 원형. 특히 권위와 능력의 면에서 뚜렷이 드러난다(Young-Eisendrath and Wiedemann, 1987).
- **원형(Archetype)**: 집단 무의식에서 오는 보편적인 패턴이나 모티브로, 신화와 동화의 기본 내용이다. 환상과 꿈에 나타날 수 있다(Hall, 1986).
- **심상 자아(Imaging ego)**: 심상 안에 있는 자아. 심상에서 '나'로 여겨지는 부분이다(Clark, 1990).
- **아이리스(Iris)**: 그리스 신화에서 무지개의 여신(Herzberg, 1954).
- **은유적 환상(Metaphorical fantasy)**: 심상 체험자의 삶에 관련된 은유적 의미를 가진 환상적 심상의 한 유형(Clark, 1990).
- **절정 경험(Peak experience)**: 자연과의, 또는 신에 대한 이해와의 종교적이나 영적 합일의 경험(Maslow, 1968).
- **그림자(Shadow)**: 의식의 자아가 무시한 특성과 태도에 의해 형성되는 인격의 무의식적 부분. 긍정적일 수도 부정적일 수도 있다(Hall, 1986).
- **전이(Transference)**: 타인과의 의식 또는 무의식의 정서적 관계를 치료사에게 투사함(Hall, 1986).

참고문헌

Bonny, H. (1978). *Facilitating Guided Imagery and Music Sessions*. Salina, KS: Bonny Foundation.

Clark, M. (1990). *Guided Imagery and Music*. Unpublished lecture notes. Temple University, Philadelphia, PA.

Hall, J. (1986). *The Jungian Experience*. Toronto: Inner City Books.

Herzberg, M. (1954). *Myths and their Meaning*. New York: Allyn and Bacon.

Maslow, A. (1968). *Toward a Psychology of Being*. Princeton: D. Van Nostrand Co.

Young-Eisendrath, P., & Wiedermann, F. (1987). *Female Authority*. New York: The Guilford Press.

사례7 신체질병 치료와 GIM

류머티스관절염 치료에서의 GIM *

Denise Grocke

개요

이 장은 GIM을 시작할 당시 15년간 류마티스 관절염(RA)을 앓아온 43세 여성을 대상으로 한 바니메소드GIM의 정신역동적 측면을 다룰 것이다. 이 연구의 정신역동적 측면은, 신체질병은 클라이언트의 삶에서 해결되지 않은 문제들이 드러난 것이며 질병의 증상은 클라이언트의 심리정서적 필요를 나타내는 것이라는 개념을 토대로 한다.

이 사례연구는 5년에 걸친 GIM세션으로 클라이언트가 어린 시절의 사건들을 재경험하고, 그 사건들과 관련된 감정을 표현할 수 있게 되는 과정을 보여줄 것이다. 클라이언트의 심상은 질병 현상의 상징이었다. 그녀는 혈류, 관절, 세포와 관련된 심상을 가질 때가 많았고, 몸의 심상에 들어감으로써 그 질병을 유발하는 원인에 관여할 수 있다는 사실을 빠르게 인식했다.

* Hadley, S. (Ed.) (2003). *Psychodynamic Music Therapy: Case Studies.* Gilsum NH: Barcelona Publishers.

클라이언트가 이례적인 통증을 겪었던 두 번의 중요한 세션과 관련하여 역전이 문제가 논의될 것이다. 역전이 문제는 결과적으로 통증을 악화시킨 음악의 선택이 그녀의 상태를 더 안 좋게 한 것인지, 아니면 고통받았던 그 통증이 질병을 통과하는 데 필요한 과정이었는지의 문제였다.

도입

바니메소드GIM은 클라이언트가 깊이 이완된 상태에서 클래식음악을 들으면서 시각적 심상, 감정의 변화, 체내의 생리학적 영향을 체험하게 되는 전문 치료분야다. GIM은 1970년대 미국의 볼티모어 심리치료 연구소(Baltimore Psychiatric institute)의 음악치료사였던 헬렌 바니 박사가 개발하였다.

이 메소드는 클라이언트의 해결되지 않은 심리적 문제를 의식의 표면으로 가져오면 해결할 수 있다는 정신역동 치료원리에 근거한다. GIM에서 클라이언트의 문제들은 시각적 심상, 감정 상태, 신체 반응에서 상징적인 형태로 표현된다.

GIM에서 사용되는 음악프로그램은 바니가 디자인했는데, 각 프로그램은 클래식음악 목록에서 선정한 곡들의 모음이다. 각 프로그램의 음악 구성은 심상을 자극하는 첫 곡, 감정적으로 심상을 심화하는 중간 곡, 클라이언트를 일상의 의식 상태로 돌아오게 하는 마지막 곡으로 디자인되었다. 교향곡이나 협주곡 같은 규모가 큰 음악작품은 다른 작곡가나 다른 음악양식 시대의 작품과 함께 한 부분만 프로그램에 넣을 수도 있다. 각 프로그램의 음악은 심상을 유도하고 감정을 심화시킬 수 있는 특성을 지닌 곡들로 선택되었다.

GIM세션은 약 2시간이 소요된다. 클라이언트와 치료사가 세션의 중심 이슈를 함께 결정하는 시간(약 15분)이 있다. 클라이언트는 편안한 매트로 가서 눈을 감고 눕는다. 치료사는 클라이언트의 에너지 수준과 세션의 중심 이슈에 맞추어 이완을 유도한다. 심상의 시작을 돕기 위해 시작 심상(focus image)이 주어지고, 치료사는 음악 프로그램을 시작한다. 음악이 연주되면서 일련의 심상들이 전개되면, 클라이언트는 이 심상들을 말로 표현한다. 치료사는 클라이언트를 심상에 좀 더 깊이 다가가게 하고 그 심상들과 연관된 감정이나 느낌에 몰입하도록 중재를 한다. 치료사는 또한 그 심상을 기록한다. 음악이 끝날 때, 치료사는 클라이언트가 심상을 끝내도록 도와주고, 일상의 의식 상태로 돌아오게 한다. 클라이언트는 자신의 현실의 문제들과 연관시켜서 그 심상의 의미를 파악해간다. 이 과정은 대화를 통해, 또는 자유롭게 그리기나 만다라 그리기를 통해 이루어진다.

RA(류마티스 관절염) 환자의 GIM효과에 대해 행해진 연구는 하나뿐이다(Jacobi, 1994; Jacobi & Eisenberg, 1996). RA환자 27명이 10회의 개별 GIM세션을 받았고, 의료측정(보행속도, 관절 개수, 통증강도 포함)과 일반적 심리상태에 대한 데이터(기분, 고통/불안 증상, 대처방식 포함)가 수집되었다. 심리적 고통의 감소와 통증의 주관적 척도에서 통계적으로 유의미한 결과가 나왔다. 보행속도와 관절 개수에서도 통계적으로 유의미한 차이를 보였다. 하지만 질병 상태에서는 통계적으로 유의미한 결과가 나오지 않았으므로, 질병 지표에 변화가 있으려면 보다 장기적인 GIM이 필요하다고 보았다.

신체질병을 가진 클라이언트와의 치료에서, Short(1990, 1991)는 질병의 신체적인 증상이 GIM세션에서 심상으로 나타나기도 한다는 데 주목했다. 또한 그 심상이 진단에 유용할 수 있음을 발견했다. 심상은 직접적으로 질병에 걸린 신체 부위와 유사한 심상이거나, 질병과 싸우는 심상일 수도 있다.

대상 정보

산드라는 43세 때 GIM을 받으러 스스로 찾아왔다. 그녀는 대가족인 8남매중 셋째 딸이었다. 그녀는 20대 초반에 결혼하여 세 자녀를 낳았다. 남편은 회사에서 자주 전근을 시켰기 때문에, 산드라는 결혼생활 내내 자주 이사를 다녔다. 어느 날 이사를 한 뒤에 그녀는 RA(류마티스 관절염) 진단을 받았다. 이 질병의 정신역동적 특성은 대단히 흥미롭다. 자가면역질환 중 하나인 RA는 남성보다는 여성에게 1:3의 비율로 더 많은 영향을 미치며, 20대에서 50대 사이에 발병한다. RA의 병인은 알려지지 않았지만, 유전적 소인의 증거가 있다(Akil & Amos, 1999, p.40). 이는 항원자극이 면역체계의 성분을 활성화시킬 때 발병하는 것으로 생각된다. 항원은 체세포에 포착되어 항체 분비를 활성화한다. 그러면 항체는 항원에 연결된다. 면역계가 외부항원을 탐지하면 이는 체내의 다른 시스템들과 소통하여 악순환을 복잡하게 만든다. 몸은 항원을 탐지하고, 항체를 생산하며, 이들은 조직이나 관절이나 혈관에 비축되어 염증을 유발할 수 있다(Morrow, Nelson, Watts, & Isenberg, 1998). 본질적으로 몸이 '스스로를 공격하는' 것이다.

급성단계의 증상에는 미열, 피로, 체중감소, 빈혈을 동반하는 관절 통증이 포함된다. 진행단계에서 심각한 근육 감소와, 근육의 수축으로 인한 관절기형과 거동의 불편이 있을 수 있다. 급성 단계에서는 관절의 통증과 경직으로 인해 휴식과 진통제가 필요하게 된다. 광범위한 약물, 특히 소염제와 금염(gold salts)이 사용되는데(Collins Concise Medical Dictionary, 1986, p.326), 이들은 잠재적으로 독성이 있다.

RA와 연관된 증상은 쇼그렌 증후군인데, 주요 증상은 건조하고 모래가 든 것 같은 눈으로, 시력은 정상이지만 염증이 있는 것처럼 보인다(충혈). RA는 갑자기 악화되었다가 진정되었다가 하는 식으로 진행된다. 임신 중에는 RA증후군이 사라졌다가 출산 후 갑자기 나타나는 것을 보면 흥미로운데, 이는 호르몬이 주요역할을 하는 것일 수 있음을 암시한다.

이 질병에 대한 치료제가 없기 때문에 환자들은 다이어트, 가벼운 운동, 그 외의 치료방법을 통해 통증완화를 위한 대체의학에 의존한다. Naparstek(1995)은 광범위한 상태의 환자들을 치료하는 데 유도된 심상(음악 없이)을 사용한다. RA와 관련해 Naparstek은, 일반적으로 류마티스 관절염은 관절에 있는 뼈를 부식시키고 그 주변의 연조직을 부어오르게 한다… 치료적으로 사용되는 심상으로는 부식된 부위에 뼈를 '채우는' 상상이 포함된다고 한다(p.60).

RA의 주요 증상은 상징적 해석에 적합하다. 염증은 열, 불, 분노를 암시하고, 증상의 악화를 나타내는 '확 타오른다(flare-up)'는 용어는 이러한 증상이 갑자기 급증했음을 암시한다. 쇼그렌 증후군의 '건조하고 모래가 든 것 같은 눈'은 남아있는 모래를 씻어낼 액체가 필요함을 암시하며, 이 액체는 눈물에서 찾아볼 수 있다. 흥미롭게도 GIM을 시작할 무렵에 산드라는 눈의 촉촉함을 유지하기 위해 누관에 플러그를 끼고 있었다. 정신역동적 관점에서, 눈은 자연스럽게 형성된 눈물로 더 잘 촉촉해질 수 있다.

GIM과정에서는 치료사가 클라이언트의 질병 상태와 심리정서적 필요 간의 상징적 연관을 찾는 것이 일반적이다. 산드라의 경우, 타오르는 느낌(분노)을 탐색하고 눈을 촉촉하게 해줄 눈물(아마도 슬픔이나 상처로 인한)을 표현하는 것이 치료적으로 필요할 것 같았다. 더욱이 '확 타오른다'는 개념에서 그녀의 증상(특히 고통, 경직, 피로)이 악화되거나 호전되는 것을 반복하게 될 것임을 알 수 있었다. 또한 GIM이 진전되면서 해결되지 못했던 문제들이 의식으로 올라옴에 따라, 이 증상들은 개선되기에 앞서 더 악화될 가능성도 있었다.

산드라는 GIM에 매우 잘 반응했다. 처음에 그녀는 월 1회 세션을 가졌으나, 어린 시절의 문제나 현재 삶의 상황에서의 분명한 문제를 다루면서 세션의 횟수가 늘어났다. 그녀는 항상 음악을 즐겨왔고, 어릴 때는 뮤지컬을 한 적도 있으며, 노래 부르기를 좋아했다. 기타도 연주했다. 그녀는 대가족 안에서 존재감이 없다고 느꼈던 어린 시절의 경험을 회상했다. 어머니는 많은 자녀와 늙어가는 할머니를 돌보는 일과 바쁜 농사일로 분주했다. 아주 어렸을 때부터 산드라는 평화를 지키기 위해 자신의 솔직한 감정을 억누르며, 집안의 중재자가 되는 법을 배웠다. 그러나 몇몇 형제자매는 개인적 욕구를 거침없이 주장했기 때문에, 산드라는 강하고 권위적인 사람 앞에서 자신의 의견을 말하는 것을 두려워하게 되었다. 그녀는 간호사가 되었는데, 자신이 보통 권위적인 수간호사나 의사 앞에서 자기주장을 하기가 어렵다는 것을 알게 되었다.

이 문제는 그녀의 병의 증상에 명백하게 나타났다. 분노표현과 자기주장의 어려움은 관절과 조직에 주기적으로 염증과 통증이 생기는 질병으로 나타났다. 중재자였던 어린 시절의 비탄과 낙담과 실망의 눈물은 막혀 있다가, 눈을 촉촉하게 유지하는 데 필요한 누관 플러그를 사용해야 하는 상태로 나타났다.

GIM세션에서 산드라는 물과 연관된 심상을 자주 떠올리곤 했다. 초기 세션에서 그녀는 때로는 벌거벗고, 때로는 그녀의 삶에서 중요한 사람들의 지원을 받으며 물에서 헤엄치는 기회를 가졌다. 그녀는 중요한 동물들, 특히 검은 뱀의 심상을 떠올렸다. 하지만 가장 믿을 만한 힘의 원천 중 하나는 학교 친구인 원주민 소녀 미리암의 심상이었다. 미리암은 '함박미소'를 띠고 반기는 얼굴로 자주 나타났다.

치료

산드라와의 정신역동치료의 요소들을 설명하기 위해, 동일한 음악프로그램을 사용한 3회의 GIM세션을 논의하겠다.

세션 38, 45, 57에서, Body Program(Bonny, 1978)이라는 제목의 프로그램이 사용되었

다. 'Body Program'은 대부분 20세기에 작곡된 아래의 음악으로 구성되었다.

Shostakovich: Allegretto, from the String Quartette #3

Shostakovich: Allegretto, from the String Quartette #8

Nielsen: Andante un poco Tranquillo (excerpt), Symphony #5

Vierne: The Chimes of Westminster (a solo work for organ)

Beethoven: Largo, from the Piano Concerto #3

Prokofiev: Larghetto, from the Classical Symphony

Shostakovich 곡의 두드러진 특징은 불협화음, 짧고 딱딱한 멜로디, 춤 같은 템포다. 이전 세션들에서 산드라를 위해 선택된 음악프로그램들이 대개 협화음과 서정적 멜로디가 특징이었기 때문에, 불협화음의 딱딱한 멜로디를 사용하기로 한 결정은 중요한 것이었다.

세션38에서, 산드라는 관절염의 증상을 설명했다. 질병 활성도의 척도는 적혈구 침강속도(ESR)로서, 정상범위는 4-19mm인데, 산드라의 수준은 80이었다. 그녀는 더 많은 일을 떠맡아야 하는 작업환경과, 자녀 중 한 명에게 계속되는 건강문제를 두 가지 원인으로 꼽았다. 그녀는 머리와 어깨와 목에 '짜증나는' 느낌의 통증이 있다고 했다. 나는 사용가능한 범위의 음악프로그램을 생각해보고, 'Body Program'이 '짜증나는' 느낌에 최적으로 보였기 때문에 이것을 세션음악으로 선택했다. 나는 산드라에게 '짜증나는 통증'에 색깔을 지명해 보라고 했고, 그녀는 '탁하고 진한 청색'을 골랐다. 나는 그녀에게 자기 몸에 대한 인식을 강화하는 수단으로 몸을 통해 이 색깔을 호흡하라고 제의했다. 그러고 나서 음악을 시작했다.

음악이 시작되자마자 산드라의 얼굴은 바뀌었다. 이마에는 주름이 잡히고, 얼굴은 통증으로 일그러졌다. 그녀는 심상에서 어떤 일이 일어나고 있는지 말하기 시작했다. "누가 페인트 붓으로 내 관절을 파랗게 칠하고 있어요." 그 느낌이 어떤지 묻자, 그녀는 "마구잡이로, 좀 거칠고, 불쾌해요"라고 말했다. 나는 그녀에게 페인트칠하고 있는 사람이 보이냐고 물었다. 그녀는 "손이 커요, 남자손이에요"라고 말했다. 나는 그 남자에게 할 말이 있느냐고 물었다. 그녀는 "당신은 이게 얼마나 고통스러운지 몰라요. 나는 좀 더 부드러운 게 필요한데, 솔이 너무 뻣뻣해서, 통증을 줄여주는 게 아니라 악화시키고 있어요. 정말 고통스러워요"라고 대답했다.

바니메소드GIM에서 치료사는 클라이언트에게 적합하지 않으면 음악을 바꿀 수 있다. 이 세션에서 나는 어떻게 할지에 대해 혼란스러웠다. 산드라의 심상은 좀 더 부드러운 것을 원했다. 나는 "당신은 이게 얼마나 고통스러운지 몰라요"라는 말이 나를 향한 것이라고 받아들였고, 역전이가 일어났다. 한편으로 나는 그녀의 통증을 악화시켰다고 느꼈다. '부적절한' 음악을 선택함으로써 산드라의 통증을 줄여주는 게 아니라 더 심한 통증을 안겨주었다. 다른 한편으로, 그녀가 묘사한 통증은 '짜증나는' 통증이었고, Shostakovich는 그 통증의 특성과 잘 어울렸다. 게다가 나도 내 몸에 신체적 변화를 느꼈다. 심박동수가 증가되고, 어떻게 해야 할까와 싸우면서 가슴 전체에 경직을 느꼈다. 나의 내면의 음성 또한 "이 음악은 최악의 선택이었어, 내가 그녀에게 고통을 주고 있어"라며 혼란을 주었다. 결국 나는 부드럽고 차분한 협화음의 Vaughan-Williams 음악 프로그램으로 바꿨다. 그러자 심상에서 그녀는 양 갈래로 땋은 긴 머리의 아이로 바뀌었다. 그녀는 성의 계단으로 올라가 방으로 인도되어 부드럽게 마사지를 받았다. 뭔가가 그녀의 내부에서 열처럼 타고 있었는데, 심상의 그 소녀가 울기 시작했다. 그러자 산드라는 어머니가 죽으면서 자신에게 너는 가정의 평화를 지켜야 할 사람이라고 한 말이 기억났다. 산드라는 이것이 너무나 큰 책임이며, 자기가 그 책임을 지는 것이 공정하지 않다고 느꼈다.

음악이 끝나고 일상의 의식으로 돌아오자, 산드라는 세션에 대해 이야기하기 시작했다. 나는 처음에 음악이 통증을 악화시킨 것을 알아차렸다고 말하고 그녀에게 사과했다. 하지만 산드라는 음악이 통증의 정도를 느끼도록 해주고, 평화를 지킬 책임을 지는 것에 대해 통찰을 할 수 있게 해주었다고 말했다. 나는 산드라의 안심시키는 말이 내 마음을 달래기 위한 것이었는지, 아니면 그녀가 말한대로 실제로 도움이 되었던 것인지 확실하지 않았다. 세션 후 나는 기록노트에 이렇게 적었다, "나는 세션에서 음악을 바꿈으로써 조정자 역할을 한 것인가?"

Bruscia(1988, p.76)는 GIM에서 음악 선택의 측면에서 치료사의 역전이가 작동될 수 있다고 했다. 산드라가 '짜증나는 통증'에 대해 설명했을 때, 음악 선택은 '짜증나는 통증'에 대한 나 자신의 경험에 영향을 받았다. 그래서 그녀가 "당신은 이게 얼마나 고통스러운지 몰라요"라고 했을 때 나는 통증의 악화를 초래한 것에 책임감을 느꼈고, 따라서 좀 더 부드러운 음악으로 바꾸기로 결정했던 것이다.

몇 주가 지나고, 세션45에서 산드라는 힘이 없다고 했다. 그녀는 힘든 직장에 사표를 냈고 새로 재택사업을 시작할 준비를 하고 있었다. 그녀는 육체적으로 피곤하기도 했지만, 그녀가 회사를 그만두기로 결정하는 데 일부 영향을 준 직장의 고압적인 여자들 때문에도 피곤한 것이라고 말했다.

산드라는 매트에 자리를 잡자, 고압적인 여자 둘이서 그녀의 등을 떠밀고 있는 심상에 대해 말했는데, 이것이 그녀를 짜증나게 하고 있었다. 세션에 가능한 모든 음악 프로그램들을 고려해 보았을 때, 나는 'Body Program'이 등을 떠밀리는 데 대한 짜증에 최적이라고 다시 한 번 느꼈다. Shostakovich의 첫 번째 음악이 시작될 때, 산드라는 마녀의 손의 심상을 보았는데, 그것은 길고 가늘고 끝이 뾰족했다. 산드라는 마녀가 짜증나서 없애고 싶었다. 이것은 그녀가 마녀와 맞서야만 가능했다. Shostakovich의 곡이 흐르는 동안, 산드라는 마녀와 똑같은 체형을 갖추기 시작했다. 가슴은 아줌마 같고, 엉덩이는 씰룩거리며, 권위적으로 '거만하게 걷기' 시작했다. "내가 친절하고 온순하면 그녀는 나를 함부로 대해요. 나는 그녀와 동등해져서 그녀와 맞서고 싶어요. 나는 그녀가 내 몸에서 나갔으면 좋겠어요." "그녀는 음악과 같아요. 강력하고, 권위적인 모습이에요. 나는 나를 지배하는 그녀의 힘을 느낄 필요가 없어요; 나는 그녀를 없애야 해요, 그녀는 더 이상 내 뒤를 공격하지 못할 거예요. 에너지가 내 손에서 나오고 있어요. 나는 그녀와의 싸움에 도전하고 있어요." 이 시점에서 나는 산드라에게 칠 수 있는 고밀도 폼 베개를 주었다. 이런 유형의 신체 중재는 GIM에서 클라이언트가 억눌린 감정을 해소하는 데 도움이 될 수 있다. 산드라가 실컷 치고 나자, 나는 손의 느낌이 어떤지 물어보았다. 신체적인 두들김으로 관절염에 걸린 손이 아팠을까 봐 염려되었기 때문이다. 그녀는 손이 "후련해졌다"며, 자신의 손이 '초라하고 좌절되어' 있었는데 치고 나니 좋아졌다고 했다.

이 세션에서, 나는 세션38에서 느꼈던 혼란을 전혀 경험하지 않았다. 산드라는 음악에서 힘을 받은 것으로 보였고 나는 역전이 수준의 어떠한 생각도 나지 않았다.

세션57에서, 산드라는 눈에 문제가 있었다. 그녀는 누관에 새 플러그를 삽입한 상태였다. 그녀의 눈은 짜증나고 따가운 느낌이었고, 눈을 가로지르는 검은색 지그재그 심상이 보였다. 머리 뒤쪽은 묵중한 통증과 함께 뻑적지근했다. 산드라가 세션45에서 'Body Program'

으로 잘 해갔기 때문에, 나는 다시 그 음악을 선택했다. 처음에, 그녀는 음악이 자신에게 적합하다고 말했으며, 몸 전체가 힘들어했다. 눈은 사포처럼 지금거리고 깔깔했다. 마치 '어디에 무엇이 있는지 모르는' 어두운 방에 있는 것 같았다. 잽싸게 움직이는 작은 동물들이 나타났고, 그 다음 까치 같은 새들이 그녀를 쪼기 시작했다. 이 심상을 경험하는 동안, 그녀는 마치 공격하는 새들에게서 자신을 보호하려는 것처럼 쿠션에 머리를 '숨기고' 있었다.

세션의 이 시점에서 나는 세션38에서 가졌던 동일한 의구심을 느꼈다. 이 음악은 그녀의 통증을 악화시켰지만, 나는 그녀가 좀 더 심상에 집중한다면 음악이 또한 새들에게 '쪼이는' 것에 대해 명확히 탐색하게 해줄 수 있으리라고 생각했다. 내가 선택한 음악이 도움이 되고 있는가, 아니면 더 많은 통증을 일으키고 있는가? 그녀가 통증을 더 많이 느끼고 있다면, 나는 중재해서 음악을 바꿔주어야 하는가? 어떻게 해야 하는가?

내가 이 딜레마를 해결하기 전에, 산드라의 심상이 빨라졌다. 까치들은 고압적인 세 여자의 얼굴을 띠고 있었다. "너무 빨라요, 그들은 온 몸을 훑어요, 그래서 내 몸 전체, 내 팔, 머리, 어깨, 눈, 모든 곳이 너무 아려요. 나는 까치를 내쫓기 위해 눈을 천천히 뜨려고 하지만, 눈이 너무 아려서 뜰 수가 없어요." 나의 역전이가 재연되었다 – 이 음악을 선택했을 때, 아마도 나는 이 고압적인 여자들 중 하나였을 것이다. 그녀가 눈을 뜨지 않은 것이 혹시 저항의 형태였을까? 나는 세션기록에 사용되는 종이의 여백에 '저항(?)'이라고 적었다. 음악은 'Body Program'의 Nielsen의 곡으로 이어졌고 그녀의 어린 시절 원주민 친구 미리암이 심상에 나타났다. "그녀는 치유의 물로 내 눈을 씻어줄 거예요. 그 물은 너무나 뜨겁게 느껴지는 내 눈을 시원하게 해줘요. 미리암의 눈은 너무 아름답고, 그녀는 나도 손을 올려놓아야 한다고 말하면서 자기 손가락들을 내 눈에 올려놓아요. 나는 내 자신의 힘이 눈으로 들어오는 것을 느낄 수 있어요."

Beethoven의 'Piano Concerto #3'의 느린 악장이 흐르는 동안, 산드라는 "그들에게 느꼈던 모든 야비함이, 말하지는 않았지만 내 몸 속에 있었어요. 그건 이제 모두 빠져나갔어요. 나는 야비함을 느끼고 싶지 않고, 그들 때문에 괴롭힘을 당하고 싶지 않고, 그들과 맞서서 싸우고 싶지 않아요. 나는 그들을 정면으로 바라보고, 명확하게 그들의 말을 듣고, 그들에게 내가 하고 싶은 말로 대답해주고 싶어요. 나는 일생동안 사람을 무서워했어요"라고 했다. 그리고 음악의 후반부에서, "정전기가 내 몸을 관통하고 있어요. 나는 점점 더 생기가 넘치고 있어요"라고 했으며 미리암이 다시 한 번 심상에 나타나, "너는 스스로의 힘을 가지고 있어"라고 말해준다.

이 세션에서 음악을 바꾸지 않음으로써 나는 산드라가 자신을 괴롭히는 까치들에 대해 스스로 해결책을 찾도록 했다. 그녀의 해결책은 원주민 소녀 미리암의 심상을 불러와서 산드라의 아리는 눈을 치유하게 되는 것이었다. 미리암은 원형적인 인물이거나, 산드라의 여성적 정체성이 투사된 것으로 볼 수 있다. 하지만 중요한 점은, 내가 세션38에서처럼 음악을 더 부드러운 곡으로 바꾸는 조정자 역할을 하지 않았다는 것이다. 대신 그녀가 자신의 내면의 힘으로 고통스러운 심상을 해결했다.

논의

바니메소드GIM에서 클라이언트는 무의식에서 억압되어 왔거나 해결되지 않았던 문제와 이에 연관된 감정을 의식의 표면으로 가져온다. 음악은 이러한 기억들을 심상 안에서 해결할 수 있도록 표면으로 가져오는 데 필수적인 역할을 한다. 그러므로 음악의 선택은 매우 중요하다. GIM세션에서는 세션의 이슈 결정, 심상 진행 그리고 세션 마지막에 심상의 의미 해석 과정에 클라이언트의 개입이 필요하다. 클라이언트의 영향을 거의 또는 전혀 받지 않는 중대한 결정은 음악의 선택이다. 클라이언트가 가끔 부드러운 음악이나 강한 음악을 요구할 수도 있지만, 음악프로그램을 선택하지는 않는다. 그러므로 이 결정은 그 음악에 대한 치료사의 지식과, 전체 프로그램의 음악(30~45분)이 클라이언트의 문제와 얼마나 잘 부합될지 잘 알고 판단하는 데 달려있다. 음악이 부적절한 경우 곡이나 프로그램 전체를 바꿀 수 있지만, 이런 변경 자체에는 치료사의 치료적인 결정이 있어야 한다.

치료사가 이런 선택을 할 때는 역전이가 작동될 수도 있다. Priestley(1994)는 여러 유형의 역전이를 논의하면서, 치료사가 "자신의 정서적, 신체적 인식을 통해 환자의 일부 감정에 대한 동조적 공명을 의식하게 된다"라고 했다(p.87). 이는 확실히 위에 언급한 세 번의 세션 모두에서의 내 경험이었다.

한편, Summer(1998)는 "모든 음악치료 기법은 2인조가 아니라 3인조 관계다"라고 말했다(p.433). 즉, 클라이언트가 치료사와 음악 모두에게서 전이가 일어날 가능성이 있다.

Summer는 바니메소드GIM에서 "음악이 필수적인 치료적 기능을 수행"할 때 전이는 "순수한 음악 전이"가 될 수도 있다고 주장한다(p.434). 클라이언트의 전이는 또한 주요 음악 자극과 치료사의 언어적 중재 사이에서 분리될 수 있다. 예를 들어, 세션38에서 "누가 페인트 붓으로 내 관절을 파랗게 칠하고 있어요"라는 산드라의 경험은 "그 느낌이 어때요?"라는 나의 중재에 영향을 받았다. 비록 GIM치료사가 심상 그 자체를 지시하지는 않지만, 이러한 중재에 내재된 지시는 산드라가 페인트 붓의 크기나 그것을 들고 있는 사람보다는 페인트칠을 당하는 것에 대한 감정에 주의를 집중하게 하기 위한 것이다. 그러므로 치료사의 각 중재는 역전이 성향이 있다. 마찬가지로, 산드라가 그 느낌이 "마구잡이로, 좀 거칠고, 불쾌해요"라고 말했을 때, 나의 중재는 페인트칠하고 있는 사람이 보이냐고 묻는 것이었다. "손이 커요, 남자손이에요"라는 말에 나는 그 남자에게 할 말이 있느냐고 묻게 되었다. 그리고 이 중재는 "당신은 이게 얼마나 고통스러운지 몰라요. 나는 좀 더 부드러운 게 필요한데, 솔이 너무 뻣뻣해서, 통증을 낫게 하는 게 아니라 악화시키고 있어요. 정말 고통스러워요"라는 반응을 불러일으켰다.

정신역동적 관점에서, 전이와 역전이는 모두 상호작용하고 있다. 산드라의 전이는 음악을 향해 작용하고 있지만 나의 중재에 영향을 받는다. 나의 역전이는 산드라의 악화된 통증을 향해 작용하고 있었지만 음악에도 작용하고 있었다.

치료 효과

위에 설명된 세 번의 세션은 하나하나가 산드라에게 매우 중요했다. 각 세션 다음에 이어지는 세션들에서는, 사건의 의미에 대한 통찰을 얻기 위해서 성인의 관점에서 재경험되어야 하는 중요한 사건의 기억들이 파헤쳐졌다.

세션38 이후, 그녀의 ESR 수치가 80이었을 때, 산드라는 추가 세션을 해달라고 전화를 했다. 악화 원인은 딸들 중 한 명이 계속 아픈 것이었다. 이 세션에서 나는 Stokowski가 관현악 편곡한 Bach의 곡들로 구성된 'Mostly Bach'라는 프로그램을 사용했다. 이 음악프로그램은 대개 강한 음악이 요구되는 세션에서 유사한 내용의 문제에 맞추기 위해 사용된다. 산드라의 심상은 자신의 삶에서 상처를 준 다양한 사건들을 다루었다. 그녀는 지금 아픈 딸이 아기였을 때의 기억들을 회상했다. 출산하자마자 남편은 회사 발령으로 새로운 장소로 전근했고, 다시 한 번 산드라는 이삿짐을 꾸려 새 집으로 이사해야 했다. 그녀는 이에 따른 육체적 노동이 너무나 힘들었던 기억이 났다. 게다가 그녀의 남편은 새 직장에 적응하느라고 밤늦게까지 일하고 있었다. 그녀가 관절염 진단을 받은 것이 이 시점이었다. 그녀는 약물치료를 받았지만, 그 부작용중 하나가 파상풍이었다. 그녀는 입을 벌리거나 말을 할 수 없는 끔찍한 느낌과 상황을 통제하지 못하는 느낌이 기억났다.

세션45 이후의 세션들에서도 중요하고 트라우마적인 기억들이 파헤쳐졌다. 그녀는 자기가 아주 작은 아이였고 주변 사람들에게 관심받지 못했던 것이 기억났다. 그녀는 아무도 원하지 않고 어디에도 소속되지 않았다는 엄청난 느낌이 있었다. 그녀는 가족의 집에서 방치되고 관심받지 못했던 것을 기억해냈다. 그리고 아버지가 잿빛 회색의 병원에서 죽어가는 생생한 심상을 떠올리며, 아버지의 병과 죽음에 대한 비통함을 경험했다.

신체에 관련된 심상

세션45 후에, 산드라는 자신의 신체 내부를 탐색하기 위한 심상을 시작했다. 54번째 세션에 이르러 그녀는 몸이 매우 긴장되고 아프다고 했다. 이완 유도 중에 그녀는 몸 안의 느낌을 묘사하기 위해 '밝은 청색'을 골랐고, 통증과 아픔을 완화하기 위해 부드러운 파랑이 몸 안에 들어오는 상상을 했다. Vaughan-Williams의 음악 'Fantasia on a Theme by Thomas Tallis'에서, 산드라는 자신이 해저에 있음을 발견했다. 처음에 그녀는 무거운 갑옷(자기 방어)에 짓눌렸지만, 그것을 벗지 않은 채 그대로 입고, 해답을 찾기 위해 몸 안을 여행하기로 결정했다. 먼저 그녀는 적갈색인 심장을 탐색했고 다음엔 몸의 뼈, 근육, 관절, 세포에서 자라는 촉수들을 발견했다. 촉수들을 자세히 보자 그것들은 담쟁이덩굴로 변해, 덩굴 옻나무처럼 그녀의 몸을 관통해 휘감았다. 나는 그녀에게 담쟁이덩굴의 뿌리 쪽을 보라고 했다. 그녀는 7살짜리 작은 아이인 자신을 집 안에서 발견했다. 그녀는 탈진했다. 소녀는 '타오르는 눈물'로 울고 있었고, 그 눈물들이 담쟁이 덩굴을 태워버리기 시작했다. 이어서 갑옷이 몸에서 떨어져나갔다.

그 다음 세션들에서, 산드라는 한 집에서 일곱 형제자매와 자라면서 어린 시절의 상처가 된 사건들과 관심받기 위한 투쟁들을 기억해냈다. 그녀는 밤에 울다가 잠든 기억이 났다. 학교에서 지목되어 놀림 받아 상처가 된 사건들도 기억이 났다. 세션56에서 산드라와 똑같은 머리와 눈을 한 남성의 형상이 심상에 나타났다. 그녀는 그의 이름을 데이비드라고 지어주었다. 융의 이론에서 이 심상은 내면화된 남성을 나타낸다. 하지만 1주 뒤 그녀는 척추에 관절염의 갑작스런 재발로 4주간 침대에 누워있어야 했다. 다음 GIM세션에서 그녀는 아주 기괴한 심상을 경험했다. 빨간 줄무늬의 검은 거미가 나타났는데, 다리가 뜨거운 불꽃의 촉수로 변형되었다. 빨간 덩어리가 점점 더 커져 폭발하기 직전이었다. 그녀의 고압적인 자매의 심상이 나타났다. 그녀는 가시를 들어 그 덩어리를 찌르고 있었다. 산드라가 그녀에게 "더 이상 이러지 마"하고 악을 쓰자 고통이 가라앉았다. 거미가 "진실을 말해"라고 하며 다시 나타났다.

산드라의 치료의 이 시점에서 변화의 조짐들이 눈에 보였다. 그녀는 머리를 짧게 잘랐고, 고압적인 자매에게 조금씩 자기 주장을 할 수 있게 되어가고 있다고 느꼈다. 세션71에서 그녀는 파상풍이 다시 시작되는 것을 경험했는데, 턱이 굳어 움직일 수 없었다. 그녀는 자기 입을 어떻게 할 수가 없는 느낌에 공포로 휩싸였다.

세션72에서 산드라의 심상은 자신의 몸 내부를 탐색하는 것으로 되돌아갔다. 그녀는 흉골에서 통증을 경험하고 있었고, 그 통증을 느끼면서 그녀는 흉골 양쪽의 갈비뼈들이 싸움하는 것을 발견했다. 흉골은 '중간에 끼어' 있었다. 이 심상은 그녀가 중간에 끼어서, 가족들이 싸우고 있을 때 가족에게서 스스로를 격리하던 어린 시절의 기억을 좀 더 탐색하는 기폭제가 되었다.

그 뒤 몇 달간 산드라는 어머니의 죽음(예상했던)과 막내딸의 죽음(예상치 못한 사고로 인한), 이 두 가지 중요한 상실에 직면했다. 당시 그녀는 RA가 다시 나타날 거라고 예상했지만, 괜찮았다. 몇 번의 세션에 걸쳐 산드라는 애도할 수 있었고, 어떤 세션에서는 마음속에서 안식처를 찾았다. 그녀는 사랑하는 가족을 앉아서 애도할 수 있는 마음속의 자리를 떠올렸다.

그녀의 심장은 세션84에서 다시 나타났다. 세션 중에 'Peak Experience' 음악프로그램이 사용되었는데, Wagner의 'Prelude to Act 1 of Lohengrin'이 연주되는 동안, 산드라의 심장이 확장되기 시작했다. 그녀의 심장은 자신의 몸이 그 안에 들어갈 만큼 확장되었다. 교회의 성역의 빛처럼 빨강과 황금색 불빛이 심장을 채웠고, 그녀는 그것이 내뿜는 엄청난 에너지를 느꼈다. 산드라는 이 심장의 심상을 자신의 '중심(core)'이라고 불렀고, 이 세션 이후로 그녀는 자리에 앉아 안식하기 위해 자주 심장 속으로 들어갔다. 세션98에서 그녀는 자신의 마음과 몸과 영 사이의 대화를 유지하면서, 자기 안의 '현명한 여자'와 마음-몸-영의 조화로운 연결을 방해하는 '불안해하는 여자'를 인식했다. 그녀는 몰랐던 자신의 여러 모습들을 인식하기 시작하고 있다는 것을 느꼈고, 이것은 스트레스나 압박에 직면할 때 도움이 되었다.

크리스마스 휴가 동안 휴식한 뒤로 산드라는 1년이 넘게 증상 재발을 경험하지 않았으며, 더 이상 약물을 복용하지 않는다고 했다. 그녀가 어머니와 딸의 죽음으로 트라우마를 겪은 한 해였음에도 불구하고 재발이 없었다는 것이 놀라웠다. 마치 깊은 비통함이 마음과 몸과 영을 한 데 모아주어, 그 깊은 연결 속에서 RA가 가라앉게 된 것 같았다.

최근에, 산드라는 치료의 방향을 옮겨서 다니는 교회에서 애도상담을 하기로 했다. 그녀는 지속적으로 RA 증상이 나타나지 않았으며, 3년 동안 약물을 끊은 상태다. 그녀는 바니메소드GIM이 자기 인생을 완전히 바꾸어주었다고 믿는다.

요약

이 사례연구에서, 바니메소드GIM은 많은 면에서 효과적이었다. 산드라가 관절염의 심한 통증에 직면해서, 심상을 통해 염증의 근본 원인을 찾는 데 도움을 주었다. 하지만 이러한 탐색 과정은 처음에 통증을 악화시켰고, 이런 일이 몇 번 발생하자 스스로 해결하기 위해 심상에 관여하고 심상을 불러일으키는 그녀의 능력을 잘 알게 되었다. 통증이 고조되면서, 산드라는 스스로 감정을 억누르고 갈등으로부터 숨고 실망과 비탄을 감추는 방식을 형성하게 만든 어린 시절의 문제 몇 가지를 명확하게 볼 수 있었다.

이어서 GIM세션은 그녀가 자기 몸의 중심을 탐색할 뿐만 아니라 그녀가 앉아 쉴 수 있는 자신의 마음 속 깊은 곳의 성역을 발견하도록 해주었다. 이 성역은 어머니와 사랑하는 막내딸의 죽음으로 인한 깊은 비탄의 시간에 필수적인 내면의 공간이 되었다. 그녀가 현재 증상과 약물에서 자유로워졌다는 사실은 인생을 바꾸는 변화(life-changing transformation)를 일으키는 바니메소드GIM의 역량을 보여주는 증거다.

참고문헌

Akil, M., & Amos, R. S. (1999). Rheumatoid Arthritis: Clinical Features and Diagnosis (Chapter 10). In M. L. Snaith (ed.), *ABC of Rheumatology.* Second edition. London: BMJ.

Bruscia, K. (1998). Signs of countertransference. In K. E. Bruscia (ed.), *The Dynamics of Music Psychotherapy.* Gilsum, NH: Barcelona Publishers.

Collins Concise Medical Dictionary. (1986). London: Collins.

Jacobi, E. (1994). *The Efficacy of the Bonny Method of Guided Imagery and Music as Experiential Therapy in the Primary Care of Persons with Rheumatoid Arthritis.* Unpublished doctoral dissertation. Union Institute. Cincinnati, OH.

Jacobi, E., & Eisenberg, G. (1996). *GIM in Medicine: Enhancing the Quality of Life in Rheumatoid Arthritis.* Presentation to the AMI Conference, Vancouver, BC, Canada.

Morrow, J., Nelson, L., Watts, R., & Isenberg, D. (1998). *Autoimmune Rheumatic Disease.* Second edition. Oxford: Oxford University Press.

Naparstek, B. (1995). *Staying Well with Guided Imagery.* London: Thorsons.

Priestley, M. (1994). *Analytical Music Therapy.* Phoenixville, PA: Barcelona Publishers.

Short, A. (1990). Physical Illness in the Process of Guided Imagery and Music, *Australian Journal of Music Therapy, 1*, 9-14.

Short, A. (1991). The Role of Guided imagery and Music in Diagnosing Physical Illness or Trauma, *Music Therapy, 10* (1), 22-45.

Summer, L. (1998). The Pure Music Transference in Guided Imagery and Music. In K. E. Bruscia (ed.), *The Dynamics of Music Psychotherapy.* Gilsum, NH: Barcelona Publishers.

사례8 음악과 GIM

GIM에서 만난 음악 *

Connie Isenberg-Grzeda

도입

나는 클라이언트가 GIM과정에서 체험한 음악경험을 나눌 수 있는 포럼을 마련하려고 했었다. 이것은 괜찮아보였다. 클라이언트는 발표를 함으로써 내면의 감정 경험을 공유하게 될 것이고, 치료사인 나는 반영하고 설명하고 질문하고 분석하고 통합할 것이다. 그렇게 하면서 나는 클라이언트의 내면과정에 대한 나의 생각을 글로 써서 공유할 수 있다. 치료사의 입장에서! 그러나 나는 그와는 다르게 하기로 결정했다. 클라이언트의 관점에서, GIM과정에서 체험한 음악에 대해 이야기할 것이다.

내가 중점을 두고 언급하려는 것은 심상이나 치료사가 아니라, 세션에서 음악이 나에게 영향을 주는 방식이다. 여기서 제시하는 예들은 포괄적인 것이 아니라 음악이 내게 영향을 주는 몇 가지 방식을 보여주는 것이다. 나는 음악이 우리에게 영향을 주는 방식을 모두 열거

* Hibben, J. (Ed.) (1999). *Inside Music Therapy: Client Experiences.* Gilsum NH: Barcelona Publishers.

하려는 의도는 없는데, GIM의 복잡성과 음악과 인간 정신의 관계의 복잡성으로 인해 그것은 불가능하다고 믿기 때문이다. 또한 왜 음악이 특정한 방식으로 나에게 영향을 주는지, 어떤 음악이 구체적으로 나에게 가장 적절히 영향을 주는지, 이 치료과정에서 음악과 치료사가 어떻게 밀접한 연관을 갖는지도 설명하지 않으려고 한다. 이런 질문과 씨름하면 다시 치료사의 위치로 돌아가게 된다. 내가 나누고 싶은 것은 치료사로서 클라이언트의 위치에서 경험한 것이다. 나는 더 보편적으로 사용되는 '역할(role)'이라는 단어보다 '위치(position)'라는 단어를 사용하는 것에 대해 언급하고자 한다. 이는 '역할'이라는 단어가 부분적인 자기(part-self)를 암시하는 반면, '위치'라는 단어는 좀 더 완전한 자기(fuller self)를 내포하기 때문이라고 생각한다. '역할'의 변화는 나 자신의 특정 측면을 일시적으로 차단하게 하지만, '위치'의 변화는 다른 영역에 접근하는 것을 유지하면서 서로 다른 내적, 외적 영역을 드나드는 움직임을 포함한다. 나는 클라이언트의 위치에서 말하면서, 클라이언트와 내 안에 내재된 치료사와의 열린 대화를 유지할 것이다.

클라이언트의 입장에서

GIM과정에서 음악에 대해 생각하면, 음악이 때로 나를 붙들고, 만지고, 채워주면서 영향을 주는 방식에 대해 생각하게 된다. GIM과정에서 치료사에 대해 생각하면, 치료사에게 내가 원하는 것들이 생각난다. "붙잡아주세요, 만져주세요, 기분이 더 나아지게 도와주세요," 나는 말없이 간청한다. 내가 갈망하는 것이 지금 꼭 필요한 것이 아니며, 심지어 내가 정말 원하는 것이 아니라는 것을 알면서도 간청한다. 치료사의 신체 접촉은 매우 고통스러울 수도, 너무 부족할 수도, 너무 많을 수도 있다. 좋게만 느껴질 수는 없다. 그런데도 나는 그것을 원한다. 없으면 실망한다. 그러면서도 있으면 격분할 수도 있다. 음악이 내게 영향을 주게 하려고 내가 음악에 영향을 미칠 필요가 없다. 그저 음악이 나에게 영향을 준다. 그러나 치료사는 다른 문제다. 치료사가 느끼고, 이해하고, 반응하게 하려면 내가 치료사에게 영향을 주어야 한다. 그렇게 보였다.

이완된 상태에서 음악을 들을 때 음악은 나에게 어떻게 영향을 주는가? 때로 음악은 나를 감싼 채 붙잡고 어루만져준다. 마치 아기가 엄마 팔에 안기듯이 나는 음악에 빠져들고, 음악은 나를 부드럽게 안고 흔들어주며 안정시켜준다. 내가 내려놓을수록, 더 없이 행복한 음악과 연합이 되고 잠과 같은 완전한 휴식 상태가 되어간다. 이제 음악은 나를 위해 존재하는 모든 것이 되고, 치료사는 배경으로 물러난다. 때로는 이 상태에서 기억의 파편들이 떠오른다. 말하기 시작하는 유아 때의 기억, 말 못하는 영아 때의 기억, 근육의 기억, 내장의 기억 등. 이후 발달시기의 기억은 치료사와 나눌 수 있지만, 영유아시기의 기억은 치료사 앞에서 경험할 수는 있어도 말로 공유하지는 못한다.

어떨 때는 음악이 보살핌과는 전혀 다른 방식으로 영향을 준다. 거대한 파도가 되어 나를 압도하고, 뒤덮고, 겁주고, 익사시키겠다고 위협한다. 가까스로 숨을 쉬며 나는 파도와 싸우거나 도망가려고 애쓰고, 아니면 맹공격하는 힘에 굴복한다. 내가 의식적으로 선택하는 것이 아니라, 마치 선택되어진 반응이 막 일어나는 것처럼 느껴진다. 그 선택이 싸우는 것이라면, 나는 음악이 마치 형체가 있는 것처럼 물리적으로 밀어내려고 하기도 한다. 어쩔 수 없이 성공하지 못하면 도망가게 된다. 어떻게 도망가야 하는가? 한 가지 방법은 위협으로부터 나를 구해주는 심상을 만드는 것이다. 예를 들면 내가 인명구조원이 된다든가, 파도의 몸체를 작게 축소한다든가, 누군가 나를 구해주는 걸 떠올린다. 도망하는 또 다른 방식은 그 음악을 차단하는 것이다. 물리적으로는 음악을 계속 들으면서도, 어떻게든 음악의 정서적인 영향력을 줄이고 나의 내적 상태와 공명되는 것을 진정시키는 것이다. 어떻게 이렇게 되는지 나는 모른다. 내 안에서 차단하는 것이 무엇인지 나는 모르겠다. 어떻게 이런 상황에서만 그렇게 되는지 모르겠다. 도망갈 수 없으면 어떻게 되는지 나는 안다. 항복하거나 다시 한 번 싸우는 것이다. 내가 굴복하면, 파도는 나를 압도하여 가라앉히고 짓이긴다. 아무런 저항이 없기 때문에, 파도는 나를 '넘어뜨리고' 모든 감정을 마비시킨다. 어떨 때는 파도가 나를 어떻게든 들어 올려 데리고 간다. 내 감정이 강렬한 파도와 합쳐져 나 자신을 더 가까이 당겼다가 더 멀리 밀어내면서, 내면과 외부 현실 사이의 경계에 대한 감각을 거의 없애버린다. 그리하여 나는 마치 음악과 하나가 되고, 격동적이고 강렬하고 역동적인 움직임과 하나가 된 것처럼 느껴진다. 그런데 이 때 나를 위한 치료사는 어디에 있는가? 내가 강렬한 음악으로부터 도망가려고 분투할 때, 치료사가 나를 구해주기 위해 소리를 줄이거나 음악을 바꾸거나 아예 음악을 중단하기를 바라기도 한다. 내가 음악에 사로잡혀 있다고 느낀다면, 치료사는 물러나서 순간적으로 나와 함께 하지 않을 수도 있다. 치료사가 내 심상 속에서 동반되는 경우들도 있다. 또한 내가 음악에 끌려갈 때 치료사의 목소리가 나를 잡아둠으로써 그 심상이 덜 두렵게 느껴지는 때도 있다.

음악은 또 어떤 방식으로 나에게 영향을 주는가? 때로 음악은 내 존재에 스며들어 그 에너지를 불어넣고 나를 정서적, 신체적으로 움직이게 한다. 내가 음악에 의해 정서적으로 움직여질 때 나 자신이 음악의 아름다움으로 채워지고 있다는 것과, 이미 존재하던 내적 아름다움과 깊은 감정과 함께 이 아름다움이 나의 내적 상태와 공명하는 것을 느낀다. 본질은 다르지만, 때로는 신체적 과정이 동반된다. 그것은 음악에 대한 하나의 신체 반응으로 이루어진다. 나의 상체, 주로 팔로 제한되는 몸의 일부가 물리적으로 움직이는 것은 내 의지에 따른 것이 아니다. 내 팔이 공중을 휘젓는다. 팔은 마치 고유한 생명이 있는 듯하며, 내 일부면서도 자율적으로 움직인다. 누가 내 팔을 움직이고 있는가? 나인가 또는 음악인가? 누가 내 팔을 움직이고 있는가? 모르겠다. 내가 멈추고 싶을 때 그 움직임을 멈출 수 있는가? 항상 그렇지는 않다. 움직임의 세기, 커브의 진폭을 내가 통제할 수 있는가? 항상 그렇지는 않다. 내 의지를 넘어서며, 몸의 독자적인 움직임 앞에서 나를 무기력하게 만드는 이 힘은 무엇인가? 모르겠다. 나는 무력하지만, 새롭고 발견해야 할 어떤 것, 나의 삶, 나의 존재, 나의 과거, 나의 기억, 나의 환상과 관련된 무언가가 앞에 있는 것처럼 매료된다. 내 팔이 전에 이처럼 움직인 적이 있었는가? 팔을 움직이게 만드는 이만큼 강력한, 강렬하지만 다소 불길하기도 하고 또는 쾌활하기도 한 또 다른 힘이 있었던가? 모르겠다. 무엇 때문에 팔만 그런가? 왜 내 몸에서 팔만 음악에 따라 춤추는 것인가? 누워있기 때문인가 아니면 다른 이유가 있는가? 모르겠다. 거의 인지도 안 되고 통제 불능으로 보이는 내 팔이 스스로 음악에 맞추어 춤을 출 때, 치료사의 역할은 무엇인가? 치료사는 내가 이 움직임을 자각하고, 실제로 어떻게 보이는지 인식하도록 돕는다. 그 움직임이 나의 행동임을 느끼게 해준다. 일단 음악이 끝나면, 치료사와 나는 함께 지적으로 이해하고 정서적인 것과 신체적인 것을 연결하기 위해 공동으로 노력하면서 우리의 관계를 엮어간다. 그 과정에서 우리는 함께 '팔의 춤'의 황홀감과 경이로운 우아함을 즐긴다.

음악의 구조 자체가 내게 영향을 주는 순간들이 있다. 그것은 마치 음악이 나에게 내면의 구조, 조직, 정신-감정(psychic-affect)의 지도를 빌려주는 것과 같다. 마치 어머니가 아이의 혼란에 질서를 잡아줄 수 있는 것처럼, 때로 음악도 질서를 가져다줄 수 있다. 만일 음악이 질서를 부여할 수 있게 도와준다면 치료사의 역할은 무엇인가? 나에게 있어 이 때 치료사는 나의 내적 무질서를 파악하고 이를 구조화하는 것이 필요함을 인식해서 이에 적합한 음악프로그램을 선택하는 것이라고 생각한다. 같은 음악이라도 때에 따라 다르게 나에게 영향을 주는 경우도 많다. 어느 세션에서는 나를 달래주던 음악이, 다른 세션에서는 격분하는 감정을 자극할 수 있다. 어느 세션에서는 충분히 '잡아'주지 않는다고 느껴지던 음악이, 다른 세션에서는 단단하게 지탱해주기도 한다. 나는 이렇게 예측할 수 없는 점이 음악과 인간 심리의 관계의 복잡성과 다양성을 말해주는 것이라고 생각한다.

신체질병치료: GIM과 자아탐색 *

Ann Newel

도입

음악치료사로서 나는 GIM을 강의실에서 학문적인 교육으로만 경험했을 뿐, 나 자신을 위한 치료로 직접 경험한 적은 없었다. GIM은 이완된 상태에서 준비된 클래식음악을 들으며 심상을 떠올리는 것이다. 나는 GIM세션 6회를 받았고, 각 세션은 2시간 정도 걸렸다. 치료사는 내가 이완하도록 도와주고, 음악을 선택하고, 심상과정 동안 나와 지속적으로 대화를 하며, 음악이 끝난 후 그 심상들을 통찰할 수 있도록 도와주었다.

GIM은 내가 암 진단을 받았던 시점에서부터 시작되는데, 본명을 사용하지 않기로 한다. 이 사례보고를 위한 자료로는 나의 기록과, 음악을 듣는 동안 진행되는 심상을 기록한 치료사의 노트를 사용했다. 치료사는 노트를 나에게 제공해주었다. 치료사와 합의하여, 치료사의 이름도 말하지 않기로 한다.

---

* Hibben, J. (Ed.) (1999). *Inside Music Therapy: Client Experiences.* Gilsum NH: Barcelona Publishers.

배경 정보

세상이 무너지는 것처럼 보이기 전까지는 나는 나의 삶에서 음악의 관계가 얼마나 중요하게 될지 결코 알지 못했다. 나는 어린 시절 내내 나의 가장 좋은 친구인 음악과 함께 자랐다. 나이차가 많은 형제자매 중 막내였던 나는 농장에서 자라서 주변에는 같이 놀 친구가 없어서, 혼자 피아노 치고 노래 부르며 많은 시간을 보냈다. 음악에 대한 나의 애정은 대학에 가서도 계속되어, 결국 음악치료사가 되었다. 음악치료사로서 나는 다른 사람들과 함께, 다른 사람들을 위해 음악을 만들었지만, 정작 나만을 위해 음악으로 표현하는 시간은 잊고 살았다. 이 패턴은 내가 가정을 가지게 될 때까지 계속되었다. 나의 음악은 어디로 간 것일까?

39세때 폐에 전이성 흑색종 진단을 받았을 때, 마치 내 삶이 정지되는 것 같았다. 의사가 암 진단을 내렸을 때 느꼈던 심장이 내려앉던 느낌을 나는 아직도 기억할 수 있다. 나는 신체적으로, 감정적으로 마비되었고, 마치 땅이 꺼져버린 느낌이었다. 이 시기 내내 주로 느꼈던 감정은 우울이었던 것같다. 혼자 있을 때는 끊임없이 흐느끼곤 했다. 나는 가족(남편과 두 어린 자녀)과 함께 있고 싶었지만, 그들 앞에서 울 수는 없었다. 나는 어떻게 해야 할지 모른 채 제정신이 아니었다. "네가 항상 해보고 싶었던 것을 해 봐"라는 친구의 제안에, 나는 피아노 연주가 떠올랐다.

폐에서 종양을 제거하는 수술을 하는 동안 나는 음악을 들려달라고 부탁했는데, 음악이 안정시키는 힘을 갖고 있다는 것을 알았기 때문이다(특히 음악은 내가 두 번의 놀라운 자연분만을 하는 데 도움이 되었던 적이 있다). 회복되는 동안, 나는 통증을 조절하면서 음악의 힘을 다시 한 번 경험했다.

수술 후에, 나는 혼란스런 생각과 감정을 다스릴 어떤 방법이 필요하다는 것을 느꼈다. 효과적이라고 알려진 전통적인 치료가 없었으므로 어떤 치료를 선택해야 할지, 나의 일, 가족, 나 자신, 나의 감정을 어떻게 다루어야 할지, 혼란스러웠다. 나는 자주 가슴 저리는 꿈을 꾸고 있었기 때문에, 무의식의 감정과 만날 수 있도록 도와줄 치료를 원했다. 언어로 하는 전통적인 치료는 한계가 있으므로, 상징을 통해 나의 무의식의 감정과 문제를 드러내고 표현할 수 있게 도와줄 어떤 것이 필요하다고 느꼈다. 나는 클라이언트를 치료하면서 언제나 상징에는 너무나 많은 것이 담겨져 있다는 것을 알고 있었으므로, 음악치료와 표현예술치료를 계속 해오게 되었다. 이 질병의 상태로 나를 밀어 넣고 있다고 느껴지는 숨겨진 문제를 정말로 다루어보고 싶었다. 나의 병과 관련하여 내가 의식하지 못하고 있는 무의식의 감정과 문제가 있으며 GIM이 이를 표면화시킬 수 있다는 것을 알고 있었기 때문에, GIM이 해결책인 것으로 여겨졌다. 다른 부차적인 중요한 목적은 내 삶의 의미 있는 방향을 찾는 것이었다. 나는 무엇을 해야 하는가? 다른 사람들을 위해 무엇을 남길 수 있는가? 나는 통계적으로 감정을 표현하는 사람들이 더 생존 가능성이 높다는 것을 알고 있었으므로 가족, 일, 영적 자아 간의 균형을 잡기 위한, 그리고 지지를 얻기 위한 도움이 필요했다.

세션1: 두려움

수술한 지 4개월이 지난 뒤, 실험용 백신치료를 시작하면서 GIM을 시작했다. 여러 가지 생각이 나를 사로잡았다. 내가 얼마나 살아야 할지, 어떻게 일과 가족 간의 조화를 이루면서도 여전히 자신을 돌볼 수 있을지에 대한 질문과 씨름했다.

나의 심상은 치료를 위해 갔던 도시에서 꽃들이 있는 들판으로 시작되었는데, 이는 가족을 떠나 혼자 시간을 보내며 활기를 되찾고 자기 성찰을 하기 위한 여행이었다.

음악은 다리를 지나 솔잎이 깔린 푸른 숲으로 나를 데려간다. 나는 솔잎을 쓸어내고 거기에 무엇이 있는지 보고 싶었다. 그것은 흙이다. 더 들여다보려는데 저항이 생긴다. 내 머리 속에서 두려움을 느낀다. 나는 나무 꼭대기에서 몸을 웅크린 채 올려다보기 시작한다. 나는 외롭지만 내가 원하는 곳에 있다. 나는 나무를 꼭 붙잡고 싶다. 나무를 최대한 꽉 쥔다. 나무의 질감이 느껴진다. 나무는 거칠고, 끌어안지 않고서는 가까이 하기가 어렵다. 나는 끌어안고 있다. 긁힌다. 부드러운 건 솔잎뿐이다. 나무는 매우 키가 크고 웅장하다. 나는 그 위에 떠있으면서, 처음에는 위로 올라가는 느낌을 가졌다. 주위를 둘러보는데 다리가 보인다. 나는 그 도시에 머무를지 아니면 집으로 돌아갈지를 결정하려고 하고 있다. 내 자신을 보호할지 아니면 가족과 함께 있을지에 대한 생각으로, 양쪽에서 나를 잡아당기고 있는 것을 느낀다. 내 팔이 양 방향으로 당겨지고 있다. 그것은 아프고 외롭다.

나는 되돌아가서 솔잎 아래에 무엇이 있는지 알아보고 싶다. 거기에는 4년 전에 돌아가신 할머니가 계셨고, 손에 내 반지를 끼고 계셨다. 그 반지는 할머니가 젊었을 때 가졌던 것으로 내가 대학 때 꼈던 것이다. 반지가 눈에 띈다. 반지는 내 손에 있는가 아니면 할머니 손에 있는가? 반지는 내 손과 할머니 손에 번갈아가며 나타난다. 마침내 할머니 손에 반지가 있고, 이로써 나는 할머니와 정리를 하고 과거에 우리가 했던 모든 작별인사를 다시 체험한다. 이것은 또한 나 자신의 삶이 아직 끝나지 않았음을 깨닫게 해준다. 나는 내게 기쁨을 가져다 주었던 내 삶의 몇 시기를 경험하고 그 시기들이 사라져가는 것에 애통해한다. 나는 가족과의 친밀한 시간을 보내면서 내가 죽을 필요가 없다는 것을 깨닫는 것으로 끝을 맺는다. 나는 사는 것에 집중해야 한다.

소나무는 하나의 순환하는 주제, 즉 생명과 죽음, 하늘과 땅 사이를 연결하는 상징이 되었다. 한쪽 끝의 생명과 땅 그리고 위로 올라갔을 때의 하늘과 죽음의 영적 측면. 나무에 '웅크려' 온 힘을 다해 살아내려는 열망과 함께 삶의 모든 '거친 질감'에서 '자신을 보호해야' 하기에 두려움을 느꼈다. 나무에서 유일하게 부드러운 부분은 솔잎으로, 내게 희망을 주었던, 백신치료에 사용된 주사바늘을 상징했다. 반지 또한 타인과의 연결을 나타내는 매우 중요한 상징이지만, 이 경우에는 죽은 사람과의 연결이 되었다. 솔잎 아래 무덤에 있는 것이 내가 아닌 할머니인 것을 보았을 때 나의 병과 임박한 죽음에 대한 두려움은 해결되었다. 그 때 나는 할머니와 정리할 수 있었고 가족과 시간을 보낼 수 있는 에너지를 찾을 수 있었다. 세션이 끝날 때 나의 마지막 말은 안심, 희망, 그리고 삶의 방향이었다.

세션2: 우울감

다음 세션에서, 나는 내 병이 가족에게 주는 스트레스를 절감하고 있었다. 나는 다음과 같은 질문들을 하기 시작했다. 내가 치료받을만한 가치가 있는가? 부모님, 남편, 아이들에게 너무 많은 짐을 지우는 건 아닌가? 내가 없는 것이 그들에게 더 좋지 않을까?

아이들은 하나님을 싫어한다고 한다. 내가 믿음에서 얻는 위로를 어떻게 그들에게 전할 수 있을까? 검사 결과는 긍정적이었지만, 나는 내 몸의 치유능력을 의심하기 시작했다. 동시에 나의 삶은 좀 더 일상적인 것을 시도하기 시작했다(다이어트, 운동, 요가, 독서, 친목단체, 가족과 시간 보내기 등). 그러나 나는 치료 과정 때문에 계속 심란해하고 있었다.

불그스름한 보라색을 띤 빛이 보인다. 나는 그 빛을 따라 동굴로 들어간다. 그곳은 서늘하고 축축하며 어둡다. 내가 디디고 있는 돌들이 미끄럽다. 나는 그 안에 머물고 싶다. 그곳은 고요하고 매혹적인 은신처이다. 벽에는 희미하게 조각들이 새겨져있다. 거기에는 크고 무거운 공을 나르는 사람이 있다. 그는 공을 건네줄 사람을 찾고 있다. 공은 이제 좀 가벼워졌고 다른 사람들이 그와 합류해 축제처럼 기쁘고 즐겁게 보살펴주고 있다. [당신도 거기에 있나요?] 내가 그 일부인지 확실치 않다. 내가 그 남자일 수도 있다.

공은 모두가 춤추면서 함께 나누는 소품이 된다. 그러나 여전히 그 남자는 그 공을 쥐고 있다. 음악은 내가 빛으로 나가도록 격려한다. 나는 녹색 덩굴에서 스폰지 같은 보호막을 발견한다. 그것은 트램펄린이 된다. 나는 그 위에서 위아래로 뛰고 있다. 나는 무엇이든 할 수 있을 것같다. 마치 내가 호흡하고 있는 리듬처럼, 그 리듬은 기분 좋게 느껴진다.

나는 위에서 아래로 내려올 때마다 커다란 나무 하나를 본다. 끝이 뾰족한 소나무다. 나는 하늘에 거의 닿을 만큼 튀어 오른다. 가볍게, 어린아이처럼. 나는 영혼과 마음으로 이것을 느낀다. 나는 머리를 제외한 내 몸에서 발산되는 힘을 느끼며 좀 더 강하게 느껴지길 바란다. 내 머리는 안전과, 확신과, 올바른 판단이 필요하다. [몸이 머리에게 뭐라고 하나요?] 함께 하자. 네가 우리와 함께 하면 이 힘을 공유할 것이다. [또 다른 메시지가 있나요?] 몸을 따르라. 머리와의 연결을 끊어라.

내 머리가 나무 꼭대기에 올라가 있다. 내 몸은 트램펄린 끝에 앉아 있다. 서로가 홀로는 움직이지 못한다. 머리는 어떤 영감이나 정신력이 필요해서 그 힘을 느끼려고 그 위에 있고 싶어 하는 것 같다. 몸은 현실성과 쾌활함이 필요하다. 나는 머리가 없는 몸으로 점프를 하고 있다. 나는 머리를 갖기 위해 꼭대기에 닿으려고 시도하고 있다. 나는 머리가 있어야만 된다 — 내가 좀 더 온전해진다. 나의 머리는 몸과 함께 점프하고 있으며, 높이 올라와 있는 느낌 그리고 또한 안전하고 영적인 느낌을 가지고자 한다. 나는 나무에 올라가고 싶지만 그래야 할지에 대한 확신이 없다. [어느 쪽이든 좋아요.] 나는 나무에 오르고 있다.

남편과 아이들은 아래에 있고 나는 그들을 돕고 싶다. 나는 도우려고 되돌아가고 있다. 그들은 끝까지 올라가고 싶은지에 대한 확신이 없다. 우리는 중간에서 함께 모일 것이다. 나의 일부는 그 길을 끝까지 가고 싶어 한다. 나로서는 어쨌든 잠시 그들과 함께 있는 것이 낫다. 정상은 새와 별들에 더 가깝고, 앉기도 좀 더 편하다. 그들은 기꺼이 정상으로 가려고 하지만, 나는 지금 정말 피곤하다. 그들을 끌고 가는 게 힘들다. 아마도 다음 기회가 있을 것이다. [가족에게 정상을 보여주기 위해 무엇을 할 수 있을까요?] 정상의 모습을 보여주기 위해 사진을 찍는 것. [정상은 어떤 모습인가요?] 나무들의 꼭대기와 광대하게 푸른 하늘.

나는 나무 그 자체와 연결된 존재감이 있다. 그것은 강하고 키가 매우 크며, 꼭대기가 뾰족하고, 가지 위에 앉을 수 있다.

이 세션의 주제에서 나의 우울과 외로움이 잘 드러났다. 나는 어두운 동굴에서 안정감을 느꼈고 세상으로부터 숨고 싶었다. 음악은 여기에 다른 사람들을 데려왔으며, 나는 다른 사람들의 지원을 받아들임으로써 나의 병의 무게를 감당할 힘을 얻었음을 알게 되었다. 나는 머리와 인지보다는, 몸과 직관에 더 주의를 기울여야할 필요성을 이해하기 시작했다. 몸이 머물고 싶었던 녹색 덩굴과 트램펄린은 나에게 살아있다는 기쁨을 보여 주었고, 또한 나의 머리가 있었던 나무는 일상생활에서 물러나 사색하는 장소로 다시 나타났다. 나의 머리와 몸 사이에, 그리고 삶에 열중하는 것과 자기 자신과 영적인 것에 중심을 두는 것 사이에 양가감정이 있었다. 머리가 영적인 힘을 갈망하는 동안 몸은 삶의 가장자리에 앉아있었다. 내 삶에서 행동하고 쾌활해지는 것이 중요하다는 것이 다시 한 번 분명해졌다. 나는 스스로에게 더 충동적이고 창의적이 되라고 말했다. 참지 말자, 내려놓자, 놀자, 살자!

마지막으로, 내 몸뿐 아니라 가족과도 영적으로 연결될 필요성이 분명해졌다. 나는 가족, 특히 아이들이 내 병의 스트레스를 감당하지 못해 평생의 상처로 남을까봐 매우 걱정했다. 나는 내 삶의 부분과 어떻게 조화를 이루고 내 신앙을 어떻게 가족과 함께할지에 대해 씨름했다. 심상은 내가 해답을 찾도록 해주었다. '사진을 찍어서 가족들에게 보여주기.' 내가 할 수 있는 전부는 내가 신앙에서 얻은 힘과 희망을 가족과 나누는 것이고, 나머지는 그들과 함께 있는 것이어야 함을 이해하게 되었다.

세션3, 4, 5: 분노

다음 세 번의 세션에서는 내가 아직 다루지 않거나 인식하지 못했던 억눌린 분노가 드러났다. 나는 머리와 몸이 말해준 양분된 메시지들을 더 많이 마주하게 되었고, 몸을 더 많이 인식하며 머리에 대해 걱정을 줄이게 되었다. 나는 여러 겹의 낡은 옷과 죽은 가지를 치는 것으로 나타나는, 허물을 벗는 심상과 꿈을 경험하기 시작했다. 나는 또한 소속된 친목단체에서 내가 평소 잘 사용하지 않는 손으로 두 장의 그림을 그렸다. 첫 번째 그림에서 나는 속이 비어있는 내 가슴과, 밖에서 공격하는 화살들을 '방어'선으로 분리해 그렸다. 나는 이번 세션의 심상을 나의 건강한 부분을 묘사하는 두 번째 그림, 즉 노랑으로 둘러싸인 밝은 빨간 공(나의 영혼) 그림과 함께 시작했다.

안쪽의 빨간 원은 따뜻한 심장처럼 부드럽고 포근하다. 그것은 유연하다. 만일 주먹을 넣으면 움푹 들어갈 것이다. 만일 주먹을 좀 더 깊숙이 넣는다면, 그것은 주먹을 감싸줄 것이다. 그것은 무엇이든 집어삼킬 수 있다. 공에서 많은 팔들이 튀어나온다. 팔들은 빨간색이며 손을 뻗어 경계선을 탐색한다. 손들은 경계선을 당겨 찢으려고 하고 있다. 경계선이 무너질 것 같지만 내가 그것을 원하는지는 모르겠다. 경계선이 무너지고 있고 나는 다시 복구시키고 있다. 경계선이 예전만큼 강하지는 않다. 이제는 경계선이 가끔 무너져 화살 일부가 강력하게 통과한다. 중심에 있는 빨간 공은 점점 커지고, 마침내 손들이 화살을 겨냥해 공을 터뜨린다. 손들과 화살들이 남았다. 내 자신이 터지고 공격받은 느낌이다. 아무 것도 남지 않은 것처럼 고통스럽다. 배신당해서 둘로 쪼개진 것 같다. 내 심장과 배에서 그것을 느낀다. 내가 사람들을 들어오게 해서 그들이 다치게 했다는 것에 화가 난다. [어떻게 화를 내보낼 수 있을까요?] 나는 심상에게 화를 낸다. 너는 모든 게 잘될 거라고 약속했지. 너는 내 말을 듣는 법이 없어. 나는 아파. 네가 미워.

음악은 내가 화를 내보내도록 자극한다. 치료사는 자신이 잡고 있는 베개를 밀라고 말해서 나는 밀기 시작한다. 나는 때로 무력함을 느끼며 병에 대해 슬프고 화가 난다. 나는 그것을 가족에게로 옮기고 있는 것 같다. 나는 그냥 내 안의 모든 것을 바꾸고 싶다. 나는 내 폐에 대부분을 차지하는 건강해보이지 않는 모든 것을 충분히 다 없애고도 내가 여전히 살아 있을지 궁금해 하면서 긁어내고 있다. 나는 낡은 빨간 공을 갖고 있다. 그 빨강의 일부를 몸의 조직에 끼워 넣으려고 하고 있다. 나는 모든 것에 대한 슬픔과 분노를 만나고 있다. 분노는 나에게 에너지를 주고 나를 표현하게 한다. 이전에는 그 분노를 알지 못했고 어떻게 분노가 싸울 에너지를 줄 수 있는지 깨닫지 못했다. 음악이 바뀌면서 나를 지지하며 안정시켜준다.

음악이 평화로움으로 느껴진다. 그것은 태양의 힘을 갖고 있지만, 나는 태양의 광선이 두렵다. 내 가슴은 찌꺼기가 없이 맑은 느낌이다. 나는 쓰레기일지도 모르는 것들이 들어오게 될까 봐 불안하다. 내 가슴은 평화가 필요하다. [무슨 색이 보이나요?] 초록색.

음악은 분노를 표현하는 데 필수적인 역할을 했다. 어떤 이유에서든, 분노를 표현하는 것이 사회적으로 용납되지 않는다는 신념이나 통제력 상실에 대한 두려움 때문이건, 나는 이 시간까지 한 번도 분노를 느끼거나 표현한 적이 없었다. 치료사는 내게 분노를 표현하라고 격려해 주었고 음악은 그렇게 하도록 나를 움직였다. 초록은 새로운 성장의 색이다. 나는 초록과 빨강이 함께 필요하다. 빨강은 조직의 건강한 색이다. 그것은 내가 긁어내면서 보려고 했던 것이었다. 건강한 나의 빨강 부분에 환경과 질병으로 인한 스트레스가 퍼부어지고 있었다. 나는 내 몸에 배신감을 느꼈고 내 삶의 건강하지 못하고 부정적인 모든 것을 긁어내고 싶었다. 나는 또한 내면에서 나 자신을 인식하는 방식과 삶의 스트레스 요인을 처리하는 방식을 바꿔야 할 필요성을 인식했다. 내가 특별히 화를 내야 할 사람이나 상황이 뚜렷하지 않더라도, 내 안에 있는 감정과 그 감정을 무시하지 않아야 한다는 것을 더 많이 인식하게 되었다. 내가 분노를 내 영혼의 일부로 느껴서 비파괴적인 방식으로 표현한다면 나에게 삶을 위해 싸울 힘을 주는 것처럼, 생산적인 방향으로 사용될 에너지를 발산해줄 수 있을 것임이 명백해졌다. 치료사는 분노를 분출하는 것은 절대적으로 필요하다고 했고 우리는 용납될 수 있는 수준에서 분노를 표현할 방식에 대해 브레인스토밍을 했다. 나는 내 자신의 분노를 발산할 수 있었던 이 세션 이후로 가족에게 훨씬 더 관대해졌음을 느꼈다.

4회 세션에 들어가면서, 나는 삶의 방향을 찾는 것과 어떤 대안적인 치료를 찾아야 할지에 대한 생각과 계속 씨름했다. 내 가슴은 앞장서려고 하는데 머리가 자주 방해가 되었다. 이전 세션에서 너무나 강렬한 체험을 한 후여서 나는 이번 세션에서는 무엇이 나올 것인지가 염려되었다. 심상은 지난 주 워크숍에서 경험했던 미로의 이미지로 시작되었다.

나는 조용하고 앞뒤로 구불구불한 미로를 본다. 집중하기가 힘들다. 길을 벗어나고 있다. 나는 길을 따라가지 않고 미로에서 춤을 추고 있다. 자유로워진다. 내 마음은 이후에 무엇이 올까에 사로잡힌 채 계속 배회하고 있다. 음악은 천사들이 부르는 것처럼 나를 부르고 있다. 나는 받아들이고 싶지 않다. 겁이 난다. 나는 많은 천사들 가운데 있다. 나는 슬픔과 분노 사이를 가로지르는 슬픔을 느낀다. [그 슬픔이 어디서 느껴지나요?] 가슴.

음악이 바뀌고, 나는 그 음악을 알고 있어서 그 곡 중간에 정서적으로 클라이맥스에 도달할 것이라는 것을 알았을 때 불안해진다. 동시에 나는 음악이 내가 억누르고 있는 것은 무엇이든 내보내도록 도와줄 것임을 안다. [가슴에서 무엇이 보이나요?] 어두운 보랏빛이 감도는 초록색, 내 주먹 모양이다.

그 덩어리는 꽉 조이려고 한다. 많은 힘이 든다. 그것은 건강하게 느껴지지 않으며 밖으로 나와야 한다. 나는 손을 넣어 그것을 움켜잡는다. 마치 간의 일부처럼, 물컹거리고 뜨겁기도 하고 따뜻하기도 하다. 내가 꺼내려는데 저항이 있다. 축축하고 끈적끈적해서, 조직과 연결되어 좀체 나오지 않는다. 나는 꺼내야만 한다. 나는 꼼짝 못한다. 내가 해야할 일이 내 병든 부분을 떼어내는 것이라는 건 알지만, 좀처럼 나오지 않는다. 나는 몸을 써야겠다고 느낀다. 내가 밀어붙여야 하는데 분노를 없앨 수 있는 방법이 이것밖에 없다는 것이 부끄럽다. 음악은 나에게 괜찮다고 말하지만, 나는 그렇게 느끼지 않는다. 나는 지옥의 변방에 있고, 절망감을 느낀다. 그 덩어리는 그냥 거기 있다. 음악이 그 덩어리를 부드럽게 만든다. [그것과 대화할 수 있나요?]

나: 너는 나에게 원하는 게 뭐니?

질병의 소리: 나에게 관심을 가져줘.

나: 그러고 있어. 하지만 널 없애려면 어떻게 해야 할지 모르겠어. 너는 무시할 수 없는 상대야. 나는 네가 두렵고 네가 내 삶을 깨뜨려서 화나고 정말 견딜 수가 없어.

질병의 소리: 그렇게 엄청난 것은 아닐 거야. 변화가 필요했을 거야. 어쨌든 네 삶에서 뭐가 그렇게 좋은 것이 있었니?

나: 삶이 그렇게 만족스럽진 않았을지도 몰라.

가슴이 답답하다. 나는 피가 흘러들어오는 것을 떠올릴 수 있다. 긴장을 풀고 쉬려고 애쓰는 내가 매우 작게 느껴졌다. 왜 내가 그 덩어리를 꺼낼 수 없는지 궁금해서, 나는 영적인 나무에 올라가려고 한다.

나를 병들게 만들고 있는 것이 무엇이든지간에 내가 제거할 수 없다는 무능함을 인정하면서 이 세션에서의 분노는 엄청났다. 마치 해답을 가진 마법의 열쇠가 내 안에 있는데 그것을 찾을 수 없는 것처럼. 무엇을 해야 할지 알아야 되는데 그게 뭔지를 파악하지 못하는 그런 느낌이었다. 내가 분노(질병)을 없애는 데에 저항이 있었고, 내가 회복하고 싶어하는지 아니면 회복할 수 있는 나의 능력에 대해 의심하는지에 대해 양가감정이 있는 듯 했다. 또 한 번

나는 나 자신에게 변화하라고, 내려놓으라고 했는데, 그게 무슨 뜻이었는가? 이는 나를 충족시켜주는 것은 무엇이든 하라는 경종이었지만, 그게 뭘까? 또 한 번 가슴에는 더 많이, 머리에는 더 적게 집중하라는 메시지가 있었다 – "그렇게 진지하고 남의 시선을 의식하는 건 그만두고, 유연해져 봐." 분노를 해소하기 위해 신체를 출구로 사용하라. 자신을 표현하고, 자신을 비판하지 마라. 음악은 내 안의 분노에 다가가게 하고 어떻게 다룰지에 대한 답을 찾도록 도와주었다. 또한 나 자신이 휴식하고, 성장하고, 새로워지고, 충전할 수 있는 영적인 장소를 발견하도록 도와주었다. 치료사가 제안해서 나는 세션 후에 그림을 그렸지만, 종이 한가득 미친 듯이 낙서밖에 할 수 없었다. 이어서 나는 드럼을 치게 되었는데, 공기로 퍼져가는 소리가 풍성해서 더 큰 성취감을 느꼈으며, 그 소리는 조직적인 리듬을 넘나들며 나에게 어떤 의미를 주었다.

5회 세션을 하기 전에, 나는 나 자신이 분노하고 있고, 용납될만한 방식으로 화를 해소할 필요가 있음을 더 잘 알게 되었다. 그 결과, 나는 지금 여기(here and now)에 존재하는 것에 더 많은 자유로움을 느꼈다. 나는 남의 시선을 의식하며 나의 겉모습을 걱정하기 보다는, 나 자신이 되게 하는 것에 더 신경을 기울였다. 이는 긍정적이고 보람 있게 느껴졌다. 나는 또한 더 많은 음악적 출구를 찾기 시작했다. 혼자서 또는 다른 사람들과 함께 연주하고, 오락적으로나 교육적으로 아이들에게 음악을 사용했다. 이는 내가 성장하고, 나의 건강한 부분을 지지하고, 다른 사람에게 무엇을 제공하는 것이 중요한지를 알아가기 위해 중요한 부분이었다.

나는 여전히 가족들과 대화하기가 어려웠다. 나는 진심어린 수준에서 대화를 하고 싶었으나 가족들의 반응이 피상적인 수준일 때 좌절을 느꼈다. 나는 또한 아이들의 감정을 알게 되면 스트레스를 받곤 했다. 어떤 면에서는 아이들의 감정 상태에 대해 책임감을 느꼈지만, 그와 동시에 내가 아이들을 제대로 다룰 수 없으므로 나에게나 아이들에게나 해가 될 것이라고 느꼈다. 삶의 균형을 잡고 나의 중심을 찾는 것으로 세션은 시작되었다.

마치 정맥들이 나오듯이, 중심으로부터 나오는 수많은 다양한 길이 있다. 나는 그 중 어느 하나도 어디로 가는지 모른다. 어디로 가야할지 모르기 때문에 슬퍼진다. [몸의 어디에서 슬픔이 느껴지나요?] 어깨에서 그 슬픔을 느껴요. [음악이 당신을 돕도록 받아들여보세요.] 음악을 받아들이자 나는 머리에서 좀 더 벗어나고 한층 편안해진다.

나는 멀리서 내 아이들을 보며 생각하고 있다. 아이들과 함께 있으면 아이들은 감정적이 되고 나는 스트레스를 받는다. 나는 거리를 유지하고 있다. 음악과 함께라면 아이들과 같이 있어도 괜찮다. 우리 셋은 함께 놀고 있다. 나는 빙글빙글 돌고 있으며, 어지럽다. 나는 슬픔을 느낀다. 걱정 없이 가벼운 기분으로 놀기가 어렵다. 나는 걱정에서 벗어날 수 없는 것에 화가 나며, 가슴에서 그 분노를 느낀다. 나는 느긋하게 삶을 지내고 평온하게 살아가길 너무나 원한다. 삶은 언제나 소용돌이 속에 있었다. 나는 내 인생이 이상적이길 원했던 것같다. [그 분노는 어떻게 됐나요?] 사라졌어요.

나는 다시 돌아가려고 하고 있다. 나는 왜 분노로 돌아가고 싶어 하는가? 뭔가 단단하고 견고한 것이 느껴진다. 요지부동인 느낌이다. 그것은 회색이고, 딱딱하다. [그것이 무엇을 원하나요?] 무엇을 원하는지 말할 수 없어요. 그것은 바위이고 움직일 수 없어요. 그것은 나의 일부에요. [그것에게 뭐라고 말하고 싶나요?] 나는 네가 없었으면 좋겠어. 너는 내가 싫어하는 나의 일부야. 너는 나를 부정적이고 화나게 만들어. 너는 추하고 나는 너를 어떻게 다루어야 할지 모르겠어. 너와 어떻게 함께 살아야할지를 몰라서 난 무서워.

나는 핀으로 그것을 터뜨린다. 증기 같은 것이 까맣게 나오고 있다. 내 가슴이 좀 더 확장되는 느낌이다. 회색을 둘러싼 모든 것이 점점 불어나서 회색보다 더 커질 수 있을 것 같다. 내가 그 회색에게 말할 때, 그것은 점점 더 커져서 터지고 만다. 나는 분노의 감정에 집중하고 유지하면서, 분노가 더 커지고 추해지도록 내버려둔다. 나는 삶에서 그렇게 할 필요가 있다. 나는 분노에게 고함을 치고 있다. 나는 주어진 베개를 밀고 때린다.

분노는 콩알만한 크기가 된다. 분노는 여전히 그곳에 있고, 여전히 회색이고 단단하지만, 더 작아져 있다. 나는 그것을 손에 쥐고 있는데, 매끄럽고 차갑고 작지만 완전히 둥근 회색 돌이다. [그 돌을 어떻게 하고 싶나요?] 내 마음 한 편으로는 그것을 던져버리고 싶어요. 그러나 분노 역시 나를 만들어주는 나의 일부에요. 그것은 나에게 에너지를 줘요. 그것은 표현되어야 하는 나의 일부처럼 느껴져요. 그것은 너무도 추하고, 부정적인 생각을 해요.

분노는 초록색, 회색빛이 감도는 초록색으로 변한다. 그것을 나의 치유에 어떻게 사용할 수 있을지 모르겠다. 그것을 중심에 되돌려놓고 투쟁을 위한 에너지로 끌어오면 될 것 같다. [그렇게 할 수 있나요?] 나는 그것을 되돌려놓는다.

분노는 작은 채로 남아있다. 그것을 둘러싼 부분은 여전히 팽창되어있다. 그것은 아주 아주 작고, 완벽하게 둥근 느낌이다. 이전에는 좀 더 고치 모양에 가까웠다. 분노가 작게 남아 있으면 괜찮다. 어떻게 그것을 작게 유지할까? 그것은 내 영혼의 일부이므로 그곳에 머물러야 한다. [분노가 당신에게 뭐라고 말해야 할까요?] "너는 나를 상대해야 해. 날 무시할 수는 없어. 너를 사람으로 만들어 주니까"라고 말해요. [분노를 작게 유지하려면 어떻게 할 수 있을까요?] 나는 분노가 거기 있다는 것을 좀 더 신경쓰려고 해요. 너무 커지면 터뜨려 버릴 거야! (분노에게)

이 세션에서는 좌절감이 표현되었고, 가야할 올바른 방향을 선택하는 것, 내 아이들의 감정을 다루는 것, 그리고 그냥 사라져버리지는 않을 나 자신의 명백한 일부인 분노를 다루는 것에 대한 답을 찾았다. 삶의 균형을 잡기가 감당하기 어려워졌을 때 음악이 나를 쉬게 해주고 나의 길을 찾도록 도와주는 중요한 역할을 했음을 알게 되었다. 음악은 나의 긴장을 풀어주고 머리로부터 내가 나올 수 있도록 해준다. 또한 음악은 내가 이미 알고 있었던 것을 확인해주었다 – 음악을 사용해서 아이들과 좀 더 즐겁게 소통하고, 우리 모두가 스트레스를 받게 되는 일상의 현실에 대한 관심을 끄고, 좀 더 '편안'해질 수 있었다. 처음에 나는 분노를 아이들과의 실질적인 소통에 방해되고 우리 모두의 삶에 스트레스를 일으키는 나 자신의 부정적인 부분으로 생각하고, 그 분노를 나 자신에게로 향했다. 그러다 분노가 단단하고 견고하고 움직일 수 없고 그냥 사라져버리지는 않을 나의 일부이며, 그것이 터지거나 인정되었을 때 나의 건강한 부분이 성장해서 그 주변에 확장될 수 있다는 것을 알게 되었다. 나는 화를 터뜨려도 괜찮다는 것을 인정했다. 그 결과 분노는 에너지원으로 사용될 수 있는 적당한 크기로 남아있을 수 있게 되었다.

내려놓기(letting go)가 반복되는 주제임을 나는 몇 번이고 확인했다. 나의 방향을 찾기 위해서는, 머리와 가슴의 균형을 잡아서 방향을 선택하고, 그런 다음에는 내려놓고 믿어주어야 했다. 내면의 영혼이 하는 말에 귀를 기울이려면 나 자신을 신뢰해야 했다.

세션 6: 종결

이 세션은 담당의사의 마지막 연말평가 후에 있었다. 실험치료는 1년만 하기로 되어 있었고, 후속 검사들이 있은 후에, 나는 재발의 징후 없이 1년을 보냈다. 매년 질병에서 멀어질 수록 뭔가 좋은 가능성이 커졌다는 의미이므로, 나는 성공적이라고 느꼈고 조심스럽게 안도의 한숨을 쉴 수 있었다. 나는 이제 백신을 더 이상 투여받지 않게 되므로 내 몸이 자생적으로 살아내야 하기에 불안해졌다. 또한 나는 다른 사람들로부터 정서적으로 지원받는 것에 지나치게 의존하고 있는 것, 생활에서 지속적으로 스트레스를 관리해가야 하는 것, 그리고 암과 맞설 수 있는 내 몸의 능력에 대해 염려했다. 치료사와 나는 이전 세션에서 해결되지 않고 남아있는 분노가 있는지에 대해 대화를 나눴다. 심상은 하프시코드로 시작되었는데, 이는 내가 나의 몸, 관계, 그리고 나에게 필요한 것에 대한 상징으로 선택한 것이었다.

음악을 들으며 현악기의 줄을 튕기는 것이 연상되었다. 베이스가 진동하고 있다. 활로 켜고 당겨지는 현에 많은 긴장이 있다. 그것은 내 마음의 중심에 있고, 매우 풍부하고 강렬하고 따뜻하다. 현실의 삶에서는 많이 부족한 강렬함을 느낄 수 있어 좋다. 음악은 나를 이끌어 동굴을 통과하고 있다. 벽면은 빛나고 부드럽다. 음악은 나를 위로 향하게 해 하늘로 쏘아 올려서, 회전시키고 공중제비 넘기를 하게 한다. 멋지다. 나는 나무 꼭대기에 있다. 나는 맨 끝에 앉아 양팔을 뻗어 중심을 잡고, 태양과 공기와 향기를 받아들인다. 나는 누워서 가지 위에 등을 대고 미끄러져 내려가기 시작한다. 그것은 시원하고 매끄럽다. 나는 땅 위에 내려앉는다.

나는 솔잎 침대 위에 앉아있다. 작고 하얀 염소가 나와서 내 볼에 코를 갖다 댄다. 염소는 사랑스럽고 보살핌을 받고 싶어 한다. 음악은 나를 안개 낀 들판으로 이끌고 있다. 나는 추워지기 시작해 염소를 끌어안아 따뜻해지려고 하지만, 염소도 축축하다. 나는 담요를 얻는다. 곰이 우리에게 다가온다. 곰이 공격할 것 같다. 나는 두려워하며 기다리고 있다. 염소도 두려워한다. 곰을 만나면 고함을 치며 곰을 향해 달려가야 한다고 들었던 것이 기억난다. 곰이 떠나고 있다. 곰이 포기했다. 나는 안도하지만 곰에게서 슬픔을 느낀다. 곰은 아름다운 동물이다.

해가 나오고 나는 따뜻해진다. 나는 작은 씨앗이 되어 내 가슴 속으로 들어가고, 음악과 함께 폐를 돌아다닌다. 그 씨앗은 집을 청소하는 작은 진공청소기로 변한다. 나는 여기에 어떤 분노라도 있는지 궁금하다. 그 씨앗은 평화로운 환경, 춤추기 위한 장소를 찾고 있다.

이 세션은 또 한 번 나의 삶에서 음악이 가진 치유력을 분명하게 보여주었다. 나는 몸의 공명과 이어지고 있는 진동을 느끼고 있었고, 음악을 통해 생성될 수 있는 긍정적인 에너지를 인식하고 있었다. 음악은 내가 몸과 더 많이 만나고, 머리와의 접촉을 줄일 수 있게 해주었다. 나는 나무 꼭대기에서 균형을 잡고 있던 나 자신을 보게 되었고, 이제 이전 세션에서처럼 두려움과 우울함에 마비되지 않고, 삶과 영성 모두 조화를 이룰 수 있음을 알게 되었다. 염소에게서 나는 나 자신과 아이들의 결핍 부분을 만났고, 그것을 받아들이고 돌볼 수 있었다. 나는 또한 곰을 마주했을 때 나의 분노와 두려움을 만났으며, 두 가지 감정 모두에 직면할 수 있었다. 마침내, 진공청소기 같은 씨앗은 앞으로 내가 지니고 다니면서 머릿속에 떠올리며 사용하게 될 놀라운 긍정적인 치유의 심상이 되었다.

치료 후기

음악은 나의 감정들을 지지하고 확장하여, 내가 그 감정들을 인정하고 표현하게 함으로써 감정을 어떻게 다룰지에 대한 해결책을 찾게 하는 데 있어 매우 강력했다. 나는 음악이 나를 어디로 데려갈지 기대하게 되었고, 음악이 나를 그 핵심으로 끌고 들어가는 것을 느낄 수 있었다. 음악에 방해받는 느낌이 드는 경우는 거의 없었고, 오히려 음악은 내가 있는 곳에서 나를 만나 내가 가야 할 장소로 움직이게 해주었다. 음악 그 자체의 흐름이 없었더라면 나는 계속할 용기를 갖지 못했을 수도 있다. 나는 그동안 많은 세션에서 내가 알아차리지 못하는 가운데 같은 음악이 사용되었다는 것에 놀랐다. 그 전 주와 동일한 음악이라는 것을 인식하지 못했을 뿐만 아니라, 같은 음악이라도 그 날 내가 감정적으로 어떠한가에 따라 매주 다른 심상들을 불러일으켰다. 음악은 나에게 힘을 실어 주었고, 내 안에 '답'을 갖고 있다는 깨달음을 주었다.

그동안 세션에서 나왔던 심상들은 세션 후에도 나에게 오랫동안 머물러 있다. GIM은 내 삶의 균형을 찾는 데 도움이 되었고, 내게 무엇이 중요하고 우선순위가 무엇인지를 분명히 보여주었으며, 심각한 질병에 맞설 수 있도록 지원해주었다. GIM은 나에게 표면적으로 드러났던 모든 감정과 느낌이 치유의 과정에 있어 정상적인 것이며 필요한 것이라는 것을 알게 해주었다.

사례10 **약물중독 · 우울증과 GIM**

혼돈에서 질서로 *

Mark Nielsen · Torben Moe

도입 — 토벤

내가 마크를 처음 만난 것은 1995년 3월이었다. 그는 지난 15년간 마약을 남용해왔다. 그는 수줍음이 많고 불안정했으며 자신이 무기력하다고 생각했다. 두 달 전 그는 우울증으로 내가 근무하는 정신병원에 입원했다. 1995년에 마크는 16회의 음악치료를 받았다. 우리는 GIM을 사용했고, 입원기간 동안 주 1회 만나다가 한 달에 두 번 만났다. 치료는 1995년 9월 그가 퇴원하고 몇 달 후에 종결되었다. 그 이후 나는 6개월마다 후속 상담을 했다.

마크(가명)는 거의 처음부터 GIM을 받을 수 있었다. GIM을 경험한 사람들은 각자 특징적인 심상 스타일을 가진다. 마크의 스타일은 상징적 심상이 많았으며 대개 여러 감각으로 나타났다. 마크는 자신의 스토리와 세션의 한 사례를 소개할 것이다.

---

* Hibben, J. (Ed.) (1999). *Inside Music Therapy: Client Experiences*. pp. 53-60. Gilsum NH: Barcelona Publishers.

마크의 스토리

내 이름은 마크다. 나는 1959년 1월 12일 덴마크에서 태어났다. 우리 가족은 3남 1녀였다. 어린 시절 아버지는 예술가로서 대가이셨고 어머니는 가정주부였으며 미용사 교육을 받았다. 나의 어린 시절은 매우 안정적이었다고 할 수 있다. 나는 60년대의 전형적인 덴마크 중산층 가정의 안락한 분위기에서 자랐다.

아버지가 바이올린을 상당히 잘 연주하셨고 자주 연주하셨기 때문에 음악은 언제나 나에게 내재된 영역이었다. 형들은 음악 고등학교로 진학했고, 누나는 피아노를 연주했다.

나는 아버지의 지도와 연주를 통해 배운 작은 바이올린 연주로 4살에 음악가로서의 경력을 시작했다. 그러나 바이올린은 나의 적성이 아니었다. 부모님은 재미있고 즐거운 방식으로 음악을 배워야 한다는 사고방식을 가지셨다. 그래서 나는 내가 좋아하는 작은 북으로 바꿨다.

타악기 연주는 계속되었고 어린 시절과 청소년, 성인이 되어서도 삶의 중요한 영역이 되었다. 나는 일반 학교로 진학했지만, 고등학교 2학년이 되기 전인 15살 때 선생님께 반항해 학교를 그만두었고, 최고의 음악원에서 입학허가를 받았다.

음악 공부: 10대 시절

나는 5년간 공부했지만 최종시험은 보지 않았다. 입학하던 해에 나는 전문연주자로 활동을 시작했다. 나는 전국에서 가장 유명한 오케스트라 한 곳에 보조연주자가 되었다. 분명 이것은 12살 이후 몇몇 아마추어 오케스트라에서 연주하며 얻은 치열한 경험이 있었기에 가능했다. 1978년에 나는 모스크바에 교환학생으로 갔다. 그곳에 머무는 동안, 나는 발레 '스파르타쿠스' 녹음에 참여했다. 같은 해 말, 나는 런던 심포니 오케스트라와의 몇 번의 녹음을 통해 런던 데뷔를 했다. 이 모든 것이 내게는 놀라운 경험이었다.

하지만 이 기간에 부정적인 결과도 있었다. 청소년 시기에 나는 좋든 나쁘든 나보다 대부분 나이가 많은 사람들에 둘러싸여 있었고 그들은 나를 동년배로 대했다. 물론 이러한 경험이 어떤 면에서는 나를 매우 성숙하게 만들었지만, 내 성품의 다른 어떤 면에서는 꼭 필수적인 것은 아니지만 어떤 중요한 요소가 부족하게 되었다 — 지금도 여전히 부족할지 모른다.

이러한 이유(체계적이지 않은 일상생활의 구조와 자제력 부족)로 나는 사실상 내 인생과 목숨을 건 도박을 시작했다. 처음에 나는 많은 양의 술을 마시기 시작했고 심각한 췌장염과 심한 통증을 얻게 되었다. 다음에 나는 인슐린 의존형 당뇨병에 걸렸으며 많은 양의 아편(모르핀)과 다양한 벤조디아제핀이 든 약물을 복용하기 시작했다. 나는 결코 약물에 취하지는 않았지만, 내 생물학적 체질과 다른 많은 이유로, 다양한 약물에 대한 내성이 빠르게 생겼다. 2년 동안 나는 통증을 줄이고 감정으로 치우친 전반적인 나의 삶을 조절하기 위해, 의사의 권고와 상관없이 엄청난 양의 약물을 복용했다.

이러한 상황에서는 어떤 종류의 직업도, 특히 교향악단에서 정확성이 요구되는 타악기 연주자를 할 수 없다는 것이 분명해졌다. 신체적, 사회적 추락이 시작되었다.

도움 구하기

1994년 10월, 나는 연주를 계속할 수 없다는 것을 깨달았다. 그 때는 호텔 침대에서 일어나는 것도 힘이 들었다. 나는 전문적인 치료를 받는 것이 두려워 저항했다. 1995년 1월, 나는 정신병원의 개방병동에 입원했다.

4개월 후 나는 충분히 회복되어 음악치료사 토벤 모어와 첫 번째 세션을 시작할 수 있었다. 나는 GIM세션의 하이라이트 일부를 소개하고 나의 새로운 삶에서의 그 경험의 중요성에 대해 설명하려고 한다.

전문적인 치료에 들어가기 전에, 나는 약물남용으로 인해 신체적, 심리적으로 붕괴되고 있었다. 나는 앞으로 전문적인 음악가로 나아갈 모든 가능성이 없어져버렸다고 느꼈다. 너무도 불안해서 다시는 음악을 연주할 수 없을 것이라고 생각했다.

스피커에서 흘러나오는 멋진 음악을 들으면서 나는 내 몸을 이완시키는 법을 배웠고 나 자신을 '아주 깨끗한, 진정한 나'로 느끼기 시작했다. 심상은 느낌, 환상, 향기, 맛, 감정이 서로 연결되어 반응을 시작했고 정서적 차원에서 놀라운 일들이 일어났다.

처음에, 나는 내면의 자아에서 나온 버거울 정도로 아름다운 시나리오(심상)에 다소 위축되었는데, 아마도 감당해낼 수 없을 것같아 두려워했기 때문이다. 나는 긴장을 풀고 미지의 것을 받아들이려고 애썼다. 처음 몇 세션 이후에는 완전히 긴장을 풀 수 있게 되어 많은 심상들이 나왔다. 음악을 지휘하고, 태양이 되고, 믿을 수 없을 만큼 편안해지고, 몸이 매우 무거우면서도 가벼웠던 경험이 기억난다. 나는 내 심상들에서 활력을 느꼈고 무기력하다는 생각에 대한 두려움도 점차 사라졌다.

여섯 번째 세션에서 나는 승리감을 느꼈는데, 나는 이것을 직관적으로 약물중독에서 어떻게든 정신적으로 살아남았다는 의미로 해석했다. Mahler의 'Fourth Symphony'의 종결부분을 들으면서, 나는 내가 이 세션 동안 만났던 모든 요소를 담은 아름다운 풍경과 함께 언덕 정상에 서 있는 것을 떠올렸다 — 놀라운 태양의 강렬함과 금장식으로 꾸민 고대의 흰 기둥들이 있는 풍경.

세션에서 나타난 심상들

다음은 세션7에서 Vaughan Williams의 'Fantasia on a Theme by Thomas Tallis'와 'Fifth Symphony: Romanza, The Lark Ascending'이 흐르는 동안의 나의 심상에서 발췌한 것이다.

> 가는 연푸른색 줄무늬가 있는 짙은 푸른색 빛이 내 주위에 있다. 그것은 아주 우아하다. 내 앞에는 황금색 점들이 있는 연푸른색 증기가 많이 있다. 이제 그 증기가 매우 아름다운 무지개가 되는 것을 본다. 나는 공중 위에서 매우 멀리 볼 수 있다. 마치 모든 것이 희미한 안개 속에 서 있는 것 같다. 풍경과 건물들이 수용소를 연상시킨다. 메마르고 사악하고 버려진. 내 다리는 윙 소리를 내며 움직이고 있다. 나는 고통을 느낀다. 색상들이 파랑, 빨강, 검정으로 바뀌고, 뭔가가 활활 타오르고 있다(그렇다, 불타오른다). 내 바로 옆에서. 그것은 떠오르고, 날아가고, 돌아오고, 사라진다. 나는 분노를 느낀다. 내 몸의 아랫부분이 빨강과 남보라가 된다. 동시에 강력하게 꺼끌꺼끌한 느낌이 생기면서, 나는 무중력 상태와 무거움을 동시에 느낀다. 반대편에는 독수리가 내 왼쪽에서 기다린다. 나는 날기 시작하고 독수리가 나를 끌고 간다. 색상은 밝은 회색과 빨강 사이에서 가지각색이며(눈부신 조합), 나는 독수리의 날갯짓에 경이로운 파동을 느낀다. 내 입 안의 짜고 탄 맛만 없다면 좋겠다. 하지만 상관없다. 이제 나는 최고로 아름다운 황금색의 활엽수림 한가운데 있

으니까 그것을 물리칠 것이다.

나는 아직도 내 왼쪽 옆구리가 많이 아프다. 나는 독수리와 함께 날아간다. 이제 해가 진다. 내 명치로 들어오는 강한 빛줄기들이 있고, 동시에 마치 누군가가 갈고리를 갖고 내 머리를 잡아당기는 것처럼, 내가 쭉 뻗어지고 있는 것을 느낀다. 모든 것이 이제는 짙은 빨강이다. 나는 그 색이 내 다리로 들어오는 것을 느끼며 내가 바닥에 닿을 때까지 계속 떨어지고 있다. 그렇다, 나는 그것이 오래된 화산이라고 생각하는데 나는 매우 깊숙이 내려가 있다. 입안이 매우 짜다. 이제 마치 천국이 내게 내려오고 있는 것 같다. 나는 멀리 떨어져있는 것 같다. 다리가 사라지고 나는 다시 올라가고 있다. 온 몸에 소름이 돋았다.

이 세션에서 두드러진 것은 수용소, 독수리, 화산을 본 것이었다. 수용소에서 내가 느낀 분노와 고통은 내가 마약중독자로서, 그리고 췌장염 치료에서 겪은 모든 고통과 같았다. 또 다른 차원에서, 그 고통은 내가 아주 젊어서 러시아에서 연주하고 있었을 때 가졌던, 깊은 트라우마가 되었던 '사랑에 빠진' 경험을 기억나게 했다. 나는 발레리나에게 매우 강렬한 사랑을 느꼈다. 당시의 동-서 상황 때문에 그 관계는 여러 면에서 불가능했다.

내가 느낀 분노는 이유는 모르겠지만 나를 실망시켰던 예전의 음악원 선생님과 연결되었다. 나는 선생님과의 관계가 얼마나 양면적이었는지 깨달았다. 지금은 나에게 힘을 주는 것으로 느껴지는 이 분노의 감정과 만나는 것이 매우 만족스러웠다 — 내 삶을 위해 기꺼이 싸울 준비가 되어 있는 것처럼.

독수리는 힘과 광대한 시야를 가진 동물이기 때문에 독수리 심상은 내게 매우 강력한 상징이다. 그것은 나 자신의 숨겨진, 그리고 억압된 영역으로 나를 연결해 줄 수 있다. 마지막으로, 화산 밑바닥으로 내려가는 것은, 내 잠재력이 확장되는 것을 상징한다고 생각한다 — 개인으로서 그리고 다른 사람들과의 관계에서.

치료의 이 시점에서, 나는 내 몸을 많이 조절하게 되었다. 체중이 10킬로그램(22파운드) 정도 줄었고, 당뇨병은 완벽하게 조절되고 있었으며, 아마추어 오케스트라에서 다시 조금씩 연주하기 시작했다.

앞뒤를 돌아보며

내가 지금까지 정리한 내용들은 각 세션에 대해 기록한 노트에서 나왔다. GIM을 받는 중에, 기대하지 않았던 많은 특별한 체험들이 있었다. 이 체험들에 대해 우리는 매 세션마다 포스트세션에서 분석하며 통찰해갔다. 때로는 어떤 내용은 생각이 정리되도록 보류했다가 그 다음 주에 다루기도 했다.

치료에 나타났던 또 하나의 매우 중요한, 거의 원형적인 인물은 어릿광대인 나였다. 이 인물은 새로운 방식으로 즐거움을 주었고 손가락마다 빛이 났다. 이 심상의 긍정적인 측면은 새로운 모습으로 등장한 것이며, 부정적인 측면은 끊임없이 즐거움을 주려고 하는 것처럼 보였다는 것이다.

GIM은 내게 새로운 삶을 주었다. 그것은 나의 변화(transformation)의 일부가 되었다 – 혼돈에서 위기와 발전을 거쳐 질서에 이르는(이 장의 제목이 제시하듯이). 이 개념을 요약하면, 혼돈의 시기는 내가 약물중독을 했던 때이고, 위기는 내가 직장을 잃고 음악연주를 중단했을 때였다. 발전 단계는 내가 병원에 도움을 청하기로 결정하고 음악치료를 시작한 때였다. 그리고 질서의 단계는 GIM에서 얻은 것으로서, 영적인 면에서 나의 인생관의 변화이다.

한 가지 예로, 나의 음악 취향이 더 넓어졌다. 이전에는 결코 받아들이지 못했던 여러 종류의 다른 클래식음악을 많이 듣고 연주하는 것을 즐기기 시작했다. 낭만주의 시대의 부드러운 음악 몇 곡은 이제 내게 너무 소중해졌다. 내게 가장 중요한 변화는 내가 고요함을 즐기기 시작했다는 것이다! 내가 기억할 수 있는 한, 나는 밤낮으로 내 주변에 소리를 두어야 하는 조증의 강박관념에 가까웠지만, 이제 나는 낮 동안 조용한 시간을 즐기며, 나 자신으로부터 도망치려는 시도를 멈췄다.

나는 1995년 말 퇴원해 나의 아파트로 돌아왔다. 아파트는 형편없는 상태로 많은 쓰레기가 나왔다. 나는 삶에 대해 새로워진 믿음과 회복된 에너지를 가지고, 약물중독 동굴(나의 아파트)을 나의 새로운 자아(남성성과 음악성)를 반영하는 멋진 공간으로 변화시켰다. 나중에 덴마크의 유명 잡지사에서 내 아파트의 사진을 찍으러 오기도 했다.

그 기간 동안 나는 때로 완전히 혼자서 행복의 순간을 경험했다 - 소름돋는 환희의 눈물. 매일의 음악 연습은 너무 잘 되어서, 솔로 콘서트에 대한 야심찬 아이디어를 구체화하기 시작했다. 중요한 날이 왔고 콘서트는 성공적이었다. 나는 오케스트라의 보조연주자라는 옛 직업을 다시 얻게 되었고, 많은 인원이 필요할 때마다 첫 번째로 부르는 사람이 되었다. 13개월 전쯤 나는 현재의 여자 친구를 만났고, 많은 행복한 순간을 나누며 미래를 만들어갈 수 있을 것이라고 믿는다.

이렇게 나는 연주자로 되돌아왔고 청소년 클럽에서 파트타임 교사로도 일하고 있다. 나는 우승하면 관현악단의 영구직이 되는 다양한 음악 콩쿠르를 위해 매일 악기연습을 하고 있다. 이 연습은 내가 솔로 레퍼토리를 유지하는 데 도움이 된다. 나는 마림바 레슨도 받기 시작했고, 이는 내가 새롭고 복잡한 음악을 준비하는 것에 도움이 될 것이다.

요약

나의 눈에서 비늘이 떨어지자 갑자기 나는 볼 수 있게 되었고, 본질적으로 이 세상과 우주의 아름다움과 우아함을 알게 되었다. 우리는 열린 눈과 열린 마음으로 감히 그것을 보고 인정해야 한다. 일상의 삶의 모든 일에 수용적이고 열려 있어야 한다. 일상의 사건들은 사소한 반복일 수도 있고, 새롭고 놀라운 일이나 경험이 될 수도 있다. 그것은 우리 자신의 선택이다. 만일 우리에게 신체적이고 심리적인 에너지가 있다면, 우리는 GIM과 함께 자기계발을 하기 위해 멀리 나아갈 수 있다. 이러한 발전은 다양한 수준에서 이루어질 수 있으므로 일생을 통해 유용할 것이다. GIM은 확실히 그 문을 열어줄 수 있다!

사례11 **인지과학과 GIM**

GIM을 통한 은유적 사고와 논리적 사고의 통합 *

Gabriella Giordanella Perili

도입

인지과학자들은 이제 인간의 동기(motivation)와 행동이 밀접하게 연결되어 있으며, 동기는 행동을, 행동은 동기를 설명해준다는 것을 인정하고 있다. 생물행동과학(bio-behavioral science) 또는 제2세대 인지과학(second-generation cognitive science)이라고도 불리는 이 입장은 많은 심리학자, 철학자, 언어학자, 면역학자들의 연구에서 설득력 있고 강력한 지지를 받아왔다. 그들의 일반적인 입장은 인간의 언어, 행동 그리고 가치는 감각운동이나 신체의 처리과정에 의존하는 동시에 영향을 주고, 동기와 행동화 과정이 모두 신경패턴에 기초하고 있으며, 이들 모두 강화효과에 영향받기 쉽다는 것이다(Donahoe &

* The introduction to this case study was excerpted from : Perilli Giordanella G., Cicinelli, R.(2012). From Tacit Knowledge to Narrative Re-Description Through Music Psychotherapy : A Perspective from Second-Generation Cognitive Science. In K. Bruscia(Ed.), *Reading in Music Therapy Theory*. Gilsum NH: Barcelona Publishers.

Palmer, 1994).

제2세대 인지과학은 어떻게 인간이 발달하고 행동하는지를 설명하는 여러 분야의 학문에서 이루어낸 업적들로 이루어진다. 인지과학의 복잡한 지식체계는 다양한 차원의 발달과 기능성에 효과적이고 유연하게 대응하기 위해서 여기에서 소개하려고 하는 GIM의 통합과정은 인지과학의 체계를 기초로 하고 있다. 이 접근법에서, 음악은 아날로그 형식으로 심상과 무의식의 영역을 은유적으로 표현하게 한다. 일단 의식 차원에서 표현되면, 아날로그적인 무의식의 내용을 의식의 내용과 비교할 수 있고, 두 영역간의 불일치를 확인할 수 있다. 그런 다음, 아픈 기억과 고통을 유발하거나 잠재적 성장을 막고 있는 자동화된 또는 비기능적인 사고의 틀을 바꾸기 위해 논리-분석적 사고가 사용된다.

GIM은 제2세대 인지과학과 잘 맞는 심리치료 접근법이다. GIM의 본질은 인간은 복잡한 시스템이며, 인간의 발달과 기능은 신경생리학 및 심리학적 과정, 의식의 무의식적 및 의식적 차원, 의미의 비언어적 및 언어적 코드의 통합에 달려있다는 믿음을 고려한 것이다. 다음은 GIM에 대한 이러한 접근의 전제를 요약해 준다.

세션의 여러 단계(프리세션, 인덕션, 음악-심상가이딩, 포스트세션)는 클라이언트가 의식의 다양한 차원을 탐색할 수 있도록 계획적으로 디자인되어 있다. 인지과학 용어로, 깊이 이완된 상태에서 '1차적' 의식을 탐색하고, 깨어있는 상태에서 1차적 의식에서 드러난 내용을 성찰하여 '2차적' 의식으로 옮긴다. 두 상태 모두 다양한 언어적, 비언어적 양식을 통해 GIM 세션에서 탐색된다.

GIM에서, 음악-심상화 과정은 무의식 영역(1차적 의식)에 접근하여 은유화 과정을 이끌어낸다. 그런 다음 은유화 과정이 1차적 의식과 2차적 의식, 즉 무의식과 의식을 연결시켜준다. 요약하면 음악, 심상 그리고 은유화 과정에 의해 클라이언트는 삶의 문제를 심상으로 체험하고 이해하고 대처하기 위한 대안과 해결책을 찾을 수 있게 된다. 이 과정에서는 또한 무의식의 차원에서 자신과 외부 세계에 대해 다른 관점으로 이야기하고 설명할 수 있다.

GIM에서 언어적 과정(포스트세션-역주)은 의식의 1차적 차원과 2차적 차원을 통합하는데 사용되며, 이 과정에서 역기능과 고통의 원인이 되고 있는 무의식의 기억과 습관화된 사고의 틀에 대해 생각해보고 통찰을 얻게 된다. 언어를 통해 또한 무의식 차원에서 나타난 다양한 내용의 일관성과 현실성을 확인하고 어떤 대안이 더 나은지를 결정하게 된다. 언어로 표현된 내용들은 각 개인의 가치관을 반영하므로 일관성 있고 통합적인 방식으로 자신을 재설명하고 재구성하면서, 감정과 사고와 행동에서 적절한 변화를 이끌어낼 수 있게 된다.

제2세대 인지과학의 틀 안에서, 인식(awareness)은 정신적 건강과 정신적 역기능의 근원이기 때문에 가장 중요한 치료 목표가 된다. 인식은 무의식의 영역과 의식의 영역을 지속적으로 오가며 발달하기 때문에, 심리치료는 이 두 영역 간의 역동적 균형을 성취하는 데 목표를 둔다. GIM세션은 이 두 영역 사이를 오가며 역동적 균형을 이루도록 매우 잘 디자인되어 있다. 이 과정을 통해 개개인은 인간의 복잡함을 더 넓게 수용할 수 있게 되고 더 높은 수준의 자아형성(self-organization)을 이루게 되며, 이것은 자기 정체성의 유지(self-contimuity)와 자아통합(self-integration)을 돕는다.

무의식의 자아상과 의식의 자아상 간에 차이가 있을 때 이 역동적 균형에 대한 중요한 도전 과제가 발생한다. 비인식적 과정(감각적, 비언어적)과 인식적 과정(의식적, 언어적)을 교류하면서, 서로 다른 이 두 영역에서 발전된 자아상 간에 차이가 발생할 수 있다. 바꾸어 말하면, 비인식적 자아상은 인식적 자아상과 매우 다를 수 있다. 어떤 경우에는 비인식과 인식 간의 이러한 교류가 보다 높은 인식수준에서 더 구조적이고 통합적이고 일관된 자아상을 포함하는 새로운 평형으로 이끌 수 있다. 하지만 비인식적 시스템과 인식적 시스템 간의 차이들이 다루기 너무 어려워지면, 개인은 스스로 자신을 통합할 능력을 갖지 못할 수도 있다. 그러면 개인이 통합된 자아상을 의식 차원에서 개편할 수가 없어 자아의 모순적인 측면들을 인지하게 되기 때문에 교란시키는 통제 불능의 감정이 출현하게 될 수 있다. 그러면 이러한 상황은 불균형과 인지기능 장애를 초래해서 개인적 특별함과 역사적 연속성에 대한 감각을 유지하지 못하게 된다. 이런 경우 GIM에서는 교란시키는 감각적, 정서적 정보가 심상, 은유적 음악체험, 움직임 패턴, 내장근 반응 같은 다른 양식이나 방식을 통해 표현되거나 나타날 수 있다.

언어와 2차적 의식을 통해 자신의 감정을 자신과 세상에 대한 언어적 생각과 평가에 통합할 수 있게 된다. 이것은 GIM에서 음악적, 은유적, 정서적 체험을 언어로 표현해 보고, 깊은 의미를 파악하고, 숨겨진 원천을 이끌어내는 과정이 중요함을 의미한다. 이러한 과정에서 클라이언트와 치료사는 '정형화된 사고'(실제 상황에 근거한 사고가 아닌 일반화된)와 '융통성 없는 원칙'(예를 들어 과거에 일어났기 때문에 그 일이 다시 일어날 것이라고 생각하는 것, 어떤 사람의 행동이나 생각이나 감정이 아니라 그 사람 자체가 나쁘다고 평가하는 것, 완벽한 이상적인 자아상을 유지하는 것, 비현실적 기대를 하거나 불만을 참지 못하는 것 등)을 찾아낼 수 있다.

이와 같이 GIM의 체험적 측면(즉, 확장된 의식상태에서 치료사와 대화하면서 음악을 들으며 심상을 떠올리는 것)은 무의식 차원에 있는 것을 탐색하고 이끌어내기 위해 사용된다. 치료과정에서 이 부분은 위험을 감수하기, 수치심을 공격하기, 불안감을 낮추기, 공포증과 공황발작을 줄이기, 그 외 유사한 과제를 포함할 수 있다. 확장된 의식상태에서 음악이 이끌어낸 심상은 개인의 행동을 부지불식간에 결정하는 원형적 정신구조의 산물임을 잊지 않는 것이 중요하다. 이러한 심상, 원형적 산물, 그리고 행동은 창의적이고 은유적이어서 처음에는 언어적 과정의 논리적인 분석에서 제외되었다. 게다가 실제로 클라이언트가 심상에서 표현하는 것들에 대한 모든 해석은 보통 1차적 처리를 통해 이루어진다. 이렇게, 해석은 일반적이고 전형적인 방식으로 일어나며, 정확도와 신뢰도가 낮은 해석 플랜에 의존한다. 그럼에도 불구하고 이 아날로그적 코드들은 무의식 영역과 의식 영역 간의 인지적 다리를 제공해준다.

무의식적 내용이 지닌 의미는 GIM의 '포스트세션'에서 다루어지는데, 이 때 GIM치료사는 클라이언트가 심상과 은유를 이해하고, 클라이언트의 고통을 유발하는 비합리적이고 비논리적인 사고의 틀을 밝혀내어 설명하고 수정하기 위해 언어 메소드를 사용한다. 이러한 자기성찰은 치료사와 클라이언트가 기록을 재검토하고 클라이언트가 심상과 은유에 의미를 부여하며 시작된다. 그런 다음 치료사와 클라이언트는 이 세션의 심상, 은유, 그리고 의미를 이전 세션들과 연결하면서 더 깊은 맥락을 파악한다. 또한 클라이언트가 충분한 거리를 둘 만큼 충분한 시간이 지난 뒤에, 이전의 몇 세션에서 수집된 내용을 인지적 기법(예를 들어, 자기표현에 언어적 구조를 사용, 비합리적인 생각에 대한 토론, 은유적 및 서술적 방법 사용 등)을 사용해 분석한다. GIM세션에서 일어나는 내용에 대한 언어적 처리에는 몇 가지 목적이 있다. 그것은 클라이언트가 세션이 진행되는 동안에는 얻을 수 없었던 의미와 깨달음을 갖게 하고, 은유적 심상을 현실에 연결시키며, 자아상의 모순을 드러내고, 이 차이를 해결할 방법을 찾게 하며, 세상 속에 있는 자신에 대해 보다 명료하고 정확하게 이해할 수 있게 하면서 자신의 목적, 가치, 신념, 기대 등에 보다 일치하는 자아의 재구성을 가능하게 해준다.

무의식의 내용과 의식의 내용 간의 차이에 있어서는, 현실과 심상, 은유의 다양한 의미, 그리고 그에 동반된 모순되거나 심지어 부적절한 감정을 비교할 때, 심상 경험이 불규칙적이며 예상 밖의 변화를 보이는 경우에는 이해와 해석 간의 차이가 더 커진다는 것을 유념하는 것이 좋다. GIM세션 직후에 이루어지는 이해는 때로 일시적이며 세션 기록을 더 성찰해 본 뒤에 수정될 수 있다. 기록을 읽을 때 시간적 거리를 두면 음악-심상화 과정을 통해 만나게 된 비인식적 내용에 대해 다른 관점을 취해볼 수 있게 된다. 이러한 방식으로 클라이언트는 논리적 정서 능력을 사용해 체험을 평가하고 그 안에 있는 주요 문제들에 집중할 수 있다. 사건들을 일관된 이야기 구조로 조직적으로 재작업하는 것은 이러한 방식으로만 가능하다.

처음에는 간접적인 방식으로 나타나지만, 무의식적 내용은 개인적으로 맥락이 닿게 언어로 표현할 수 있다. 이것이 결국 음악을 통한 심상의 재현이라는 치료적 가치다. 심상의 은유적, 즉 무의식적 내용은 모든 인간 인지체계의 정보처리의 최고단계를 구성하는데, 이 메소드에 의해 심상의 은유를 통한 회복이 가능해진다(Guidano, 1987; 1991). 우리는 무의식 영역이 우리의 삶에 영향을 주고 있지만, 언어를 통해 직접적으로 그 영역에 접근하지는 못한다는 것을 알고 있다. GIM의 음악-심상화 과정에서는 내적 운용모델과 결부된 감각, 감정, 심상, 그리고 움직임 패턴 같은 무의식적 차원의 영역들과 만날 수 있다. 결과적으로 무의식적 내용들은 분석적 처리를 통해 더 잘 이해할 수 있게 된다. 이 마지막 단계가 인지적 재구조를 통해 일어나는 변화에 대한 열쇠다.

실제 관점에서는 치료사가 무의식 및 의식의 내용을 다루기 위해 폭넓은 언어적 그리고 비언어적 메소드를 사용하기 때문에, 상황에 따라 클라이언트를 위해 사용할 수 있는 가장 적절한 메소드나 기법을 유연하게 결정할 수 있다. 치료과정의 각 단계가 넓은 의미의 치료계획에 포함된다는 것을 주목하는 것은 중요하다. 말하자면, 각 세션은 각 개인의 정체성을 예시하는 의미있고 독특한 퍼즐의 일부다.

심리치료 과정을 요약하면, 초기 단계에서 클라이언트는 음악-심상화 과정 동안 비언어적 인식을 갖게 되는데, 이는 언어적 분석에 의해 보다 명확해진다. 그런 다음 클라이언트는 치료사의 도움을 받으며 부적응적 사고방식이 어떤 식으로 자신의 존재상태를 고통스럽게 하고 창조적 잠재력의 발전을 막았는지 이해하기 시작한다. 은유화 과정을 통해 클라이언트는 심상과 그 의미를 무의식의 차원에서 의식의 차원으로 옮긴다. 이제 클라이언트는 자신의 기회와 선택을 제한하는 행동과 감정과 생각을 더 잘 이해하고 판단할 수 있다. 마지막 단계에서, 클라이언트는 수정된 새로운 자아상을 보여주는 새로운 표현으로 자신을 설명한다.

이 개념들을 설명하기 위해, 한 사례연구에서 특별한 의미가 있는 3개 세션을 소개한다.

사례 연구

대상 정보

메리는 전문직에 종사하는 45세의 기혼여성이다. 그녀는 매우 명랑하고 옷을 잘 차려입는다. 몇 년 전 그녀는 에이즈(HIV) 진단을 받았고, 바이러스와 독한 처방약 때문에 건강이 나빠졌다. 그녀는 우울과 불안을 느끼며 GIM심리치료를 받으러 왔고, 우리는 함께 다음의 치료목표를 설정했다.

- 질병을 이기기 위한 내적인 힘을 찾아내기
- 정서적 삶을 방해하는 비합리적 생각을 수정하기: '나의 삶은 나의 기대와 소망을 충족시켜야 한다', '나는 항상 완벽해야 한다', '다른 사람들은 나를 받아들여야 한다.'
- 자신의 상황에 대해 가족과 소통하기 위해 필요한 자기표현 능력 향상시키기
- 압박감과 죄책감 없이 삶의 상황을 받아들이기
- 삶을 재정비하고 자신의 삶에 긍정적인 의미를 부여하기

심리치료 과정

메리는 우리의 첫 만남 몇 년 전에 GIM세션을 많이 받았었다. 그래서 우리는 첫 번째 세션은 언어 상담으로 하기로 했다. 첫 세션은 그녀의 삶을 돌아보고 GIM에서의 이전 경험과 그녀가 현재 기대하는 것에 대해서 이야기할 수 있는 기회가 되었다. 이 후의 치료는 GIM세션과

언어상담을 교대로 진행했다. 이는 GIM세션에서 나타나는 내용을 적절하게 다루기에는 포스트세션 시간이 충분하지 않았기 때문이다. 나는 또한 메리에게 매 세션에 대해 기록할 것을 부탁했다.

다음은 두 번째 세션에서 발췌한 내용인데, 그녀는 GIM세션에서 자신의 건강상태를 다루기 시작했다. 사용된 프로그램은 Bruscia(2002)의 'Faith'이다(부록A 참조).

> 나는 맹렬한 전투가 발발한 들판에 있다. 시체가 도처에 있고, 땅은 거대한 균열로 가득하고, 연기가 자욱하고, 모든 것이 불탔다.
>
> 작은 식물이 보인다. 나는 그 근처의 수많은 시체를 치운다. 나는 식물을 보호하기 위해 주변을 치워서 공간을 마련한다. 나는 식물에 물을 준다. 재난에도 불구하고 아직 살아있음에 솟아오르는 애정을 느낀다. 죽지 않고 자라야 한다. 스스로 살아있음을 알아야 한다. 그곳에는 죽음뿐 아니라 생명도 있다. 식물은 놀라운 방식으로 자랄 수 있다.
>
> 내가 삶을 감당할 수 있도록 도와줄 힘, 기적적인 힘을 내 안에 가질 수 있도록 무릎을 꿇고 성가대와 함께 나는 기도한다.
>
> 그런 힘이 내 마음에서 나오는 것을 느낀다. 전에는 한 번도 느껴보지 못한 에너지이다.

분명 이번 GIM세션에서는 메리가 자신의 건강 상태를 어떻게 받아들이고 있는지 뿐만 아니라 어떻게 극복할 것인지에 대해 알 수 있었다. 그래서 우리는 GIM세션에서 드러난 그녀의 자아인식, 독자적 추론, 비합리적 생각을 파악하기 위해 몇 번의 언어 상담을 계획했다. 그 결과, 메리는 다음과 같이 자신에 대해 진술했다.

> 나에게 에이즈 바이러스가 있기 때문에, 사람들은 나를 받아들이지 않을 것이다. 하지만 동시에 나는 그들이 나에 대해 연민을 가질 의무감을 느낀다고 생각한다. 나는 내가 이 병을 가지고 있다는 사실과, 15년간 병에 걸린 지도 모른 채 지냈다는 사실을 받아들일 수 없다. 이 병을 가졌기 때문에, 나는 내 자신을 받아들일 수 없고 사랑할 수 없고 신뢰하지 않는다. 나는 자신이 부끄럽다.

메리는 또한 우울감, 죄책감, 불안감, 분노의 느낌을 경험했다.

끝에서 두 번째 GIM세션에서, 메리는 Perilli(2011-2012)의 'Integration' 음악프로그램에서 다음의 심상을 가졌다(부록 A).

> 그것은 아름답고 거친 나무껍질에 깊은 균열이 많이 있는 튼튼한 참나무다. 이 나무는 이 들판의 영주요, 현명한 안내자다. 나무는 나쁜 날씨에도 불구하고 용케 성장했다. 그것은 쉽지 않았다. 나무는 인내와 투지를 가지고 삶을 통한 긴 여행을 했다. 이제 나무는 성취감을 느낀다. 나는 안다. 나도 똑같이 할 것이다. 나는 긴 여행을 하기 위해 자신을 돌볼 것이다. 나는 참나무에 감사한다. 떠나기 전에 나는 어리고 유연한 나무 가지들과 논다. 내 몸은 매우 튼튼한 느낌이다. 나는 이제 떠날 것이다. 음악은 나의 상황에 대해 신중하게 다시 생각할 수 있는 에너지를 준다. 나는 미소 짓고 있다. 나는 행복하다!

이번 GIM세션으로 메리는 뒤이은 언어상담에서 자신에 대한 부정적인 생각을 수정할 수 있었다. 그녀는 "나는 나 자신을 더 좋아하기 시작한다, 나는 나 자신을 받아들일 수 있다. 사람들이 나와 관계 맺는 것을 불편하게 느껴도 괜찮다"는 결론을 내렸다.

이러한 기본 문제들을 강화하기 위해 그녀는 마지막으로 한 번 더 GIM세션을 가졌다. 프로그램은 'Positive Affect-Modified'(Bruscia, 1996)(부록A)였고, 인덕션은 긍정적 에너지를 주는 빛의 공이었다. 초점은 그녀의 '미완의 과제'라는 제목의 만다라였는데(아래), 그녀는 이것에 냉담함, 무심함, 분노의 감정을 결부시켰다.

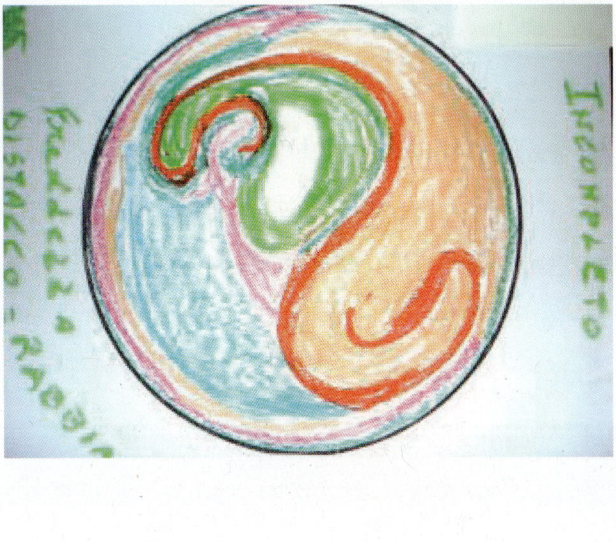

> 나는 만다라 속으로 들어가고 있다. 그것은 대성당의 찬란한 색깔의 스테인드글라스 창문으로 바뀌고 있다. 창문으로부터 빛이 쏟아지며 사과나무가 있는 자연의 장면을 비춘다. 나는 그곳에 있는데, 아기를 안고 과일이 가득한 바구니를 들고 가는 여자가 보인다. 신선한 공기가 느껴지고 폭포소리가 들린다. 전에 이렇게 멋진 폭포를 알지 못했기 때문에 놀랍고… 감탄한다. 나는 물속으로 뛰어들고 있다. 물은 신선하고 맑으며, 어떤 기쁨을 준다… 내 몸이 상쾌하고 튼튼해지는 느낌이다.

Barber의 'Adagio for Strings'를 듣는 동안, 메리는 더 이상 폭포 소리가 감지되지 않아, 튀어나온 단단한 가지들을 붙잡으며 바위에 오르기로 한다. 그녀는 폭포가 시작된 곳을 보고 싶다. 마치 휴지기이거나 누가 댐을 막은 것처럼, 폭포 소리가 희미해진다. 그녀는 폭포와, 폭포에 대한 자신의 모든 기억에 향수를 느낀다. 그녀는 마치 뱃속에 에너지가 말라가고 있는 것처럼 약간 슬퍼진다. 이러한 슬픔은 이끼가 매우 무성한 돌로 나타나다. 그녀가 이끼를 닦아내자, 매끄럽고 멋진, 가는 줄무늬가 있는 돌이 나온다. 그녀는 그렇게 아름다운 돌을 발견하게 되어 매우 기분이 좋다. 그녀는 그 돌을 집으로 가져가고 싶지만, 돌은 그녀에게 강이 더 많은 에너지를 회복하게 해줄 것이므로 강에 남아있는 것이 더 좋다고 한다. 메리는 돌의 조언을 따르고 또한 돌과 물 모두로부터 에너지를 얻기 위해 물 속에 눕는다. 그녀는 몸이 가볍고 튼튼하다고 느껴진다. 흐르는 물은 또한 모든 부정적인 생각을 쓸어낸다. 물은 흐르기를 결코 멈추지 않고, 아무것도 그 에너지를 막을 수 없다. 메리는 미끄러지지 않기 위해 돌을 붙잡고, 물은 그녀의 몸을 어루만지며, 정화시키고, 활력을 준다. 그녀는 물을 마신다. 마시는 동안, 메리는 물이 자신의 내부를 샅샅이 정화시키는 광선이 되어가는 것을 느낀다. 그녀는 정화되고 더 밝아진 것을 느낀다. 이제 희고 긴 튜닉을 입고, 그녀는 발마사지를 받으려고 물속을 걷는다. 그녀는 강물의 근원지를 향해 간다. 메리는 거대하고 바위가 많은 산 근처에 도착한다. 그녀는 웅장한 산의 볼록한 배 부분에서 강물의 흐름이 시작된다는 것을 깨닫고 깊은 감동을 느낀다. 그녀는 감사의 기도를 드린다.

포스트세션에서 메리는 GIM세션으로 활기를 갖게 되었다고 했다. 처음으로 그녀는 상쾌해지고, 정화되고, 활력이 충전되어, 매우 강한 신체적 체험을 했다. 그녀는 주변 환경과 일체감을 느꼈다. 그녀는 자연과 생명의 웅장함과 힘을 명상하며 심상을 마무리했다.

논의 및 결론

치료하는 동안 메리는 신체적으로 놀랍게 향상되어, 그 결과 약을 줄일 수 있었다. 심리적으로 그녀의 성장은 GIM세션에서 자신이 떠올린 은유와 스스로 거기에 부여한 의미를 통해 분명하게 이해될 수 있다. 메리의 성장 과정은 에이즈, 살아갈 힘, 궁극적으로 그녀 자신이라는, 연속적인 3번의 변형을 통해 설명될 수 있다.

에이즈의 변형

나와 함께 한 첫 번째 GIM세션에서 메리는 즉시 에이즈 바이러스의 은유를 만들었다. 그것은 격렬한 전쟁이 발발한 들판이었다. 들판은 시체로 뒤덮이고, 땅에는 대지의 몸에 난 상처처럼 거대한 균열이 있었다. 이 균열, 즉 상처는 참나무의 아름답고 거친 나무껍질로 변했을 때 변형이 시작되었는데, 이 나무에는 깊은 균열도 있었다. 하지만 이 참나무는 매우 현명했고, 아마 그녀의 에이즈를 치유하는 데 필요한 지혜도 갖고 있었을 것이다. 그 뒤 나무껍질의 균열은 돌의 가는 줄무늬 은유에 나타난다. 치유과정은 돌이 에너지를 받으려고 물에 푹 잠기면서 시작된다. 물은 또한 돌을 소생시키고 모든 불순물을 씻어내기 시작한다. 메리는 그 돌이 마치 닻인 것처럼 붙들고, 나무처럼 하나의 현실(에이즈) 앞에 서 있으면서도, 흐르는 삶의 물결 속에 부정적이고 긍정적인 면들을 모두 받아들이며 나아가는 데 필요한 에너지를 갖게 된다.

살아갈 힘의 변형

생명은 메리가 스트레스로 가득한 삶에 맞서서 지탱해갈 수 있는 원천인 중심 가치를 상징한다. 그녀의 심상에서 생명의 은유는 작은 식물, 참나무, 그리고 물로 나타나는데 모두 그녀가 문제를 극복하기 위해 필요한 자신감을 주었다. 이 은유적 심상들은 '나는 에이즈 양성이니까 내 삶은 아무 가치가 없다' 같은 그녀의 부정적 편견에 맞서기 위해 언어 세션에서 사용되었다.

이 은유에 더 들어가 보면, 작은 식물은 자라서 튼튼하고 현명한 참나무, 그 다음에는 과일나무가 되었다. 폭포와 물은 모든 부정적 생각을 쓸어내 버리고, 마음과 몸에 대한 그녀의 자기인식을 새롭게 하고 정화시켰다. 이 모든 은유적 심상을 통해 메리는 자신의 가치에 대한 비합리적인 생각을 수정하고, 삶에 대처할 힘과 능력을 스스로 가지고 있다는 것을 깨닫게 되었다.

또 다른 중요한 은유는 산의 볼록한 배 - 자신의 배로 인식한 - 에서 강물의 근원을 찾는 것이었다. 이는 자신의 힘이 내면에서 나왔다는 것과, 삶을 살아갈 힘과 에너지를 자신이 가지고 있다는 성찰을 갖게 해주었다.

자기의 변형

에이즈와 삶에 대한 그녀의 심상과 은유적 변형으로, 메리는 필연적으로 자기가치를 수정하게 되었다. 처음 에이즈를 인식했을 때 그녀는 깊은 우울함과 무력감을 느꼈다. 그녀는 자신을 '불결한 사람'으로 보았다. 하지만 에이즈에 대한 그녀의 인식이 보다 긍정적이 되면서 그녀는 이 질병의 존재만을 근거로 자기평가를 할 필요가 없음을 깨달았다. 그녀는 그 질병 이상이며, 그 질병은 전체의 일부에 지나지 않는다. 또한 삶에서 나아갈 힘과 에너지가 자기 내부에 있음을 깨닫고, 그녀는 또한 자신에 대한 보다 긍정적인 인식을 가지기 시작했다. 마지막 GIM세션에서 그녀는 자신의 여정의 주인이 된다. 이제 하얀 튜닉을 입고, 그녀는 물속을 걸어 강의 근원으로 가서, 자신의 힘과 에너지의 근원으로서의 자기 자신을 발견하고, 자연과 생명과 일체감을 느끼게 된다.

마무리

감정은 자신과 환경을 알 수 있는 첫 번째 조직적 시스템이다. 신경과학 연구는 감각, 운동, 그리고 정서적 경험을 포함하는 의식의 비인식적 차원의 결과에 주목한다. 음악에 대한 정서적 반응은 거울신경모사체계(the mirror neurons simulation mechanism)와 연관된 것으로 보인다. 거기에는 대뇌피질과 피질하 영역의 기능과 처리 과정이 수반된다.

임상에서, 역동적 상호작용을 계속하면서 유추적-심상적(analogical-imaginative) 및 분석적-언어적(analytical-verbal) 체계로 접근하기 위해서는 다차원적인 중재를 계획하는 것이 기본이다.

결론적으로, 음악은 사람들이 자기감정과 접촉할 수 있게 하고 그 감정은 언어를 통해 전달될 수 있으므로, GIM은 무의식의 영역을 다루는 데 매우 이상적이다. 인지통합적 관점에서 말했듯이, 언어적 방법을 통해 인지적으로 새롭게 확장되어 여러 하부조직과 기능에서 효율적인 통합을 이루게 된다. 그 결과, 자아 심리조직에서 지속적이고 의미 있는 수정이 이루어지게 되는 것이다.

참고문헌

Bruscia, K. E. (1996). *Music for the Imagination.* Gilsum NH: Barcelona Publishers.

Bruscia, K. E. (2002). Appendix E. In K. E. Bruscia and D. Grocke (Eds), *Guided Imagery and Music: The Bonny Method and Beyond.* Gilsum NH: Barcelona Publishers.

Donahoe, J.W. and D. C. Palmer (1994). *Learning and Complex Behavior.* Boston: Allyn and Bacon.

Guidano, V. F. (1987). *Complexity of the self: a developmental approach to psychopathology and therapy.* New York: Guilford Press.

Guidano V. F. (1991) *The Self in Process. Toward a Post-Rationalist Cognitive Therapy.* New York: The Guilford Press.

Perilli, Giordanella. G. (2011-2012). Integration process in the Bonny Method of Guided Imagery and Music. *Journal of the Association for Music and Imagery, 13,* 23-44.

부록 A
GIM 프로그램

Faith

(Bruscia, 2002)

Part: Cantus in Memory of Benjamin Britten

Ives: Unanswered Question

Alwyn: Symphony #5 (4th movement)

Messiaen: O Sacrum Convivium (A Hymn for the World)

Integration

(Giordanella Perilli, 2011-2012)

Wassenaer: Concerto #3 in A. Largo Andante

Cherubini: Requiem in A minor, Graduale

Tartini: Concerto in A minor for violin and orchestra, Grave

Rota: Concerto for Strings, Prelude

Morricone: Concerto #1 for Orchestra (Excerpt)

Paganini: Concerto for Violin #! in D, Op. 6, Adagio

Rossini: William Tell, Overture (Excerpt)

Corelli: Concerto Grosso in G minor, Adagio

Positive Affect-M

(Bonny & Bruscia, 2002)

Elgar: Serenade for Strings, Larghetto

Elgar: Enigma Variations (8 and 9)

Mozart: Laudate Dominum

Barber: Adagio for Strings

Brahms: Requiem (Part VI)

Strauss: Death and Transfiguration (Excerpt)

사례12 이중진단 장애와 GIM

이중진단을 받은 복합중독 여성의 GIM *

Eugenia Pickett

개요

이 사례는 주요 우울장애와 음식과 알코올 중독으로 이중진단을 받은 35세 여성에게 GIM이 어떻게 도움을 주었는지를 설명해 준다. 치료가 진행되면서 이 여성은 내면에서 자신의 다양한 부분을 확인하고, 회복 과정에서 내면의 각 부분들의 역할을 조정하고 통합할 수 있었다.

도입

페니가 내 사무실로 들어온다. 그녀는 눈을 내리뜨고 "나는 물에 빠지고 있어… 보이지 않

* Bruscia, K. (Ed.) (1991). *Case Studies in Music Therapy*, pp. 497-512. Gilsum NH: Barcelona Publishers.

고… 비어있어"라고 중얼거리고 있다. 그녀의 고통이 심각해보였지만, 그 모습에서 아마 오늘 그녀가 중요한 치료를 받게 될 것임을 알 수 있다. 우리가 앉을 때 나는 미소 짓는다. 그녀가 나를 바라볼 때, 그녀의 맑고 푸른 눈동자에서는 두려움이, 찌푸린 이마에서는 긴장감이 보인다. 39세에 295파운드의 이 여성은 옷차림이 보기 드물게 잘 차려입고 완벽할 정도로 단정하다. 나는 그녀에게 미술재료를 건네며, "지금 기분이 어떤지 보여주세요"라고 말한다. 그녀가 크레파스에 손을 뻗을 때, 그녀의 옅은 향수가 은은하고 달콤하게 퍼진다.

페니는 떨리는 손으로 보라색 크레용을 집어 종이의 위에서 중간 아래까지 수직으로 평행선들을 그린다. 그녀는 검은색 크레용에 손을 뻗어, 종이의 아랫부분에서 크레용을 세게 눌러 꼼꼼하게 위아래로 움직이며, 천천히 세 개의 커다란 검은색 공간을 칠한다. 그런 다음 그녀는 불타는 빨간색 크레용을 가지고 그 검은색 공간 사이와 주변을 칠하고 나서, 종이의 나머지 모든 공간을 노란색으로 칠한다. 그녀의 그림은 빈틈없이 빽빽하고 구분되어 있다. "내 중독은…," 그녀는 도전적인 목소리로 떨면서 말한다. 그리고는 "나는 완전히 갇혔어요"라고 하며, 눈에 눈물이 가득하다. 나는 그녀를 눕게 하고, 얇은 담요로 덮어주며, 호흡에 집중하라고 한다. "당신의 감정과 당신 자신에게 깊이 들어갈 수 있도록 숨을 들이마십니다… 그리고 편안해지도록 숨을 내쉽니다… 나는 지금 당신과 함께 있고, 오늘 당신이 탐색하고자 하는 것이 무엇이든 여기에서 당신과 함께 할 것입니다."

Pierne의 'Concertstucke for Harp'를 들려주자 페니는 심상으로 들어간다. 음악이 자신의 감정의 뿌리와 공명되자 그녀의 눈에서 눈물이 흐르기 시작하고, 그녀는 내 손을 잡으려고 손을 뻗는다. 이것이 오늘 우리의 첫 번째 친밀한 접촉이다. "선생님이 너무 멀리 있는 느낌이에요"라고 그녀는 말한다. 나는 그녀가 뻗은 손을 잡아주면서 다른 손으로 그녀의 목을 부드럽게 잡아준다. 나는 그녀가 자신의 강렬한 감정에 머무르도록 격려하면서, 그녀 곁에 있을 것이라고 다시 안심시켜 준다. 음악이 계속되는 동안 페니는 말한다. "나는 그렇게 혼자에요… 항상 혼자에요… 혼자… 나는 이곳에… 무겁고… 못생기고… 뚱뚱하고… 슬프게… 커다란 벽 뒤에… 누워있는 것 같아요… (한숨을 쉰다)… 뚱뚱한 건 내 잘못이에요… 그렇게 많이 안 먹었으면, 이렇게 느끼지 않을 텐데."

이 세션은 페니가 회복으로 전환되기 시작한 것을 보여주는 몇 세션 중 하나이다. 이전에 우리는 전통적인, 언어로만 진행하는 정신역동 심리치료를 했다. 그녀는 자기이해에 진전이 있었지만, 극심한 우울증이 생겨 어쩔 수 없이 중독과정은 건드리지 못했다. 그녀의 체중은 거의 300파운드로 증가했다. 페니는 정신적 문제와 물질남용의 문제가 있었고, 이 둘을 동시에 치료할 필요가 있었다. 그녀는 폭식과 알코올 중독뿐 아니라 반복되는 심한 우울증에 시달리고 있었다.

이중진단을 받은 사람들은 '부인'으로 방어하는 경향이 있어, 결과적으로 치료하기 어려운 경우가 많다. 이중적인 문제는 그들이 전통적인 치료 접근법을 잘 받아들이지 않게 만든다(Evans & Sullivan, 1990). 뭔가가 더 필요하다. 이론과 메소드를 넘어서, 그들은 체험적 차원의 접근법이 필요하고(Hornyak & Baker, 1989), 항정신성 약물이 필요할 때도 있다.

페니는 회복과정에 들어서기 시작한 것도 새로운 방법으로 치료를 받기 시작하면서부터였다. GIM에 대해 페니는 말한다, "내 문제들은 너무나 깊게 묻혀 있었고 잘 방어하고 있었기 때문에, 통제를 풀고 표면으로 나오게 할 수 없었어요… 음악이 나를 거의 꿈꾸는 상태가 될 정도로 이완시켜 내 안에 깊숙이 있던 감정들이 표면으로 올라오게 해주었어요… GIM은 내면을 외부로 나오게 해서 치료하는 것 같아요… 말로만 진행하는 치료는 외부를 내면으로 들어오게 해서 치료했거든요."

치료적 접근

심상

유도된 심상은 정신적 건강에 변화를 이끌어내기 위해 체계적으로 사용될 수 있다. 과거에 대한 기억, 그리고 그와 연관된 감정은 현재 정신적 건강의 장애물을 이해하는 데 사용될 수 있다. 예를 들어, 해결되지 않은 비통함이 관계의 문제를 일으킬 때, 클라이언트에게 부모님의 무덤에 꽃을 갖다놓는 심상을 그려보라고 하는 것이 보통 오래 전에 일어난 죽음에 대해 얘기하는 것보다 일반적으로 더 많은 감정을 끌어낸다. 그리고 일단 그 감정이 표현되면, 그 사람은 비통함에서 벗어날 수 있게 된다.

Pribram(1981)은 우리의 사고를 심상적, 정서적 모드에서 홀로그래픽 메모리를 통한 검색의 과정이라고 설명했다. 이를 기반으로, 그는 문제 해결이 심상적, 정서적 모드에서의 홀로그래픽 메모리를 통한 일련의 반복적인 검색이라고 보았다. 이러한 반복된 검색은 새로운 홀로그래프를 시연할 기회를 제공하고 동시에 이전의 홀로그래프를 보충하도록 도와주면서, 문제해결의 새로운 가능성과 이를 평가하는 방식을 만들어낸다.

심상 과정을 체계적으로 사용하는 것은 정서적 반응을 이끌어내고 합리적인 행동을 만들어내도록 지원할 수 있다. Leuner(1984)는 환자들에게 특정 주제에 대해 상상하게 해서, 그들의 정서적 반응을 통해 정서와 태도가 바람직하게 변화되도록 인도한다. 그는 단기 정신분석 심리치료에서 자신의 기법을 사용하고, 이것이 인지와 행동 모두 변화시킨다고 주장한다. 심상에서 감정들을 탐색할 수도 있고 보다 적응적인 행동을 만들어낼 수도 있다. Cameron-Bandler와 Lebeau(1985, 1986)는 이러한 과정에 대한 특정 공식들을 제공한다.

음악

음악은 의식 아래에 있는 감정이 올라오게 한다(Sessions, 1971). 음악은 방어기제를 넘어 마음에 다가가고, 때로는 우리가 전에 느끼지 못했던 감정과 기분을 전달하면서 자신을 탐색할 수 있는 가능성에 접근한다. 음악과 감정이 연결되는 한 가지 이유는 둘 다 시간을 통해 전개되고 드러난다는 것이다. Zuckerkandl(1969)은 '어떻게 프레이즈 간에 상호 연결되고, 거기서 각 음이 그 다음 음으로 넘어가는지… 어떻게 우리가 청각적으로 음 안에 있는지 그리고… 다음의 음 앞에 있는지'를 설명했다. 이는 우리가 순간순간 음악의 진행에 따라 문자 그대로 정서적 경험을 하게 된다는 것을 의미한다. Grof(1985)는 어떻게 이것이 치료를 이끌어가는지에 대해 주목했다. 그는 "음악은 다양한 의식상태의 과정에서 연속성과 연결을 만들어내며", 치료 상황에서 사용되었을 때 음악은 "대상자가 감당하기 어려운 연속적 사건과 교착 상태를 헤쳐갈 수 있도록 돕는 파동을 지속적으로 만들어낸다"라고 했다(p.386).

GIM

헬렌 바니 박사(1978a, 1978b, 1980)가 창시한 GIM(Guided Imagery and Music)은 클래

식음악을 사용하여 심상에 접근하게 하는 자아탐색 메소드이다. 이 기법은 때로 음악이 지원되는 심리치료로 언급되기도 하는데(McDonald, 1986), 심상과정에 치료적으로 영향을 주고 상호작용하는데 사용되는 매개체가 음악이기 때문이다. 음악이 적절하게 선택되면, 그 자체가 동시에 다차원적이므로 감정 반응을 끌어내고, 감각을 활성화시키고, 몸에 생리적으로 영향을 주며, 상징적 표현이나 심상을 촉진할 것이다(Bonny, 1986). 이와 같이 음악에 의해 촉진된 심상은 치료적 이슈를 표면화시켜서 그 이슈를 다루고 적절하게 해결하게 한다(Bonny, 1978a). Clark과 Keiser(1989)는 더 나아가 GIM이 클라이언트가 심상 영역에서 자아실현을 통해 전체성(wholeness)을 향해 나아가려는 것을 돕는다고 말한다. 이러한 이유로, 내면 탐색을 통해 얻어지는 외적 치료적 변화가 계획된 치료 목표를 뛰어넘는 치료 효과를 가져오는 경우가 많다.

전형적인 GIM세션은 90분이다. 각 세션의 시작은 프리세션, 이완과 인덕션, 음악프로그램의 선택으로 이루어진다. 각 음악프로그램은 음악의 윤곽(musical contour)과 그것을 이루는 다양한 요소들로 신중하게 구성되어 있다(Bonny, 1978b). 그 윤곽은 깊은 정서적 경험 속으로 갔다가 현재로 안전하게 되돌아오도록 디자인되었으며, 베이스라인에서 시작해 절정까지 쌓아 올라가 안정화된 다음 원래의 베이스라인으로 돌아온다. 이 형식 안의 음악요소는 음고, 조성, 리듬, 템포, 성악과 기악의 배치, 그리고 분위기이다. 음악프로그램은 클라이언트의 심리상태와 필요에 적합하도록 세션에 따라 선택된다. 음악이 시작되면, 치료사는 진행되는 클라이언트의 심상 과정을 격려하며 적극적으로 개입한다.

전문적으로 이 메소드를 사용하려면 GIM의 전문화된 교육과정이 필수적이다. 바니는 GIM에 필요한 지식과 기술을 가지는 것 외에, 훈련된 GIM치료사는 좋은 경청자이며, 잘 공감하고, 자기확신이 있고, 창의적이며, 직관적이어야 한다라고 했다(1980).

대상 정보

페니는 35세의 이혼여성으로 비만하다. 그녀는 5년간 나에게 치료를 받아왔다. 그녀와 11살 아들은 그녀의 부모님과 함께 산다. 치료를 처음 시작했던 때에 페니는 밤에 혼자 있기가 두려워서 아들과 함께 같은 침대에서 자고 있었다. 아들은 복합 알레르기와 학교 공포증에 시달리고 있었다. 그녀는 정서적, 성적으로 학대받던 5년의 결혼생활을 끝내고 부모님 집으로 돌아왔다. 그녀는 자신의 감정, 폭식, 물질 남용, 그리고 알코올의존을 돌보지 않았다. 그녀는 사람들과 잘 어울리지 못하는 것 같았고, 자신에 대해 어떻게 대화를 이어가야 할지 몰랐다.

페니의 아버지는 알코올중독자이고 은퇴한 철도원인데, 페니에 의하면, 아들을 원했으나 그녀가 태어나 실망했다고 한다. 아버지는 그녀에게 엄했다. 그는 페니에게 욕하고 험담하며 끊임없이 그녀를 거칠고 억세게 만들려고 했다고 한다. 사실 페니는 그녀가 아들이길 원했던 부모님은 그녀가 아들을 낳을 때까지 자신을 조금도 인정하지 않았다고 느꼈다.

비서로 일했던 어머니는 남편의 알코올중독이나 난폭함이나 욕설로부터 페니를 보호해주지 못했다. 페니는 매우 영리하고 여성적이며 인기 있는 여동생을 질투했던 것을 기억한다.

페니는 어릴 때 친구들이 자신을 놀린 것을 기억하고 있고, 평생 같은 도시에서 살아왔는데도 불구하고 치료받는 동안 사귄 친구들 외에는 친구가 없다. 그녀는 성적이 형편없었고, 2년 전까지도 자신이 멍청하다고 믿었다.

섭식장애는 청소년기에 시작되었다. 페니는 학교가 끝나면 자주 고기가 든 빵 한 덩어리를 통째로 먹고 나서, 부모님이 귀가하기 전까지 더 많은 음식을 사서 보충했다고 한다. 성인이 되어서는 폭식하고 토하는 것을 배웠고, 치료를 시작할 당시 폭식증 환자였다.

페니는 아동과 청소년기에 감기, 알레르기, 천식 때문에 학교를 많이 쉬었다. 치료를 시작했을 때 그녀는 많이 아팠다. 고혈압 약을 먹고, 매주 천식을 위한 알레르기 주사를 맞고, 신장결석이 있었다. 지금은 그녀의 혈압이 정상이고, 더 이상 알레르기 주사를 맞지 않으며, 신장결석도 심해지지 않고 거의 아프지 않다.

페니는 결혼할 때까지 성적으로 적극적이지 않았다. 결혼생활에서 그녀의 전남편은 성적 경험의 하나로 묶고 때리기를 권유하고 즐겼다. 그녀는 그를 때리는 것이 즐거웠다고 한다. 그녀는 여성들에게 끌리지만, 여자와 성적인 관계를 가져본 적은 없다. 그녀는 파경 이후에도 성적으로 소극적이었다.

페니는 출산 외에는 입원한 적이 없고 심리치료를 받은 적도 없다.

치료 과정: 시작

치료 초기에서 페니에게 중요한 문제는 신뢰 형성이었다. 우리는 두 가지에 집중했다. 첫째는 그녀가 자신에 대한 이야기를 이끌어가는 방법을 배우는 것이었다. 둘째는 치료 관계가 무엇인지와 이것이 그녀에게 어떻게 작용하는지를 발견하는 것이었다. 세션은 우리 모두에게 어려웠고, 둘 다 침묵하고 있는 시간이 많았다. 나는 그녀와 충돌하는 것보다는 침묵이 더 편안했는데, 그녀는 충돌하는 것이 더 편했다! 그러나 마침내 우리는 치료적 동맹을 발전시켰다.

우리의 다음 목표는 페니의 양육기술이었다. 페니의 아들은 보호와 보살핌이 필요했다. 아들은 자신만의 방과 침대가 있어야 했고, 학교를 다녀야 했다. 그녀는 자신과 아들을 위해 행동 제한의 방법을 배우는 한편, 긍정적 감정과 부정적 감정을 모두 적절하게 표현할 수 있는 보호자가 되어갔다. 그녀는 아들에게 자신만의 침대를 쓰게 하고 치료사에게 데려갔고, 아들의 학교 공포증은 빠르게 가라앉았다.

그런 다음 페니는 비통함을 다루기 시작했는데, 이는 오늘까지 지속되고 있는 과정이다. 그녀는 자신의 결혼이 깨진 아픔을 다루기 시작했으며, 이 고통을 견뎌내기 위해 중독에 의존했음을 알게 되었다. 그녀는 자신의 깨달음을 아주 명백하게 말했다. "알코올과 비만은 나를 안전하게 지켜줘요." 나는 페니의 체중과 음주가 그녀의 건강에 끼칠 영향이 걱정이 된다고 이야기했다. 그녀가 술과 음식으로 서서히 죽음의 길로 가고 있는 것이 분명했다. 그때 나는 그녀가 처방약도 남용하고 있다는 것을 몰랐다. 그녀는 자신이 쓸모없다는 생각과, '자유로워지고 싶어 하는 누군가가 내 안에 있는 것'에 대해 이야기했다. 그녀는 알코올중독자협회(AA)에 나가기 시작했고, 회복 과정을 시작했다. 이후 몇 달 동안 신경안정제, 혈압약, 그리고 처방 없이 '일반의약품'을 남용했다는 것이 드러났다. 이 시점에서, 페니는 드러내는 것이 좀 더 두려워졌다. 보다 깊은 감정들이 올라오고 있었다. 회복 중이었으므로, 그녀는 알코올과 약물이 주던 이전의 안전함으로 도망갈 수 없었다. 나와 친밀해지는 것이 위험하게 느껴지기 시작했다. 그녀는 대부분의 시간에 두려워했다. 폭식한 후 약물로 설사하는 것이 급격히 증가했다.

이때가 GIM을 시작한 시점이었다. 오랫동안 보였던 페니의 음식중독은 알코올과 약물 회복 과정 때문에 보다 접근이 용이해졌다. 그래서 우리는 중독과정 치료에 바로 임하기 시작했다. 치료가 진전되면서 심한 우울증이 재발했고, 함께 일하는 내과의사가 항우울제를 처방했다.

GIM 치료 과정

벽

GIM 초기치료에서, 페니는 매우 높고 두꺼운 검은색 시멘트벽과 마주쳤다. 그녀는 말했다. "댐같이 보이는데, 아무도 들어오지 못하게 하고 내 모든 비밀을 담고 있어요… 나는 조용히 혼자 있으면서 아무도 들어오지 못하게 해요… 몇몇 사람은 그 비밀을 조금 알고 있지만 내가 부담을 느끼지 않을 만큼만 알아요… 내가 원한다면 그 벽의 바깥 쪽으로 나갈 수도 있어요." 그러나 그녀는 벽 뒤에 고립된 채로 모든 시간을 보내고 있어서, 점점 더 외로워졌다. 페니는 그 벽을 치워버리기로 결정했지만 그러면 통제할 수 없을까봐 두려웠다.

어느 날 그녀는 말했다. "그렇게 견고하고 높은 벽을 유지하는 게 너무 고통스러워졌어요." 그녀는 여러 그림을 그려서 나에게 가져오곤 했었는데, 나는 벽 높이의 변화를 알아차렸다. 세션에서 페니는 문을 달려고 했지만, 그 때 그녀의 두려움이 말했다. "문이 일단 열리면 그것을 통제할 길이 없을 것이다… 내 비밀이 쏟아져 나오고 사람들은 들어올 것이다… 나는 내 자신을 보호하지 못하고 문을 닫을 수 없게 될 것이다." 그래서 그녀는 대신에 벽을 낮추기로 결정했다.

그러나 결국 페니는 자물쇠가 있는 문을 달았다. 이는 그녀가 새로운 친구들을 사귀기 시작할 즈음이었다. 이후의 GIM세션에서 친구를 사귀고 사람들과 가까워지는 것을 다루면서, 그녀는 창문을 달았다. 그런 다음 벽 자체가 검은 콘크리트에서 회색 돌과 시멘트로 바뀌었고 그 위에 포도나무와 꽃들이 자라게 되었다.

중독자

중독치료를 위해 치료실에 처음 올 때는 좀 더 절제할 수 있기를 원하는 사람, 중독에서 회복되기를 원하는 사람의 모습으로 온다. 음식, 알코올 또는 약물에 빠져 조절하지 못하는 모습으로 오는 경우는 드물다. 치료에 성공하려면 그 사람의 중독된 부분을 회복과정에 연관시킬 필요가 있다.

다음은 페니의 '중독자'세션의 기록이다. 나는 바니(1978b)가 만든 'Mostly Bach' 음악프로그램을 사용했다. 이 음악은 매우 규칙적이고 구조적이다. 지속적이고 복잡하며 숭고한 분위기다. 이 음악은 페니가 심각한 심리적 문제를 끈기 있게 치료받는 데 필요한 에너지와 힘을 갖도록 도와주었다.

나는 통제를 벗어나 음식에 주도권을 갖고 있는 그녀의 한 부분에게, 앞으로 나와서 나와 함께 하자고 초청하는 인덕션으로 시작했다. Bach의 'Passacaglia and Fugue in C Minor'가 시작할 때 페니는 평화로워 보였다. 그녀의 호흡은 깊고 규칙적이었다. 그녀의 눈은 감겨진 눈꺼풀 아래에서 움직이기 시작했고, 그녀는 말했다. "나는 공원에 있어요… 나무가 많아요… 잔디는 초록, 봄의 연한 초록색이에요. 여기 있는 게 좋아요… 기분이 좋아요… 몸이 가볍게 느껴져요."

나는 "당신에게 먹는 것에 문제를 일으키는 부분이 있나요?"라고 물었다. 페니의 얼굴은 깊은 찌푸림으로 바뀌었고, 숨을 참으며 말했다. "네, 그리고 그것은 어둠에 둘러싸여있어요… 짙은 회색." 나는 그녀에게 고르게 호흡하라고 다시 알려주었고, 문제를 일으켜온 그 부분과 만나 이야기할 수 있도록 음악이 도와줄 수 있을 것이라고 했다. 그런 다음 나는 페니에게, 그녀 자신과 '회색 부분' 모두에게 기꺼이 서로 대화하기로 한 것에 대해 고마워하게 했다.

Bach의 'Come Sweet Death'가 흐르는 동안, 페니는 자신의 회색 부분과 친구가 되었고, 나는 그녀가 질문하도록 도왔다. "네가 나를 위해 하는 일이 무엇이니? 어떻게 나를 돕고 있니? 무슨 도움이 되니?" 페니는 얼마동안 자신의 일부와 대화를 계속했다.

자신이 하는 긍정적인 목적을 밝히기 위해, 그 회색 부분은 그녀에게 말했다, "나는 네가 긴장을 풀고, 편안함과 사랑을 느끼도록 도와줘." 나는 페니와 그녀의 회색 부분에게, 먹는 것으로 긴장이완과 편안함과 사랑이라는 긍정적인 목적을 성취했던 것 대신에 대안을 함께 찾아보라고 제안했다.

Bach의 관현악곡 'Partita'이 흐르는 동안, 페니와 그녀의 회색 부분은 몇 가지 대안을 내놓았다. 페니는 공예, 정원, 자동차 일을 다시 시작해야 한다. 또한 그녀와 회색 부분은 통제되지 않는 폭식으로 되돌아가지 말고, 필요한대로 좀 더 많은 대안을 내놓자는 합의에 도달했다.

Bach의 'Little Fugue in G Minor'가 흐르는 동안, 페니는 그녀의 회색 부분의 도움으로 이 대안들을 탐색하고 시험해보기 시작했다. 그녀는 도자기를 만들고 자동차에 왁스칠하는 모습을 보았고, 파종을 위해 꽃씨 꾸러미들을 선별하고 있는 것을 상상했다. 나는 그녀에게 물었다. "당신이 지금 하는 일에 만족하나요? 앞으로 이 일을 할 생각이 있나요?" 그녀는 대답했다. "회색 부분은 다른 사람들을 멀리할 방법이 없기 때문에 이 일에 만족하지 않아요. 그래서 폭식하는 거에요, 사람들을 회피하려고…" 페니는 계속해서 말했다. "내가 자동차에 왁스칠하고 있을 때 새 친구가 들르면, 회색 부분은 그녀와 말하고 싶어 하지 않아요." 나는 페니에게 그녀와 그녀의 회색 부분은 여기서 무슨 일이건 할 수 있고, 음악이 도와줄 수 있을 것이라고 말해주었다. 그녀가 대답했다. "회색 부분과 나는 함께 섞여있고, 우리는 새 친구에게 지금 당장 혼자 있을 공간이 필요하다고 말하고 있어요."

Brahm의 'Violin Concerto'의 Adagio 악장이 연주되기 시작하고, 페니는 "나는 지금 막 자동차 왁스칠을 끝내고 혼자 산책하러 나가고 있어요"라고 말했다. 악장이 끝나갈 때, 페니는 집에 돌아와 새 친구에게 전화를 걸기로 했다. 그녀는 친구에게 이해해줘서 고맙다고 하고, 거절하는 법을 배우고 있는데 가까워지는 것에도 어려움이 있으므로 도와달라고 이야기했다. 그녀의 새 친구는 자신에게도 비슷한 어려움이 있다고 말해주었다.

Bach의 'Double Violin Concerto'의 라르고가 흐르는 동안, 페니는 보다 적절한 대안 행동을 선택하는 과정을 반복했다.

말하는 빵

당신은 인생에서 빵 하나와 한 시간 반 동안 이야기하면서 보낸 적이 몇 번이나 있었는가?

아마 한 번도 없을 것이다! 그리고 그렇게 하는 것에 세션비를 지불하라고 하면 아마도 망설일 것이다. 음악을 듣고, 베개를 치고, 의자와 이야기하고, 용과 싸우거나, 심상에서 떠오르는 것과 맞서는 데 돈을 쓴다고 클라이언트들은 자주 농담을 한다. 그리고 그들의 농담은 항상 그렇게 하는 것이 사실상 얼마나 도움이 되었는지를 이야기하는 것으로 끝난다.

Hornyak과 Baker(1989)는 식이장애를 가진 클라이언트에게는 체험적 접근법이 필요하다고 강조하는데, 왜냐하면 장애증상들이 인지적, 육체적 그리고 신체 이미지 요소를 갖고 있기 때문이다. 이 증상들로 고통 받는 사람들은 자신의 내적 경험과 단절된다. 체험적 기법은 자신의 내면세계를 표출하고 통합하는 과정에서 신체 반응, 감정, 인지 기능을 용이하게 해준다.

페니의 식이장애치료에서 중요한 세션은 그녀가 문자 그대로 빵에게 자신의 감정을 표현하고 합의했던 세션이었다. 이 세션에서 사용한 음악 프로그램은 'Positive Affect'이다(Bonny, 1978b). 매우 비슷한 템포가 특징이며 오케스트라와 합창이 모두 지원된다.

Elgar의 'Enigma Variation' 8번이 흐르는 동안, 페니는 자기 앞에 흰 빵, 소금, 도넛, 오렌지소다, 술, 우유가 놓여진 식탁을 차리는 것으로 세션의 무대를 준비한다. 그녀는 음식이 자신의 친구임을 인정하고, 'Variation 9번'의 꽉 찬 화성과 확장되는 크레센도 후에, 페니는 자기의 가장 중요한 친구 - 흰 빵 - 를 선택한다.

Mozart의 'Laudate Dominum' 중 부드럽고 고요한 저녁기도가 흐르는 동안, 페니는 그 빵에게 부드러운 톤으로 다정하게 이야기한다. "넌 너무 부드러워… 내가 필요할 때는 항상 거기 있지… 만지기 너무 좋고… 맛도 너무 좋아… 그리고 내가 널 아무리 많이 먹어도 항상 더 먹을 수 있어… 넌 내 기분을 좋게 해줘… 심지어 나를 잠들게도 해주지." 그녀는 다정하게 빵을 집고, 소프라노 목소리가 들리자, 빵이 매우 부드러운 톤으로 페니에게 말한다. "나는 왜 네가 나를 포기하는 게 어려운지 알아… 난 항상 널 위해 여기 있어… 날 포기하는 걸 생각하면 너는 숨쉬기가 힘들어지지." 이 시점에서 나는 말한다. "비통함… 상실… 당신은… 여기서… 그것을 느껴보세요… 지금… 음악이 도와줄 겁니다… 내가 당신과 함께 있어요."

Barber의 'Adagio for Strings'가 시작되고, 페니는 빵에게 말한다. "너는 나에게 친구 대신이야." 음악의 지속되는 선율이 두 번째 절정을 향해 차분하게 쌓여가면서 정서 반응이 최고조로 불러일으켜지고, 페니가 소리친다. "네가 없었을 때도 지금만큼 상처받진 않았어… 이건 너무 힘들어… 너(빵) 없이 내 상처를 억누르는 것이." 나는 그녀에게 묻는다. "페니, 지금 기분이 어떤가요?" 음악이 긴장과 해소의 파동을 갖고 점점 커졌다 작아졌다, 높아졌다 낮아졌다를 반복하는 동안, 페니는 뺨에 눈물이 흐른 채 말한다."마음이 아파요… 양을 더 줄여야 해요… 이건 너무 힘들어요." 나는 그녀의 아픔에 공감하고 위로해준다. 그런 다음 그녀의 식사 메뉴에 빵이 포함돼 있으며, 그녀가 먹을 수 있다는 것을 다시 알려준다. 그러자 그녀는 빵에게 말한다. "나는 너를 통밀 빵으로 바꿔야 해… 난 그게 싫고… 미치겠고… 아파… 하지만 난 친구들을 원하고, 먹는 것으로 나를 꽉 채우면 친구를 만들지 못해… 음식으로 나를 채우다가 그렇게 되면 상처받게 될 거야." 음악이 종결되면서 페니는 빵에게 "안녕"이라고 말하고는 깊이 한숨을 쉰다.

Gounod의 St. Cecilia's Mass 중 'Offertory'가 페니에게 안정시키는 효과를 주고, 그녀의 초점은 음식에서 친구관계로 옮겨진다. "내 삶에서 믿을 수 있고 내 마음을 열어줄 사람들이 있어요"라고 그녀가 말한다. 그 다음 정서적으로 감동을 주는 'Sanctus'가 시작되며 오케스트라와 솔리스트와 합창이 나오고, 페니는 자신의 새 친구들의 이름 – 폴라, 조앤, 베티 그리고 치료사인 나 – 을 부르기 시작한다.

음악 프로그램이 Strauss의 힘차고 웅장한 'Death and Transfiguration'으로 끝나고, 페니는 안정되고 편안한 마음 상태로 돌아온다.

죽은 나무

페니는 술과 약물남용을 끊었을 때 회복을 향해 매우 큰 걸음을 내딛었다. 그녀가 음식 조절을 시작하자, 음식으로 가려왔던 우울증이 나타났다. 우울증은 주기적으로 나타났고 그녀는 주1회 GIM세션과 그룹심리치료, '12단계 회복'모임의 지지를 받으며 자신의 힘으로 이겨내려고 애썼다.

4개월 후, 페니는 두 번 매우 깊은 우울증에 빠져 '먹어버리고 말자'는 시도를 했다. 매우 열심히 치료받는데도 그녀는 우울증을 제어할 수 없었다. 우리는 약물사용에 대해 의논했다. 그녀는 약물을 남용할까봐 두려워했다. 나는 적절한 항우울제가 그녀의 온전한 회복에 도움을 줄 가능성이 있으며, 약물로 치료되지 못하더라도 회복에는 도움이 될 수 있을 것이라고 말했다. 그녀는 약물을 남용하지 않았으며, 식사계획을 따르는 법을 배웠던 것처럼 약물을 적절히 사용하는 방법을 배울 수 있었다. 그녀는 항우울제 처방을 받고 복용하기 시작했다.

다음 세션은 약 3주 후에 있었다. 나는 바니(1978b)가 만든 'Death-Rebirth' 프로그램을 사용했다. 내가 이것을 선택한 이유는 페니가 또다시 비통함을 되풀이하고 있었고, 그녀가 그 악순환을 끝내고 약을 복용하면서 새롭게 시작할 수 있도록 도와줄 음악 프로그램을 찾고 있었기 때문이다. 이 프로그램은 비통함이 일으키는 감정들을 통과하도록 도와주는 데 사용될 수 있다.

Wagner의 'Gotterdammerung'의 'Siegfied's Funeral March'에서 들리는 낮고 애절한 음색과 느린 박자의 리듬에 힘입어, 페니는 전남편과 살았던 집을 다시 찾아갔다. 그곳은 그녀가 완전히 내려놓지 못했던 자신의 삶의 일부였고, 그녀가 집으로 다가갔을 때 뒤뜰을 걷고 있는 자신을 발견했다.

슬프고 고동치며 결코 끝나지 않는 5/4박자의, 올라가고 내려가며 투쟁하는 모티브를 가진 Rachmaninoff의 'Isle of the Dead'의 뒤흔드는 17분을 경험하면서, 페니는 뒤뜰에서 발견한 죽어가는 나무를 붙잡고 싸웠다. 그녀의 머리가 다치고, 가슴이 상처를 입었다. 그녀는 매우 무거운 그 나무 옆에 앉았다. 그녀는 죽은 나무를 쳐내려고 분투했다. 그녀가 포기하려고 할 때면, 나는 "내가 옆에 있어요. 당신과 함께 할 거예요." 또는 "당신이 오늘 해야 할 일이 무엇이든 헤쳐 나갈 수 있도록 음악이 도와줄 겁니다."라고 하며 그녀를 다시 격려하곤 했다. 그 곡이 끝나갈 때 그녀는 몸을 떨며 말했다. "나무의 일부를 가져가고, 일부는 뒤에 남겨놓아야 해요." 나는 그녀를 안심시켰다. "필요한 것은 가져가고… 필요 없는 것은 그대로 놓아두세요. 당신은 필요한 것을 알 수 있어요." 그런 다음 그녀는 자신이 빛 속에 있다고 말했는데, 곡이 마침내 끝날 때, "거품 속에 있는 것 같아요… 너무 부드러워 보이고… 너무 부드럽게 느껴져요"라고 말했다.

Bach의 'B Minor Mass' 중 'Crucifixus'가 다소 느리고 좀 더 가라앉은 편안한 분위기로 흘러간다. 그녀는 자기 옆에 쳐낸 나무를, 반대쪽 옆에는 죽은 나무 한 무더기를 놓고 빛 속에 앉아있다. 그녀는 자신이 "여기 빛 속에 머물 수 있는지" 물었고, 나는 "네"라고 대답했다. 그러자 그녀는 말했다, "지구 어디를 가더라도 나는 내 나무 아래 앉을 거예요."

Mahler의 'Song of the Earth' 중 'Der Abschied'가 이어지고, 페니는 죽은 나무를 분류하기 시작했다. 음악의 분위기가 바뀌면서 페니는 말했다. "나는 이곳에 혼자 있을 필요가 없어요… 나는 친구들을 데려올 거예요… 폴라, 조앤, 베티… 그리고 당신." 그리고 음악이 희망을 주는 분위기가 되면서, 그녀는 보다 희망에 차서 말했다. "나는 못생기지 않았어요… 나는 정말 예뻐요." 그리고 가슴을 가리키며, "나는 특별한 존재에요, 너무 기뻐요"라고 했다.

비판, 끔찍함, 연약함, 아이, 수치심

페니는 말했다. "음악과 함께 하는 심상 과정을 통해 나의 중독이 얼마나 깊고 심각해졌는지 볼 수 있었습니다… 이 치료는 중독의 근원이 되는 부분들을 나에게서 분리시키도록 도와주었어요… 내 안에 있는 그 부분들을 확인하고 그 목적이나 필요를 이해하게 되면서 그 부분들은 힘을 잃어갔습니다… 그 부분들이 드러났을 때, 그 중 어느 하나도 내 중독을 더 진행시킬 정도로 강하지는 않았어요… 이제 그 부분들은 현재 나의 회복을 돕고 있어요… 각 부분은 GIM을 통해 표면화될 수 있었고… 존중받고 사랑받을 수 있게 되었어요."

페니 스스로의 세상으로부터의 소외는 자신으로부터의 깊은 내적 소외에 대한 직접적인 반영이었다. 세션에서 이 과정을 밝히는데 치료가 3개월 정도 걸렸는데, 그 과정에서 페니는 통제를 벗어나 움직여온 자아의 파편들을 인식하게 되었고 감사하는 것을 배우게 되었다. 이 과정에서 그녀는 자신을 향해, 그리고 어린 시절의 거절감과 트라우마로 인해 만들어진 자아 구조의 파편들을 향해 돌보는 자세로 다가갈 수 있었다.

'비판(Judge)', '끔찍함(Nasty)', '연약함(Tender)', '아이(Child)', '수치심(Shame)'으로 나타난 다양한 부분들은 서로 반대로 작용해왔다. 자아를 위한 치유는 그 부분들과 만나 트라우마를 찾아내고 그 존재를 위로하고 존중하고, 그런 후 페니의 치유를 위해 그 부분들의 도움을 끌어내는 것이다(Watkins&Watkins, 1990). 그녀는 이제 중독과정의 일부로서 각 부분들을 이해한다. 페니는 음식에 다시 빠지기 시작하면, GIM을 사용하여 이 부분들을 다루고 재빨리 다시 일어난다.

'비판'은 페니의 분노 부분이며, 페니가 세상에서 지적으로 활동하는 데 필수적인 것이었다. 그녀가 자신을 소개하고 자신의 삶에 대해 이야기하게 된 후에는 그녀의 비판은 덜 부정적이 되면서, 긍정적으로 비판하는 지성이 나타나게 되었다. 이 비판적인 지성은 페니의 부분들 중 하나가 문제를 일으키려고 할 때 페니에게 많은 도움이 되어 주었다.

'끔찍함'은 밤에 자지 않으려고 해서 어머니가 억지로 눕히고 베개로 눌러 재웠던 3살의 페니였다. 끔찍함의 치유는 천식 치료에서 시작되었으며, 그녀는 따뜻하고 부드러운 대화로 상당히 쉽게 치유되었다. 페니는 더 이상 천식 약을 먹을 필요가 없다. 가끔 끔찍함이 하는 일은 페니가 너무 빨리 변화되지 않도록 치료의 속도를 늦추는 것이다.

'연약함'은 먹는 부분이다. 그녀는 항상 어머니의 불만의 대상이었으며, 그 결과 복합적인 신체의 문제와 약물중독으로 발전되었다. 연약함은 항상 아프곤 했다. 이제 그녀는 약물 대신 항우울제를 먹고 거품목욕을 한다. 페니가 잘 지내고 있으면 연약함은 종종 겁을 먹고 문제들을 찾기 시작한다. 페니의 다른 부분들은 그녀를 위로하고, 안아주고, 돌보는 법을 배웠다. 이는 그녀의 두려움을 회복과정을 이끌어가는 힘과 용기로 바꾸는 데 도움이 되고 있다.

'아이'는 자신이 여자아이치고 못생겨서 남자였어야 한다고 생각한다. 그녀는 수영복의 탑을 입기를 싫어했는데, 그러면 자신이 여자아이라는 것을 모두 알게 되기 때문이었다. 아버지는 사내아이를 원했다. 그녀는 아버지를 실망시켰다. 그녀는 비판, 연약함 그리고 끔찍함 덕분에, 수영복 입은 것을 자랑스럽게 여기며 이번 여름을 보냈다.

'수치심'은 가장 마지막에 나타난 부분으로, 남자아이기도 하고 여자아이기도 하다. 수치심은 보통 마음속에 무언가를 말하기까지 많은 격려가 필요하다. 수치심은 지금 성적 취향에 대해 혼란스러워하고 있어서, 명백하게 할 필요가 있다. 그 호흡은 보통 빠르고 변덕스럽다. 수치심은 걱정이 많다. 수치심을 느끼더라도 중요한 건 재빨리 다시 일어서는 것이라고 나는 강조한다.

논의 및 결론

이중진단을 받은 사람들은 치료하기가 가장 어려운 대상 중 하나이다. 그들이 가진 복합적인 문제로 인해 보다 방어적이 되어 기존의 전통적인 치료를 잘 받아들이지 않게 된다. 페니의 경우, 전통적인 심리치료로는 어느 정도까지만 그녀의 심리와 회복 과정에 들어갈 수 있었다. 우리는 GIM을 시작하고 나서야 그녀의 중독과정이 일어나는 보다 깊은 근원을 다루게 되었다. 그때서야 그녀는 세상과 자신으로부터 경험하고 있던 견디기 어려운 소외감과 음식중독 치료를 바로 시작했다. 그녀가 어린 시절의 거절감, 결핍, 학대에 대한 감정에 직접적으로 대면한 것도 GIM과 함께였다. 그녀가 동료들과 남편의 조소를 해결해나간 것도 GIM과 함께였다. 이제 그녀는 GIM을 마치고 회복되어 가면서, 이제서야 자신을 한 개인으로 소중히 생각하는 사람들과 친구가 되어 그녀의 필요를 충족시키는 관계로 함께 발전할 수 있었다.

전통적인 심리치료에서는 대개 그녀를 문제 있는 사람으로 보고, 따라서 치료에서 그녀에게 많은 것을 기대하지 않았을 것이라고 생각된다. 전통적인 치료는 일상적인 의식 상태에서 합리적으로 치료하므로, 합리적이고 일반적인 상태에서 그녀는 아마도 자신의 견디기 어려운 고통에 대한 해답을 공포와 혼란 속에서 찾고 있었을 것이다. 반면에 GIM과정의 창조적인 상태에서는, 무의식이 어디서인지 모르게 해답을 가져오는 것으로 보인다. 창조적 접근은 의식적 과정에 비해 더 많은 충만한 잠재력을 불러일으킨다. 페니의 경우, 언어의 의식세계가 심상의 무의식세계와 연결되어 상호작용하면서, 그녀가 한쪽으로는 닫혀있지만 다른 쪽으로는 열려있는 영역들을 탐색할 수 있었다고 믿는다. 음악은 매개체로서, 그녀가 그 과정을 헤쳐 나가도록 해준다. 음악은 나와 페니 모두에게서 불필요한 부담을 덜어주고, 창조적 과정 자체에 맡기게 해준다.

한 가지 양식에 의존하는 치료(언어만 사용하는 경우 같은)는 한계를 가질 수 있다. 하물며 중독자가 대안 행동을 만들어내는 것, 보다 적절한 다이어트를 선택하는 것에 대해 빵과 말하는 것, 죽어가는 나무를 쳐냄으로써 비통한 과거를 떨쳐내는 것, 또는 중독의 근원인 자신의 부분들을 분리해서 대화하는 것은 훨씬 어려울 것이다. 언어, 심상, 음악과 같은 몇 가지 양식 간의 상호작용은 창조적 과정으로 연결되어, 인간의 잠재력과 치유를 보다 폭넓게 경험하는 심리치료의 문을 열어준다.

용어 사전

- **이중진단(Dual diagnosis)**: 물질남용(의존) 장애와 동시 치료가 필요한 정신장애가 함께 있음.
- **12단계 프로그램**: 알콜중독자모임(Alcoholics Anonymous: AA) 창립자들이 개발한 알코올 중독자의 회복을 위한 가이드라인

참고 문헌

Alcoholics Anonymous. (1981). *Twelve Steps, Twelve Traditions.* New York: World Services.

Bonny, H. (1978a). Facilitating Guided Imagery and Music Sessions: Monograh #1. Salina, KS: Bonny Foundation.

Bonny, H. (1978b). *The Role of Taped Music Programs in the GIM Process: Monograh #2.* Salina, KS: Bonny Foundation.

Bonny, H. (1980). *G.I.M. Therapy: Past. Present and Future Implications: Monograh #3.* Salina, KS: Bonny Foundation.

Bonny, H. (1986). Music and healing. *Music Therapy: Journal of the American Association for Music Therapy.* 6A(1), 3-12.

Cameron-Bandler, L. (1985). *Solutions.* San Rafael, CA: Future Pace.

Cameron-Bandler, L., & Lebeau, M. (1986). *The Emotional Hostage.* San Rafael, CA: Future Pace.

Clark, M. F., & Keiser, L. H. (1989). *Teaching Guided Imagery and Music: An Experiential-didactic Approach.* Garrett Park, MD: Archedigm Publications.

Evans, K., & Sullivan J. M. (1990). *Dual Diagnosis: Counseling the Mentally Ill Substance Abuser.* New York: Guilford Press.

Grof, S. (1985). *Beyond the Brain: Birth, Death, and Transcendence in Psychotherapy.* New York: State University of New York Press.

Hornyak, L. M., & Baker, E. K. (1989). *Experiential Therapies for Eating Disorders.* New York: Guilford Press.

Leuner, H. (1984). *Guided Affective Imagery: Mental Imagery in Short-term Psychotherapy.* New York: Thieme-Stratton.

McDonald, R. (1986). *Healing Parasitic Infection Through the Partnership of Guided Imagery and Music and Applied Kinesiology.* Unpublished paper. Salina KS: Bonny Foundation.

Pribram, K. H. (1981). *Languages of the Brain: Experimental Paradoxes and Principles in Neuropsychology.* New York: Brandon House.

Sessions, R. (1971). *The Musical Experience of Composer. Performer and Listener.*

Princeton, NJ: Princeton University Press.
Watkins, J., & Watkins, H. (1990) Ego state therapy. *Workshop at the Second Annual Eastern Regional Conference on Multiple Personality and Dissociation*. Mt. Vernon Hospital, June 21-25.
Zuckerkandl, V. (1969). *Sound and Symbol: Music and the External World*. Princeton NJ: Princeton/Bollinger Paperbacks.

사례13 학대로 인한 심리문제와 GIM

상처입은 치유자의 치유 *

Rhonda Lineburg Rinker

개요

한 여성 치료사가 과거의 심리적 상처를 치유하고, 그녀가 겪었던 신체적, 정서적 학대를 해결하고 종결하기까지 12회의 GIM세션이 진행되었다. 안전하고 지지받는 치료환경에서 그녀는 과거의 학대로 인한 오랜 고통을 헤쳐나가고 내려놓으며, 자신을 가치 있는 한 인간으로 인정할 수 있는 강하고 자신감 있는 사람으로 거듭나게 되었다.

도입

"우리 마음속에는 성장하고, 확장하고, 기존의 한계의 벽을 부수고, 끝없이 경험을 넓히고

* Bruscia, K. (Ed.) (1991). *Case Studies in Music Therapy*. Gilsum NH: Barcelona Publishers.

자 하는 내적 열망이 있다"(Holmes, 1990, p.20). 한 사람을 GIM으로 이끄는 것은 이 '내적 열망'이다. 나는 다른 사람들을 돌보는 데 많은 시간을 보내온 '나'를 돌보기 위한 노력으로 GIM과 만나게 되었다.

나는 GIM의 효력을 깊이 체감하고, 유도된 심상, 이완 그리고 음악과 함께 하는 심상을 사용해 내가 일하는 정신병동에서 워크숍을 열기 시작했다. 워크숍의 목적은 정신건강 전문가들에게 자신을 돌보는 데 필요한 시간을 가질 기회를 제공하는 것이었다. 이 전문가들 중 몇 명은 개인적으로 GIM을 계속하고 싶어 했다. 이 사례연구의 주인공인 로렌도 그 중 한 사람이었다.

대상 정보

로렌은 40대 중반의 여성으로, 정신건강 분야에 석사학위를 갖고 있다. 로렌이 GIM을 하기로 선택했을 때 그녀는 이미 병원 치료를 받아오고 있던 중이었다. 정신건강 전문가 중에는 자신의 삶에서 '상처 입은 치유자'가 되게 하는 경험을 가진 경우가 많다. 로렌의 경우도 그랬다.

로렌은 정서적으로 친밀감이 없는 가정에서 성장했다. 그녀에게는 따뜻함이 있는 어린 시절에 대한 기억이 없다. 부모님은 서로에게나 그녀나 오빠에게 애정을 거의 보이지 않았다. 그녀는 부모님과 오빠와의 현재 관계도 친밀하지 않으며, 자신에게는 그런 것이 아주 편안하다고 했다.

로렌은 네 자녀의 어머니로, 세 자녀와 함께 사는 이혼여성이다. 그녀의 첫 번째 결혼은 상당히 어린 나이에 이루어졌고 4년 후에 끝났다. 그녀는 첫 번째 임신을 알기 전에 남편과 헤어졌다. 그녀가 두 번째 남편과 결혼했을 때 그녀의 아들은 3살이었다. 남편은 그녀의 아들을 입양했고 이 결혼은 12년 넘게 지속되었다.

이 결혼에서 로렌은 몇 번의 해외여행도 하면서 매우 풍족한 생활을 했다. 이 결혼에서 처음 임신기간에 로렌은 남편에게 신체적, 정서적으로 학대를 받았다. 그녀는 임신기간을 제외하고는 남편이 성적 친밀감에 특별히 관심이 없었다고 했다. 그리고 얼마 후 그의 관심은 다소 비정상적이고 폭력적이 되었다. 아이들이 태어난 뒤 신체적으로 그녀를 학대했다 –

그녀가 아기를 안고 있을 때 그녀를 떠밀고, 괴롭히고, 때렸다.

이 결혼의 마지막 해에, 로렌은 심한 우울증으로 5주간 입원했다. 그녀는 정신과 의사에게 개인치료를 받았고 항우울제를 처방받았다. 치료받는 동안 그녀는 자신이 살아온 비참한 상황을 돌아볼 수 있었다. 그녀의 자존감과 자신감은 심각하게 손상되었다. 그녀는 퇴원해서 동일한 가정 상황으로 돌아갔다. 그녀는 결혼생활의 공포와 직면하는 것을 피하는 방편으로 한동안 술을 마셨다고 했다. 그녀는 사회복지사에게 치료받으면서 그룹치료에 참여했다. 8개월 후, 그녀는 새로운 삶을 시작하기 위해 아이들을 데리고 폭력적인 결혼생활을 떠나기로 결정했다.

이혼 후의 삶은 쉽지 않았다. 전 남편이 최소한의 재정지원을 했다. 로렌은 시간제 근무를 하고 아이들을 키우면서 대학원을 졸업했다. 그녀는 부모님으로부터 정서적, 재정적 지원을 받지 않았다. 큰아들은 조부모와 살겠다고 했다. 남은 세 아이는 그녀에게 대학원을 마치도록 지원하고 용기를 주었다.

GIM을 계속하러 온 당시에 그녀는 임상에서 활발히 일하고 있었다. 그녀는 건강하고 행복하고 논리정연한 여성으로 보였다. 그녀는 심리학, 사회이론, 상담기법, 정신건강 관련 모든 분야에 매우 박식했다. 그녀는 또한 '전체론적(holistic)' 접근에 매우 관심이 있었으며 그로 인해 GIM에 끌렸다.

로렌은 이전 치료에서 내면을 탐색하는 과정을 시작했었고, 정신건강 전문가라는 직업 덕택에 긴장이완과 명상체조의 효과를 알게 되기는 했지만, 그녀는 여전히 해결되지 못한 정서적 문제들이 있다는 것을 알고 있었다. 이러한 이유로 그녀는 GIM을 계속하기로 결정했다.

치료 과정

로렌은 4개월 동안 GIM세션을 12회 받았다. 각 세션은 90분에서 2시간 정도 지속되었으며 매 회 동일한 방식으로 진행되었다. 세션의 과정은 프리세션, 이완과 인덕션, 음악-심상가이딩, 일상의 의식으로 돌아온 후 진행되는 포스트세션의 순서로 이루어진다. 치료사로서 나는 바니메소드GIM(1978) 교육을 받았으며, GIM을 위해 특별히 디자인된 음악프로그램을 사용했다.

처음 세션에서 로렌은 자신의 폭력적인 결혼생활에서 겪었던 일들을 떠올리기 시작했다. 그녀는 그것들을 다양한 방식으로 묘사했다. 코너에 몰려 무섭다, 달아나서 피해야 한다, 돌아가고 싶지 않다 등. 그녀의 몸과 그녀의 말은 슬픔과 분노와 두려움을 매우 차분하게 표현했다. 그녀의 심상은 입을 열기만 하면 모래알갱이가 들어와 입을 열 수 없는, '말하면 안 되는', 모래로 뒤덮인 뜨거운 장소에서 끝났다. 그녀의 심리는 앞으로 나올 내용의 거대한 무게를 깨달은 시점에 도달한 것이 분명했다.

이 심상들을 말로 풀어가는 동안, 그녀는 수년간 자신의 삶에서 일어났던 방대한 변화들에 주목했다. 그녀는 GIM이 얼마나 깊이 자신의 내면을 탐색했는지와 그 심상들이 자신의 삶과 얼마나 밀접한 관련이 있는지를 매우 잘 알고 있었다.

이 세션과 그 다음 몇 세션에서, 로렌은 정체를 밝히지 않는 누군가가 그곳에 함께 있다는 것을 의식하고 있었다. 그녀는 이 사람이 전혀 무섭지 않았으며, 그녀를 지키고 있는 사람으로 느껴졌다.

세 번째 세션에서 로렌은 다른 사람들이 그녀에 대해, 그녀가 사물을 바라보는 색다른 방식에 대해, 그리고 그녀의 출신에 대해 이해하지 못하는 것에 대해 토로했다. 사실, 그녀는 아마도 자신이 만나는 대부분의 사람보다 더 깨어있고 자의식이 강한 편이었을 것이다. 분명히 그녀의 개방성과 정직성은 일부 사람들이 받아들이기에는 매우 어려웠다. 로렌은 대부분의 사람들보다 더 많은 고통을 경험했고, 그것을 다른 사람들을 미워하고 불신하는 무기가 아니라 성장할 기회로 사용했다.

다음 몇 세션에서는, 로렌의 자신감이 커가는 것을 인식해가는 것이 나타났다. 그녀는 햇빛 속에서 자유롭게 몸을 뻗었고, 다른 사람들에게도 똑같이 하도록 격려했다. 그녀는 자신이 무엇이든 할 수 있으며 어디든지 원하는 대로 갈 수 있다고 느껴졌다. 그녀는 음악이 자신을 지원할 것을 믿으며 외적 장벽을 헤치고 내면의 장소로 더 깊이 파고들기 시작했다. 그녀가 돌벽을 만지고 그 재질을 느끼면서, 몸을 통해 퍼져가는 따뜻함이나 팔다리가 얼얼한 느낌을 묘사하면서, 그녀의 몸은 그 체험들에 공명하기 시작했다.

몇몇 색상이 그녀의 심상에 — 꽃에서, 예복의 색에서, 거품과 무지개에서 — 자주 나타났다. 많은 세션에서 분홍, 보라, 청록, 황금색 같은 몇 가지 색상이 나타났다. 이 색상들은 자주 그녀에게 치유의 경험을 가져왔으므로 중요했다.

네 번째 세션에서는 보다 깊은 치유를 경험했다. 나는, 로렌이 몸 전체로 호흡이 퍼지도록 집중하게 하면서, 이완을 위한 인덕션에서 얼굴과 머리 마사지를 사용했다. 인덕션 동안 이러한 신체 접촉은, 내 경험에 따르면, 치료사가 내담자에게 보다 밀접하게 연결되게 해주어 더 깊은 치료가 가능해진다. 나는 시작하는 심상으로 '인생 책(Book of Life)'을 사용했고, 음악이 시작될 때 그녀의 삶의 페이지를 훑어보기 시작하게 했다. 이 세션을 위한 음악은 'Mostly Bach'라는 제목의 음악프로그램이었다.

그녀는 즉시 어린 시절의 집을 이야기하기 시작했다. 그곳은 "내가 사랑하고 미워하는 모든 것으로 가득한" 곳이었다. 그곳은 "내가 분열되어있는 것처럼 분열되어 있다." 부모님에 대해서 로렌은 말했다. "부모님은 항상 내가 하고 싶지 않은 것을 하게 했고, 내가 할 수 있다는 것을 절대 인정하지 않았어요." 아주 어린 소녀였던 그녀에게 '오 거룩한 밤'을 부르게 했던 것을 회상하며 그녀는 울음을 터뜨렸다. 그녀는 자신을 정말 사랑하고 돌봐준 유일한 사람이 할머니였다고 말했다. 나는 할머니가 지금 그녀를 안아주었으면 좋겠냐고 물어보았다. 그녀는 그렇다고 했다. 나는 그녀의 할머니가 오래 전 그랬던 것처럼 그녀를 안아주었다. 안겨있는 동안 그녀는 어린 시절의 기억들을 놓아주기 시작했다. 좋은 엄마라고 말해주지 않는다고 어머니가 로렌을 얼마나 미워했는지, 어머니인 자신도 갖지 못했던 할머니와 로렌의 친밀한 관계를 어머니가 얼마나 싫어했는지, 로렌이 '긴 금발 곱슬머리를 가진 예쁜 어린 소녀'인 것을 어머니가 얼마나 싫어했고 그녀의 머리를 삐뚤빼뚤하게 되는대로 얼마나 흉하게 잘라버렸는지. 로렌은 어머니의 집을 싸늘하고 '죽기를 기다리며 깨끗이 치워놓은 곳'으로 묘사했다. 그녀는 더 이상 그곳에서 살지 않게 되어 기뻤다.

그녀는 계속 울면서, 자신이 '파랑과 보라색 무지개로 둘러싸인 금빛의 눈물'을 흘리고 있는 심상을 가졌다. 바람이 불어와 모든 '구역질나는 것'을 없애버리는 동안 눈물이 그녀의 뺨을 타고 흘렀다. 나는 다음의 대화를 시작했다.

"눈물이 어두운 곳들을 깨끗이 치우고 있나요?"

"네, 해가 나오려고 하고 있어요."

"해가 나오길 원하나요?"

"잘 모르겠어요."

“어둠속이건 햇빛속이건 원하는 곳에 있을 수 있어요. 당신이 선택하면 돼요.”

침묵이 흐른 뒤 그녀는 자신이 했던 좋은 일들을 생각하면서 햇빛 속에 누워있다고 했으며, 그녀의 얼굴에는 아름다운 미소가 번지고 있었다.

치유적인 심상들에 이어, 로렌은 이전 세션에서 자신과 함께 있던 사람이 더 이상 그곳에 있지 않다는 것을 깨달았는데 그 이유는 알지 못했다. 나는 그녀가 혼자 힘으로 이 일을 해야 한다는 것을 그 사람이 알고 있었는지를 물었다. 그녀는 대답했다. “네… 내가 직접 해야 했어요. 그리고 나는 해냈어요… 추락하지도 않고… 아무도 비웃지 않았어요. 그것은 나에게 주어진 특별한 선물이에요.” 나는 덧붙였다. “그렇게 그 선물은 내내 당신 안에 있었습니다.”

이 세션은 로렌에게 매우 감동적이었는데, 자신의 어린 시절과 그에 연관된 아픔도 다룰 수 있었기 때문이었다. 포스트세션에서 로렌은 이전 세션에서 자신과 함께 있었던 사람이 외할머니였던 것 같다고 추측했다. 그녀는 또한 외할머니가 자신을 계속 지켜보고 있었음을 느꼈다.

5번째 세션 대부분은 ‘치유의 물’과 아름다운 색상들 속에서 자신을 치유하면서 보냈다. 그러나 거의 마지막에서, 그녀는 내면에서 ‘화산’처럼 일어나는 분노를 느꼈다. 나는 이 분노 해소를 지원해줄 음악으로 바꾸려고 했지만, 로렌은 조용히 집중하기를 원했다. “어머니 집이 온통 더럽고 엉망이에요.” 그런 다음 그녀는 자신을 돌볼 수 있는 아름다운 장소로 자신을 데려갔다. 그녀는 치유의 물, 오색찬란한 거품 등의 심상들을 사용했다.

포스트세션에서, 우리는 로렌의 분노에 대해 얘기했으며, 그녀는 강렬한 감정이나 행동으로 분노를 표현하고 싶지 않다고 했다. 로렌은 아이 때 어머니가 너무 소리를 많이 질러서 큰 소리, 특히 고함 소리를 참지 못한다고 했다. 사실 로렌은 심상에서 소리가 너무 커지거나 불쾌해질 때마다 귀를 막곤 했다. 그녀는 GIM을 하는 동안 조용한 방식으로 자신의 분노를 다루었다.

바니(1988)에 따르면, “중요한 돌파구는 5, 8, 10번째 세션에 가장 자주 나타나는 듯하다”(p.15). 로렌의 경우도 그랬다. 다섯 번째 세션에서는 그녀가 한 번도 있는 그대로 사랑받거나 인정받거나 이해받지 못했던 어린 시절 동안 견뎌왔던 모든 고통이 떠올랐다.

이 주제는 다음의 두 세션에서도 계속되었다. 그녀는 어린 시절의 집으로 돌아가, 어떤 '큰 사람'이 치워버린 인형에 대해 말했다. 그녀는 왜 어머니가 자신을 사랑하지 않았는지, 그리고 왜 "어린 애가 못됐어"라고 말하며 다른 사람들 앞에서 창피를 주곤 했는지 이해할 수 없었다. 어린 로렌이 자신을 나쁜 사람이라고 느꼈던 것도 당연하다. 오랜 세월이 흐른 후, 성인이 되어서야, 로렌은 나쁜 사람은 어머니인 것을 알게 되었다.

그녀의 아버지는 어느 것도 바꿔보려는 시도를 하지 않았다. 부모님은 그때나 지금이나 서로 애정 어린 관계가 아니었다. 부모님의 죽음이 다가왔을 때, 그녀는 부모님이 자신에게는 '살아있어도 이미 죽었던' 존재라고 하며, 슬퍼하긴 했지만 비통해하지는 않았다. 그녀는 물과 여러 가지 색상으로 스스로 치유했다.

GIM을 시작하고 로렌은 신체적 변화를 느낀다고 말했다. 그녀는 얼마동안 과체중이었다가 몸무게가 줄기 시작했다. 아이들은 그녀에게 뭔가 '달라졌다'고 말하기 시작했다. 아이들은 이 변화를 일으키고 있는 것이 무엇인지 알 수는 없었지만 좋은 것임을 느꼈다. Randall McClellan(1988)은 다음과 같이 지적했다. "소리와 음악을 통해 우리의 몸 안에는 변화가 일어난다. 이러한 변화는 우리가 의식하지 못하더라도 일어날 수 있다. 중요한 것은 이러한 변화가 일어나는 것을 의식하거나 그런 변화가 일어나도록 노력할 필요는 없을 것이다"(p.137).

GIM세션을 하는 동안, 내담자는 자신이 경험하는 뜨겁고 차가운 느낌, 팔다리의 떨림, 신체 일부가 무감각해짐, 땀 흘림, 흔들림 등의 신체 변화에 굉장히 민감해진다. GIM과정은 세션을 마무리할 때 끝나는 것이 아니라 세션 후에도 얼마간 지속된다. 이 과정의 일부인 이러한 신체적 변화 또한 의식적으로든 무의식적으로든 얼마간 계속될 수 있다.

여덟 번째 세션은 로렌에게 힘들었다. 그 세션에서는 실패한 결혼을 다루었다. 나는 인덕션에서 그녀의 몸을 통과하며 이동하는 빛(에너지원)을 사용했다. 그런 다음, 그녀에게 음악과 함께 무의식에서 나오는 빛이 의식으로 들어가도록 집중하게 했다. 이 세션을 위한 음악 프로그램은 'Grieving'이었다. 로렌은 전 남편과 방문했던 프랑스의 어느 교회에서 시작했다. 그녀는 슬픔과 상실감을 이렇게 표현했다. "뭔가를 잃어버린 것 같은데, 어떻게 찾아야 할지 모르겠어요… 사람 같기도 하고… 어떤 관계 같기도 하고… 아니면 슬픔 같은 것." 어디에서 그 슬픔이 느껴지는지 묻자, 그녀는 자기 가슴(심장) 부분에 손을 올려놓았다. 나는 뒤이어 물었다. "그 슬픔에 손을 대면 어떤 느낌인가요?" 로렌이 대답했다. "따뜻해요… 당신이 그곳을 만질 때 나쁘지 않아요… 정말 외롭다고 느껴져요… 살아있는 사람이 아무도 없는 것처럼… 무섭지 않겠어요?… 살면서 내내 이렇게 느껴왔어요." 부모님은 물리적으로는 존재했지만, 결코 그녀를 돌봐주거나 정서적으로 지원해주지 않았다. 그녀는 오빠와도 친밀한 관계가 아니었다. 그녀는 결혼에 실패한 경험이 두 번 있었다. 자녀를 제외하고는, 로렌은 진정으로 사랑받지 못했다고 느꼈다. 그녀는 다른 사람들과 분리된 느낌이어서, 다시 상처받을까 두려워 많은 사람과 거리를 두고 지냈다.

음악이 진행되면서, 로렌은 그 여행에서 방문했던 두 교회를 비교했다. 프랑스의 교회는 그녀의 결혼생활에서 일어났던 슬픔과 폭풍우 같았던 일들을 생각나게 했다. 여기서 그녀는 말했다. "나를 사랑하지 않는 '깡패'와 함께 그 곳에 있어요." 그녀의 몸은 무겁고 분노를 느꼈지만, 머리는 그렇지 않았다. 나는 그렇게 오랫동안 몸에 담고 있었던 분노를 드러내도록 격려했다. 그런 다음 어린아이인 그녀가 손톱으로 어머니의 눈을 뽑고 머리카락을 뜯어내는 심상이 나왔다. 그녀는 부모님이 느끼는 충격에 대해 말했지만, "그들은 진짜같이 보이지도 않아요… 그들은 말하는 법을 배운 일종의 마네킹 같아요"라고 말했다. 실제로 부모님과 로렌의 관계는 매우 인위적이었고, 그들은 실제 부모라기보다는 마네킹에 가까웠다.

그런 다음 음악과 함께 신혼여행의 기억들이 떠올랐고, 그녀는 "그 여행은 더할 나위 없이 좋을 수도 있었는데… 제대로 된 사람과 함께였다면 많은 것을 눈감아줄 수 있었는데"라고 한탄했다. 로렌은 자신의 결혼을 '끔찍하다'고 묘사했다. 그녀의 남편은, 그녀의 부모가 항상 그랬던 것처럼, 모든 것에 대해 그녀를 비난했다. 그녀가 부모와 전남편에 대해 느낀 증오를 절실히 인식하게 되자, '자신을 사랑해 줄 능력이 없는 사람들을 사랑하려고 노력한 것에 대해 자신을 비난할 필요는 없다!'라는 깨달음을 갖게 되었다. 그녀는 자녀들에게 사랑받았고 더 이상 자기 자신을 벌주거나 비난할 필요가 없었다. 그녀가 사랑받기를 원해왔던 사람들은 그녀에게 그 사랑을 줄 수가 없었기 때문이다.

그 다음 세션은 그녀에게 치유와 충만감을 주었다. 그녀는 놀고, 즐기고, 치유적인 색상들을 다시 체험했다. 자신의 몸이 '바위에 눌려', 자신이 원하는 것은 아무것도 할 수 없는 상태에서 몸으로부터 벗어나는 것을 체험했다. 그녀는 자신을 스쳐가는 음악과 색상들을 더 많이 느낄 수 있었다. 다른 사람들이 그녀와 함께 떠다니기 시작했지만, 형체는 알아볼 수 없었다. 색상들은 계속해서 펼쳐졌고, 그녀는 "그럴 때마다 나는 점점 아름다워져요… 모두가 그걸 보고 있어요… 미소 지어요… 마치 '그래요, 우리 또한 아름다워요'라고 말하는 것처럼"이라고 말했다.

세션을 받으면서, 그녀는 자신을 좀 더 열기 시작했고, 그러면서 그녀는 자신 안에 있는 아름다움을 잘 볼 수 있게 되었다. 그녀는 자신을 인정하고, 다른 사람이 자신을 인정하는 것을 받아들이기 시작했다. 심지어 우스꽝스러운 심상에서도, 로렌은 마침내 자신이 어떤 사람인지에 대한 본질을 느끼고 자신에 대해 진정으로 기뻐할 수 있고 성장하고 나타나도록 내버려둘 수 있다는 실제적인 느낌이 있었다.

열 번째 세션은 로렌에게 자신을 좀 더 가까이서 '바라볼' 기회가 되었다. 지혜로운 한 노인이 나타났다. 그는 그녀에게 이렇게 훈계했다. "너는 네가 원하는 방식으로 볼 수 있다… 그리고 네가 양면을 모두 보게 될 때 지혜로워진다." 로렌은 어떻게 할지 모르겠다고 했다. 그러자 노인은 "너는 매우 용감해져야 한다… 네가 해야 한다고 생각하는 일을 해야 한다 — 심지어 남들이 이상하다고 생각할지라도 — 너는 네가 해야 할 일을 외면할 수 없다."

로렌은 살면서 자신이 해야 할 일들을 용기 있게 바라보아야 했다. 그녀는 필요했던 만큼 자신을 사랑해주지 못했던 가정에서 성장해야 했다. 그녀는 자신에게 맞지 않았던 결혼을 두 번이나 겪어야 했다. 그녀는 어느 것도 '자신이' 잘못하지 않았다는 것을 깨닫기도 전에 두 번째 결혼에서 신체적으로 정서적으로 끔찍한 고통을 겪었다. 그리고 그녀는 어린 시절의 고통을 떠나보내기 위해 심상에서 부모님이 '죽게' 내버려두어야 했다.

이 세션의 마지막 부분에서 심상은 내면에서 격노하는 분노의 화산으로 돌아왔고, 그녀는 깨달았다. "다른 사람들이 하는 행동 때문에 나 자신에게 화내는 것을 멈춰야 해요… 나는 그 모든 것을 놓아줘야 해요… 그것은 내 몸에서 떠나가고 있어요… 정말 보기흉한 먹구름처럼." 이와 함께, 그녀는 삶에서 자신에게 상처 주었던 사람들에 대한 모든 분노와 실망과 슬픔을 내려놓았다.

열한 번째 세션에서 로렌은 초기 세션에 나왔던 심상들을 다시 체험했는데, 이번에는 자신이 원하는 것은 무엇이든 해내거나 성취할 수 있는 강하고 적극적인 사람으로서였다. 이 세션을 통해서 그녀는 자신을 더욱 강하게 만들고 힘을 얻었다. 그녀의 심상은 어린 소녀인 로렌으로 돌아갔고, 그녀는 어린 로렌을 돌보며 자신이 알고 있는 많은 것을 가르쳤다. 그리고 마지막에는 성장하면서 그렇게 많은 것들을 놓쳤던 어린 자신에게 소중한 것을 주었다.

열두 번째 세션이 우리의 마지막 세션이 되었다. 이 결정은 세션을 하고 며칠 후에 이루어졌다. 이 세션에서, 나는 그녀를 이완시키기 위해 인덕션으로 무지개 심상을 사용했고, 무지개색 중 하나가 그녀에게 들어가는 것으로 했다. 무지개의 끝에 치유하는 물로 채워진 풀장이 있었다. 로렌이 풀장에 들어가 그 물을 즐기고 이 체험을 음악과 함께 하게 했다. 이 세션을 위한 음악은 'Quiet Music'프로그램이었다. 그녀는 그 풀장에 몸을 푹 담그고 자신의 몸을 떠다니게 했다. 그 느낌은 좋았고 안전했다. 그녀는 근처 숲에서 나온 동물들과 놀았는데, 자신이 하고 싶은 것을 동물들도 하려고 해서 놀랐다. 자신의 삶에 함께 했던 사람들은 결코 그렇게 할 수 있었던 적이 없었다. 그들은 항상 그녀가 해야 할 일만 말해주었다. 그녀는 뱀들이 물 위를 가로질러 가게 놔두었다. 뱀들은 그녀를 겁주기 위해서가 아니라 도와주려고 그곳에 왔다고 말했다. 그녀가 물 밖으로 나오자 풀장 끝에 조그만 돌오두막이 있었다. 이곳은 안전한 장소였다. 태양이 그녀의 몸 전체를 어루만져주었고 동물들은 모두 잠들었다.

포스트세션에서, 그녀는 자신이 겉으로 드러난 것만으로 가치를 판단하지 않으려면 어떻게 해야 할지에 대해 이야기했다. 로렌은 이 세션을 마무리하면서 매우 천천히 재통합되는 것 같았다. 그녀의 몸은 좀 낯선 느낌이 지속되었는데, 심지어 그녀가 완전히 깨어난 후에도 치료실을 서성이고 있었다.

우리는 며칠 후 이야기를 나눴는데, 그녀는 아직도 좀 그 느낌이 불편하다고 말해서 잠시 세션을 중단하기로 했다. 그녀의 몸은 GIM과정에 아주 예민하게 반응했다. 이는 이 과정이 종결에 이르렀고, 지난 4개월간 일어났던 모든 것을 통합할 시간이 필요하다는 것을 그녀에게 말해주고 있었다. 그녀는 어릴 때 겪었던 모든 고통을 심상에서 다시 체험했다. 그녀는 어린 시절과 결혼생활의 일부였던 정서적, 신체적 학대를 재체험했다. 그녀는 진정으로 사랑받지 못한 견디기 힘든 슬픔을 다시 체험했다. 이 모든 것이 짧은 기간 동안 매우 빠르게 일어났다.

수년간의 치료에서도 로렌의 경우처럼 그렇게 많은 문제를 다루기는 쉽지 않다. 그녀의 몸과 정신은 다룰 수 있는 모든 것을 다루었다. 그녀는 GIM의 결과를 매우 긍정적으로 느끼고 있었다. 그녀는 이 치료가 자신의 문제를 지적인 방식으로 해결해갈 수 있게 해주었다고 했다. GIM을 통해 그녀는 자신의 문제들과 연관된 고통을 만나고 떠나보낼 수 있었다. 로렌은 그 고통에서 벗어나게 되면서, 자신감을 가지고 살아갈 수 있었으며 점점 더 자신을 잘 이해하게 되었다.

논의

로렌은 GIM에 아주 적합한 대상자였다. 그녀는 전통적인 치료가 해결해주지 못했던 자신의 삶의 문제들을 알고 있었다. 그녀는 언어에 능통하고, 표현이 명료했으며, 치료를 받고자하는 의욕이 있었다. 그녀는 살면서 겪은 모든 정서적 손상에도 불구하고 건강한 에고를 가졌다. 그녀는 자신감이 부족했지만 치료가 진전됨에 따라 자신에 대한 신뢰가 커졌다. 세션이 종결되고 오랜 시간이 흐른 후, 그녀는 GIM이 자신의 삶의 고통스러운 경험을 치료할 수 있게 해준 유일한 메소드였음을 매우 강하게 느꼈다고 말했다. 그녀는 음악과 나와 함께 하는 동안 안정되고 지원받는 느낌을 가졌으며, 치료 과정에서 우리는 확고한 개인적 관계를 발전시켰다.

나는 로렌이 GIM에서 많은 도움을 받았다고 믿는다. 그녀를 치료하면서, 치료사는 세션의 간격을 결정할 필요가 있다는 것을 깨닫게 되었다. GIM과정은 신체와 정신 모두 적극적으로 연관시켜 고통스럽거나 즐거운 많은 연상들을 이끌어내는 매우 강력한 것이다. 로렌은 4개월간 12회 세션을 마쳤고, 매우 정서적인 내용들이 많이 나타났다. 이제는 이 내용들을 처리하고 의식과 통합할 시간이 그녀에게 필요했다.

로렌은 세션을 추가 진행하는 것에 대해 문의했다. 나는 지금으로서는 그녀가 GIM을 완수했다고 믿는다. 나는 이제 그녀가 훨씬 더 강한 사람으로 보인다. 그녀는 'GIM과정을 신뢰했으며', 그렇게 함으로써 자신에 대한 인식에 중요한 깨달음을 얻었다. 그녀는 삶에 대해 보다 건강하고 긍정적인 관점을 가지게 되었다.

로렌이 자신의 GIM경험을 통합하고 우리가 함께 한 시간을 마무리하도록 돕기 위한 방법으로, 마지막 세션에서 나는 다음과 같은 시를 써서 그녀에게 주었다.

로렌을 위한 시

멜로디, 신비롭게 흐르네.
오랫동안 잊혀져 있었던,
스스로 망가진 쓸모없는 존재로 여길 정도로
상처받고 부서진 곳들을 어루만지네.

그 모든 고통과 분노를 다시 겪어내면서
같은 눈물을 흘리고 또 흘리면서
눈물과 함께 내 안의 그 두려운 곳들을 치유하고 떠나보냈네.

아름다운 색들이 나타났네.
숨겨져 있었던 아름다움을 드러내는 금빛 심상들
잊혀지고 느껴본 지 오래인 아름다움이
상처와 '부서진' 나로 가려져 있었지만
내내 살아있었고 여전히 내 안에서 꽃피고 있네.

아름다움과 자신감과 자신에 대한 사랑을 가진 새사람으로 거듭나는
재탄생이 이루어지네.
멜로디의 다양한 리듬이 일깨워준, 새로운 리듬이 내 안에 있네.
나는 많은 사람들이 불러주고 즐겨주기를 기다리는
새로운 노래라네.

론다로부터

참고문헌

Bonny, H. (1978) *Facilitating Guided Imagery and Music Sessions, GIM Monograph #1*. Salina, KS: Bonny Foundation.

Holmes, E. (1990). The Eternal Path of Progress. *Science of the Mind, 63*(10), 16-21.

McClellan, R. (1988). *The Healing Forces of Music.* New York: Amity House.

사례14 **나치수용소 트라우마와 GIM**

잿더미로부터: GIM과 함께 절망을 희망으로 *

Cecilia Herzfeld Schulberg

도입

나는 음악심리치료사지만, 여기에서는 홀로코스트(Holocaust: 1930~40년대 나치에 의한 유대인 대학살) 생존자였던 어린아이로서의 나의 음악치료 경험을 기록한다. 이 경험은 GIM교육을 받으면서 시작했던 세션들에서 옮겨 적었다. 세션에서 나는 깊은 의식 상태에서 홀로코스트의 강력한 심상들을 직면해서 치유해가도록 지원하는 특정한 클래식음악 프로그램을 들었다. 이 과정에서 나를 도와주었던 음악치료사들에게 깊은 감사를 드린다.

변형

내가 처음으로 이 기억을 다룰 수 있었던 것은 그룹GIM에서였다. 치료사는 나를 이완된 상

* Hibben, J. (Ed.) (1999). *Inside Music Therapy: Client Experiences.* Gilsum NH: Barcelona Publishers.

태로 이끈 뒤 클래식음악 프로그램을 들려주었다. 하강하는 베이스 멜로디는 내가 평생 동안 두려워했던 경험으로 빠르게 들어가게 했다.

나는 연기냄새와 불타고 있는 시체의 악취를 맡았다. 죽어가는 사람의 비명소리와 겨우 살아남은 사람들의 애절한 흐느낌이 들린다. 도처에 죽음의 무게와 공허가 느껴진다. 그것은 정말 실제다. 그리고 내가 영원히 이곳에 있는 것처럼 보인다. 남아있는 생존자 몇 명이 천천히, 최면에 걸린 것처럼 불태워지고 훼손된 회당으로 들어가고 있다. 나는 그들 사이에서 역시 실신 상태로 있는 나를 발견한다. 산송장 같은 사람들이 성소를 채우면서, 익숙한 예배의 찬팅과 애도하는 소리가 점점 커진다. 기도용 숄을 머리에 쓰고 몹시 지친 채 몸을 흔들고 있는 사람들에 둘러싸여 나는 그들과 함께 한다. 나의 목소리는 그들과 함께 울고, 소리치고, 애노하며 커진다. 그 소리들은 내 안의 깊고 어두운 빈사리를 채우고 있나.

음악이 끝날 때, 나는 나의 영혼이 이곳을 떠나 나의 육신으로 들어오는 것을 느꼈다. 나는 이 경험을 붙잡기 위해 만다라(원형의 그림)를 그렸고, 나의 몸은 나 ― 나의 마음, 나의 혼, 나의 영 ― 로 채워지게 되었고, 나는 태어났다. 나는 더 이상 아우슈비츠에서 살아남은 그 15살짜리가 아니었다.

홀로코스트에서 살아남은 어린아이로서 홀로코스트가 직접적으로 나에게 어떻게 영향을 주었는지를 처음으로 볼 수 있었던 것이 GIM세션에서였다. 나는 신체적 감각에서 정신적 마비까지, 온 몸으로 그것을 체험했다. 그것은 궁극적인 죽음-재탄생의 경험이었다. 나는 더 이상 홀로코스트 생존자인 나의 어머니가 아니었다. 나는 나 자신으로 다시 태어났다. 그 경험은 수년 전 그때 그대로 현재도 내 안에 살아있다. 그 세션의 결과로, 나는 내 자신이 얼마나 많이 어머니를 위해 그리고 어머니로서 살아왔는지를 깊은 무의식 속에서 깨달았다. 나는 상실, 절망, 비탄과의 만남에 너무나 압도되어 세상과 나의 안에서 고통에 대한 강력한 보호벽을 만들어냈다. GIM세션은 그 벽을 부수고, 나의 삶을 시작하게 해주었다.

생명과 치유와 영성의 강력한 근원인 음악과 다시 연결됨으로 나는 처음으로 어릴 때부터 느껴온 엄청난 상실과 비탄의 일부를 직면하고 경험하고 해소할 수 있었다. 이는 반복되는 죽음-재탄생의 GIM과정에서 일어났다. 이 첫 세션에서 어머니와의 뒤얽힘에 집중되기는 했지만, 이후 세션에서는 나와 이름이 같았던 외할머니와 나의 연결이 부족하다는 것이 강조되었다. 외할머니는 아우슈비츠에서 독가스로 돌아가셨다.

GIM세션 동안 외할머니의 심상은 전쟁에서 일어났던 모든 상실을 상징했다. 이러한 상실은 GIM세션에서 다양한 죽음의 심상으로 나타났다 – 무덤 속에 갇혀 나가지 못하거나, 세션 내내 죽어있거나, 화장터로 가는 죽음의 행진 속에 있으면서 멈추기 위해 아무것도 할 수 없거나, 시체와 거의 죽어가는 사람들과 표식 없는 대량의 무덤에 둘러싸여 있었다. 나는 나의 죽음을 껍데기 속의 공허와 무거움, 추위, 허무함으로 체험했다. 그것은 그토록 고통스러운 실제 죽음은 아니었다. 그것은 잔인함이었다.

GIM세션에서 외할머니의 심상은 또한 내가 성장하면서 세상에서 결코 느껴보지 못한 안전과 보호를 제공하여 이러한 트라우마를 해결해나가고 치유할 수 있게 해주었다. 세션에서 나는 외할머니가 어린아이인 나를 무릎에 놓고 흔들며 달래주는 것을 경험했다. 나는 집 밖에서 사이렌이 요란히 울리고 폭탄이 터지는 동안 외할머니의 팔 안에서 안전함을 느꼈다. 내가 살아오는 동안 내내 외할머니는 내 곁에 계셨다. 음악과 함께, 외할머니는 외할머니와 다른 모든 사람의 상실로 인해 내가 가졌던 끝없는 공허감을 채우도록 도와주었다. 음악과 GIM교육에 함께 한 나의 동료들의 도움으로, 나는 이 '그림자'와 맞서기 위한 힘을 키워갔다. 개인세션에서든 그룹세션에서든, 나는 내 자신이 지지받고 있으며 더 이상 외로움을 느끼지 않는다는 것을 알고 있었다.

나의 '홀로코스트 그림자'와의 첫 번째 강력한 만남은 개인세션에서 시작되었는데, 음악은 나를 안으로 위로 끌어당기고 있었다.

굴뚝의 심상이 나의 사타구니에서 나타나고 있었다. 음악이 나를 찢어 열면서 나로부터 모든 것 – 나의 본질, 나의 영혼– 을 비틀어 짜내는 것같다. 나는 하늘에서 온 빛의 밧줄이 나를 붙잡고 위로 들어 올리는 것을 느낀다. 음악이 점점 커지면서 긴 시간 살아온 나의 삶으로부터 모든 것을 짜내고 있어 터질 것 같다. 너무나 강력하다! 바이올린은 나의 심장, 인간 경험의 모든 것 – 기쁨, 슬픔, 모든 것 – 을 연주한다. 너무나 놀랍고 마음이 아프다. 그 빛은 이제 굴뚝의 모양을 갖추고 눈이 부실 정도로 빛나고 강력해서 나는 더 이상 그 굴뚝을 볼 수 없다. 빛은 나를 통과하고 나의 주변을 돌고 있다. 나로부터 모든 것이 짜내어졌을 때, 모든 무거움과 통증과 고통이 사라진다. 나는 가벼워져서 음악과 함께 떠오른다. 바이올린들은 더 이상 붙잡고 있지 않다. 그것은 달콤하다. 나는 투명한 거품이고, 완전히 혼자지만, 외롭지 않다. 우리가 모두 빛의 일부인 것처럼, 나는 잃어버렸던 가족의 영혼들과 연결된다.

그러나 나는 다시 나의 몸속에서 감정을 느끼기 시작하며 땅으로 다시 내려온다. 아직 그곳에 있을 때가 아니다.

(음악이 바뀜) 나는 불이 있는 곳으로 내려왔다. 이상하다. 나는 불이 뜨겁다는 것을 알지만 느껴지지 않는다. 나는 그것의 무거움을 느끼고 귀청이 터질 듯한 굉음을 들을 수 있다. 불은 굴뚝 중앙, 용광로에 있다. 울타리는 없고, 용광로는 거대하며 열려있다. 지옥에 있는 것 같다. 나는 불에서 나 자신을 지키고, 빛으로 되돌아 올라가기 위해 열심히 싸워야 한다. 나는 불길 너머 가스층에 도달한다. 그러나 나는 불의 손가락 – 불행, 고통, 슬픔 – 이 나를 아래로 끌어당기고 있는 것을 느낄 수 있다. 나는 그들이 나를 그곳에 가두지 못하도록 힘껏 싸워야 한다. "내가 어차피 질 거라면 저항해본들 무슨 소용이 있어?"라고 느끼며 나는 절망에 빠진다. 나는 불길에 태워져 바삭 마른 검은 불씨가 되었다. 불은 흔적 하나 없이 모든 것을 쓸어버린다. 불은 당당하게 뽐내며 가슴을 두드린다. "네가 감히 나에게 저항해? 네가 아무리 멀리(빛 속으로) 가도 난 널 잡을 거야!" 하지만, 나를 잡도록 놔둘 수는 없다. 음악의 도움으로, 나의 상실을 기억나게 하는 내 가슴의 구멍뚫린 부분을 안고 빛으로 돌아온다. 죽음은 차갑게 느껴졌지만, 빛과 음악이 따뜻함과 생명으로 내 가슴의 구멍을 채워준다. 현들이 나의 몸에서 연주한다. 나는 삼키는 불은 사라지고, 빛과 함께 땅으로 돌아왔다.

굴뚝과 빛은 그 해 후반에 내가 본 통합의 강력한 상징인 다하우(Dachau)의 유대인 회당으로 변모되었다. 나는 이 GIM세션 전에는 결코 이 구조물을 본 적이 없었다.

이 그림자의 실제적인 통합은 몇 주 후 그룹GIM 경험에서 일어났다. GIM교육에서, 우리는 음악으로 마음과 몸이 함께 치료받을 수 있게 하는 법을 배우고 있었다. 클라이언트로서, 나는 스트레스가 누적되는 경향이 있는 왼쪽 어깨의 만성 통증에 집중했다.

어깨는 감정이 쌓여서 회색 돌이 되어가고 있었다. 돌은 나의 어깨 주변과 머리 위로 퍼져, 카디시(Kaddish: 죽은 자를 위해 암송되지만 삶에 대해 표현하는 유대 기도문)를 암송하며 애도하기 위한, 딱딱하게 굳은 기도용 숄이 된다. 그것은 계속해서 아래로 퍼져 나의 몸이 홀로코스트에서 살해당한 사람들을 기념하는 동상이 된다. 그러고 나서 나는 굴뚝이 된다. 나는 불길이 나의 발에서 나와, 내 안에서 굉음을 내는 것을 느낄 수 있다. 나는 끔찍하다. 내가 그 사람들을 모두 죽이고 있다! 그것은 가장 고통스런 경험이다. 나는 히스테리 상태가 된다. 갑자기 굴뚝과 불이 사라지고 잿더미 외에는 아무것도 남아있지 않다. 나의 어깨의 통증도 사라졌다. 잿더미는 나의 가슴의 구멍에 있고, 나는 대지(Mother Earth)가 된다. 이 구멍에는 새로운 아픔이 있다. 그것은 우주 안의 빈 공간, 공허처럼 느껴진다. 아무것도 남은 게 없다. 그러나 잠시 후 그것은 흙으로 가득 차게 되고, 사람들이 되었다. 나는 대지이고 사람들은 나의 자녀가 되어, 빛 속으로 떠오른다. 나는 나의 골반에 심겨진 씨를 느끼며, 그곳에서 하나의 잎을 가진 매우 강력한 나무가 자란다. 고통이 사라진다.

잿더미로부터

불길은 나의 사타구니 깊은 곳에서 점화되었고
에너지와 음악소리로 연료를 받아
팔다리를 통해 퍼져가네.
잿더미로부터 일어나, 위로만 날아가는
하얀 불사조의 날개로 펼쳐지네.
음악이 나의 세계와 연결되어
천국으로 들어가는 천사로 변해
영혼과 빛을 연결하니
나의 영혼에서 넘쳐 흐르는 눈물

그 후의 GIM에서, 나는 상실감을 애도하고 그 아픔을 다루기 위해 일생을 통해 내 안에 세웠던 해로운 구조물을 내려놓는 것을 지속하면서 죽음-재탄생 경험을 계속했다. 가장 의미 있는 구조물, 즉 장벽은 통제의 장벽이었다. 나는 나의 삶을 선택할 수 있었다. 나의 부모님, 친척, 그 세대의 가족 친구들과는 달리 나는 교육, 선택의 자유, 행복, 내가 선택하는 삶의 기회를 가졌기 때문에, 나는 이 기회들을 최대한 활용하기로 결심했다. 나는 치료사, 사회운동가가 되었고, 새로운 가족을 만들었다. 그러나 나는 또한 나의 세상을 부모님이 경험했던 것보다 더 안전하게 만들려는 시도로 내가 신경쓰지 않던 모든 것(예견되는 나쁜 일이라든지)도 통제하려고 애썼다.

음악은 나 자신이 철통같이 세웠던 이러한 허위안전과 통제의 장벽을 돌파하게 하는 모든 요소를 가졌다. 음악은 심상을 떠올리게 하는 역동성, 심상을 유지할 수 있는 안전감을 주는 구조, 모든 심상을 충분히 보유할만한 광활한 용기(container), 치유와 변형을 지원하는 모든 것의 통합을 제공했다. 음악은 절망을 경험하게 하는 동시에 궁극적인 희망을 갖게 해주었다.

사례15 우울증과 MI

음악과 심상(MI)으로 내적 자산을 찾다 *

Lisa Summer

도입

이 사례연구는 클라이언트 카일의 우울증에 바니메소드GIM을 어떻게 적용했는지를 보여준다. 내면탐색과 재구성의 과정이 중심인 GIM이 처음에는 그의 증세를 악화시켰다. 그러나 시행착오를 거쳐 나는 GIM의 기본 요소들을 재구성하는 것을 알아냈다. 이러한 시도로, 시간이 지나면서 음악과 심상을 지원적이고 재교육적인 수준으로 시행하는 방법을 찾게 되었다. 각각의 시행수준(지원적, 재교육적, 재구성적)은 모두 클라이언트의 치료목적인 정서적 한계를 초월하는 것과 관련되지만, 치료목적에 접근하는 방식에서 지원적인 음악과 심상은 화성적 긴장이 거의 없는 간단하고 반복적인 음악과 함께 긍정적 인덕션(positive induction)을 사용한다. 재교육적 접근은 증상에 적합한 화성적 긴장은 있지만 구조적 변

* Meadows, A.(Ed.)(2001). *Developments in Music Therapy Practice: Case Study Perspectives.* Gilsum NH: Barcelona Publishers.

화는 거의 없는 반복적인 음악과 함께 증상 중심의 인덕션을 사용한다. 두 단계 모두 음악을 들으면서 클라이언트가 하나의 심상에 머무르도록 방향을 인도한다. 음악이 끝나면 대화를 통해 그 심상이 클라이언트와 깊이 있게 연결되도록 도와준다.

카일의 세션은 그의 내면에 잠들어있는 긍정적 자산과 연결해주기 위한 지원적인 접근을 통해 어떻게 그가 증상에서 벗어나게 되었는지를 보여준다. 이어서 재교육적 음악과 심상으로, 카일은 새로운 관점에서 그의 정서를 제한하는 뿌리 깊은 증상들을 초월할 수 있었다.

기본 개념

1970년대 초 메릴랜드 정신연구센터(Maryland Psychiatric Research Center)와 의식과 음악 연구소(Institute for Consciousness and Music)에서, 헬렌 바니는 심층적, 인본주의적 음악을 사용하는 특별한 방식을 창안해서 GIM(Guided Imagery and Music) 또는 바니 메소드GIM이라고 명명했다(Bonny&Pahnke, 1972/2002; Bonny, 1995/2002). 바니의 목적은 무의식에 대한 광범위하고 자유로운 탐색이었다. 이를 위해 GIM은 확장된 의식 상태, 내면탐색에 들어가게 하는 인덕션, 심상을 떠올리게 하는 30분의 클래식 음악프로그램을 사용했다(Bonny, 1980/2002). 바니는, 치료적 윤곽이 서로 다른 18개의 음악프로그램 시리즈를 만들었다(Bonny, 1978/2002).

바니프로그램에 사용된 발췌곡들은 3개 범주로 분류될 수 있다(Summer, 2009). Warlock의 Capriol Suite 중 'Pieds en l'air' 같은 지원적인 음악은, 단순한 구조로 긴장감이 거의 없이 모든 음악 요소를 단순하게 사용한다. 이는 GIM세션에서 클라이언트에게 편안함을 주거나 재충전의 기능을 한다. 재교육적 클래식 곡은 뚜렷한 긴장이 있으나 단순하고 직접적이며 반복적인 구조(보통 ABA구조)를 갖고 있다. 이는 Barber의 'Adagio for Strings' 같이 무언가를 떠올리게 하는, '심상자극'을 위한 곡으로서, 세션에서 클라이언트의 긴장을 유지시키는 기능을 한다. 재구성적 클래식 곡은 음악 소재가 처음의 제시부와 단순한 ABA 형식을 넘어 확장되는 중요한 전개부가 특징이다. 이 자극적인 곡은 심상을 발전시켜서 클라이언트의 증상을 변화시키는 기능을 한다. 각 GIM프로그램은 이 세 가지 유형의 음악이 함께 연결되어 지원적, 재교육적, 재구성적 곡들로 구성된 특정한 강도의 윤곽

(intensity contour)을 형성한다. GIM의 클라이언트는 음악프로그램을 완전히 개인적이고 주관적인 방식으로 체험하지만, 대개 프로그램의 윤곽을 따라 지원적인 곡에서 긍정적 자극으로 재충전하고, 재교육적인 곡에서 갈등 영역을 탐색하고, 마침내 재구성적인 곡과 함께 미지의 영역을 탐색하게 된다.

GIM은 원래 건강한 성인에게 사용하도록 디자인되었기 때문에, 카일의 사례연구는 내가 실제 임상에서 처음 클라이언트를 만나서 그동안 해오던 GIM을 어떻게 변화시켰는지를 보여준다. 본질적으로, 우울한 클라이언트를 대상으로 할 때는 속도를 늦추고 GIM과정을 재충전, 문제탐색, 변형의 세 가지 구성으로 분리시킬 필요가 있다는 것을 알게 되었다. 많은 세션, 특히 치료과정 초기의 세션들은 이 중 하나의 측면으로만 이루어진다. 나의 접근방법과 용어는 기본적으로 Wheeler의 음악치료의 시행 수준과 같이 한다(1983). 이는 지원적, 재교육적, 재구성적(Wolberg, 1977에서 발췌)으로, 이는 실제로 음악과 심상의 임상적 적용에서 유연하게 연결되는 과정이다.

이 연속체의 모든 수준은 바니(2002)가 말한 GIM의 기본 목적과 동일하게 초월을 최종목적으로 한다. 다시 말해, 실질적인 한계는 있지만 개인의 상상력 외에는 제약이 없는 내적세계에서 우리가 처해있는 외적 현실을 초월하는 것이다. 음악과 심상의 사용에서 중심이 되는 가설은, 우리가 상상 속에서 가지는 자유는 외부세력(부모, 사회, 동료의 기대 등)에 의해 만들어진 한계를 초월한다는 것이다. 지원적인 수준에서는 내면의 긍정적인 자산의 충전에 중점을 두고, 재교육 수준에서는 클라이언트의 특정 증상들을 직접적으로 다루며, 재구성 수준에서는 무의식 속에 있는 증상의 뿌리로 간다(Summer, 2002).

배경

이 사례연구의 배경은 미국 버진아일랜드에서의 개인치료다. 치료진은 가정의 한 명, 심리치료사 두 명과 나로 구성되었다. 우리 클라이언트들은 대부분 약물중독이나 불안이나 기분장애 진단을 받았다. 클라이언트의 1/3 가량이 약물치료 중이었고(그들은 약물치료를 모니터하기 위해 정신과의사와 면담했다), 대다수가 알코올중독이나 약물중독에서 회복 중이었다. 심리치료사들은 정신역동적 접근을 했는데, 클라이언트들이 인지적 통찰이나 증상완화는 개선되었지만 적절한 삶의 변화가 없이 '막혀(stuck)' 있을 때에는 나에게 의뢰되었다. 클라이언트가 GIM에 의뢰되었을 때, 나는 담당 심리치료사와 자주 의논했고, 음악과 심리치료를 통합하기 위해 공동치료를 하기도 했다. 내가 처음에 만났던 클라이언트 중 한 명인 카일은 음악심리치료에서 음악과 심상의 시행 단계가 연속적으로 전개되는 것을 보여준다.

클라이언트

내과의사인 카일은 멋진 고급 양복과 넥타이, 모노그램이 찍힌 풀 먹인 와이셔츠를 입고 첫 번째 세션에 왔다. 그의 주 치료사가 우울과 강박 증상으로 나에게 의뢰했으나 카일은 표현이 명확하고, 건강하고, 자신을 의식하고, 자제력이 있는 것으로 보였기 때문에, 그가 우울하고 강박증상이 있다고 얘기할 때조차도, 그냥 지어낸 얘기가 아닐까 하고 생각할 정도였다. 그는 일주일에 6일간, 하루에 최소 10시간을 강박적으로 일하면서도, 부족하다는 느낌에서 벗어날 수가 없었다. 기혼에 아이가 둘인 이 50세의 전문가는 강박장애와 우울증으로 약물치료를 받고 있었다. 그는 약 2년간 상담을 받아왔다.

심리치료와 약물치료로 우울 증상은 많은 부분 호전되었지만, 그의 주 치료사는 그가 업무시간을 줄이고, 업무속도를 늦추고 결핍된 느낌에서 벗어나게 하는 것에 있어 난관에 부딪쳤다.

카일은 카멜레온이 색을 바꾸는 것보다도 더 빨리 화제를 바꿔가며 민첩하고 명민하게 얘기했다. 나의 목표는 그의 행동에 대응하는 것이었기 때문에, 초기 세션에서는 카일을 위해 긴장도가 높고 예측이 어려운 인상파 음악이 들어간 바니프로그램을 들려주었다. GIM세션에서, 그 순간의 클라이언트의 상태와 음악을 일치하게 했을 때, 그들은 '이해받고' 정서적 차원에서 '통했다'고 느낀다. 음악이 끝나자 카일이 내게 말해준 것처럼, 그의 상태와 일치가 된 음악은 그가 삶을 보는 방식과 매우 비슷한 심상을 자극했다. 카일은 음악을 들으면서 단편적이고 혼란스러운 심상들을 설명했다.

> 소용돌이가 매우 빠르게 다가오고 있는 게 보여요… 이제 새를 흑백으로 그린 스케치들이 있어요… 무척 어두워요… 모든 게 너무나 빨리 왔다 갔다 하고 있어서, 알아볼 수 있는 게 거의 없어

요. 늦춰보려고 하지만, 내 말을 듣지 않아요… 나는 무덤에 있는데, 무덤은 너무 어둡고 텅 비어 있어요. 무덤 속에 있는 것 같은데, 빠져나오려고 애쓰지만 나오질 못해요.

나는 음악의 변화가 그의 심상의 본질이나 속도의 변화를 이끌어낼 수 있는지 보려고 다른 음악 몇 곡을 시도해보았다. 음악의 변화는 그의 심상에 중요한 변화를 가져오지 않았다. 카일의 말로는, 변하지 않는 이 심상들은 연결되지 않고 동떨어져있는 그의 삶에서 매일 그를 괴롭히는 '증상들'과 흡사하다고 했다. 거의 즐겁지 않은 일들로 채워져 있는 삶을 그저 바라보기만 하는 무능한 관찰자처럼, 그는 그 어떤 것에도 진정한 의미가 없었고, 어떤 변화도 만들 능력이 없음을 느꼈다. 일, 대인관계, 일상의 사건들이 정서적으로 그와 동떨어져 있었으며, 그가 얻은 번영과 성공과 지적인 성취들은 의미가 없었다.

카일은 성취감을 느끼기 위해 강박적으로 일했지만, 긍정적인 생각은 잠깐이고, 자신이 일한 결실을 정서적으로 자신에게서 분리시켰다. 이성적으로, 그는 이렇게 하는 것이 꼭 필요한 것이라고 정당화함으로써, 역설적으로 자신이 힘들게 일해 성취한 보상의 기쁨을 부인했다. 성취로 얻은 잠시 동안의 긍정적인 감정은 내면 깊숙이, 무의식에 있는 것 – 내재화된 어머니와 아버지 – 에 의해 파괴되었다. 그의 어머니는 어린 시절에 정서적으로 카일을 학대하고 매우 모순된 행동을 하며, 우울하고 궁색한 완벽주의자였으며, 아버지는 대단히 비판적이고, 정서적으로 학대하고, 카일에게 거의 관심을 기울이지 않았다. 내재화된 부모님의 형상이 어린 시절에 비난과 학대를 계속하여 그는 어떤 자존감도 지속적으로 가질 수 없게 되었던 것이다. 심상에서 드러난 것처럼, 그의 내면세계는 겹겹이 에워싼 방어벽으로 이루어졌다. 어릴 때 부모의 정서적 학대에 대한 반응이었던 슬픔, 무기력, 무력함, 분노, 절망, 나약함은 그의 무의식에 만성적으로 자리 잡고 있었다. 그의 심상은 또한 우울한 방어기제 밑에 있는 어두운 뿌리인 죽음에 대한 깊은 실존적 공포를 보여주었다. 젊었을 때 그에게는 극심한 악몽과 가위눌림에 시달리던 시기가 있었는데, 이에 대해 그의 부모는 어떤 방식으로도 관심을 기울이지 않았다.

GIM에서 카일의 심상은 단편적이고 순식간에 사라지며 통제할 수 없는 것이었지만, 나는 이 세션이 그가 어려움에 맞서도록 도와주고 자신에 대한 이해를 새로이 함으로써 도움이 되었을 것이라고 믿는다. 자신의 삶이 얼마나 통제 밖에 있는지를 경험하면서, 일을 줄이고 속도를 늦추며 삶을 보다 충만하게 살게 되는 변화를 가져다주는 동기가 부여될 것이다. 그럼에도 불구하고 카일이 다음 세션에 왔을 때는, GIM세션으로 인해 그의 상태가 심각하게 나빠진 것이 분명했다. 그는 이전 세션에서 자신의 삶이 얼마나 통제에서 벗어나 있었는지를 깨달았고, 한 주 동안 자신에 대한 절망감이 점점 커져갔다고 했다. 편안해지고 활기를 회복하기는커녕 그는 의기소침해졌다. 부인과 아이들이 그와의 정서적 거리감에 대해 불만스러워하는 것을 예민하게 느낄 수 있었지만 반응할 수 없었다. 그는 창백했고, 나와 눈을 마주치지 못했으며, 완전히 비참해보였고, 말투는 이전 세션에서보다 더욱 단편적이 되었다.

대부분의 사람이 어린 시절에 어느 정도 상처를 받으며 키워지지만, 거의 항상 긍정적인 돌봄의 측면도 있게 마련이다. 심상이 갈등할 때, 자아의 힘(긍정적인 내면의 자산, 긴장과 학대에 대한 긍정적인 적응)을 기대해 볼 수 있고, 그런 것이 클라이언트의 심상에서는 분명하지 않더라도, 그 심상에 대한 클라이언트의 긍정적인 반응에서 나타날 수도 있다. 하지만 카일은 아무런 긍정적인 반응이 없었다. 자아의 힘이 있었다 해도 계속되는 우울함에 완전히 가려졌을 것이다. 내가 모든 클라이언트의 증상을 치료할 수 있다고 기대하지는 않았지만, 이번에는 내가 실제로 상황을 악화시킨 것으로 보였다. 나는 카일을 자신으로부터 구해내어 끔찍하고 분열된 그의 내면에 편안함을 주고 싶었지만, 어떻게 진행해 가야할지 난감했다.

치료 과정

지원적 음악과 심상

카일이 자신의 증상을 다루고 해결해가기에는 GIM이 도움이 되지 못하리라는 것이 분명했다. 나는 정신약물치료의 도움을 받으면서도 그렇게 내면의 긍정적인 힘을 발휘하지 못하는 클라이언트를 이제껏 치료해 본 적이 없다. 그의 자아를 다시 세우기 위해서는 학대 이전에 존재했던 긍정적이고 순수한 카일로서의 긍정적 경험이 있어야 했다. 그러나 나는 이 진정한 긍정적 자아가 그의 과거 얼마나 먼 곳에 남아있는지, 그의 무의식 속에 얼마나 깊이 묻혀있는지 알 수 없었다.

새내기 치료사로서, 나는 그가 이러한 긍정적인 중심을 발견하도록 도와주겠다고 결심했지만, 그것을 찾아낼 기법이나 기술이 없었다. 나는 GIM보다 더 가볍고 더 구조적이며 더 직접적인 음악과 심상에 대한 모색이 필요했다. 몇 세션 동안 나는 이완 기법, 심상 없는 음악, 음악 없는 심상 등 여러 방법을 시도해보았다. 내가 하는 방법이 도움이 되는지 불안했지만, 적어도 해를 끼치지는 말아야겠다고 생각했다.

여덟 번째 세션에서 돌파구가 생겼다. 나는 카일에게 지난 몇 년 동안 혼자만의 긍정적이고 평온한 순간이 한 번이라도 있었다면 말해달라고 했다. 그는 없다고 했으나, 아내와 휴가를 떠나 일출을 보려고 새벽에 일어난 적이 있다고 하면서 그 때가 즐거웠다고 했다. 아르마니 정장을 입은 남자에게 그림그리기를 제안하는 것이 긴장되었으나, 나는 Dvorak의 'Strings Serenade, Opus 22'의 제1악장을 들려주기 전에 인덕션에서 카일에게 일출을 보던 기억을 떠올리고 앞에 놓인 도화지에 그 경험을 그려보라고 제안했다.

음악이 시작되면서, 나는 그가 그림을 그린다는 것에 대해 어색해하는 것을 알 수 있었다. 1분 정도 숨 가쁘게 그림을 그린 뒤 카일은 편안해졌다. 그림 그리는 속도가 늦춰지면서, 그의 팔은 음악의 리듬에 맞춰 이따금씩 움직이기 시작했다. 깊이 있게 음악을 들으면서, 그는 음악의 아름다움을 그림으로 형상화했다. 나는 그 곡을 계속 반복해서 들려주었다. 풀 먹인 모노그램의 와이셔츠를 걷어붙이고, 카일은 기존의 깔끔한 옷차림에는 아무 관심 없이, 계속해서 파스텔의 모든 색을 가지고 도화지를 채워갔다. 그는 파스텔을 도화지에 칠한 다음 손으로 문질러서 혼합시켰다. 그가 도화지 전체를 칠하고 끝난 것으로 보였을 때, 나는 음악을 멈췄다. 그의 그림은 원 안에 연한 초록, 파랑, 보라가 있었다. 또한 원 밖 왼쪽에는 연노

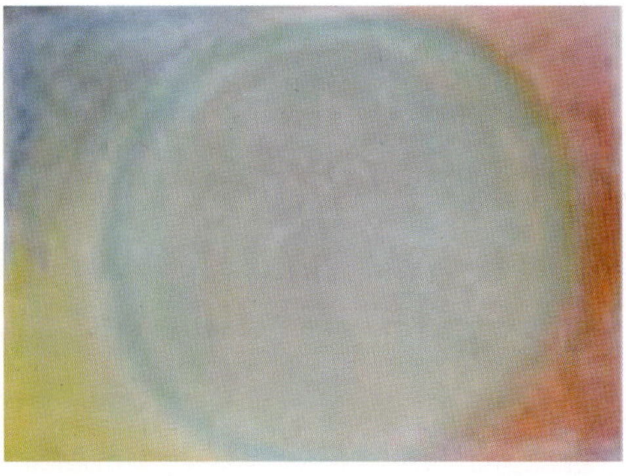

'만족'

랑, 오른쪽에는 빨강인 것으로 보였다.

음악과 그림이 일종의 목가적이고 긍정적인 경험을 만들어내면서, 그는 완전히 여유롭고 편안하게 변했다. 나는 지금 일어난 일을 어떻게 말로 풀어가야 할지 잘 몰랐지만, 그가 체험한 것을 설명해달라고 천천히 말했다. 카일은 그림을 그리는 동안 '집중했고', '몰입했으며', '창조적'임을 느꼈다고 했다. 그는 일반적인 방식으로 일출을 그리려다가, 일출의 느낌을 그대로 표현하는 게 좋을 것 같아서 그렇게 했다고 설명했다. 그는 일상생활에 넘치는 방해물(강박적이고 우울하고 순간순간 스쳐가는 생각들)이 지금은 '없다'는 것에 감사했다. 그는 진정으로 이완되어 음악을 즐길 수 있었다. 처음으로 카일은 세션에서 긍정적 감정과 만났다. 처음에 그는 시각적 이미지로 일출의 기억을 떠올렸다. 음악이 그 기억에 집중하도록 도와주었고, Dvorak의 세레나데의 단순하고 심미적인 아름다움이 그를 그 이미지에 머무르게 하면서, 그 속에 있는 진실하고 긍정적인 감정을 현재로 불러오게 했다. 그 악장을 4번 반복하면서 나타난 긍정적 감정이 힘을 얻을 수 있게 해주었다. 카일의 의식 상태는 세션을 시작할 때 '일에 대한 압박감'을 느끼며 들어와서 '만족감'으로 완전히 변했다. 이 변화는 우리가 대화를 나누는 동안 유지되었고 세션이 끝날 때까지 계속되었다. 그는 자신의 그림에 '만족'이라고 제목을 붙였다. 카일은 이 세션의 결과에 흡족했고 치료에 대한 긍정적 기대를 가지고 그 다음 세션에 왔다. 나는 카일의 지원적 세션에서 모두 동일한 방식(그림그리기와 연결된 긍정적인 인덕션과 클래식음악)을 계속 사용했다. 이 때의 세션에서 그려진 그림으로 '혼돈과 즐거움의 혼합 시도', '즐겁게 뛰노는 아버지와 아들 돌고래', '접촉' 등이 있다.

우리가 함께 치료한 지 두 달이 못 되어, 카일은 자신의 내면에 있는 긍정적 자산(긍정적 감정)과 연결될 수 있었다. 그는 일상생활에서 중심, 존재감, 개방성, 수용, 희망, 쓸모있음, 이완, 만족을 느끼게 되면서 변화되고 있다고 설명했다. 덧붙여 그는 자신이 기억하는 한 생전 처음으로 타인에 대해 진정으로 연민의 감정을 느끼게 되었다고 했다.

이 일은 어떤 환자가 그에게 이혼을 하게 될 것 같다고 토로했을 때였는데, 그는 처음으로 직업적이고 인위적인 연민이 아닌, 정서적인 공감을 느꼈다. 카일을 긍정적 감정과 만나게 했던 지원적 음악과 심상 세션을 통해 찾게 된 긍정적 감정은 현실 세계로 이어져 정착되기 시작했다. 그는, 부모의 폭력적이고 모순된 양육으로 인해 이전에는 없었던 건강한 자아의 출발점인, 긍정적인 내적 대상을 개발하고 있었다. 클래식 음악과 함께 그의 내면의 긍정적인 중심으로 가는 세션을 반복하면서 그의 정신은 긍정적 감정을 찾았으며, 이는 세션 밖으로 연계되기 시작했는데 심지어 가족 이외의 사람들과도 그러했다. 처음으로 그는 환자와 진심으로 인간적으로 연결될 수 있었다는, 내과의사로서 놀라운 고백을 했다.

대략 두 달의 기간 동안, 지원적 음악과 심상 세션에서 카일은 평소의 심리적 패턴에는 없는 의식 상태를 느낄 수 있었다. 음악이 흐르는 동안, 그는 깨어있는 시간 내내 함께 하는 고통 – 부정적인 부모의 내재화, 우울감, 죽음에 대한 실존적 공포 – 에서 벗어날 수 있었다. 카일이 매주 음악과 함께 건강하고 긍정적인 상태에 '몰입'하게 되면서 카일의 정신세계는 심리적으로 쇠약하게 만드는 이 고통으로부터 자유로워지기 시작했다. 이 증상들은 언제든 다시 나타나곤 했지만, 카일은 조금씩 이러한 건강한 의식상태를 자신의 일상의 삶으로 옮겨갔다.

심화 과정: 재교육적 음악과 심상

지원적 음악과 심상이 카일의 일상적인 삶의 질을 변화시키고는 있었지만, 세션에서 그의 불안이나 일과 관련된 문제들을 적절하게 직접적으로 다루지는 못했다. 그렇게 하기 위해서는 재교육적 음악과 심상 차원의, 심화된 내적 체험이 필요했다. 따라서 카일의 증상을 직접적으로 다루기 위해, 나는 클래식음악 한 곡과 함께 그림그리기를 사용하는 기본구조를 유지하면서, 음악으로 들어가는 인덕션에서 그의 증상을 직접적으로 끌어들이기 시작했고, 확인된 증상의 긴장감에 적합한, 자극적인 음악을 활용했다.

카일의 치료 세션은 퇴근 후로 조정되었고, 그는 그 날의 불만을 가득 안고 세션에 도착했다. 재교육적 음악과 심상 세션에서, 어느 날 카일은 그 날의 업무에 대한 일반적인 불만들로 세션을 시작했다. 연이어 하나씩 불평을 하며 자신의 부담을 떨치고 싶었던 것이 분명했지만, 나는 그에게 불만에 대해 '생각'하거나 '말'하지 말고, 눈을 감고 그것을 '느껴'보라고 했다. 그는 "가슴에 갇힌 느낌, 압박감, 긴장이 있어요. 나가고 싶어 하지만 거기에 갇혀있는 느낌이에요"라고 했다. 그가 이러한 내적 감각을 설명하자, 나는 그의 감각에 더 적합한 음악을 선택했다. 나는 Stokowski가 편곡한 Bach의 'Passacaglia and Fugue in C'가 카일의 긴장에 어울리겠다고 생각했다. 음악이 내적 체험을 그림으로 표현하도록 도와줄 것이라고 하자, 카일은 도화지에 길을 하나 그리기 시작했다.

음악과 함께, 그는 겨자색이 섞인 검정과 진한 청색의, 구불구불한 길을 그렸다. 그 길은 도화지에서 몇 개의 커브를 그리며 돌았다. 길이 완성된 후에 그는 길 바깥 여러 지점에 일곱 개의 둥근 형체를 추가했다. 각 형체에는 강력한 중심이 있고 몇 개의 작은 밝은 형광 핑크색 팔이 뻗어 나와 길 바깥에 닿아 있었다. 음악이 끝난 후에, 우리는 그가 '출구 없음'이라는 제목을 붙인 그림에 대해 이야기를 시작했다. 카일은 자신의 감정이 길에 갇힌 것과 같다고 하면서 "이리저리 떠돌며, 목적지도 없고, 보여줄 것도 없어요"라고 했다.

그는 그림을 설명하면서 감정이 더 격해졌다. 우리는 그의 감정과 심상을 오가며 대화를 나누었다. 그는 그 감정이 좌절이라고 했다. 덧붙여서 그는 일곱 개의 형체는 자신을 기꺼이 도와줄 직원들이라고 설명했다. 그러나 그는 이 형체들이 잠재적으로 도움을 줄 존재라기보다는 짐으로 느껴졌다. 그들은 결핍감에서 오는 그의 좌절을 더 깊게 할 뿐이었다. 나는 그가 좌절과 결핍이라는 두 감정을 좀 더 완전히 받아들이는 것으로 보일 때까지 계속 그 심상과 감정을 가지고 진행했다.

이후 일곱 형체에 대한 카일의 관점은 바뀌었다. 그가 말하는 결핍감 대신 사무실 비서에게 도움을 요청하겠다는 새로운 관점을 가지게 되었다. 이것이 재교육적 음악과 심상의 특징이다. 치료사는 문제에 적합한 곡을 사용한다. 하지만 클라이언트는 습관대로 문제에 갇히게 되는 것이 아니라, 새로운 관점을 얻는다는 의미에서 '재교육'된다. 재교육적 음악과 심상에서는, 심상이 변하는 것이 아니라, 클라이언트가 그 심상과의 관계를 바꾸는 것이다. '출구 없음' 그림에 대한 카일의 관점은 결핍의 느낌으로 인한 좌절감에서 받아들임으로 바

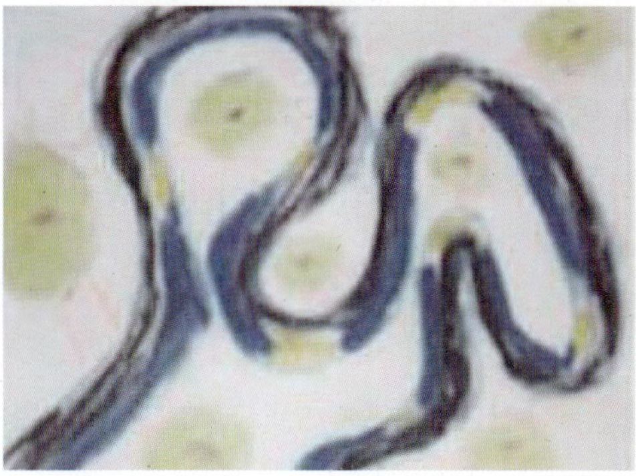

'출구 없음'

꿔고, 마침내 도움을 요청하겠다는 마음으로 변화되었다.

카일의 세션에서, 인덕션에 이어진 Bach의 'Passacaglia and Fugue'의 강하고 지속적인 반복은 그가 좌절이라는 내적 감정에 머물게 했다. 그림은 그가 갇히고 좌절되고 부족하다는 느낌을 충분히, 그러면서도 절제되어 미적 이미지로 표현할 수 있게 해주었다. 나아가 '출구 없음'이라는 이미지에 대해 설명하는 과정은 카일이 직장에서 매일 겪고 있는 증상을 지금-여기에서 체험할 수 있게 해주었다. 이 요인들은 각각 카일의 '재교육'에 기여했다.

카일의 재교육 첫 단계는 자신을 우울 속에 가두고 도움을 청하지 못하게 하던 좌절과 결핍이라는 특정한 증상을 그가 분리시켜 확인할 수 있게 되었을 때 일어났다. 두 번째 재교육 단계는 그가 자신의 감정의 실상을 새로운 차원에서 기꺼이 받아들였을 때 일어났다. 우리의 치료목표가 카일의 증상을 완화하는 것이기 때문에, 갇혀있는 느낌을 강화시키고 수용하게 된 것을 긍정적인 결과라고 하면 표면상으로는 이상하게 들릴 수도 있다. 그러나 이는 증상을 완화하기 위한 전제조건이 되고 새로운 통찰과 관점을 갖기 위한 선행조건이 된다.

재교육적 음악과 심상 세션은 보통 클라이언트의 새로운 관점을 대화로 정리하는 것으로 끝나기 때문에, 나는 첫 번째나 두 번째 재교육 단계가 성취된 후에 카일의 세션을 끝낼 수도 있었다. 하지만 나는 세션을 더 진행하면 카일이 자신의 새로운 관점을 공고히 할 준비가 되었음을 감지했다. 그래서 나는 카일에게 음악을 깊이 들으면서 이 새로운 관점을 그림으로 표현해보도록 요청했다. 나는 지원적인 곡인 Beethoven의 'Piano Concerto #5' 제2악장을 선택했다. 그는 중심으로부터 계속 커져가는 세 개의 동심원을 그렸다. 중심에서 시작해 원들은 밝은 노랑, 연한 파랑, 형광 핑크였다. 초록 곡선 세 개는 중심을 통과해 흘러갔고, 하나는 중심 주변으로 원을 그렸다. 카일은 이렇게 말했다.

> 나는 그럴 필요가 있어요. 나에겐 그렇게 할 기회가 있어요. 나는 노력해야 해요. 잘 되지 않을 수도 있지만, 나는 이제 그렇게 할 수 있다고 생각해요. 시간을 좀 내서 사람들에게 도와달라고 할 수 있어요.

그는 그 그림을 '기회'라고 불렀고, 출구가 있다는 그의 느낌을 중심으로 대화를 나누었다. 이렇게 추가해서 진행한 지원적 음악과 심상 체험으로 그는 기회가 있다는 생각과 함께 직장에서 필요한 도움을 요청할 가능성을 좀 더 확고하게 갖게 되었다. 재교육적 음악과 심상이 효과적이 되려면, 클라이언트의 내면에 갖게 된 새로운 관점을 자극하여 일상생활에서 적용할 수 있게 되어야 한다. 실제로, 음악과 심상 세션 후에, 카일은 자신의 삶의 문제에 맞서기 위해 자신의 심상을 자주 활용했다.

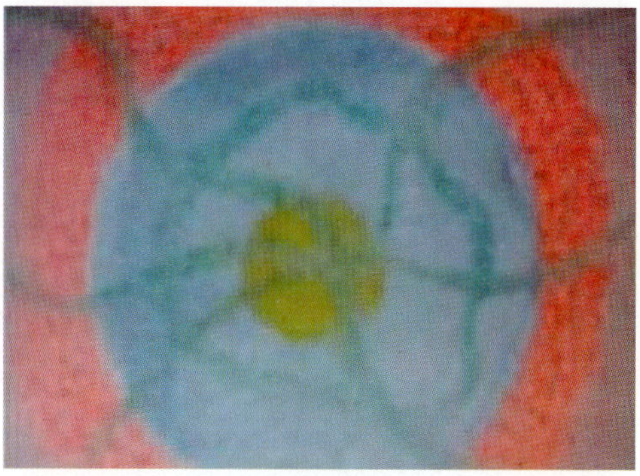

'기회'

결론

카일의 내적, 외적 세계는 다루기 힘들고 단단하게 고착화된 증상들로 채워져 있었다. 모든 사람과 거리를 둔 상태에서 그의 관계는 감정이 없고 성격은 깊이가 없으며 삶은 의미가 없게 되었다. 그의 내적인 삶은 너무나 분열되어 있어서, 세션에서 그는 눈을 감기만 하면 죽음과 절망의 부정적 심상들이 밀려왔다. 음악을 들려주면서 카일이 자신의 증상에 몰입하게 하는 것은 그에게 아무 효과가 없었다. 사실, 그것은 그의 고통을 악화시켰다. 그에게는 자신이 만들어낸 긍정적 심상을 활용할 자아의 힘이 없었기 때문에, 가볍고 반복적인 음악과 함께 하는 긍정적인 인덕션도 공포에서 잠시라도 벗어나게 해주지 못했다.

마침내, 그림그리기라는 외적 과제를 추가하게 되자 긍정적인 체험을 성공적으로 붙잡고 받아들일 수 있었다.

단순하고 반복적인 음악에 연결되는 긍정적 인덕션을 사용하여, 카일은 치료세션 동안 연민의 반응이 나타나게 되어 실생활에서, 환자나 가족 모두에게 적용할 수 있게 되었다. 변화가 거의 없고 화성적 긴장이 있는 음악과 함께 그의 증상에 초점을 둔 단순한 인덕션을 사용한 재교육적 음악과 심상을 통해, 카일은 일상생활에서 새로운 관점을 찾고 받아들일 수 있었다. 재교육적 세션의 결과로 카일의 증상은 줄게 되었고 삶에서 일어나는 일들에 대해 건강하게 반응하는 경우가 늘어나게 되면서 그의 삶은 의미 있게 향상되었다.

카일의 치료는 3년 동안 지원적 방식과 재교육적 방식 사이를 오가며 유연성 있게 진행되었다. 단순히 약물을 통해 우울 증상을 완화하는 대신 지원적, 재교육적 음악과 심상을 통해, 카일은 그의 삶을 제한했던 고착된 부정적 패턴을 초월하여 그동안 내면에 묻혀있었던 삶에 대한 긍정적인 반응을 끌어낼 수 있었다.

참고문헌

Bonny, H.L. (2002). *Music and Consciousness: The Evolution of Guided Imagery and Music* (L. Summer, Ed.). Gilsum, NH: Barcelona Publishers.

Bonny, H.L. (1978/2002). The role of taped music programs in the guided imagery and music process. In L. Summer (Ed.), *Music and Consciousness: The Evolution of Guided Imagery and Music*(pp. 299-324). Gilsum, NH: Barcelona Publishers.

Bonny, H.L. (1980/2002). The early development of guided imagery and music (GIM). In L. Summer (Ed.), *Music and Consciousness: The Evolution of Guided Imagery and Music* (pp. 54-68). Gilsum, NH: Barcelona Publishers.

Bonny, H.L. (1995/2002). Guided imagery and music: The discovery of the method. In L. Summer (Ed.), *Music and Consciousness: The Evolution of Guided Imagery and Music* (pp. 43-52). Gilsum, NH: Barcelona Publishers.

Bonny, H.L. & Pahnke, W. (1972/2002). The use of music in psychedelic (LSD) psychotherapy. In L. Summer (Ed.), *Music and Consciousness: The Evolution of Guided Imagery and Music* (pp. 20-41). Gilsum, NH: Barcelona Publishers.

Summer, L. (1988). *Guided Imagery and Music in the Institutional Setting.* St. Louis, MO: MMB Music, Inc.

Summer, L. (2002). Group music and imagery therapy: An emergent music therapy. In K. Bruscia & D. Grocke (Eds.), *Guided Imagery and Music: The Bonny Method and Beyond* (pp. 297-306). Gilsum, NH: Barcelona Publishers.

Summer, L. (2009). *Client perspectives on the music in guided imagery and music* (GIM). (Doctoral dissertation). Aalborg University, Denmark.

Summer, L. & Chong, H. J. (2006). Music and imagery techniques with an emphasis on the Bonny method of guided imagery and music. In H.J. Chong (Ed.), *Music Therapy: Techniques, Methods, and Models.* (Korean language). Seoul, Korea: Hakjisa Publishing Company.

Wheeler, B. (1983). A psychotherapeutic classification of music therapy practices: A continuum of procedures. *Music Therapy Perspectives, 1*(2), 8-12.

Wolberg, L. R. (1977). *The Technique of Psychotherapy* (Third Edition, Part 1). New York: Grune & Stratton.

Part of this case study was published in the Korean language in Summer, L. & Chong, H. (2006). Music and imagery techniques with an emphasis on the Bonny method of guided imagery and music. In H. Chong (Ed.), *Music Therapy: Techniques, Methods and Models.* Seoul, Korea: Hakjisa Publishing. With permission.

사례16 불안장애 · 우울증과 GIM

GIM의 시행수준별 사례 *

Lisa Summer

서문

이 장은 '바니메소드GIM에 중점을 둔 음악과 심상 기법'(Summer & Chong, 2006)의 최신 재판으로, 세 개의 사례 연구(카일, 스탠, 베베)가 연대순이 아닌 심리치료의 적용 수준(지원적, 재교육적, 재구성적) 순서로 소개되어 있다. 세 개의 개인 사례연구 앞서 바니메소드의 구성요소들이 분리되어 정신과 클라이언트들의 필요에 맞춰 유연하게 적용된 그룹 사례(1981)가 소개된다. 이어서, 긍정적인 인덕션과 당시 전례가 없던 방법으로 지원적인 음악 한 곡을 반복해 들으면서 클라이언트가 자신의 심상을 시각적으로 표현하게 하는 두 가지의 변화가 시도된 사례가 제시된다. 그 다음에 소개되는 2004년 스탠의 사례연구에 설명된 음악프로그램의 즉흥적 선택은 바니메소드에서 크게 달라지지 않는 방법이다. 마지막에 소개되는 1991년 베베의 사례연구는 원래의 바니메소드가 가진 변형으로 이끄는 힘을 명백하게 보여준다.

'바니메소드GIM에 중점을 둔 음악과 심상 기법'(Summer & Chong, 2006)이 출판된 이

후 GIM관련 전문용어에 대한 나의 이해는 급변했고, 'Music Therapy and Depression: Uncovering Resources in Music and Imagery'(Summer, 2011)에서 다루어졌다. 이 2011년판 책의 내용이 여기에 다시 실렸으며(사례15 참조), 1994년 카일의 사례연구의 추가 자료를 통해 지원적, 재교육적 음악과 심상에 대한 설명을 담고 있다. 2006년 출판물에서 스탠과 베베의 세션에 대한 잘못된 명칭을 바로 잡은 2011년 수정판을 반영하여, 나는 이 장 전체에 걸쳐 다음과 같이 용어를 수정했다.

- 베베의 세션은 이제 보다 포괄적인 용어인 GIM 대신 바니메소드 세션으로 호칭하는데, 헬렌 바니가 디자인한 원래 형태로 모든 요소를 활용했기 때문이다. 베베의 세션은 이제 GIM이 아닌, 바니메소드로 부른다.
- 스탠의 세션은 이제 재교육적 음악과 심상이 아닌 GIM세션으로 호칭하는데, 미리 디자인된 음악프로그램을 사용하는 대신 세션이 진행되는 동안 즉석에서 음악프로그램이 선택된다는 것을 제외하고는 바니메소드의 모든 요소를 사용하기 때문이다. 이 단 하나의 변형은 재교육적 음악과 심상으로 불릴 만큼 중대한 것은 아니다. 스탠의 세션은 이제 재교육적 음악과 심상이 아닌, GIM으로 부른다.
- 마지막으로, 이 장의 최신판에서는 '음악과 심상'이 'GIM'으로 바뀌었는데, 이는 질적인 변화가 아닌 형식상의 명칭만 바뀐 것이다. 'GIM'라는 용어는 음악치료에서 보편적으로 받아들여진다.

도입

'GIM'으로 널리 정의되는 음악치료 장르는 개인의 상상력의 한계 외에는 어떤 제한도 없는 내적 세계에서, 초월 — 실질적 한계와 함께 우리 모두가 처해있는 외부 현실로부터의 초월 — 에 기반을 둔다. 나의 전공논문인 'Guided Imagery in the Institutional Setting'(Summer, 1988)에서, 나는 "우리는 우리가 상상하는 것 자체이다"로 시작했다. 이 전제는 소박하지만, 그럼에도 불구하고 내적으로 모든 인간에게 잠재적으로 사실이다. 내가 심상에서 체험하는 자유는 나의 어린 시절에 영향을 미친 외부세력(부모, 사회, 동료들의 기대 등)이 부과한 한계를 초월한다. GIM치료사로서 내가 하고자 하는 종류의 음악치료는 클라이언트의 어린 시절에 형성된 정서적 한계를 초월할 수 있도록 내면세계에 집중하는 기법을 사용하는 것이다. 내가 젊은 여성으로서 내가 받은 양육의 한계를 초월하기 위해 음악을 사용했던 것처럼, GIM클라이언트가 부모의 불충분한 양육이나 모순된 사회적 제약들, 외적으로 부과된 트라우마들의 결과인 불안과 우울을 극복할 수 있게 하기 위해, 단순한 편안함보다 더 높은 목표인 현실초월과 자아실현의 달성이라는 잠재력을 성취할 수 있게 하기 위해, 나는 그들에게 자유로움을 제공하려고 한다.

나와 음악과의 관계

"어린 시절은 그 사람을 보여준다.

아침이 그 날 하루를 보여주듯이"

(존 밀턴의 '복낙원'중에서)

음악치료사로서 나는 음악이 가진 변화시키는 힘에 대한 처음 느낌을 회고해보았다. 방향성은 없었으나 보편적으로 폭넓게 배운 젊은 시절의 교훈과, 어린 시절 이후 얻은 경험과 나이라는 이점은 음악이 가진 변화시키는 힘을 이해하는 데 영향을 주었다. 나의 경우 음악은 어린 시절을 벗어나게 하는 매개체가 되었다. 아기였던 나를 그렇게 오랫동안 돌봐왔던 부모님은 내가 청소년이 되자 혼란스러워 하셨고 열린 마음으로 정직한 대화를 하지 못했다. 부모님은 불시에 일어나는 나의 격렬함, 분노, 부모의 양육에 대한 변덕스러운 요구에 대처하고 싶지 않아서 침묵 속으로 물러나셨다. 어머니도 아버지도 내가 전형적인 격렬한 청소년기를 지나 성인기로 가는 동안 안전한 항구를 제공해주지 못했다. 나는 분노와 좌절과 경멸을 나의 새로운 음악에게로 가져갔다. 나는 피아노와 프렌치 호른을 연습했고, 롤링 스톤즈의 록큰롤 음악 같은 우리 세대의 반항적인 대중음악을 들었다. 음악을 듣고 연주하는 것은 부모님이 제공해주지 못했던 나의 정서적 출구에 대한 욕구를 만족시켜주었다. 부모님은 그렇게 하지 못했지만 음악은 나를 '이해해주는' 것처럼 보였다. 음악은 내가 경험하고 있는 극단적이고 과도한 감정을 반영했다. 내 삶의 이 시기 동안 나는 조용하거나 세련된 음악은 거의 듣지 않았다. 예를 들어 모차르트를 연습하고 연주도 하지만 듣기 위해서 모차르트를 택하지는 않았다. 생각해보면, 모차르트를 선택하지 않은 것은 부모님의 조용한 소극성 때문이었던 것 같다. 나에게는 오히려 나의 강한 감정을 지원해주는 말러의 혼돈이 필요했다. 롤링 스톤즈와 말러는 내 삶의 어떠한 관계보다 나를 더 이해하고 지원해주었다. 당시 나는 오로지 음악 안에서만 좀 더 인간답고 좀 더 진실하고 진정한 '나 자신'을 느꼈다.

음악은 나의 개성을 살려주었다. 부모님에게 화를 내거나 행동하는 것은 허용될 수 없었지만, 음악을 연주하거나 들으면서 '비언어적으로' 화낼 수 있다는 것을 알게 되었다. 부모님은 나에게 새롭게 나타난 강렬한 성격을 지지할 수는 없었지만, 음악가로서의 나의 성장은 지원하고 격려해주셨다. 부모님은 나에게 피아노와 호른을 가져다주고, 공부하고 연주하고 연습할 모든 기회를 제공해 주셨으며, 마침내 내가 집을 떠날 때가 되었을 때, 대학에서 음악을 전공할 수 있도록 격려해주셨다.

그러므로, 나의 청소년기를 통해 감정의 모든 레퍼토리를 개발하도록 도와준 것은, 정서적으로 한계를 가진 가족이 나에게 보여준 틀이 아니라, 음악이었다. 나는 음악치료를 교육받는 과정에서, GIM을 정의해주는 정서적 허용(emotional permissiveness)의 철학에 자연스럽게 이끌렸다. 내가 공부하고 연주하고 정서적 해방감을 느끼는 음악을 들을 수 있도록 가족이 제공해준 지원이 헬렌 바니가 공들여 만든 GIM세션의 구조에 반영돼 있다. 이 구조에서는 GIM치료사가 지원의 기능을 담당하여 클라이언트가 개성화를 이루기위한 음악적 공간이 만들어지게 한다. 음악의 기능은 인간관계가 할 수 있는 것보다 더 자유롭고 제한 없는 방식으로, 정서적으로 클라이언트에게 비판적인 판단이 없이, 언어를 초월하는 지원을 해주는 것이다.

나는 음악교육 전공으로 필라델피아의 템플 대학에 진학했지만, 템플대에서 나는 음악을 숭배하기 시작했고, 교육은 음악에 대한 나의 애정을 담을 수 없었다. 나는 전공을 연주로 바꾸고 연주자 모습으로 음악에 빠져들었다. 이렇게 성스럽게 음악에 빠져있는 동안 해리 삼촌이 돌아가셨다. 나는 절망하여, 신체증상과 함께 존재에 관한 깊은 위기감을 겪었다. 나는 제대로 먹지도 잠들지도 못했다. 가족들로부터 위로도 거의 못 받고, 친구들의 공감을 구하는 것도 불편해서, 글리에르의 간단한 곡 'Intermezzo, opus 35, number 11'을 반복해 연습하며 위안을 삼았다. 2분 30초짜리 곡을 강박적으로 반복하고 나면 나는 고개를 떨구고 울곤 했다. 마침내, 열 번 정도 반복하면서 편안함을 느꼈다. 내가 지금까지 피할 수 없었던 절망의 베일이 벗겨졌고 사라졌다. 나의 청소년기 반항적인 거친 음악이 '지금-여기' 감정 너머로 나를 데려다주었다면, 글리에르의 단순하고 반복되는 프레이즈는 가눌 수 없는 슬픔에 나를 가두고 본질적으로 삼촌의 상실과 부정할 수 없는 죽음의 승리를 받아들이게 했다. 인터메조(Intermezzo)는 내가 현실을 초월하기 보다는 현실을 받아들이며 세상으로 내려오게 했다. 나중에 나는 음악이 외부현실을, 내부에서 나온 것이 아닌 외부에서 주어진 감정을 받아들일 수 있게 한다는 서정적인 가사가 주는 교훈에 감사하곤 했다. 글리에르가 없었을 때 나는 견딜 수 없고 해결할 수 없고 감당할 수 없어 보이는 감정에 눌려 있었다. 나는, 나 자신이 해리 삼촌의 죽음에서 나의 내면을 무시할 수 있게 되기를 바랬듯이, 치료실에 오는 사람들이 자신의 내면을 무시할 수 있기를 바라면서 온다는 것을 알게 되었다. 음악적인 방법으로 나의 절망의 증상이 완화되고 삶의 의미에 대한 관점이 영원히 바뀌게 된 것을 어렴풋이 알게 되면서, 나는 마지막으로 학부전공을 연주에서 음악치료로 변경했다.

학부의 음악치료 분야는 주로 행동주의로, 복잡한 내면의 문제를 다루는 것과는 관련이 없었다. 자아성찰, 인식, 그리고 깊은 감정의 표현은 학부 수준에서 다룰 분야의 주제가 아니었다. 졸업하고 나서야 음악과 심상이라는 좀 더 심오하고 높은 목표를 향해 다시 시작할 수 있었다. 나는 드렉셀 대학으로 불리는 하네만 의과대학의 대학원 공부를 하면서, 음악치료에서 GIM가 초기 단계일 때(Bonny, 2002), 운좋게 GIM 창시자인 헬렌 바니와 공부를 시작하게 되었다. 나를 포함한 바니의 초기 제자들이 실험 대상자가 되었고, GIM의 한계가 바로 분명하게 나타나지는 않았다. 처음에 GIM은 보편적으로 적용될 수 있다고 여겨졌으며, 실험이 확장되어 소수의 초기 참여자들에 의해, 개인세션으로 테스트되어졌다. 인본주의적이고 초월주의적인 치료 이론은 헬렌 바니가 GIM의 범위를 계속해서 재정립해가던 3단계 훈련프로그램에서 직접 가르쳤는데, 이 시기에 나는 바니를 돕는 GIM 트레이너가 되었다. 결국 나는 바니 파운데이션에서 GIM교육의 코디네이터가 되었다. 바니와 초기 제자들이 협력하여 세션을 위한 음악의 선택, 심상을 자극하는 메소드들, 치료사의 역할이 개발되었다. 그러나 임상적 적용은 그때까지 시도되지 않고 있었다.

12명의 거친 남성: 그룹 음악과 심상의 첫 시도

오늘 아침 교외로 나가니

이슬은 아직 잔디에 맺혀있고

즐거운 새가 인사를 하네.

오, 당신이네요. 안녕하세요!

정말 아름다운 세상이죠?

(구스타프 말러의 '여행자의 노래'중에서)

그룹 음악심리치료를 위한 도구로서 바니메소드 일부가 노스웨스턴 정신병원에서 약물중독치료 입원환자를 대상으로 하는 28일 프로그램으로 처음 실험되었다(Summer, 1988).

헬렌 바니의 교육에서 바니메소드를 실행하는 법을 배웠지만, 주로 다른 치료사들과 함께 하는 것이었다. 우리는 대개 서로 클라이언트 역할을 하며 훈련받았다. 그래서 나는 이 기법에 관심이 없거나 치료에 저항하는 성인 클라이언트들을 어떻게 다루어야할 지 실질적인 아이디어가 없었다. 첫 번째 그룹세션에서 12명의 거친 알코올중독자와 약물중독자 그룹을 드뷔시 음악으로 치료하려고 했을 때 엄청난 저항에 부딪혔다. 이 12명의 입원환자들은 내가 그들의 고통에 실질적인 도움을 줄 수 있을 것이라고 기대하지 않았다. 그룹원들은 내가 치료세션을 위해 음악을 사용하는 것에 대해 반대의 목소리를 냈고, 심지어 음악치료라는 아이디어마저도 비웃었다. 만일 음악이 필요하다면, 무슨 프랑스 인상파 관현악곡이 아니라 자신들이 좋아하는 음악을 사용하기를 원했다. 그룹원들은 드러내놓고 나를 조롱했고, "눈을 감고 초원에서 편안히 쉬는 모습을 상상해보세요"라는 내 제의에 적대적이었다. 그럼에도 불구하고 나는 인내하며 Claude Debussy의 'Dance Sacred and Profane'을 들려주었다. 음악에 이어, 나는 각 그룹원에게 자신의 체험을 함께 나누기를 요청했다. 처음 반응은 모두 저항적이었다. 지루했다, 잤다, 그 음악이 싫었다, 나갔으면 좋겠다라고 말했다. 그러나 한 클라이언트가 그룹의 의견과 달리, 자신이 가보지 못했던 정말 평화로운 장소인 '아름다운 초원'을 생생하게 떠올렸고, 사실 이전에는 클래식음악을 들어본 적이 없었는데도 음악이 흐를 때 그 음악을 아주 잘 알고 있는 것처럼 느껴졌다고 얘기했다. '알았다'는 것이 이전에 그 음악을 들은 적이 있다는 의미는 아니었지만 그는 그 음악을 '알고 있었기' 때문에, 마치 그 자신이 그곳에 속한 것처럼, 초원으로 가는 것이 편안하게 느껴졌다. 그는 마치 '그 음악을 알고 있었던' 것처럼 음악에 맞춰 춤을 출 수 있었고, 실제로 그렇게 했다고 나와 그룹원들에게 강조해서 말했다. 그는 드뷔시에 맞춰 심상 속의 초원에서 춤을 췄다. 그가 체험한 긍정적인 내적 체험의 영향에 대해 단지 나만이 아니라 그의 동료들까지도 명백하게 느꼈다. 여기, 정서적으로 상처받고 거친 이 사람들 가운데에서, 그는 평온하며 집중하고 있는 것으로 보였으며, 자신의 심상과 느낌을 표현하는 데 거리낌이 없었고, 그와 그가 한 체험에 대한 그룹의 적대감에도 개의치 않는 듯 보였다. 다음 세션과 이후 세션들에서 그룹의 저항은 상당히 줄어들었는데, 이는 나의 치료 때문이기보다는 12명 중 긍정적 결과를 원했던 이 한 명의 클라이언트가 우연히 존재했던 행운 때문이었던 것 같다.

이 세션은 정신과 그룹에서 음악과 심상을 사용하는 나의 방식을 근본적으로 바꿔야 한다는 것을 가르쳐주었다. 바니메소드를 원하는 일반 개인에게는 그렇게 효과적인 요소들이 그룹 상황에서는 비참하도록 효과가 없었다. 바니메소드의 특징인, 연상시키는 클래식 음악과 함께 하는 상징적 심상의 사용은, 12명의 그룹원 중 한 명에게는 의미 있는 경험을 끌어냈지만, 다른 11명에게는 간신히 실패를 모면했을 뿐이다. 게다가 세션 전에 이 12명이 정신병원에 들어오게 된 문제를 직접적으로 다루지 못한 것은 나의 부주의였다. GIM을 진행하는 이 상황에서 나는 그룹을 클라이언트가 아니라 청중으로 대하면서, 치료를 하는 것이 아니라 호른 협주곡을 연주하듯 '공연'을 하고 있었다. 그룹이 저항하고 적대적이었던 것도 이상한 일이 아니었다. 노스웨스턴 정신병원에서 우울증과 불안장애 그리고 또한 중독으로 진단받은 환자들을 치료하는 동안, 나는 그 클라이언트 그룹들을 좀 더 효과적으로 치료하기 위해 바니메소드GIM을 변형할 필요가 있었다. 한 시간 또는 한 시간 반 동안 진행되는 그룹세션 환경에서 쉽게, 효율적으로 공유할 수 있는 하나의 간단한 심상을 자극하기 위해 최소한의 전개부와 제한된 음악요소를 가진 매우 단순한 클래식 곡을 활용하는 것이 그룹원들이 서로 연결되고 공감하는 데 도움을 주었다. 인덕션은 목표지향적이어야 했다. 드뷔시에 맞춰 초원에서 춤추는 것은 술을 마실지 안 마실지를 결심해야 하는 중독자에게 도움이 되는 특별히 효과적인 방법은 아니었다. 12명의 그룹원 중 한 명이 치료에 마음을 열기 시작했다고 해도, 비슷한 방식의 치료를 지속하는 것은 성공률이 매우 낮다. 긍정적인 인덕션은 그룹 역동성을 활성화하는 데 매우 효과적이어서, 그룹원 모두가 긍정적인 체험을 하지 않았다 해도, 긍정적인 체험을 한 그룹원이 자신의 경험을 함께 나눔으로써 그룹 전체가 치료효과를 갖게 되었다. 몇몇 그룹원의 긍정적 심상과 진전으로 세션이 만족스럽지 못한 그룹원의 저항을 줄일 수 있게 되면서, 도미노 효과가 자주 나타나곤 했다. 많은 클라이언트가 비난하듯이 심상을 공상과 같은 것으로 여겼으며, 이들에게 공상은 나약하거나 터무니없는 것이었다. 만일 인덕션에서 그룹원 모두에게 연관되는 공통분모를 제공했다면, 심상체험을 제대로 하지 못한 사람이라도 치료과정에서 소외감을 느끼지 않을 것이다. 음악과 심상을 통해 동료 그룹원들이 어느 정도 향상되는 것을 보면, 정도 차이는 있더라도 그 자체로 개선이 된다. 또한 공통분모가 있으면, 그들이 심상을 이해할 수 있기 때문에 그룹원들이 서로 공감할 수 있게 하는 가치가 있다. 그룹에게 그림그리기나 글쓰기나 동작 같은 구체적인 과제를 포함하는 이미지 인덕션(imagery induction)을 제공하거나, 나의 경우에는 음악이 흐르는 동안 이미지 인덕션을 들려주는 방법이 효율적이었다. 이 기법들은 클라이언트가 추상적이고 난해한 상상에 대한 내적인 저항을 넘어서게 함으로써 음악이 흐르는 동안 긍정적인 체험에 접근하도록 도와준다.

카일: 지원적 음악과 심상

삶의 여정 한가운데에서, 나는 내 자신을 발견했지.

어두운 숲에서, 갈 길을 잃은 채로.

(단테의 '지옥' 서문에서, 로버트 핀스키 역)

1993년, 나는 음악심리치료에 클라이언트를 의뢰한 심리상담사 몇 명과 협력하여 성인을 대상으로 개인치료를 시작했다. 클라이언트들은 입원환자가 아니라 지역사회의 직장인들이었으며, 그 중 권위있고 책임이 큰 위치에 있는 사람도 많았다.

내과의사인 카일은 첫 번째 세션에 멋진 고급 양복과 넥타이, 모노그램이 찍힌 풀 먹인 와

이셔츠를 입고 왔다. 이 사람은 정신병원에서 볼 수 있는 찢어진 청바지를 입은 망가진 중독자가 아니었다. 그는 분명 나보다 더 멋진 모습의 성공한 사람인데, 우리 지역사회에서 활약하고 있는 이 뛰어난 시민에게 내가 도움을 줄 수 있을지 염려스러웠다. 그의 주 치료사는 우울과 강박증상으로 나에게 의뢰했는데, 카일은 표현이 명료하고 건강하며 자의식이 뚜렷하고 자제력이 있는 것으로 보였기 때문에, 그가 우울하고 강박증상이 있다고 얘기할 때조차도, 그냥 지어낸 얘기가 아닐까 생각할 정도였다. 그가 나에게 일주일에 6일간, 하루에 최소 10시간을 강박적으로 일한다고 했을 때, 자신의 전문분야에 대해 당당하고 헌신적인 것으로 보였다. 하지만 그는 자신이 하는 일에 만족감을 느낄 수 없었다. 기혼에 아이가 둘인 이 50세의 전문가는 강박장애와 심한 우울증으로 약물치료를 받고 있었다. 그는 2년 정도 상담을 받아왔다. 심리치료와 약물치료로 우울 증상은 많은 부분 향상되었지만, 그가 업무시간을 줄이고 일하는 속도를 늦추며 자신의 일에서 결핍감을 갖지 않게 하는 문제에서 그의 주치료사는 난관에 부딪쳤다.

카일은 카멜레온이 몸의 색을 바꾸는 것보다도 더 빨리 화제를 바꿔가며 민첩하고 명료하게 이야기했다. 나의 목표는 그의 행동에 맞추는 것이었기 때문에, 초기 세션에서는 음악적 긴장이 많은 인상주의 음악이 들어있는 바니프로그램을 들려주었다. GIM세션에서, 치료사가 음악을 클라이언트의 그 순간의 상태와 맞출 수 있으면, 클라이언트는 정서적 차원에서 '이해받고', '통했다'고 느끼고 음악 속으로 들어갈 수 있다. 음악이 끝나자 카일이 내게 말해준 것처럼, 그의 상태에 맞춰진 음악은 그가 삶을 바라보는 방식과 매우 유사한 심상을 자극했다. 음악을 들으면서 카일은 단편적이고 혼란스러운 심상들을 설명했다. "소용돌이가 매우 빠르게 다가오고 있는 게 보여요… 지금은 새를 흑백으로 그린 듯한 스케치들이 있어요… 무척 어두워요… 모든 게 너무나 빨리 왔다 갔다 하고 있어서, 거의 아무 것도 알아볼 수가 없어요. 늦춰보려고 하고 있지만, 내 말을 듣지 않아요… 나는 무덤에 있는데, 너무 어둡고 비어있어요. 무덤 속에 있는 것 같은데, 빠져나오려고 애쓰지만 나오질 못해요…"

나는 음악의 변화가 그의 심상의 본질이나 속도의 변화를 이끌어낼 수 있는지 보려고 몇 곡의 다른 음악을 들려주었다. 음악이 바뀌어도 그의 심상에 중요한 변화는 없었다. 카일의 말로는, 이 변하지 않는 심상들은 자신과 연결되지도 않고 동떨어져있는 그의 삶에서 매일 그를 괴롭히는 '증상들'과 흡사하다고 했다. 마치 불쾌한 사건들로 채워진 삶을 그저 무능력하게 바라보는 관찰자처럼, 그는 어떤 것에도 진정한 의미가 없고, 어떤 변화도 만들 능력도 없는 것으로 느껴졌다고 말했다. 직업, 대인관계, 일상의 일들이 모두 정서적으로 그와 동떨어져 있었으며, 그가 얻은 번영과 성공과 지적인 성취들은 의미가 없었다.

카일은 성취감을 느끼기 위해 강박적으로 일했지만, 긍정적인 생각은 잠깐이고, 자신이 일한 결실을 정서적으로 받아들이지 않았다. 인지적으로 그는 이렇게 하는 것이 꼭 필요하다고 정당화함으로써, 역설적으로 자기가 힘들게 일해 성취한 보상의 기쁨을 부인했다. 성취에서 오는 긍정적인 감정은 무의식에 있는 것, 즉 내재화된 어머니와 아버지에 의해 파괴되었다. 그의 어머니는 카일이 어렸을 때 정서적으로 학대하고 매우 모순된 행동을 하며 우울하고 궁색한 완벽주의자였으며 아버지는 대단히 비판적이고, 정서적으로 학대하고, 카일에게 거의 관심을 기울이지 않았다. 내재화된 부모의 형상으로 인해 어린 시절의 학대와 혹평은 그의 삶에서 지속되었고, 결국 그는 어떤 자존감도 지속적으로 가질 수 없게 되었다. 심상에서 드러난 것처럼, 그의 내면세계는 겹겹이 에워싼 방어의 벽으로 이루어졌다. 어릴 때 부모의 정서적 학대에 대한 반응이었던 슬픔, 속수무책, 무력감, 분노, 절망, 나약함은 이제 그의 무의식에 만성적으로 자리 잡고 있었다. 그의 심상은 또한 우울의 방어기제 아래 있는 어두운 뿌리인, 죽음에 대한 깊은 실존적 공포를 보여주었다. 젊었을 때 그에게는 극심한 악몽과 가위눌림의 시기가 있었는데, 이에 대해 그의 부모는 어떤 방식으로도 관심을 기울이지 않았다.

바니메소드에서 카일의 심상은 단편적이고 순식간에 지나가며 통제할 수 없는 것이었지만, 나는 이 세션이 그가 난관에 맞서도록 도와주고 자신에 대한 새로운 이해를 가져다줌으로써 그에게 도움이 될 것이라고 믿었다. 자신의 삶이 얼마나 조정이 안 되고 있는지를 경험하면, 일을 줄이고 속도를 늦추며 삶을 보다 충만하게 살게 되는, 변화를 가져다주는 동기가 될 것이라고 생각했다. 그럼에도 불구하고 카일이 다음 세션에 왔을 때는, 바니메소드 세션으로 인해 그의 상태가 심각하게 나빠진 것이 분명했다. 그는 이전 세션에서 자기 삶이 얼마나 조정이 안 되고 있는지를 깨달았고, 한 주 동안 자신에 대해 더 큰 절망감을 느꼈다고 했다. 편안해지고 활기를 회복하기는커녕 그는 낙심했다. 부인과 아이들이 그와의 정서적 거리감에 대해 불만스러워하는 것을 예민하게 인식하게 되었지만 반응할 수가 없었다. 또한 그는 이전 세션이 적절하지 못했다고 느꼈다. 심상이 의미하는 바가 이해되지 않았기 때문에 자신이 바보처럼 느껴졌다. 그는 내가 심리학적으로 그 모든 심상들이 뭘 의미하는 건지 정확히 알고 있다고 여기고, 자신을 정말로 병자라고 판단하고 분석하고 있다고 확신했다. 그는 창백했고, 나와 눈을 마주지지 못했고, 완전히 비참해보였으며, 그의 어투는 이전 세션에서보다 더욱 단편적이 되었다.

대부분의 사람이 어린 시절에 상처를 받지만, 긍정적인 돌봄의 측면도 거의 항상 있게 마련이다. 심상이 대립할 때, 자아의 힘(내면의 긍정적인 자산, 긴장과 학대에 대한 긍정적인 적응)이 나타나는 것을 기대해 볼 수 있고, 그런 것이 클라이언트의 심상에서는 분명하지 않더라도, 그 심상에 대한 클라이언트의 긍정적 반응에서 나타날 수도 있다. 그러나 카일은 아무런 긍정적인 감정이 없었다. 자아의 힘이 있었다 해도 지속되는 우울에 완전히 가려졌을 것이다. 내가 모든 클라이언트의 증상을 치료할 수 있다고 기대하지는 않았지만, 이번 경우에는 내가 실제로 상황을 악화시킨 것으로 보였다. 나는 카일을 스스로에게서 구해내어 끔찍하고 분열된 그의 내면에 편안함을 주고 싶었지만, 어떻게 진행해야할지 난감했다.

카일이 자신의 증상을 다루고 개선되기에는 바니메소드가 도움이 되지 못한다는 것이 내게는 분명했다. 나는 내적 세계가 부정적 성향으로 가득한 클라이언트들을 경험해보았지만, 그렇게까지 아무것도 하지 못하는, 정신과 약물치료의 도움까지 받으면서도 내면의 긍정적인 자산을 조금도 끌어올리지 못하는 클라이언트를 치료해 본 적이 없다. 나는 심지어 긍정적 경험이 카일에게 가능할 것인지, 또한 '재양육(reparent)', 즉 그의 부모가 거부했던 긍정적이고 수용적인 돌봄에 필요한 노력과 인지능력이 나에게 없는 건 아닌지 의구심을 가졌다.

카일이 학대받기 전에 존재했던 긍정적이고 순수한 그의 자아를 다시 형성할 수 있는 긍정적 경험이 있어야 하는데, 나는 이 진정한 긍정적 자아가 그의 과거 얼마나 먼 곳에 남아있는지, 그의 무의식 속에 얼마나 깊이 묻혀있는지 알 수 없었다. 새내기 치료사로서, 나는 그가 이러한 긍정적 중심을 발견하도록 도와주겠다고 결심했지만, 그것을 찾아낼 기법이나 기술이 없었다. 나는 바니메소드보다 더 가볍고 더 구조적이고 더 직접적인 음악과 심상 접근법이 필요했다. 몇 세션 동안 나는 이완 기법, 심상 없는 음악, 음악 없는 심상 등 여러 접근법을 시도해보았다. 이런 방법이 도움이 될 수 있을지 염려스러웠지만, 적어도 해를 끼치지는 말아야겠다고 생각했다.

여덟 번째 세션에서 돌파구가 생겼다. 나는 카일에게 지난 몇 년 동안 혼자만의 긍정적이고 평온했던 순간이 한 번이라도 있었는지 말해달라고 했다. 그는 없다고 했으나, 아내와 휴가를 떠나 일출을 보려고 새벽에 일어난 적이 있는데, 카일은 이 생각을 하면서 즐거워지는 것을 느꼈다. 아르마니 정장을 입은 남자에게 그림을 그리게 하는 것이 신경이 쓰였지만, 나는 Dvorak의 'Strings Serenade, Opus 22'의 제1악장을 들려주기 전 인덕션에서 카일에게 부인과 함께 일출을 보던 기억을 회상하면서 도화지에 그 경험을 그려보라고 제안했다. 음악이 시작되면서, 나는 그가 그림을 그린다는 것에 대해 어색해하는 것을 알 수 있었다. 1분 정도 숨 가쁘게 삽화를 그린 뒤 카일은 편안해졌다. 그림 그리는 속도가 늦춰지면서, 그의 팔은 음악의 리듬에 맞춰 이따금씩 움직이기 시작했다. 깊이 음악을 들으면서, 그는 음악의 아름다움을 그림으로 형상화했다. 나는 그 곡을 계속 반복해서 들려주었다. 풀 먹인 모노그램의 와이셔츠를 걷어붙이고, 카일은 기존의 깔끔한 옷차림에는 아무런 관심도 두지 않은 채, 계속해서 파스텔의 모든 색깔을 사용해 도화지를 채워갔다. 그는 파스텔을 가지고 도화지에 칠한 다음 손으로 문질러서 그 색들을 혼합시켰다. 그가 도화지 전체를 칠하고 완성한 것으로 보였을 때, 나는 음악을 멈췄다. 음악과 그림이 자궁에 있는 것 같은 긍정적인 경험을 만들어내면서, 그는 완전히 여유 있고 편안하게 변화되었다. 나는 방금 일어난 일을 어떻게 말로 풀어가야 할지 잘 몰랐지만, 그가 체험한 것을 설명해달라고 천천히 말했다. 카일은 그림을 그리는 동안 '집중했고', '몰입했고', '창조적'임을 느꼈다고 했다. 그는 일반적인 방식으로 일출을 그리려고 하다가, 일출의 느낌을 그대로 표현하는 것이 좋을 것 같아서 그렇게 했다고 설명했다. 그는 일상생활에 넘쳐났던 '방해물'(강박적이고 우울한 감정과 스쳐가는 생각들)이 지금은 '없다'는 것에 고마워했다. 그는 진정으로 이완되어 음악을 즐길 수 있었다. 처음으로 카일은 세션에서 긍정적 감정과 만났다. 처음으로 그는 시각적 이미지로 일출의 기억을 떠올렸다. 그러면서 음악이 그를 기억에 집중하도록 도와주었고, Dvorak의 'Serenade'의 단순함과 미적 아름다움이 그 이미지에 머물러 회상하도록 하여, 그 속에 있던 진실하고 긍정적인 감정은 현실로 이어졌다. 그 악장을 반복해서 들려주면서 나타난 긍정적 감정이 힘을 얻을 수 있게 해주었다. 카일의 의식 상태는 세션을 시작할 때 가졌던 '일에 대한 압박감'에서 '만족'으로 완전히 변했다. 이 변화는 우리가 대화하는 동안 계속 유지되었고 세션이 끝날 때까지 지속되었다. 그는 자신의 그림에 '만족'이라고 제목을 붙였다.

카일은 이 세션의 결과에 흡족했고, 치료에 대한 긍정적인 기대를 가지고 그 다음 세션에 왔다. 나는 매주 이러한 지원적인 음악과 심상 형식(그림그리기와 연결된 긍정적인 인덕션과 클래식음악)을 계속 사용했다. 이 때 그려진 그림으로 '혼돈과 즐거움의 혼합', '즐겁게 뛰노는 아버지와 아들 돌고래', '내려놓음(분노)', '접촉' 등이 있다. 우리가 함께 한 지 두 달이 못되어, 카일은 자신의 내면에 있는 긍정적 자산(긍정적 감정)과 연결될 수 있었다. 그는 중심, 존재감, 개방성, 수용, 희망, 쓸모있음, 이완, 만족감을 느끼게 되면서 일상생활에서 변화되고 있다고 설명했다.

음악과 그림그리기의 결합은 카일이 평소의 심리 패턴에 보이지 않던 의식상태를 찾게 해주었다. 음악이 흐르는 동안, 그는 깨어있는 시간 내내 그를 괴롭혔던 방어기제(내재화된 부정적인 부모, 우울감, 죽음에 대한 실존적 공포)에서 벗어날 수 있었다. 매주 음악과 함께 긍정적이고 건강한 상태에 '몰입하면서' 카일의 심리는 심리적으로 쇠약하게 만드는 방어에서 벗어나기 시작했다. 증상들은 언제든 다시 나타나곤 했지만, 이러한 건강한 의식상태는 조금씩 카일의 일상생활에서 일반화되어갔다. 그는 자기의 일상적인 삶의 질이 변화하고 있음을 느낀다고 보고했지만, 이때까지는 치료에서 그의 일반적인 불안이나 일과 관련된 문제들을 아직 제대로 다루지 않았었다.

이러한 초기의 지원적 음악과 심상 세션들이 긍정적으로 진전되어 탄력을 받으면서, 우리는 재교육적 음악과 심상 세션(이전 장 참조)으로 그의 문제를 드러내어 여전히 남아있는 불안을 다룰 수 있도록, 치료의 새로운 국면에 들어갔다. 카일의 우울 증상들을 직접적으로 다룬 이후 세션들에서는 무수한 그림이 나왔고, 그가 제목을 붙인 그림으로 '우울에 갇힘', '슬픔, 분노 속에 갇히다', '아버지와의 거리' 등이 있었다.

세션20에서, 카일은 자신의 이혼문제를 그에게 토로하는 여성 환자에게 정서적으로 공감할 수 있었다고 보고했다. 그가 기억하는 한 생애 처음으로, 그는 다른 사람에게, 일에서 단지 수단으로 이용하는 직업적이고 인위적인 연민이 아닌 정상적인 연민의 감정을 느꼈다. 카일이 반복적으로 긍정적인 감정과 만날 수 있었던 지원적 음악과 심상 세션들은 현실 세계로 넘어가 실제로 자리 잡기 시작했다. 그는, 부모의 폭력적이고 모순된 양육으로 인해 이전에는 없었던 건강한 자아의 출발점이 되는, 변함없는 긍정적인 내적 대상을 만들어가고 있었다. 클래식 음악과 함께 내면에서 자신의 긍정적인 중심과 반복적으로 만나면서 그의 심리는 긍정적 감정을 가지게 되고 세션 밖으로 뿌리를 내리기 시작했는데, 심지어 가족 이외의 사람들과의 관계에서도 그러했다. 그는 처음으로 환자와 진정으로 인간적인 관계를 가질 수 있었다는, 내과의사로서는 놀라운 고백을 했다.

카일의 치료는 거의 일주일에 한 번씩 3년간 이어지면서, 그는 성공적으로 자신을 변화시켰다. 처음에 그의 내면의 삶은 해체되어 있었다. 눈만 감으면 그는 부정적 심상들, 죽음과 절망의 심상들에 수몰되었다. 음악이 흐르는 동안 증상에 몰입하는 것은 아무 의미가 없었고 사실 고통만 가중시켰다. 그에게는 자신이 만들어낸 긍정적 심상을 활용할 자아의 힘이 없었기 때문에, 그가 긍정적 경험을 붙잡고 받아들일 수 있도록 외적인 과제(카일의 경우, 그림그리기)를 추가하기 전까지는, 가볍고 반복적인 음악과 함께 하는 긍정적인 인덕션도 공포에서 잠시라도 벗어나게 해주지 못했다.

내면의 세계를 여행하는 것은 외국 여행을 하는 것과 같다. 우리는 대개 당혹스럽고 불가해한 규칙을 가진 다른 문화 속에 있는 것과 같은 경험을 한다. 이 생경한 내면세계의 언어가 심상이라는 언어이다. 카일의 내적 풍경은 다루기 힘든 위험한 장소들로 가득했다. 익숙한 문화 속에서 가정과 돌보는 가족이 있는 안전한 안식처인 친밀한 장소는 숨겨져 있고 접근하기 어려웠다. 카일의 내면세계는 가정마저도 안전하지 못한 내란의 한가운데 있었다.

이 장은 낯선 내면세계를 통과하는 3가지 다른 길, 즉 1) 지원적 음악과 심상, 2) 재교육적 GIM, 3) 재구성적 바니메소드를 보여준다[이것은 Wheeler(1983)가 정리한 치료 시행수준과 일치한다]. 바니메소드세션은 미리 계획을 세우거나 목적지를 결정하지 않고 자유롭게 발길가는대로 외국을 여행하는 것과 흡사하다. 그 방문은 자연스럽게 펼쳐진다. 방문객의 여행 방향은 오로지 당면한 경험에 의해 결정된다. 마치 자유연상처럼 다른 경험으로 향하게 한다. 카일의 사례에서, 내가 처음에 한 것처럼 바니메소드를 사용하는 것은 현명한 일이 아니었다. 일반적으로 내담자들은 내란의 한가운데서 부지중에 외국 땅을 헤매고 다니면서 잘해나가지 못한다. '국경없는 의사회'의 이타적인 의료진조차도 전투가 격렬해지면 후퇴할 안전한 장소가 필요한데, 카일은 우리가 처음 바니메소드를 시작했을 때 어디서 도피처를 찾아야 할지 알지 못했다.

바니메소드를 사용하는 데는 몇 가지 전제조건이 있다. 클라이언트는 음악을 들을 때 심상(시각적 심상, 감정, 신체 감각 등)을 떠올릴 수 있어야 하고, 상징적 심상들을 이해할 뿐 아니라 그 심상을 말로 설명할 수 있어야 한다. 또한 클라이언트는 자신의 외부(일상) 생활에 긍정적으로 영향을 줄 수 있도록 그 심상들을 적용할 수 있어야 한다(Summer, 1988). 이 전제조건들이 갖춰졌다면 치료사는 클라이언트가 바니메소드세션에서 얻은 깨달음을 흡수하여 삶에서 긍정적으로 변하는 것을 볼 수 있어야 한다. 이와 같이 바니메소드의 성공이란 클라이언트가 자신의 내적 항해로부터 더 좋게 변화되어 돌아오는 것임을 의미한다. 바니메소드가 너무 자유롭고 비구조적이기 때문에, 내가 카일의 사례에서 느꼈듯이, 음악과 심상으로 좀 더 가볍고 구조화된 접근을 적용할 준비가 되어있어야 한다.

처음에 카일을 바니메소드의 깊은 물속으로 던졌을 때, 그는 자신의 내면세계에서 혼자 힘으로 움직일 수 없었으므로, 갈등에 휩싸였다. 내가 그를 너무 빨리 바니메소드로 던졌다는 실수를 깨달은 다음, 카일은 지원적 음악과 심상의 접근방식을 통해 긍정적 경험을 찾아갔고 그 후 잃어버렸던 안전감, 긍정적인 건강한 자아의 시작을 자신 안에서 확립해갈 수 있었다.

스탠: 재교육적 GIM

"고통의 근원을 알지 못하는 중생은

고통에 매달려

한순간도 벗어나지 못한다."

('묘법연화경'에 수록된 대승불교 우화에서)

45세의 변호사 스탠은 활발하지만 냉담한 성격이었다. 처음 세션에서 그는 매우 조심스럽고 움츠러들고 머뭇거렸다. 자신의 삶에 어떤 문제가 있다고 말하는 것조차 꺼려했기 때문에, 그와 공감대를 형성하는 것이 어려울 것 같았다. 내가 그를 밀어붙이지 않았더라면 그는 매주 와서 모든 게 괜찮다고만 말했을 것이다. 카일보다는 덜했지만, 카일처럼 스탠도 우울증을 앓고 있었다. 카일은 강박증이 있었던 반면, 스탠은 불안장애가 있었다. 스탠의 치료사는 약물과 함께 대략 6개월간의 심리치료로 그의 우울증을 치료했다. 더 이상 진전이 없게 되면서, 치료사는 추가적으로 약물을 처방하는 대신, 나에게 스탠을 의뢰했다. 알코올중독에서 회복중인 스탠은 지난 10년간 술을 입에 대지 않았다.

스탠은 평생 그를 거부하고 '부적응자'라고 부르며 그가 어떤 감정을 표현하든 어떤 결정을 내리든 그를 조롱했던 매우 비판적인 아버지 아래서 자랐기 때문에, 나는 스탠이 아버지에게 '짐'이 되지 않으려고 자신의 성격을 어떻게 숨겨왔는지를 알 수 있었다. 반면에 어머니는 그를 무척 따뜻한 보살핌으로 양육했다. 아버지는 그의 가정교육에 참으로 '부재'했지만, 어머니는 그와 많은 시간을 함께 보내며 자연스럽게 놀아주고, 그에게 자신을 표현할 공간을 허락해주었다. 어머니는 그에게 이야기를 쓰고, 판타지게임을 해보라는 등의 제안을 했다. 그러나 스탠은 자신의 삶에 일어난 잇단 비극적인 죽음으로 인해 어린 시절의 이러한 자기표현의 자질을 발달시키지 못했다.

8살 때 스탠의 집에서 함께 살던 할머니가 1년간 병상에 있다가 세상을 떠났다. 10년 뒤에는 스탠이 청소년이 되었을 때 변함없이 애정 어린 보살핌을 주던 어머니가 암으로 돌아가셨다. 그 뒤 얼마 안 되어 스탠은 결혼했다. 3년 뒤 그의 21세 생일에, 아버지가 천식과 알코올중독으로 인한 합병증으로 죽었다. 아버지의 장례와 동시에 스탠의 어린 아내가 암 진단을 받았고, 그 뒤 얼마 안 되어 죽었다. 스탠은 겨우 22세였다. 이 잔혹한 죽음들이 있은 뒤 그에게는 고도의 불안감이 오랫동안 지속되었고, 현재 이런 초기 트라우마와 비슷한 일들이 지금은 없음에도 불구하고 여전히 심한 불안감을 갖고 있었다.

"내가 불안하지 않은 상태는 상상조차 할 수 없어요. 불안은 나에게 안전망 같은 것이지요" 라고 스탠은 내게 말했다. "나는 모든 것, 직장이나 내가 하는 모든 일에서 실패할까봐 아직도 두려워요. 개를 잃어버릴까봐, 허리케인이 올까봐 두려워요. 나는 내 마음속에서 매일, 하루 종일, 가상의 일들에 대해 최악의 시나리오를 만듭니다… 나의 불안은 외부 사건들을 통제하려는 시도인 것 같아요. 통제할 수 없다는 걸 이성적으로는 알지만요."

초기 세션에서 나는 내면세계를 탐색하는 스탠의 능력이 매우 좋다는 것을 알아냈다. 치료의 초기 단계에서는 음악과 심상 세션, GIM세션을 혼합하여 사용했다. 음악과 심상 세션으로 그는 어린 시절의 긍정적 중심(positive core)과, 여러 죽음을 겪기 직전의 시기—대학 시절—와 다시 연결될 수 있었다. 대학 시절은 그의 삶에서 방향감각과 삶의 의미를 가장 많이 느끼고, 여러 관계 속에서 기쁨을 경험했던 시기였다. 몇 번의 지원적 세션으로 스탠은 긍정적 중심과 연결될 수 있었고, 강렬한 GIM세션으로 이어지게 되었다. 스탠의 일곱 번째 세션인 이번 세션은 그를 교란시키고 엄청난 불안감을 야기했던 꿈에 대한 그의 이야기로 시작되었다. 나는 그 꿈의 일부를 인덕션으로 사용해서, 그에게 꿈에서의 불안을 탐색해보라고 했다. 음악은 꿈으로 인한 불안을 내적 욕구로 변화시켜 어린 시절 어머니가 돌봐주었던 창의적 글쓰기가 기억나게 해주었다. 이 세션 후에 자신에 대한 그의 긍정적인 감각이 의미 있게 증가되었다. 그는 대학 때 쓰기 시작하다가 치워두었던 소설을 꺼내어, 컴퓨터를 사서, 매일 퇴근 후 다시 글을 쓰기 시작했다. 또 다른 GIM세션은 그에게 불안의 근원의 하나를 탐색하게 했다. 먼저 그는 아버지의 임종과 다시 만났다. 그의 일상의 불안은 이 세션 후에 어느 정도 감소했다. 그는 매일 음악을 듣던 젊은 시절 이후 등한시했던 취미인 음악 감상을 일상생활에서 다시 시작했다. 그는 클래식 음반을 사고, 대학시절 이후로 듣지 않았던 음악들을 다시 찾아갔다. 대부분 세션에서 그가 처음 했던 말은 이전 세션에 사용된 클래식 음악에 대한 것, 그 음악이 얼마나 아름다웠고 얼마나 강력하게 자신이 영향을 받았는지에 대한 것이었다.

14번째 세션이 되자 스탠은 자신의 내면세계와 긍정적이고 효율적인 관계를 발전시켰고, 그의 긍정적 중심의 측면들을 삶 속으로 일반화시키기 시작했다. 불안의 무의식적 근원에 대한 탐색으로 그의 일상생활을 붙잡고 있던 불안은 어느 정도 감소되었다. 14번째 GIM세션은 스탠이 매일매일 자신의 불안을 다룰 수 있게 해준 중요한 세션이었다.

나는 그에게 눈을 감고 자신의 불안에 대해 '생각'하지 말고 '느껴'보라고 했다. 그는 눈을 감고 음악이 시작되기도 전에 자신의 심상에 대해 말하기 시작했다. "단단한 물체들이 그려진 그림이 보여요. 모두 달라요. 크기가 서로 다른 물체들이 섞여 있어요. 실제로, 그것은 보석 같고, 나는 그것들에 매우 끌리고 있어요… 나는 정말 그것들에 매혹돼요. 그것은 뭔가 아이가 그린 그림처럼 보이는데, 실제가 아니라 사진 같아요. 나는 그것을 여러 방향에서 볼 수 있지만, 만질 수는 없어요… 그건 이차원적이에요."

나는 스탠이 자신의 불안을 단단한 물체의 시각적 이미지로 만들 수 있게 도와주고 나서, 처음 곡을 그가 설명한 심상의 특성에 적합한 것으로 선택했다. 첫 번째 곡인 Faure의 'Pavanne'는 단순한 아르페지오 반주로 스탠의 심상과 어울려서 집중하게 도와주었으므로, 그는 피하려 하지 않고 보석의 심상에 머물러 있었다. 'Pavanne'의 반주는 모두 피치카

토로서, 정적이고 독립적인 보석의 본질과 맞아 보였다. 흐르는 듯한 단순한 플루트의 멜로디는 앞으로 나아가게 했고, 반복되는 A와 B 섹션 간의 대조는 그 심상을 다른 관점에서 보도록 자극했다. 그 음악의 도입부에서 그는 즉각적인 반응을 보이며 말했다. "이제 보석들은 그렇게 정적이거나 고정되어 있지 않고, 보석들 사이에 움직임이 있어요." Faure가 느리게 연주되고 있는 가운데, 스탠은 말했다. "누가 보석들을 움직이게 하는 것 같아요. 보석들은 위아래로 움직이고 있고, 그 사이에 마찰이 좀 있지만, 그건 자연스러운 과정이에요. 그것은 자연의 일부입니다. 비, 홍수, 눈 등 여러 일들이 보석에게 일어나지만, 거기엔 어떤 고귀함 같은 게 있어요. 보석은 그런 힘에 끄떡도 하지 않아요. 변하지 않고 그냥 그대로예요. 좀 슬퍼요." 그 심상은 분명 처음 정지된 상태로부터 움직임이 있었지만 이중성 – 움직이고 있지만 끄떡도 않는 – 을 띄고 있었다.

이 세션의 다음 음악으로 나는 Warlock의 'Pieds en l'Air'를 선택했는데, 이는 매우 반복적이지만 Faure보다 훨씬 더 유려한 움직임이 있는 경쾌한 3박의 매우 짧은 곡이다. 나는 새롭게 나타난 변화 – 움직임 – 를 강화하고 싶었기 때문에 그것에 맞추었지만, 너무 많은 긴장을 도입하고 싶지는 않았다. Warlock이 시작되자, 스탠은 말했다. "이건 좀 더 가벼운 곡이네요. 이 음악이 보석에 색을 입혀주고 있어요. 나는 보석들을 새로운 빛으로 보고 있어요. 보석은 실제로 돌이네요. 돌로 보여요. 각각 다른 빛 속에서 다르게 보여요. 빛이 없어진다면 그냥 조각만 보일 거예요. 그건 마치 사방이 어두울 때 별들을 보는 것 같아요… 오, 이것은 내 문제들이네요. 그것들이 불안으로 보여요."

그 다음 나는 Grieg의 'Holberg Suite'의 '아리아' 악장을 골랐다. 스탠은 두 곡이 연주되는 동안 한 가지 이미지에만 집중해왔고, 보석은 무감각한 이차원의 시각적 환영에서 정서적으로 연결되는 진전을 보였다. 처음에 그는 자신의 불안에 대한 심상을 다른 사람이 그린 것 같다고 말하며, 그것을 소유하려고 하지 않았고 그래서 만질 수 없다고 믿었다. '아리아'로부터 힘을 얻어, 스탠은 그 심상에 제대로 다가갈 수 있었고 심리적인 의미를 부여하게 되었다. 그가 보석을 단순하고 자연스러운 것이라고 인식했을 때, '보석'에 대한 그의 관점은 '돌'로 전환되었다. 그는 또한 그 심상에 대한 본능적인 감정을 받아들였다(나는 또한 그의 얼굴과 목소리, 음악에 대한 그의 신체적 반응에서 감정이 나타나는 것을 감지할 수 있었다). 이번 세션에서 효과적이었던 Grieg의 이 악장은 이전의 두 곡보다 훨씬 더 많은 긴장으로 가득한 음악적 기반을 가지고 있으며, 높아져가는 긴장에 어울리는 곡이었다. 다른 두 곡과 비슷하게, Grieg는 거의 전 곡에 걸쳐 스탠이 더 깊게 돌을 탐색하게 하려는 나의 목표에 매우 적합한 고정적이고 반복적인 반주로 구성되어있다. 그러나 이 곡은 화성적으로 훨씬 더 긴장이 많고, 전개가 좀 더 복잡하다. 스탠은 "이건 나의 부분들이요. 나는 각각 다른 빛으로 돌들을 볼 수 있어요. 빛이 한 돌의 모서리를 비추어서 눈이 부셔요. 너무 환해서 나머지 돌을 볼 수 없어요. 빛이 하나의 돌에만 집중되어 더 긴장되는 것 같아요. 나는 다른 감각으로 나머지 돌도 인식하려고 하고 있어요. 어떤 것은 시각적으로, 어떤 것은 감정으로, 어떤 것은 청각으로… 나는 나의 감각들을 사용해야 할 필요가 있고, 노력해야 해요. 그건 좋은 일이에요 – 돌들을 모두 느껴야 해요"라고 했다.

스탠의 치료과정은 시각적 상징의 심상에서 확장되어 다른 감각까지 포함하게 되었는데, 그중 가장 중요한 것은 그의 감정이었다. 그렇게 확장되면서 스탠은 불안과 새로운 관계를 가지게 되었다. 점점 이해하게 되면서 준비되자, 그는 불안을 자신과 분리되고 연결되지 않은 것으로 보지 않고 이제는 대면할 수 있었다. "나는 애쓰고 있어요… 나는 노력해야 해요… 괜찮아요."

Albinioni의 'Oboe Concerto in D major 2악장'은 Faure, Warlock, Grieg의 낭만적인 톤과는 매우 다른 음악적 언어를 가지고 있다. 무엇보다도 특히 이 곡은 바로크 양식으로서, 하프시코드의 사용으로 음색에서도 앞의 세 곡과 구별된다(표면적으로는 유려한 목관악기의 멜로디에 스타카토 반주가 사용된다는 점에서 Faure의 'Pavane'와 비슷하나, Faure보다 훨씬 더 안정적이고 풍성하다). 세션에서 이 곡을 다음 곡으로 선택한 나의 의도는 감정을 심화시키려는 것보다는 구조와 안정감을 주려는 것이었다. 스탠은 불안을 감정 수준으로 수용함으로써 많은 치료 효과를 얻었고, 나는 이것이 한 세션으로 얻어진 결과로는 충분하다고 생각했다. 처음에, Albinioni의 엄격히 구조화된 음악에 스탠은 단순히 불안감을 수용하기보다 정리하려는 방어적인 충동으로 반응했다. 바로크 곡이 시작되자 그는 보석들에 대해서, "이제 나는 그것들을 정리하려고 해요"라고 말했다. 그럼에도 불구하고 그는 즉시 이전의 관점으로 돌아가, "근데 일렬로 놓으면 안돼요. 한 덩어리여야 해요"라고 했다. "여러 개의 돌이 빛을 받고 있어요. 전에는 없었던 조화가 있어요. 모두 한 방향을 보고 있어요. 빛은 돌을 가로지르며 돌들 간의 유사성을 보여주고 있어요. 빛은 돌을 더 아름답게 만들어요. 여전히 슬퍼요. 그것은 슬픔과 불안의 조각들이에요… 그 위에 움직이는 빛을 통해 그들 간의 동질성을 볼 수 있어요… 겉보기에는 무질서하지만, 나는 돌들 사이의 조화로움을 볼 수 있어요. 그것은 자연 그 자체에요. 자연스럽고 원초적인… 그것은 복잡하지만 자연스럽고, 인위적이지 않아요. 나는 돌을 받아들이고 환영해주어야 한다고 느껴요. 돌은 너무나 원초적인 것이에요…" 나는 스탠이 자신의 심상에 대해 열정적이고 진실하게 이야기하는 것을 바로 중단시키고 싶지 않았기 때문에, Albinioni의 곡을 다시 들려주기로 했다. "돌은 자연의 일부, 원초적인 것이에요. 그것은 신비로운데, 긴장의 일부에요. 빛이 움직일 때 나는 여러 가지 색을 볼 수 있어요. 다음번에 무슨 색이 나올지 예측할 수 없고 돌을 모두 볼 수는 없지만, 그건 자연스러워요. 돌에는 빛이 있고, 긴장과 신비로움을 지니고 있어요. 돌이 거기 있는 건 괜찮아요. 괜찮아요."

포스트세션에서 스탠은 불안해도 괜찮다는 것, 불안은 생길 수 있는 것이고 자연스러운 것이라는 것을 이해하게 되었다고 했다. "심상에서 그 돌들은 매혹적이고 신비로운 것으로 여겨져요"라고 스탠은 설명했다. "그것은 그 돌이 가진 특성이에요. 돌을 판단하는 것은 물을 축축하다고 판단하는 것과 같아요." 그리하여 스탠은 자신이 이제, 이전처럼 두려움과 분노로 도망치는 대신, 불안과 화해하고 불안을 가치 있는 것으로 받아들일 준비가 되었음을 보여주었다.

스탠의 첫 심상인 무질서하게 놓여있던 보석들은 음악프로그램의 적용에 의해 자연스러운 아름다움, '고귀함'(그는 이렇게 표현했다), 이해로 충만해 있었다. 음악 속의 긴장은 보석의 심상에 내재된 긴장과 동일시되었고, 이러한 동질이 형성되면서 스탠은 음악의 자산들(아름다움, 명료성, 미적 특성)을 자신의 내적 투쟁으로 옮겼다. 이러한 동질 관계를 통해 스탠은 음악 속의 긴장이 아름답고 수용할만하며 자연스러운 것처럼, 자신의 내적 긴장을 아름답고 수용할만하며 자연스러운 것으로 받아들이게 되었다. 음악은 스탠의 심상을 바꾸기보다는 심상에 대한 그의 '관계'를 변화시켰다. 치료에 앞서 처음에 스탠이 자신의 불안을 인정한 것은 진심으로 수용한 것이 아니었다. 이는 그의 첫 심상(생명력이 없고, '실제가 아닌' 그림으로 느껴짐)과, 그 심상과의 정서적 거리감(이차원적이며, '다른 사람'의 그림으로 느껴짐)이 증명해준다. 스탠이 보석들의 배열에서 '조화'를 발견한 것에서 명백해졌듯이, 보석들에 대한 그의 관점이 변화되었을 때 수용이 일어났다. "그것은 자연스럽고 원초적인 자연 그 자체의 표현이에요. 그것은 복잡하지만 자연스럽지 않은 건 아니에요."

음악에 의해 스탠은 자신의 추상적인 불안을 스스로 편안하게 느끼게 되는, 미적으로 매력적인 심상으로 변화시킬 수 있었다. 스탠이 자신의 불안을 받아들이게 된 것이 긍정적인 결과라고 말하는 것이 표면적으로는 이상해보일 수도 있다. 결국 치료의 목표는 단순히 불안을 받아들이는 것이 아니라 감소시키는 것이지만, 불안을 받아들이는 것과 그것이 갖는 새로운 통찰과 관점이라는 건강한 변화는 치료의 전제조건이 된다. 이번 GIM세션으로 스탠은 거부에서 수용으로 옮겨갈 수 있었다.

효과적인 GIM세션이 되기 위해, 치료사는 문제에 접근하기 위한 적합한 음악을 선택해서 클라이언트가 음악에서 얻은 새로운 감응으로 문제를 깊이 탐색하도록 가이딩한다. 이 새로운 반응은 이후 일상생활에 적용된다. 예를 들어, 스탠은 자신이 중요한 재정적 결정을 두고 불안을 느낄 때 보석의 심상을 떠올린다고 했다. 그는 지금도 불안과 대면하기 위해 세션에서 체험한 심상을 지속적으로 사용하고 있다.

베베: 재구성적 바니메소드

"오랫동안 많이도 참았지, 그대의 행동은 나를 미치게 하고,

진실되지 않은 사랑에, 나의 지친 가슴은 돌아서네!

이제 빠져나와 사슬에서 벗어나니,

내가 견뎌온 고통, 다시 견디라면 수치라네."

(오비디우스의 '엘레지'중, 크리스토퍼 말로우 역)

불면으로 시달려온 베베는 막 30대가 된 여성으로, 처음에는 내과의사에게 불면증에 대한 도움을 요청했다. 의사는 그녀의 불면증이 정서장애의 한 증상임을 깨닫고, 그녀를 상담치료사에게 의뢰했다. 7개월간의 심리상담에서, 그동안 베베가 우울증에 시달렸으며 7년간 동거해온 남자친구 에릭이 정서적으로 그녀를 학대하고 있었음이 밝혀졌다. 그녀는 자신의 감정과 에릭에 대한 대처에 절망과 무력함을 느꼈다. 이는 그녀가 치료사와 상담하는데 가

장 중요한 초점이 되었다. 치료한 지 4개월쯤 되었을 때, 베베는 자신의 우울 증상이 16살에 오빠 케니가 죽었을 때 가졌던 증상과 일치한다는 것을 알게 되었다. 자신의 우울을 다루고 에릭과의 관계로부터 벗어나야 한다는 인식을 분명하게 표현해야 할 필요를 알면서도, 지속적으로 자신을 학대하는 애인과 헤어져야 하는 긴박한 과제를 시작할 수 없었다. 그렇게 하면 자신이 느끼는 외로움에서 벗어나지 못할 것 같아 두려웠다. 몇 주가 지나 몇 달이 되었는데도 그녀는 여전히 떠나지 못했다. 떠나지 못한 것에 대해 그녀가 밝힌 변명에는 외로움에 대한 두려움, 재정적 불안정, 그리고 '다른 남자는 없을 것'이라는 잘못된 생각이 포함되었다. 에릭에 대한 강박적이고 부적절한 생각 또한 그녀를 좌절시켰다. 자신이 에릭을 떠나면 그는 '아무 일도 일어나지 않은 듯' 생활을 지속할 것이라는 생각으로 불안과 분노를 표현했다. 그녀는 그가 다른 여자와 함께 있는 생각에 질투심으로 화가 나서 마음이 괴로웠다. 그녀의 주 치료사는 에릭을 떠나는 것에 대한 베베의 저항은 오빠의 죽음으로 인해 해결되지 않은 상실감에 근원을 두고 있다고 판단했다. 케니는 세상에서 그녀에게 가장 가까운 사람, 최고의 친구였다. 베베는 케니에게 극도로 헌신했고, 케니의 죽음이 갑자기 일어난 게 아니었는데도 – 그는 오랜 병을 앓다 죽었다 – 그녀는 아직 준비가 되지 않았다고 느꼈고, 그를 애도하는 데 어려움을 겪었다. 그녀의 가족은 케니가 오래 병을 앓다 죽으면서 산산조각이 났고, 서로의 그 엄청난 상실을 애도하기 위해서 다시 모이는 일도 없었다. 그녀는 가족에게 지지받지 못하고 있다고 느꼈다. 가족들은 그녀의 무력감, 절망감, 외로움 – 이것은 사랑하는 사람의 죽음에 대한 정상적인 반응이다 – 에 공감하지 않았다. 오빠가 죽었을 때 그녀는 16살밖에 되지 않았는데도 집을 떠났다. 베베의 치료사는 그녀가 자신의 감정을 이렇게 '공간적 이동'으로 치유하려 했던 것이 그녀가 현재 갖고 있는 해결되지 못한 우울감을 남겼으며, 이것이 에릭을 떠나지 못하는 중심적 이유라고 추측했다. 그녀가 외로움을 두려워하고, 불확실한 미래보다 학대를 선택하는 것은 16살 때 버림받은 느낌 때문이었다. 그녀가 이런 수렁에 갇혀있었기 때문에, 그녀의 치료사는 약물치료가 이 클라이언트의 문제에 대한 해결책이라고 생각하지 않았다. 그래서 상담치료 7개월 뒤에 베베는 음악심리치료를 위해 내게 의뢰되었다.

베베는 처음 만났을 때 놀랍도록 우아하고 잘 차려입고 말을 잘하고 강하고 유능하며 두뇌회전이 빠르고 매력적이어서, 그녀가 남자친구 에릭에게 정서적으로 학대받고 있다고 밝혔을 때 충격을 받았다. 에릭은 그녀 앞에서 다른 여자들에게 추파를 던지는 등, 그녀에게 사적으로나 공개적으로 끈덕지게 굴욕감을 주었다. 상담 후, 우리는 그녀가 오빠의 죽음을 애도할 수 있는 세션을 시작했다.

애도세션 후, 나는 그녀가 현재의 우울상태를 정면으로 다룰 준비가 되었다고 느꼈다. 세 번의 성공적인 GIM세션과 한 번의 주 치료사와의 공동심리치료 세션이 이루어졌고, 다섯 번째 세션에서, 나는 그녀에게 눈을 감고 내면에 있는 우울감에 저항하지 말고 깊이 느껴보면서 나에게 느낌을 설명해달라고 요청했다. 그녀는 말했다. "마음이 울적해요… 가라앉고, 삭막하고, 무기력한 느낌이에요. 할 수 있는 게 아무것도 없지만, 괜찮아요. 약간 두려움이 느껴져요… 그건 마치 위장에 혹이 있는 것 같아요." 나는 그녀에게 우울의 감정을 거부하거나 부인하거나 어떤 식으로든 바꾸려 하지 말고 함께 느끼면서, 우울의 심상에 음악이 이끄는 대로 그 감정 속으로 좀 더 충분히 여행해보라고 권했다. 나는 짧은 'Mostly Bach' 프로그램(Bonny, 1977)을 사용했다. 이 프로그램은 Stokowski가 관현악으로 편곡한 Bach의 'Passacaglia and Fugue in Cm' BWV582와 Bach의 'Come Sweet Death' BWV487과 Bach의 'Violin Partita in Bm' BWV1002의 'Sarabande'악장으로 이루어졌다. 베베는 자신의 심상을 설명했다.

"뉴욕의 지하실이 있어요… 우중충하고 울적해요. 바퀴벌레가 많고, 밖은 추워요… 이런 데서 누가 어떻게 살 수 있겠어요? 지하실이고, 창문도 없고, 냄새가 나고, 매우 울적하게 만들어요. 아파트에 페인트칠한 문이 있고 음악이 그 문을 열고 있어요. 거기에 어떤 할머니가 있는데, 병약하고, 모습이 엉망이고, 슬픈 얼굴에, 낡은 가디건을 입고 있어요. 할머니는 슬프고 버림받았어요." 이 시점에서 베베는 몇 분 동안 울었다. 나는 그녀가 '눈물을 계속 흘리도록' 격려했고, 그 울음은 절정까지 갔다가 마침내 잦아들었다. 이는 우리의 치료에서 그녀가 처음으로 정서적 카타르시스로 확장되어진 때이다.

그녀는 Bach 프로그램이 진행되는 동안 심상에 대해 설명을 계속했다. '할머니'의 심상을 가만히 바라보면서, 그녀는 말했다.

> "나는 할머니 때문에 너무 슬퍼요. 그래도 내 눈물은 따뜻하네요. 이건 마치 슬픈 영화를 보고 있는 것 같아요… 할머니는 앉아있고, 시계는 똑딱거리고, 아무도 할머니를 사랑하거나 생각해주

지 않아요. 나는 할머니에게 어떠시냐고 물어보지만, 아무런 반응을 하지 않아요." 나는 베베에게 음악에서 무엇이 느껴지는지 물었다. "나는 할머니의 손을 잡으려고 해요 — 네, 그건 위로에요. 할머니에게 위로가 돼요. 할머니의 손은 바싹 마르고 거칠어요. 그녀는 아담한 체구인데, 좋은 느낌이에요. 좋아요. 아, 할머니 이름은 쉴라이고 산책하고 싶어해요. 밖으로 데려다 주면 좋겠다고 하네요. 날씨는 화창하지만 추워요. 우리는 수다를 떠는데, 할머니는 누가 자기를 돌봐주는, 행복감을 주는 이 상황을 좋아해요. 우리는 차를 마시고 있어요… 나는 할머니에게 꽃을 사주고, 우리는 공원에서 사람들을 구경하고 있어요. 편안해요. 할머니는 밖에 있는 것이 행복하고 즐거워요. 할머니는 자신의 아파트로 돌아가고 싶지 않아요. 그곳은 암울하고 외로워요. 아파트에서 할머니는 그저 먹고, TV 보고, 어째서 찾아오는 사람이 아무도 없는지 의아해해요. TV와 음식은 할머니를 위로해 주지만, 여전히 매우 외로워요. 나는 할미니 때문에 슬퍼요.

할머니(쉴라)의 상징적 형체에 이렇게 공감하고 반응하면서, 나는 베베에게 쉴라에게 필요한 것이 무엇인지 물어보라고 했다. "할머니는 내가 정기적으로 방문하고, 미용실에 데려가고, 영화를 보러가고, 공원에서 자기 또래를 찾아가는 것이 필요해요. 할머니는 도움의 손길이 필요할 뿐이고 괜찮아질 거예요."

음악이 끝나자, 베베는 다음과 같이 말했다.

"이제 할머니는 그렇게 쓸쓸하지 않고, 약간의 희망, 에너지를 가졌어요. 할머니는 자신을 돌볼 것이고, 깨끗이 하고, 자신을 생각할 거예요. 항상 기분이 좋지는 않겠지만, 할머니는 훨씬 편안하고 여유로워졌어요."

베베의 심상은 세션 이후의 삶에 즉시 영향을 주었다. 그녀는 더 강해지고, 희망에 찬 것을 느끼고 있었다. "나는 여전히 불안하지만, 날아갈 준비가 되었고, 미래에 대해 열려있는 느낌이에요"라고 그녀는 말했다. 그녀는 에릭을 떠나고 그가 혹시라도 돌아와 달라고 부탁할 때 거절하는 것을 상상할 수 있었다고 했다. 그녀는 "나는 탈진되었지만 편안해요. 그리고 내가 무엇을 해야 하는지 알고 있어요"라고 말했다. 사실 그녀는 에릭을 떠나는 데 도움이 될 일을 구상했다. 얼마 전부터 생각해왔던 미국에서의 6개월 교육 프로그램에 등록하기로 한 것이다.

세션 후 이 강력하고 변형으로 이끄는 힘을 가진 바니메소드세션을 생각하면서, 나는 심상의 '쉴라'가 오빠의 죽음 이후 스스로 원치 않고 거절하고 숨겨놓았던 베베의 우울의 상징이라고 추측했다. 쉴라는 어떤 의미에서 케니의 환생을 기다리고 있었다. 쉴라는 어떻게 해서든지 자신이 빠져있던 정체상태로부터 나와야 했다. 이제 베베는 쉴라의 손을 잡고 데리고 나와, 비유적으로 그녀의 삶을 변화시킬 수 있었다. 이 세션에서, 첫 번째 음악인 Bach의 'Passacaglia and Fugue'가 베베가 가진 우울로부터 확산된 긴장과 매치되어 그녀의 우울의 특정 이미지(쉴라)을 자극했을 때, 음악은 베베의 우울을 상징하는 쉴라의 심상에 미적인 아름다움을 가져다주었고 베베의 슬픔의 감정을 접근가능하게 하고 견딜만하게 해주었다. 베베는 자신의 슬픔을 거부하지 않고 탐색하고 인정할 수 있었다. 그녀가 음악을 들으며 울었을 때, 그녀는 마침내 슬픔을 받아들이고 있었다. GIM에서 클라이언트들은 '받아들임'의 과정을 거치면서 진정한 탈바꿈을 시작한다. 음악은 우중충한 아파트("그곳은 창문도 없고, 냄새가 나고, 매우 울적하게 만들어요")와 우중충한 할머니("병약하고, 모습이 엉망이고, 슬픈 얼굴을 하고 있어요")의 심상을 불러 일으켰지만, 일단 그런 다음에, 음악은 실제로 그 심상을 변형시켰고("나는 할머니의 손을 잡으려고 해요… 밖으로 데려다 주면 좋겠다고 하네요… 할머니는 아담한 체구인데, 좋은 느낌이에요"), 그렇게 하면서 또 그녀의 우울을 변형시켰다. "이제 할머니는 그렇게 쓸쓸하지 않고, 약간의 희망, 에너지를 가졌어요. 할머니는 자신을 돌볼 것이고, 깨끗이 하고, 자신을 생각할 거예요."

음악이 전개되어가고 변화되면서, 음악은 유동성, 움직임, 그리고 건강한 변화들을 가져와 쉴라로 상징되는 슬픔을 견딜 수 있게 해주었다. 베베가 쉴라를 미용사(개선된 자아상)에게로, 영화관(삶의 드라마를 즐기는 능력)으로, 공원(세상과 일반적인 삶을 즐기는 능력)으로 데리고 나가기로 했을 때 장소까지도 변했다. 음악은 베베가 자신의 실제 삶에서 긍정적인 행동을 취하도록 그녀의 긍정적인 내면의 힘(쉴라를 돌볼 수 있는 그녀의 일부)을 활성화시켰다. 음악이 이끌어준 해결책은 그녀의 슬픔인 쉴라를 못생기거나, 중요치 않거나, 아무런 양육과 돌봄을 받을 자격이 없다고 판단하지 않고, 쉴라의 손을 잡음으로써 그녀의 슬픔과 연결되어, 그 슬픔을 무조건적으로 받아들이고, 그녀를 '빛'으로 데려가기 위해 행동(산책)을 취하는 것이었다. 심상에서의 베베는 그녀 고유의 긍정적이고 내적인 힘을 상징했다.

쉴라의 변화는 베베의 내면의 삶을 우울과 수동성의 삶에서 즐거움과 희망의 삶으로 변화시키는 열쇠였다. 이러한 정서적, 상징적으로 강력한 세션이 이루어지면서, 쉴라 심상의 변화를 그녀의 일상에 적용하는 것이 매우 쉬워질 것이다.

우리는 다음 세션에서 심상의 의미를 탐색하고 에릭과 헤어질 그녀의 계획에 대해 대화하며 보냈다. 나는 이 세션에 대한 나의 해석에 매우 애착이 있었는데, 쉴라와 베베 자신의 상징에 대한 그녀의 해석이 나와 달라서 놀랐다. 하지만 우리가 다루어야 할 것은 나의 해석이 아니라 그녀의 해석이기에 말하지 않았다. GIM에서 치료사는 클라이언트에게 심상을 해석해주지 않는다. 클라이언트는 심상에 대한 자신만의 의미를 찾아야 한다. 베베는 쉴라를 자신의 상징으로 보았다. 쉴라는 두려워하고, 곤궁하고, 슬퍼했다. 이전 세션에서 그녀가 '베베'라고 부른 심상은 그녀가 자신의 유일한 위안으로 접촉해온 사람인 에릭을 상징한다고 밝혔다. 그녀는 '쉴라'가 심상의 '베베'와의 교제에 의지하여 내면의 슬픔의 감정을 피하려고 하는 것을 느꼈다. 나의 해석과는 반대로, 그녀는 그 심상이 그녀가 밖으로 나가 또래와 어울릴 것을 제시하는 것으로 생각했다. 그녀는 이전 세션에서 쉴라가 잘 기억해야할 것으로 느껴졌던 조언을 상기했다. "할머니는… 자기 또래를 찾아가는 것이 필요해요." 그녀는 이것을 자신을 구해 달라고 에릭이나 다른 누구에게 의지하는 것을 그만두어야 하고, 그리하여 새로운 사람이 되기 위해서는 현재 삶을 떠나야 한다는 의미로 해석했다. 7회의 세션이 추가 진행된 후(7회중 2회는 베베의 상담치료사와 협력함), 베베는 학교로 떠났고 에릭에게는 그들의 관계가 끝났다고 알렸다.

내가 베베에게 사용한 GIM과정들은 헬렌 바니가 디자인한 것이다. 1970년대 초 메릴랜드 정신연구센터와 의식과 음악 연구소에서 바니는 심층적인 음악치료 세션을 위한 특별한 과정을 창안했으며, 이를 GIM(Guided Imagery and Music)이라고 명명했다. 지금은 바니메소드, 또는 바니메소드GIM으로 불린다.

바니메소드GIM은 클라이언트를 하나의 장소에 두지 않고, 무의식을 광범위하고 자유롭게 탐색하면서 진행된다. 이를 위해, 인덕션과 클래식음악과 함께 확장된 의식 상태를 활용한다. 세션은 음악이 제시하는 대로 전개되지만, 음악이 제시하는 것은 주관적이고, 클라이언트는 그것을 무수한 방식으로 듣는다. 음악프로그램은 긴장과 편안함, 복잡함과 단순함 사이를 넘나든다. 클라이언트는 심상을 자극하는 복잡한 곡이 흐르는 동안에는 갈등 영역을 탐색하고, 좀 더 단순한 곡이 흐르는 동안에는 긍정적인 내적 자산으로 귀향하게 되는 이원성을 반영한다. 또한 바니는 바니메소드GIM에서 활용되는 18개의 음악프로그램 시리즈를 만들었다(이 기법을 올바르고 안전하게 사용하려면, 3년간의 바니메소드 정규교육을 받는 것이 필요하다).

바니메소드는 클라이언트가 음악프로그램을 심층적으로 느끼는 체험에 중점을 둔다. 치료사는 클라이언트의 내적 체험(생각, 감정, 심상)을 좀 더 실제적이고 생생하게 만들기 위해 클라이언트가 자신의 내적 체험을 설명하도록 요청한다. 일단 음악이 긴장의 심상과 감정을 불러일으키면 치료사는 클라이언트가 음악을 깊게 듣도록 이끈다. 왜냐하면, 음악에 들어있는 긴장과 해소의 패턴에서 클라이언트는 자신의 문제에 대한 심리적 해결책을 찾을 수 있기 때문이다. 베베의 세션의 음악프로그램은 자연스럽게 쉴라를 우울한 고립 상태에서 적극적이고 활동하는 여성으로 변화시켰다.

GIM의 연속체

이상의 세 가지 사례연구는 각 클라이언트를 치료실로 오게 만든 정서적 문제를 다룬 것이며, 각각의 문제에 대해 다른 접근법을 사용했다. 카일의 내적, 외적 세계는 다루기 힘들고 견고하게 고정된 증상들로 채워져 있었다. 그가 가진 모든 사람과의 거리감은 감정이 없는 관계, 깊이가 없는 성격, 의미가 없는 삶을 초래했다. 지원적 음악과 심상은 그의 증상을 우회하여 그의 내적 세계에 잠들어 있는 긍정적 자산들과 연결해주었다. 긴장이 거의 없는 단순하고 반복적인 음악과 함께 긍정적인 인덕션을 사용함으로써, 카일은 치료세션 동안 연민의 반응을 일으킬 수 있었으며 실제 삶에서 그의 환자와 가족 모두에게 적용될 수 있었다. 지원적 음악과 심상으로 카일은 몸에 배인 부정적인 반응들 대신 일상의 사건들에 대해 긍정적인 반응을 보이는 건강한 레퍼토리가 증가되면서 그의 삶은 크게 향상되었다.

스탠은 불안장애를 줄이기 위해 왔지만, 심리적으로 그렇게 할 준비가 되어있지 않았다. GIM세션은 그가 자신의 불안을 직면해서 받아들이고 새로운 관점을 갖게 해주었다. 확장된 의식상태에서, 단순한 인덕션은 그의 증상에 초점을 맞추고 클래식음악과 언어적 가이딩을 병행해서, 스탠은 '재교육'되어 자신의 불안에 대한 다른 관점을 얻게 되었다. 스탠의 경우,

GIM은 불안에 대한 새로운 수용의 자세를 갖게 해주어 일상생활에서의 불안과 그로 인한 부작용을 줄여줄 수 있었다.

베베는 자신을 학대하는 남자친구와 헤어지겠다는 목표를 가지고 왔지만, 그녀의 우울증 때문에 목표를 향해 움직일 능력이 없었다. 변형으로 이끄는 바니메소드세션은 그녀의 무의식에 있는 우울 증상의 중심을 근절시켰다. 확장된 의식 상태에서, 그녀의 증상에 초점을 둔 인덕션과 함께 미리 디자인된 복잡하고 심상을 자극하는 클래식음악 프로그램이 흐르는 동안, 베베는 자신의 병적인 심상이 우울증상에서 벗어나 보다 건강한 심상으로 변형되었을 때 '재구성'되었다. 베베의 경우, 바니메소드세션은 오빠의 죽음에 기인한 우울을 극적으로 변형시켜 삶에 대한 그녀의 반응을 수동적인 자세에서 적극적 자세로 변화시켰다.

참고문헌

Bonny, H.L. (2002). *Music and consciousness: The evolution of guided imagery and music* (L. Summer, Ed.). Gilsum, NH: Barcelona Publishers.

Summer, L. (1988). *Guided imagery and music in the institutional setting*. St. Louis, MO: MMB Music, Inc.

Summer, L. (2011). Music therapy and depression: Finding resources through music and imagery. In A. Meadows (Ed.), *Developments in music therapy practice: Case study perspectives.* Gilsum, NH: Barcelona Publishers.

Summer, L., & Chong, H.J. (2006). Music and imagery techniques with an emphasis on the Bonny method of guided imagery and music. In H.J. Chong (Ed.), *Music therapy: Techniques, methods, and models.* (Korean language). Seoul, Korea: Hakjisa Publishing Company.

Wheeler, B. (1983). A psychotherapeutic classification of music therapy practices: A continuum of procedures. *Music Therapy Perspectives, 1*(2), 8-12.

사례17 성폭행 트라우마와 GIM

재발견의 도구: 1년간의 GIM *

T·Jenny Martin Caughman

도입

이 글은, 이전에 음악치료를 받았던 클라이언트 T가 당시 적었던 기록에서 발췌한 내용이다. 그는 성폭행 문제를 다루기 위해 왔다. 4회 세션에서 나는 GIM을 사용하자고 제의했고, 그는 이것을 받아들였다. 나는 그가 깊이 이완된 상태로 들어가도록 가이딩할 것이고, 클래식음악 프로그램을 사용할 것이며, 그가 심상을 체험하는 동안 계속 함께 대화해갈 것이라고 설명했다. 기록에서 그는 '들어간다, 나왔다, 깨어나다, 방문했다, 수면상태'라는 표현들을 사용한다. 이는 GIM과정에서 그가 체험한 것을 반영하는 용어들이다. 우리는 음악과 심상 외의 최면이나 다른 접근 방식은 사용하지 않았다. T는 총 17회의 GIM세션을 받았다. GIM치료사로서 나는 클라이언트의 세계로 깊이 들어가 그가 가진 고유한 힘, 투쟁, 내밀한

* Hibben, J. (Ed.) (1999). *Inside Music Therapy: Client Experiences.* Gilsum NH: Barcelona Publishers.

감정, 아름다운 창조를 함께하는 특별한 위치에 있다. 이 글에서, T는 우리 모두를 자신의 세계로 안내한다.

T의 머리말

다음의 글은 내가 1년 이상 GIM을 받으면서 작성한 기록에서 편집한 것이다. 나는 가정과 직장에 관한 이야기, 또한 GIM에서의 체험을 이해하기 위해 끈질기게 이성적으로 해석하고자 노력하는 철학적 사색도 상세하게 전한다. 남은 것은 진정으로 나의 삶을 바꾸는 경험의 하이라이트인 세션 그 자체이다.

내가 치료사 J와 치료과정을 시작했을 때, 처음 질문한 것 중의 하나는 내가 최고령의 클라이언트인지였다. 나는 그렇지 않을 것이라고 확신했다. 나는 나중에, 일종의 융의 통찰을 경험하기에 최적의 나이였다고 회상할 것이다. 초기에 나는 내 인격의 여러 측면이 드러나면서, 편의상 이름을 붙였다. 이 글을 읽으면서 '통제자', '큰 남자'(나의 이성적 자아), '중간 남자'(드러나고 있는 나의 정서적 측면), 그리고 '아이'(어린시절의 나)라는 용어와 만나게 될 것이다.

T의 기록

1993년 4월 29일

나는 오늘도 여느 때와 다름없는 치료 세션일 거라고 생각했다. 어느 정도 진전이 있을 것이고, 치료사 J에게 편안함을 느낄 것이며, GIM에 대해 알게 될 것이다. 우리는 그동안 내가 감정, 이성, 분노, 거부, 그 외의 관련된 문제들에 어떻게 대처하는지에 대해 본질적인 문제를 많이 다루어왔다. 지난주에 J는 기억들이 떠오르게 되면 내가 놀라게 될 것이라고 말했다. 그 기억들은 예상했던 방식으로 나타나지 않을 수 있지만, 내가 준비되면 떠오르게 될 것이다. 나는 그 기억들이 올라오기를 원했다. 정말 그랬다. 단지 오늘 올 것이라고는 예상하지 않았을 뿐이다. 나는 그저 의식 수준에서 약간의 이완과 자유연상을 하게 될 것이라고 생각했다. 무의식에서 나온 심상들은 오늘 커다란 망치처럼 나를 때렸고, 두 시간과 두 번의 회상 장면이 지난 뒤, 나는 떨리는 스케치북에 처음으로 가해자의 그림을 그렸다. 나는 처음으로 J에게 털어 놓고 이제 더 이상 내 안에 묻어둔 것이 없다는 사실을 아직도 믿을 수 없다. 나는 멍해지고, 믿어지지 않고, 무섭고, 화나고, 슬프고, 행복하고, 혼란스러웠지만, 통제를 잃지 않았다. 사실 나는 시각적 기억들이 그냥 반복해서 내 앞을 강타하는 동안 멍하니 추워하며 긴장된 채 누워있었고, J는 나에게 그곳에서 나올지 아니면 더 깊이 들어갈지에 대한 선택권을 주었다. J가 그곳에 있었고 나는 안전함을 느꼈다. 나는 살아남았다.

5월 1일 토요일 (나의 생각)

나는 '그냥 잊어버려'라고 좋은 의미지만 사람들이 생각 없이 하는 말에 화가 났다. 나는 '즉시 정리하자'는 감정에 대해서도 혼란스러웠다. 다음은 지난 번 세션에 대해 정리한 것이다.

세션은 내가 누워서, J의 지시대로 베개를 조절하고, 이완하고, 눈을 감고 발끝에서부터 머리까지 몸의 각 부분에 집중하는 것으로 시작되었다. 조용한 클래식음악이 들려왔다. 내가 머물고 싶은 곳의 심상을 떠올려보라고 했다. 나는 캐나다의 한 섬을 그려보려고 했고 잠시 떠올랐지만, 거의 즉시 소용돌이치는 구름으로 흐려졌다. 몇 분간 구름이 있은 후 마침내 나무가 늘어선 시냇물과 햇빛이 비치는 제방이 보였는데, 낯설지만 매우 예뻤다. 음악은 바뀌고 있었는데, 그 심상이 더 꽉 차게 커져가고 있었다. 나는 나뭇잎이 무성하지만 여전히 환하게 햇빛이 비치는 숲속을 걷고 있었다. 고개를 드니 파란 하늘과 나무가지 끝의 빛이 보였다. 나는 내 어깨보다 그리 넓지 않은 좁은 흙길을 걸었다. 갑자기 내 시야는 옆에서 들어온 초록색 얼굴로 막혔는데, 눈과 코 외에는 거의 보이지 않았다. 나는 오싹해졌지만 그 얼굴은 곧 사라졌고, 나는 불안해하며 그 길을 다시 걷기 시작했다. 나는 누군가에 의해 어디론가 이끌려가고 있는 느낌이었다. 그 감정은 커져갔고 내가 길 끝에 도달하자 두 돌기둥 사이에 작은 철문이 있는 빈터가 보였다. 나는 너무도 불안해져서, 눈을 반쯤 뜬 채 치료실을 둘러보았다. 그러자 J는 지금 돌아오고 싶은지 물었다. "아뇨, 좀 더 머물래요"라고 하며, 즉시 나는 빈터를 바라보며, 그 길에 서 있었다. 내가 앞으로 나아가지 못하자, J는 나에게 그 길에서 돌아서 나오라고 했고, 나는 그렇게 했다. 나는 출구 지점이 명확하지 않은 둘러막힌 계곡으로 들어갔다. 나는 어떻게 나가야 할지 잠시 당황했지만, 구름 위로 올라갈 수 있겠다는 생각이 나서 그렇게 했다. 구름에 둘러싸여 몇 분 있다가, 서서히 내가 치료실로 돌아왔다는 것을 인식하게 되었지만, 내가 똑바로 앉아있게 되기까지는 10분이나 15분이 걸렸고, 손과 팔은 이상하게도 분리된 느낌이었다. 나는 떨렸고, 혼란스러웠다. 그림을 그릴 도화지를 받자 나는 초록색 얼굴을 재현했고, 몇 분간 그것을 응시하고 나서야, 나를 성폭행했던 사람을 그렸다는 것을 깨달았다.

5월 13일

우리는 5월 7일 세션에 대해 이야기했다. 그 심상은 나를 혼란시키고 있었다. 나는 뚜렷하게 기억해야 한다는 비현실적인 기대를 가지고 있었고 나의 양면이 서로를 견제하고 있다는 것을 겨우 깨닫고 있을 뿐이었다. 나는 목표 순위를 바꿔서, 기억을 되살리는 것보다는 인격 통합의 필요성을 1순위로 놓았다. J는 내가 이 말을 하자 기뻐했고, 만일 내가 그 말을 꺼내지 않았다면 자신이 먼저 제안하려고 했다고 말했다. "즉각적인 결과가 아니라 과정이 중요해요"라고 J는 말했다. J는 또한 나의 일방적인 분석적 성격이 자신감을 강화시켜서 내가 살아남을 수 있게 한 내 인격의 진정한 부분이라는 것을 상기시켜 주었다.

나는 다시 심상으로 들어갔다. 나는 애를 썼지만, 나는 오로지 어둠과 산만한 기하학적 무늬들, 그리고 마치 플래시처럼 잠깐씩 보이는 어렴풋한 귀, 눈, 머리 형태의 작은 부분 외에는 아무 것도 볼 수 없었다. 그것은 동굴같이 느껴지기 시작했고, 나는 이 세션도 시각적으로는 아무것도 나오지 않을 것 같아 좌절했다. 그러고 나서 생각이 번개처럼 나를 강타했다. 나는 관찰당하고 있었다. 그것은 아이, 나의 내면의 아이였으며, 나에게 아무것도 보이지 않았던 이유는 이것이 아이에게 보이는 세계이기 때문이었다. 이곳은 내가 현실로 생각하는 모든 것으로부터 분리되어 인지할 수 없는, 내 안 저 멀리에 있는 아이의 은신처로서 그 자체가 하나의 세계였다. 아이는 자신의 존재가 나에게 드러나자 겁을 먹었지만, 마지못해 나에게 나타났다. 우리는 말없이 생각으로 대화를 했다. "나는 너를 돕고 싶어, 제발 나와라, 네가 겪었던 일에 대해 미안해, 나는 다시 찾아올 수 있어." 그러자 분명하게, 그 눈에 보이지 않는 작은 아이가 나를 안아주는 것을 느꼈다. 떠날 시간, 나와야할 시간이 되었을 때, 아이가 불시에 나를 데리고 함께 나왔다. 나는 두려워서 내 세계에 아이를 소개하는 것까지 하지는 못했다. 우리는 거의 30분간 껴안고, 울고, 매일 아이와의 시간을 갖기로 약속했다. 아이는 심지어 J와 곰 인형도 껴안고 싶어 했다.

음악과 심상은 정말 놀라운 도구다. 그것은 내가 원하거나 찾고 있는 것이 아니더라도 새로운 성장단계마다 필요한 것을 지속적으로 매 세션에서 제공하는 것 같다. 나는 음악이 심상을 자극한다는 것을 알고 있지만 세션에서 항상 음악을 인식하는 것은 아니고, 심상이 음악을 만들어내는 것처럼 느껴질 때도 있다. 다시 한 번 나는 내 안에 일어나는 일이 놀랍고, 지나가는 매주가 그 어느 때보다 더 현실감 있게 느껴진다.

5월 20일

준비 절차를 마치고, 나는 늘 있는 추상적 동굴에 있었다. 그런 다음 김이 자욱한 샤워실로 이동되었고 수증기가 서린 샤워실 문을 들여다보고 있었다. 나는 문을 닦아 구멍을 낸 후 그 너머의 환한 푸른 숲을 바라보았다. 나는 화가 나서 소리쳤다. "어디 있나요? 어디 있어요?" 나는 뺨을 맞은 것과, 비열한 얼굴과, 비열한 이빨을 언뜻 본 기억이 났다. 나는 어머니에게 그가 싫다고 말했었지만 무시당했었다. 나는 불편해져서 치료사에게 나가고 싶다고 했다. 천천히 정신이 돌아온 뒤에, 나는 그 분노가 나에게 익숙한 성인의 분노가 아닌, 어린아이의 분노였다는 사실에 충격을 받았다. 전반적으로 더 큰 놀라움은 그 어린아이의 분노를 다룰 수 있다는 것이었다.

5월 27일

아이가 노는 것을 상상해보라고 해서 나는 바로 내 방 바닥에서 혼자 놀고 있는, 늘 그렇듯 매우 조용하고 아주 많이 외로운, 4살 정도의 나 자신을 보았다. 곧 심상은 희미해지면서 익숙한 초록색의 길로 바뀌었는데, 이번에는 누군가와 함께 그 길을 걷고 있었다. 나의 내면의 아이가 더 깊숙한 곳으로 나를 안내했다. 그곳에서 더 많은 기억들과 만나게 될 것을 나는 알고 있었다. 우리가 그 장소에 도착했을 때, 아이는 몸을 돌려 나를 마주보았다. 아이는 나를 바라보며, 내가 준비되었는지를 확인하며 기다리고 있었다. 불편할 정도로 오랜 침묵 뒤에, 나는 아이에게 보여 달라고 부탁했다. 어둠을 지난 뒤, 일련의 정지화면들이 나타났는데, 긴 침묵이 담긴 성폭행의 장면들이었다. 나는 아이가 했던 것처럼 그것을 재경험하고 싶지 않았다. 그래서 나는 비록 아주 잠깐 동안 느끼긴 했지만, 그저 바라보기만 했을 뿐이다. 바라보면서 아이가 완전히 혼자서 그 일을 겪어야 했던 것이 슬프고 미안하다는 느낌만이 있었다.

눈을 뜨자 다시 기억은 더 분명해졌지만 더 많이 분리되었다. 성인의 분노가 되돌아왔다 – 낭비된 세월에 대한, 외로움에 대한, 내 말을 믿어주지 않았던 어머니에 대한 분노. 한동안 나는 수치심 때문에 치료사 J를 볼 수 없었다. 나는 "왜 당신을 마주볼 수 없죠?"라고 묻기까지 했다. J는 이제 자신이 목격자가 되었기 때문이라고 말했다. 나는 그것이 불편했고 그래서 너무나 슬펐다. 그것은 실제다. 그런 일이 실제로 일어났었다.

6월 10일

J는 "왜 얼음 동굴인가요?"라고 물었다. "물론 숨기 위해서죠."라고 나는 말했다. "하지만 '커다란 얼음 동굴'인데요?"라고 그녀는 다시 물었다. 나는 얼음 동굴과 아이를 찾고 있는 심상으로 들어갔다. 나는 아이를 찾았는데, 아이는 화가 나 있었고 기억을 보는 것에는 관심이 없었다. 아이는 오늘은 자신이 없어도 나 혼자 할 수 있을 것이라고 말하고는 바로 잠이 들었다. 그래서 나는 무언가가 다가오는 것을 보고 겁이 나서, 내 힘으로 중단시키고 그곳에서 나왔다. 나는 내가 원했던 힘을 얻었다 – 일어났던 일을 통제할 수 있는 나만의 능력. 나는 또한 그에 대한 것들, 그가 저지른 혐오스러운 행동들, 그리고 그에 관해 기억이 희미했던 다른 모든 것을 기억했다.

7월 1일

나는 심상 상태에서 블랙홀로 더 깊이 들어갔는데, 그곳은 눈 – 모든 것을 봤던 눈, 바로 나 – 과 아이가 그 학대를 선명하게, 보다 폭력적으로 느끼게 하려고 데리고 간 곳이다. 나는 6살짜리가 내 안에서 죽는 것을 느꼈고 분노가 솟아올랐다. 아직도 더 있었다. 나는 J에게 다음번에는 이것을 갈기갈기 찢어버리고 싶다고 했다. 나는 그림을 그렸다. 그것은 마치 고야의 그림 '사투르누스'에서처럼 거대한 입에 뜯기면서 피 흘리고 있는 아이를 그린 고통스런 그림이었다. 나는 J에게 자식들에 대한 희망을 잃는 것은 종교를 잃거나 심지어 자신에 대한 믿음을 잃는 것보다 훨씬 나쁜 일이라고 했다. 왜냐하면 자녀에 대한 희망을 잃는 것은 미래에 대한 희망을 잃는 것이기 때문이다.

다음 날 나는 내 스스로에게 이것이 실제로 일어났던 일이었는지를 자문했다. 나는 이것을 축소해서, "그래, 무슨 일이 있었지"라고 말했지만, 내가 살아온 모든 것을 되돌아보니 그 무언가가 좀 더 구체적이 되었다. 어제의 경험이 다시금 온전히 나를 강타했다 ― 분노, 그 심상들의 깊이, 몸의 기억들, 떨림, 내 몸으로부터의 분리, 카타르시스. 그 성폭행 속에서 일어났던 일은 무엇이든 매주 점점 더 생생해지고 있었다. 여섯 살 때 나는 죽었다고 말한 것은 놀라운 일이 아니다. 나는 그것을 갈기갈기 찢어 마지막 모든 조각까지 드러내야 한다.

7월 15일

나는 아이에 대해 뭐라고 써야할 지 모르겠다. 물론 아이 이름이 내 이름이지만, 작은 부엉이라고 부를 것이다. 목요일에 아이가 나와서 큰 남자(나의 이성적 자아)를 밀어냈다. J가 휴가여서 치료 없이 2주를 보낸 뒤, J의 사무실에서 다시 안정감을 느끼기까지 40분간의 대화가 필요했다. J가 조심스럽게 몇 가지 질문을 하자, 아이가 나왔다. 아이는 놀고 그림을 그리면서 큰 남자의 질문에는 대답하려 하지 않았다. 마치 밖에서 놀고 싶은데 엄마가 들어가자고 부를까 봐 두려워하는 아이처럼, 주기적으로 큰 남자가 어디 있나 하고 아이는 살펴보았다. 작은 부엉이는 통제자, 즉 큰 남자(나의 이성적 자아) 때문에 두려웠고, 지난 2주 동안 아무런 관심도 받지 못했기 때문에 화가 났다. 아이는 큰 남자와 말하고 싶어 하지 않았다. 이 분리는 음악이나 유도된 심상이나 최면 없이 미술과 대화만으로 일어났다. 나는 이것이 좀 충격적이었다.

8월 12일

나는 J에게 현재 내가 겪고 있는 정서적 탈진과 향후 회복에 대한 우울감을 얘기하고, 방향 없는 감정들의 묶음인 중간 남자를 이해하기 위해 더 깊이 심상으로 들어갈 수 있을지 물었다. "그건 내가 결정할 일이 아니에요."라고 J가 말했다. J의 슈퍼바이저에게 허락을 받아야 한다는 말인지 궁금해하고 있는데, J는 "그건 당신이 결정할 일이죠."라고 말했다. 다시 말해, 나는 내가 원하면 언제든지 더 깊이 들어갈 수 있었다. 나는 이완 과정이나 심상으로 들어가는 것이 평소보다 시간이 오래 걸려 속상했다. J는 나에게 배낭을 떠올리게 하고는 손을 넣어 세 가지 물건을 꺼내라고 했다. 나는 고무공, 개구리, 깃털을 연이어 꺼냈다. 나는 바로 가까이에서 부엉이의 얼굴을 얼핏 보았고, 마치 내가 가이드와 함께 있는 것처럼 느껴졌다.

그런 다음 J는 내가 가려고 하는 곳으로 가서, 그곳에서 본 것을 말해달라고 했다. 나는 따뜻하고 물결치는 깊고 어두운 물웅덩이를 보았는데, 그곳은 부드럽고 평온했다. 나는 개구리들을 지켜보고, 잡았다가, 그곳이 개구리들의 집이었기 때문에 놓아주었다고 말했다. 고무공은 나에게 약간의 불안감을 주었는데, 나는 그것이 어린 시절의 어떤 기억이라고 생각했다. 그러고 나서 나는 초록색의 나무 꼭대기를 통해 하늘을 바라보았는데, 하늘은 어두운 색의 움직이는 형체들로 자욱했다. 나는 누웠는데, 그 형체들이 나를 둘러쌌다. 다정하고, 위협적이지 않고, 심지어 보살펴주는 것 같았다. 그들은 영화 '코쿤(Cocoon)'에 나오는 밝은 외계인처럼 보였고, 그들은 내 위에 짙은 색상의 덩어리들을 매끈하게 펴서, 쳐대고 채우면서, 나에게 덧입히고 있었다. 그러고 나서 나는 동굴로 보이는 추상적인 황무지로 갔다. 나는 아무도 발견할 수 없어서 가해자에게 나타나라고 소리치면서 도전했다. 나는 으르렁거리는 개들이 뱀들의 머리를 부러뜨리는 것을 보았지만, 가해자는 없었다. 나는 그가 나를 두려워하고 있음을 깨달았다. 나는 따뜻하고 강력한 고치에 감싸여 있음을 느꼈다. 그때 그것이 나를 때렸다. 나는 분노를 느꼈다. 하지만 그것은 나의 분노, 내 안에 있는 나의 분노였다. 그 분노는 내가 사용할 수 있는 도구였다. 필요하다고 생각될 때 나 자신을 보호하는 데 사용할 나의 것이었기 때문에 나는 분노를 두려워할 필요가 없다. 나는 솟아오르게 하는 비장한 음악을 어느 정도 인지하면서 동굴 밖으로 날아갔다. 나는 이 새로운 발견에 들떠 동시에 웃고 울었다. 나는 내 자신의 또 다른 부분을 발견한 것이다.

주말까지 나는 집요할 정도로 불안해하고 있었다. 나의 분노와 직면한 것을 격려해주고 그로 인해 힘을 얻게 된 것을 느끼자마자, 뭔가 불길한 것들이 몰려오는 것을 느꼈다. 그것은 마치 기차가 교차로를 향해 전속력으로 달리거나 거대한 지진 전에 미진을 감지하는 것과 같았다. 그것은 섬광이나 그저 언뜻 스치는 것이 아니라 실제였다. 나는 스스로에게 치료사들이 말해준 조언("이제 그것은 나에게 고통을 주지 못한다.")을 믿으라고 말했다. 치료사들이 말한 것은 진실이 아니다. 그것은 고통을 준다. 고통을 주겠지만 필요한 것이다. 오, 이 고통이 정말 싫다.

8월 25일

나는 아이가 나와 함께 성장할 수 없는 것이 걱정되었는데, J는 나에게 아이는 이 과정의 일부이며, 내가 "미안하다"고 한 말을 아이가 들었다는 것을 상기시켜주었다. 성폭행이 처음 일어났을 때는 아이가 그 말을 듣지 못했다고 J가 다시 한 번 알려주기 전까지는 이 말이 나에게는 매우 사소하고 부적절한 것으로 보였다. 매우 크게 "아"가 나왔다. 또한 J는 아이가 자신의 고통을 나와 공유했다고 말했다. 나는 아이가 그 상황에 혼자 직면했던 것을 체험했기 때문에 이 말을 의심했다. "하지만 이제 당신이 그걸 기억하잖아요."라고 J가 설명해주었다. 다시 한 번 "아"가 나왔다. 아이는 갑자기 그 기억만큼이나 실제가 되고 있었다. 오랫동안 그 기억을 억압해온 자아에서 벗어나야 한다.

나는 스스로에게 물었다. "왜 그렇게 오랫동안 동굴에 숨어있었니? 그 동굴은 왜 그렇게 크니? 무엇이 그렇게 두려웠니? 무엇 때문에 그렇게 회피하려고만 했니? 너에게 무슨 일이 있었니?" 이제는 기억하는 것이 안전하다.

9월 10일

오늘은 J가 나에게 무엇을 요구하는 건지 몰랐다. 오늘 심상의 의미를 알 수 없었다. 나는 매우 혼란스러웠다. 나는 오늘 다른 동굴로 갔는데, 나의 관심을 사로잡은 강렬한 심상을 찾아갔다. 그것은 내 위에 떠있는 한 여자의 얼굴로 끝났다. 나는 그 얼굴을 갈망했고, 손을 뻗어 끌어내려 입 맞추기를 간절히 원했지만 그럴 수 없었다. 그것은 영적인 환상, 나의 친어머니에 대한 기억이었을까? 왜 나는 아버지에 대한 기억을 탐색하려는 나의 동기, 욕구에 대한 J의 질문에 짜증나고 화가 났을까? 도대체 무슨 일인가? 어떻게 되어가고 있는 것인가?

9월 16일 (나의 생각)

치유를 한 후에 영성을 회복하려고 기다리는 것보다는, 치유를 돕기 위해서는 영성부터 회복되어야 할 것 같다. 영성의 상실이 그 일을 계속 떠오르게 하는 중요한 요인이기 때문이다. 나는 어렸을 때 뉴멕시코에서 자동차를 타고 가던 것을 많이 생각하고 있다. 나는 그 공포의 자취를 따라가는 것이 두렵지 않을 만큼 충분한 힘을 느끼고 있다. 나는 일어났던 일에 대해 보다 뚜렷한 기억을 갖기 시작하고 있다.

9월 22일

한줄기 부드러운 빛이 나의 몸을 비추고 있었다. 그 빛은 어떤 상자를 비추었다. 나는 상자를 열고, 자몽 크기의 모서리가 날카로운 검은색 크리스털을 꺼냈다. 그것은 나를 그 길과 동굴로 안내하고, 모든 것(매끈한 얼굴, 나이든 얼굴, 입, 이빨, 패턴, 빛)이 동일한 실체임을 인식하게 했다. 이 심상은 모든 것이 하나의 심상임을 전보다 더 강하게 보여주었다. 그것은 분석할 것이 아니라 붙잡아서 돌아가 비춰서 기억해야할 것이다. 그 심상은 놀라웠지만, 그것에 대해 생각하는 것은 부담이 된다. 나는 그 심상이 실제로 무엇이었는지 분석할 수 없지만, 내 시야에서 사라지게 하지도 못한다.

나중에 집에서 기억들이 매우 정확해져서, 나는 그것들을 볼 수 있었다. 스스로 이완을 한 후에, 나는 다시 상자를 들여다보고 누더기를 꺼냈다. 나는 그것을 묻어버리거나 세탁할 수 있었지만, 들고 다니기로 결정했다. 어둠 속에서 나는 다시 이빨을 보았는데, 한번은 갑작스럽고 분명했으며, 한번은 좀 더 흐릿했다.

나에게는 치유하며 앞만 보고 가거나 또는 다시 확인하기 위해 많은 기억들을 되돌아보거나 할 선택권이 있다고 생각하고 있었다. 이 선택은 항상 있을 것이다. 수치심은 오늘 그곳에 있는 감정들의 하나로 보인다. 나는 내 자신이 우울하고 무력함을 느끼며 심지어 두려워한다는 것을 알고 있다. 나는 기회가 주어졌는데 얼른 끝내버릴까 봐 두렵다. 나는 상태가 좋지 않다. J에게 전화를 걸어야겠다. 내가 처음으로 이런 생각을 했다는 건 무슨 뜻인가? 내가 자신을 돌볼 힘을 갖고 있다는 것을 스스로에게 상기시켜야 하는가?

10월 8일

오늘 나는 지난주에 무시해왔던 것이 아이였다는 판단을 내렸다. 나는 아이를 찾아 이빨에 대해 물었고, 나는 준비가 되었으며 두렵지 않다고 말해주었다. 아이는 영리했다. 우리는 두려워하지 않고 공포를 함께 분석했으며, 아이는 나에게 중요한 것을 보여주었다 − 굳건하게, 그러나 권위적이지 않게. 우리는 함께 해결해가야 한다.

10월 29일

오늘 나는 떨어지고, 빙빙 돌고, 방향감각을 잃었다가 빠르게 동굴 속으로 날아가는 경험을 했다. 그것은 내가 기억해왔던 것보다 더 불쾌했고 전혀 경이롭지 않았다. 아이는 내가 동굴에 대해 알지 못하는 것들이 아직 있다는 것을 알려주었다. 아이는 나중에 나에게 많은 것을 보여주고 가르쳐주겠다고 했다. 나는 다시 아이와 함께 있게 되어 좋았다. 아이는 또한 동굴이 사라지지 않을 것이고 잊어서는 안된다고 알려주는 것 같았다. J가 얼굴 전체를 보이며 아름답게 나타났고, 아이는 공중에 떠서 그녀의 무릎으로 가서 몸을 동그랗게 접고 잠이 들었다.

심상에서 깨어난 뒤, J와 나는 전이에 대해 이야기를 나누었다. 나는 왜 아이가 내가 받지 못했던 보살핌을 받았는지 궁금했다. 나는 성인이 되어서도 받지 못했던 보살핌을 아이는 받을 수 있었다는 데 질투심을 느꼈다. J는 이 아이를 돌봐주었다. 아이는 J와 함께 있는 것에 안정감을 느끼고 나보다 그녀를 더 신뢰한다. 아이는 이제 내 아내도 신뢰한다. 이 질투심은 그 당시 나를 돌보고 받아들이지 않은 어머니에 대한 분노가 실제로 전이된 첫 번째 징후이다. 내가 겪고 있는 일을 얼마나 많이 분리시킬 수 있고 분석할 수 있을지 모르지만, 감정은 실제이고 강력하다. 나는 J를 신뢰함으로써 내가 처해 있는 이 복잡한 상태를 이해하게 되어 기쁘다.

11월 10일

나는 상자가 놓인 탁자를 떠올렸다. 나는 다시 한번 세 개의 물건을 꺼냈다. 첫 번째는 공인데, 작고 단단하며 검게 만든 것이었다. 두 번째는 깃털이었다. 세 번째는 수놓은 헝겊 조각이었다. 나는 그것들을 꽉 쥐었는데 불안했다. 나는 그것들을 놓고 싶지 않았다. 그 공은 성폭행이고, 깃털은 보호자나 안내자였고, 헝겊은 교회다. 부엉이는 나에게 날아오르라고 외쳤다. 부엉이는 나를 높은 곳으로 데려가서 그 공을 떨어뜨리길 원했다. 나는 마지못해 따라갔다. 부엉이는 공이 떨어지면 내가 다른 두 물체도 떨어뜨릴 것이며, 그리고 나는 추락하지 않을 것이라고 말했다. 아이는 내가 부엉이가 될 것이라고 했다. 마지못해 나는 아이가 요구한대로 했다. 나는 떨어지지는 않았지만, 부엉이가 되지는 못했다. 분명 그것은 좀 더 시간이 필요하다.

이제 어떻게 할지에 대해 아마도 나보다 더 좋은 아이디어가 아이에게 있을 거라고 생각했다. 그러자 아이는 보여주었다. 부엉이는 외투처럼 나를 둘렀고, 나는 날았다. 높이 올라갔다. 나는 더 이상 물건을 옮길 손이 없었지만 날개가 있었고, 새로운 삶과 새로운 환경, 공기가 있었다. 그것은 완벽한 변화였다. 이 새로움에 나는 불안해졌지만, 지금까지의 방식으로 계속 살 수는 없다.

심상에서 깨어났을 때, 나는 치료실을 떠나고 싶지 않았다. 지금 체험한 것을 되풀이해서 다시 체험하고 싶었다. 나는 바로 나 자신이 나의 영웅이 되어야 한다고 생각했다. 매우 강력한 검을 쥐고 싶었다. 이 비전을 보여준 그 음악을 다시 듣고 싶었다.

12월 8일

우리는 나의 아들에 대해, 그리고 비통함과 영성에 대해 얘기했다. 그런 후 나의 장점을 말해보라는 요청을 받았을 때, 나는 말하지 못했고 매우 불편했다. 나는 과제로 집에 와서 아내에게 나의 특성을 적어달라고 부탁해서 그 중 두 가지에 직접 이름을 붙였다.

심상으로 들어가자마자, 빛의 사람들이 나를 만나려는 열망으로 들떠서 나를 기다리고 있다는 것을 감지했다. 그들은 나에게 보여주고 싶다며 동굴로 호위했다. 그들의 긍정적인 에너지는 그 추악함을 비추었는데, 마치 소풍이나 박물관 방문 같았다. 그들은 내 안에 또 다른 힘의 중심이 있는데, 그것은 창조적인 힘이 아니라 보다 강한, 내가 아직 알지 못하는 다른 힘이라고 말했다. 나는 매우 강하고 매우 강력한 광선을 발하는 단단한 초록 수정구인 그 힘을 보았다. 나는 그것이 무엇인지 몰랐지만, 영적인 힘이라는 것을 감지했다. 그들은 내게 그것이 보이느냐고 계속 질문했다. 곧 나는 내 손가락에서 흘러나오는 길고 가는 실 같은 빛을 보았다. 통제를 벗어나 있지만 위험하지는 않으며, 악의 없고 서툰 동작으로 긴 호(arch)를 그리며 춤추고 있었다. 그들은 내가 아름답다고 말했지만, 나는 그 말이 불편했다. 나는 극도로 피곤함을 느꼈고, 그들은 내가 잠이 들 수 있게 해주었다. 나는 마치 악몽을 꾼 것처럼 온 몸이 욱신거리며 깨어났다.

3월 17일

오늘은 치료받은 지 1년이 되는 날이다. 우리는 지난 1년간 이루었다고 느끼는 진전에 대해 얘기했다. 나는 작은 상자에서 발견한 물체를 설명해달라는 요청을 받았다. 나는 고리에 걸린 열쇠꾸러미를 보았다. 내가 소유한 많은 문의 열쇠, 내가 원하면 언제든지 사용할 수 있다. 이어서 부엉이의 눈과 부리를 보았는데, 피식 웃음이 났다. 부엉이는 점점 더 가까워져서, 깃털 하나하나까지 자세히 볼 수 있었고, 그 깃털들을 느낄 수 있었다. 그 때 나는 부엉이와 통합되고, 부엉이가 되고 있는 것을 깨달았다. 우리(나)는 어두운 장소로 날아갔다. 나는 내 자신이 항문성교를 당하는 것을 느꼈고 분노, 역겨움을 느꼈다. 나는 그것이 끝나기를 기다렸다가 내 몸을 벗어나 빠르게 높이 더 높이 올라갔다. 마침내 추워지고 공기가 희박해져서 호흡하기가 점점 더 힘들어졌다. 나는 너무나 무감각해지고 내 몸에서 너무 멀리 분리되었음을 느꼈기 때문에 돌아가고 싶었다. 이 전적인 분리와 무감각보다 차라리 강간이 더 나을 정도였다. 눈을 떴을 때, 방의 불빛이 눈부셨다. 정신적으로는 깨어났지만, 나는 여전히 매우 분리된 느낌이었고 내 몸의 감각을 회복하느라 힘들었다.

3월 24일

나는 어린 시절 온타리오주 디어 아일랜드의 캠프장을 떠올렸다. 지금 나는 혼자 어린 시절에 그 일을 겪었던 장소를 탐색하고 있었다. 그곳은 흐리고 황량하며 과거의 일에 대한 어떤 느낌도 없었다. 그것은 무섭지는 않지만 슬프고 애석한 죽은 기억일 뿐이었다. 나는 구름위로 날아올라 그곳을 떠났다. 그 장면은 클로즈업된 소나무의 잎과 가지 속으로 사라지고 산허리에 난 길이 나타났는데, 그것은 다른 길이었다. 나는 그 길에 혼자 있었지만 안전함을 느꼈다. 구부러진 길은 코너를 돌 때마다 눈부신 빛이 있는 산허리로 이어졌다. 투명하고 유령 같은 모습으로 J와 아이의 심상이 나타났다. 나는 내가 여전히 날 수 있다는 것을 알고 있었지만, 그 도구는 특별한 경우에만 사용될 것이었다. 심상을 바라보는 동안 갑자기 내 몸이 의식되었다. 나는 내 몸을 느꼈다. 나는 분리되지 않았다. 내 몸은 따뜻했고 편안했다. 나는 J의 치료실에서 깨어났는데, 이번에는 몸이 먼저고 마음은 시간이 더 걸렸다.

T의 마무리

치료를 처음 시작했을 때는 무엇보다 기억의 문제가 가장 중요해보였다. 나에게는 성폭행의 기억에서 나를 분리시키는 공포의 벽이 있었다. 이제 GIM과정이 끝나면서, 기억의 문제는 그렇게 단순하지 않다. 나는 정말 내 공포에 맞서고 극복했다. 나는 상당수의 잃어버린 기억과 구체적인 성폭행 기억의 일부를 되찾았다. 구체적인 기억들은 거의 항상 세션이 끝난 후에 떠올랐다. 나는 세션 그 자체에서는 성폭행 당시의 감정과 심상을 다시 체험했지만, 그것들은 거의 구체적이지 않고 보통 상징적인 특성을 지녔다. 나는 무슨 일이 일어났고 누구에 의한 것이었는지에 대한 의심은 있지만, 그 과정은 새로운 정신내부의 인식과 통찰로 이어지고, 마침내 인격의 재통합으로 이어졌다. 보다 중요한 것은, 처음에 언급되지 않았던 문제인 영성의 회복이, 과정 중간에 마치 우연인 듯이 나타난 것이다. 결국 명확한 기억에 대한 필요성 보다 전체성에 대한 비전이 우선적이 되었다. 가장 깊은 의미에서, 나는 내가 원하는 것이 아니라 내가 필요한 것을 받았던 것이다.

치료를 종결한 지 이제 3년이 되었다. 이제 숨죽일 필요도 없다. 이러한 변화들이 지속되고 있다고 말하는 것으로는 충분하지 않다. 나는 전적으로 새로운 사람인 것 같지만, 낯선 사람은 아니다. 모든 것이 다르게 느껴지지만, 매우 편안하다. 나는 일상의 스트레스를 전과는 다르게 처리한다. 상황을 죽어라고 분석해야 한다는 생각에서 벗어나, 대신 상황에 대해 정서적 차원에서 단순하게 반응하고 지나가게 하는 것을 즐긴다. 이성은 숨는 요새가 아니라 단지 가끔 사용하는 유용한 도구로 여겨진다. 나는 내 삶에서 일어나는 외적인 일들에 대해 놀라울 정도로 "상관없어"라고 말하는 자신을 발견한다.

아직도 나는 성폭행을 기억나게 하는 것과 마주칠 때는 쉽게 흔들리지만, 이러한 반응을 단순하게 느끼고 내려놓을 수 있다. 나는 여전히 여자친구들과 교제하는 것을 더 좋아하고 이를 바꿀 필요를 느끼지 않는다. 나는 남자들 사이에 있는 것이 갈수록 더 편안해진다. 나는 내 자신이 어른이라는 것이 생각날 때 더 이상 찌릿한 통증을 느끼지 않는다. 이제는 어른이 된 것이 안전하다. 내 인격의 다양한 요소가 존재하는 분리된 방들은 없는 것 같다. 분리된 어린아이, 통제자, 뮤즈는 없다. 대신, 새로운 중심을 가진 에너지의 원천이 내면에 있는 것 같다. 나는 내면에서 일어나고 있는 것을 해석하는 창조성에 자유자재로 접근하는 것을 배웠으며 그것을 글쓰기나 연주나 일이나 명상으로 표현했다. 치료과정에서 깨어났던 심상이 이제 내 일상생활의 표면 바로 아래 있다. 어떤 면에서 나는 여전히 깊이 탐색해야 하는 수준에서 살고 있다.

분노는 사라지지 않았고 상실도 여전히 여기 있지만, 그것도 전체성의 일부다. 분노와 상실은 무서워서 숨곤 했던 내면의 자아를 차단하지 않는다. 무엇보다도 큰 선물은 나의 새로운 영성이 이제 내 일상생활과 내가 속해있는 전체성 간의 연결의 느낌으로 이루어져 있다는 깨달음이다. 전체성은 과거와 현재와 미래, 기쁨과 슬픔, 사랑하는 사람들의 존재와 부재, 성장, 상실, 분노, 내면의 평화를 포함한다. 그것은 모두 동일한 구성체의 일부이며, 이 구성체는 단순한 내 삶 이상이다. 그것은 모든 관계, 내가 알고 있는 세상과 내가 모르는 세상을 포함한다. 모든 것은 내 삶의 일부고 내 삶은 이 더 큰 전체성의 일부인 것 같다. 다시 한 번, 기도처럼 느껴지며 인식되는 것은 깊은 평화와 만족과 함께 삶이 실제로 얼마나 놀랍고 경이로운지를 받아들이게 된 것이다.

사례18 **아동의 트라우마 치료에서의 노래와 심상**

고치의 목소리 *

Susan Bray wesley

개요

이 사례는 신체적, 정서적, 성적 학대를 겪은 10세 소년의 4개월간의 치료과정이다. 치료는 노래부르기와, 바니메소드GIM의 변형된 형식에 기초한 음악 이완활동으로 이루어졌다. 자신의 소리와 만나게 되고 몇 가지 심상 기술 레퍼토리를 만들어내면서, 대상자는 처음으로 폭발적 행동에 대한 자기관찰과 자기조절을 하는 모습을 보여줄 수 있었다.

도입

이 장은 정신병원에 입원한 아동 환자들에게 심리적 스트레스의 원인인 주변소리에 음악

* Hadley, S. (Ed.) (2003). *Psychodynamic Music Therapy: Case Studies.* Gilsum NH: Barcelona Publishers.

중재가 치료 효과를 향상시키는지를 조사하는 프로젝트 중 한 사례이다. 정신병원 입원 목적은 안정시키거나, 중재하고 조절하거나, 행동을 변화시키는 것이다. 그 목적을 위해 이 사례에서 사용된 방법은, 병원의 목적에는 부응하지만 병동에서 사용되는 전통적인 중재 방법과는 달랐다. 노래와 변형된 바니메소드GIM을 사용하여, 대상자는 자신의 트라우마와 청각적 자극에 대해 자신의 몸이 보이는 신호에 집중하면서 기본적인 행동조절이 가능하게 되었다.

배경 정보

배경

이 연구의 배경은 메인주 뱅고어의 아카디아 병원이다. 병원과 6시간 음악치료를 계약하여 외래환자와 입원환자 치료프로그램이 아동 모두에게 제공되었다. 이들 아동에게 사용된 음악치료 기법으로 대그룹 음악/신체활동, 소그룹 즉흥연주, 그리고 저녁 자장가 시간(입원환자만)이 있었다.

주변 소리 환경

트라우마 문헌에는 트라우마 사건을 떠올리게 하거나 공격적 또는 위축된 행동을 촉발할 수 있는 것들에 대한 정보가 풍부하다. 이들 촉발인자 대부분이 감각이다. 병동에서 18개월간 일하면서 쾅 닫히는 문, 조용한 시간 중에 머리 위로 울리는 호출방송, 까펫 청소 소음, 진공청소기, 터보 카펫건조 환풍기, 고함소리, 괴로움과 분노의 비명 같은 청각적 폭력을 경험하고 난 후여서, 청각적 촉발인자에 초점을 둔 연구는 나에게 논리적으로 보였다. 긴장 상태에 있는 너무나 많은 아동을 보면서 거의 깜짝깜짝 놀라는 분위기에서 생활하는 것은, 얼마나 많은 병동의 주변소리가 환자의 이상행동의 원인이 될까에 대한 나의 호기심을 자극했다.

나는 의료시설의 디자인이 환자의 치료결과에 미치는 영향에서 소리(음향)에 대한 연구결과들을 더 깊이 조사했을 때 내가 올바른 방향으로 나아가고 있다고 느꼈다. 특히 1998년

의료디자인센터에서 진행한, 의료시설을 위한 의료 디자인 메타연구 분석을 보니 78,761개 제목 중 25개 연구만이 소음과 음악을 언급했고, 나머지는 안내판이나 색상 같은 다른 디자인 개념에 관한 것으로 확인되었다(Rubin, Owens & Golden, 1999).

하지만 나에게 가장 강력한 증거는 트라우마에 관한 신경학적 연구문헌 일부에서 나왔다. 몇몇 연구자들은 강력한 경험의 결과로 특정한 목적을 위해 뇌세포가 '재편성'될 수도 있다고 증명했다. 다시 말해서, 보는 것 대신 듣기 위해 여분의 세포가 재편성될 수도 있다. 또한, 필요한 경험이 박탈되거나 변경되는 것은 다양한 결핍을 만들 수 있다. 말하자면 트라우마가 정서적 발달을 방해해서 감각 경험을 박탈하거나 변경시킬 수 있다는 말이 이해가 된다. 그러므로 일부환자에게 청각 자극이 트라우마 기억을 촉발시킨다면, 폭력적이거나 발달상으로 지연된 행동이 나올 수도 있다. 이것을 나는 몇몇 아동들, 특히 한 아동에게서 볼 수 있었다.

대상

브루스는 병원에 입원한 10세 소년이다. 그는 어린 시절 심한 신체적, 정서적 학대와 방임으로 인해 부모와 헤어졌다. 또한 그는 반복적으로 성폭행을 당해왔다. 그는 위탁가정 중 한 곳에서 다시 또 다른 부양자에게 성폭행을 당했다. 브루스의 행동은 점점 통제할 수 없었고, 공격적이며, 파괴적으로 되어갔다.

그는 입원당시 외상 후 스트레스 장애 진단을 받았다. 병동에서 브루스는 즉시 '표정'으로 알려지게 되었다. 직원들이 '사납고 공포에 질린 눈'이라고 묘사했고, 침대의 그물안전장치나 구속복이나 약물치료와 함께 완전 격리가 필요한 신호가 되었다.

브루스는 늦여름에 들어와 주간 노래/신체활동 그룹에 참여했다. 세션은 45분간 진행되는 대그룹 형태이다. 모든 아동(20명)은 문병 중이거나, 임상의와 함께 있거나, 위험하지 않는 한 참석하는 것으로 되어 있다. 브루스는 자세와 모습 모두 극도로 조용하고 경직되어 있었지만, 노래 부르기 시작했을 때 그의 감정은 부드러워졌다. 그는 거칠지만 잠재적으로 강한, 보이소프라노 목소리를 가지고 있었다. 브루스는 약물치료로 잠들어 있었거나 묶여있었기 때문에 첫 세션 이후 두 번의 세션에는 참석하지 않았다. 이후 그가 참석한 두 번의 세션에서, 그는 짧은 시간 동안만 적절한 행동을 유지할 수 있었고, 부적절한 행동 때문에 그룹에서 빠져야만 했다. 나는 또한 브루스를 소그룹 즉흥연주 세션에 참여시켜 보았지만, 또다시 거의 참석하지 않았다. 그는 자주 공격적인 행동으로 하루를 시작하기 때문에 약을 먹고 자거나, 갇혀 있거나, 아니면 방에 있어야 했다. 여러 면에서, 브루스는 심한 학대와 방임으로 인한 트라우마 진단을 받았다는 점에서 그 병동의 아동 환자 대부분의 전형적인 모습이었다.

나에게 브루스는 청각적 촉발 가능인자에 근거한 청각적 중재의 혜택을 가장 많이 받을 수 있는 환자 중 하나로 보였다. 나의 가설은 그가 언제 공격적이고 위험한 행동을 할 지 알 수 있는 유일한 신호가 '그 표정'이라는 직원들과 임상의의 보고에 근거했다. 그들은 또한 브루스가 문제행동을 보일 때 '방에는 아무 일도 없는' 것 같았기 때문에, 그를 자극할 촉발인자가 시각적이거나 적어도 볼 수 있는 것은 아니라고 믿었다. 이밖에도 나는 그가 노래부르기를 좋아하고 노래를 잘하므로, 그에게 가능한 치료 중재뿐만 아니라 그의 트라우마도 청각적으로 관련된 것일 수 있음에 주목했다.

치료

브루스의 치료는 음악치료 사전평가 후에 두 단계로 구성되었다. 첫 단계는 12주간 주1회 45분의 저녁 세션이었다. 이 세션들은 에너지 발산과 자긍심 향상을 위한 적극적인 음악 만들기와 이완활동에 집중되었다. 두 번째 단계는 8주간 매일 20-30분 진행되는 낮세션이었다. 이 세션들의 초점은 브루스가 병동환경에서 기본적으로 발생되는 소리에 자극된 자신의 행동을 인식할 수 있게 하고, 불안이 유발되고 있음을 인식했을 때 자율적으로 할 수 있는 치료적 음악활동을 학습시키는 것이었다.

음악치료 사전평가

브루스의 공식 사전평가는 Cassity & Cassity(1998)의 다중모드 정신과 음악치료 사전평가의 변형된 형식으로 이루어졌으며, 그 다음 브루스에게 일련의 음악활동이 주어졌다. 공식적인 사전평가 후에 이루어진 활동에서는 다양한 타악기 탐색과 노래부르기를 통해 규칙적인 박 유지 능력, 기본적인 리듬악기 구별, 강약과 템포와 멜로디 같은 음악요소의 이해 등의 기술을 평가했다. 브루스는 '부적절한 행동 안하기'와 이완을 목적으로 하는 음악활동을 위해 일주일에 한 번 나와 만나는 것에 동의했다.

치료 계획과 과정 — 1단계

브루스의 치료는 저녁 5-7시 교대시간에 주1회 45분 세션으로 디자인되었고, 음악치료 사전평가 다음 주에 시작되었다. 브루스의 목표로는 노래부르기에서 자신감 보여주기, 악기 선택과 연주를 통해 구체적인 기분이나 감정을 확인하기, 음악과 심상을 사용하여 이완하기가 포함되었다. 이 목표들은 브루스가 청각적 촉발인자와, 그러한 촉발인자로부터 갑자기 생기는 폭력적인 생각의 진행 과정을 막기 위해 어떻게 음악을 사용할 것인가에 대해 의식적으로 인식하도록 돕기 위한 것이었다. 이 계획은 12주간 연이어 진행되었다. 브루스가 보이는 전반적인 불안정성으로 인해, 각 세션의 접근 방식은 세션 당일의 그의 심리적, 정서적 상태에 따라 달라졌다.

세션1 브루스는 먼저 스스로 노래목록을 작성하여 그 목록에 따라 노래부르기를 했다. 브루스는 'This land Is Your Land', 'This Old Man', 'Bingo'와 같은 전통적인 동요를 선택했다. 그는 편안해졌고 자기가 부르는 노래에서 '웃기는' 단어가 나올 때는 웃었다. 나는 그에게 'Don Gato'를 소개했다. 그 노래는 단조로, 지붕에서 떨어져 죽은 것 같았지만 생선 시장에 데리고 가자 갑자기 살아난 고양이에 대한 노래이다. 그 노래는 보통 빠르게 부르지만 브루스는 천천히 부르자고 하더니 깊은 생각에 잠겼다. 브루스에게 '감정'에 이름을 붙여보라고 하자 그는 슬프다, 속상하다, 화난다, 혼란스럽다고 말했다. 나는 그에게 이러한 감정이 느껴질 때 어떻게 했냐고 물었다. 그는 자신의 행동이 아니라 대처방법을 설명했다. 그는 속상할 때는 셀프 타임아웃, 화날 때는 관절을 깊이 누르고, 혼란스러울 때는 담요를 두른다고 말했다. 슬픔에 대해서는 아무 말이 없었다. 나는 또한 그가 만든 모든 대처방법이 다른 사람들로부터 자기를 고립시키고, 속상하거나 화나거나 혼란스러운 감정에서 오는 잠재적인 폭발을 '억누르는 것'에 집중되어 있음을 알아차렸다. 자신이 이름붙인 감정의 느낌을 분명히 표현하지 못하는 것은 아마도 자기방어일 것이다. 만일 그렇다면 그것은 상당히 무의식적인 것이다. 그가 한바탕 공격적이 되려고 할 때 '야생의 눈'과 공포의 표정을 관찰한 적이 있었던 나는, 그럴 때 정말 그의 내면에 흐르고 있는 감정을 설명할 단어가 그에게 거의 없었을 것이라고 확신한다.

브루스는 매우 자발적으로 치료를 받았다. 처음부터 나와의 만남에 저항이 적었던 것은 아마도 조용한 공간과 1:1 상호작용 때문이었을 것이다. 우리는 복도 끝에 있는, 창문이 몇 개 있는 밝은 사무실을 이용했다. 카펫이 깔려있고 어수선하지 않았으며, 나는 브루스가 강한 흥미를 보이는 많은 악기들을 가까이 놓아두었다.

세션2 브루스는 나와 함께 커다란 고무밴드를 사용하자고 했다. 그는 자신에게 힘이 넘쳐서 '밀고 당기기'를 하고 싶다고 했다. 그래서 우리는 지그 춤곡에 맞춰 밀고 당기기를 했다. 그런 다음 그는 드럼을 '두들겼다.' 이 시점에서 브루스는 음악으로 이완하는 것을 해볼 수 있는지 물었다. 나는 그에게 대형 색스카프가 가득 든 가방을 보여주고, 스카프를 덮개나 베개나 담요로 사용하게 했다. 그는 빨강과 초록을 골랐다. 호흡 후에 나는 구름, 새, 큰 나무가 포함되어 있는 내래이션을 해주면서 Respighi의 'The Nightingale'을 들려주었다. 브루스는 큰 바위에 앉아 있었다. 나는 브루스에게 친숙하고 지지적인 환경을 선택했다. 그는 밖에 있기를 좋아했고 가끔씩 자기 집 뒷마당에 대해 얘기했었다. 세션을 마무리하면서 그는 자신이 좀 더 차분해졌고 색과 음악의 사용이 좋았다고 말했다.

브루스는 이 세션에서 '멈춤과 직진' 또는 '열과 성장'을 나타내는 빨강과 초록을 선택했고, 시키지도 않았는데 이완활동을 요청했다.

세션3 브루스는 이완활동만 하자고 했다. 그는 빨강 스카프를 선택해 망토로 사용할 것이라고 설명했다. 나는 새와 개울 소리가 들어간 뉴에이지 음악을 사용했고 그에게 다시 자신의 뒷마당에서 시작해 음악과 함께 심상을 떠올리라고 제안했다. 음악이 흐르는 동안 그는, "새끼들이 있는 곰이 막 놀면서 개울에서 뭘 잡고 있어요"라고 말했다. 잠시 간격을 두었다가 그는 '한 쌍의 새 – 큰어치'를 보았고 그 이후로는 아무것도 없었다.

브루스는 내 가이딩 없이 어렵지 않게 상상을 위해 음악을 사용했다. 브루스는 다시 빨강을 선택하고 음악과 심상을 사용하는 이완활동만 하고 싶어 했다. 새끼 곰들(형제자매)은 엄마와 함께 있었고 함께 놀면서 개울에서 아마 영양공급을 하기 위해 무언가를 '잡고' 있었다. 나는 브루스가 어떤 수준에서 마치 자신이 영양공급을 받고 있다고 느낄지도 모른다는 생각이 잠시 떠올랐지만, 이전의 대화에서 형제가 그립다고 한 말이 생각나서, 그가 형제자매와 장난치던 시간을 회상하고 있는 것은 아닌지 궁금했다.

세션4 브루스는 즉흥연주를 위해 핸드드럼과 탬버린을 선택했고 그 다음엔 노래를 부르고 싶어 했다. 나는 브루스에게 자신이 노래하는 소리를 들어본 적이 있느냐고 물었다. 그는 들어본 적이 없다고 하면서 자신이 그렇게 노래를 잘한다고 생각하지 않는다고 덧붙였다. 나는 브루스가 스스로 좋은 목소리를 가졌다는 것을 모르고 있다는 것에 슬픔을 느꼈다. 그가 노래 부를 때 그의 감정은 항상 밝아졌고, 그것은 그가 되찾을 수도 있는, 내면 깊숙이 있는 안전감의 가능성에 대한 실마리처럼 느껴졌다. 브루스가 병동에서 대처 방법들을 '학습'했지만, 그가 누구와도 '대화하지' 않는 한, 이 방법들 중 어느 것도 자기위로가 되거나 슬픔에 대처해주지 못했다는 것을 나는 더욱 강하게 느꼈다.

세션5 브루스는 녹음음악에 맞춰 형광스틱으로 반주하기 시작했고, 옴니코드를 연주했다. 그는 고무밴드 놀이 후에 이완활동을 하자고 요구했다. 그러나 이완활동을 진행하려고 하는데 저녁 약 복용 때문에 중단되었다. 간호사가 나가자 바로 나는 브루스의 얼굴에 매우 긴장하는 표정이 떠오른 것을 알아차렸고, 복도에서는 소란스런 소리가 났다. 그는 나를 똑바로 쳐다보며 "불안해요"라고 하면서 스스로 안정하기 위해 자기 방으로 돌아가고 싶어 했다.

이 세션에 대한 나의 반응은 분노와 확인이었다. 나는 세션이 중단된 방해에 대해 화가 났다. 그리고 그 방해로 브루스의 관심과 감정이 완전히 바뀌는 것을 관찰하면서, 그의 청각 시스템이 지나치게 예민하다는 나의 판단과 우리의 안전한 공간이 쉽게 침범당할 수 있다는 현실을 확인하게 되었다.

세션6 브루스는 어떤 활동으로 시작할지 결정하기를 머뭇거리면서 산만하고 침울한 느낌이 있었다. 방을 이리저리 돌아다닌 다음, 그는 노래를 부르자고 했다. 그가 처음에 선택한 곡은 'Don Gato'였고 그 다음은 'Silent Night'이었는데, 그 후에도 크리스마스 캐롤 두 곡을 더 불렀다(크리스마스 2주전이었다). 그런 다음 브루스는 고무밴드를 요구했고 우리는 비교적 적극적으로 세게 끌어당겼다. 내가 심상을 떠올리기를 제안하자, 그는 어떻게 할지 많이 망설이다가 싫다고 했다. 그것은 세션5에 대한 반동처럼 느껴졌다. 그가 노래부르기와 밀고 당기기를 선택했던 것을 생각해 볼 때, 마치 브루스는 상실과 투쟁하고 있는 것처럼 느껴졌다.

세션7 나는 브루스에게 가사만들기를 해볼 것을 제안했다. 나는 가사를 통해 그의 감정이나 기분을 파악하고 싶었다. 그는 주제로 공룡을 선택했다. 비록 원초적이고 잠재적으로 공격적인 주제지만, 브루스의 공룡은 스티비라는 이름으로 다양한 색(보라, 초록, 파랑, 노랑)의 식물을 먹었다. 스티비는 길었고 '잎사귀와 담쟁이덩굴 먹는 것을 좋아했다.' "그런데 개미도 먹나요?"라는 질문으로 육식공룡에 대한 생각을 유도했을 때 브루스는 매우 장난스럽게 "아뇨, '식물'이라니깐요"라고 외쳤다. 나는 보라색이 파랑과 빨강이 '혼합된' 색이고, 때로 '용과의 싸움'이나 부모와의 분리를 나타내는 색으로 여겨지는 것에 주목했다. 초록에는 아마도 '다시' 새로워짐이나 봄과 같은 가능성, 또는 신호등의 '직진' 느낌이 포함되었을 것이다. 파랑과 노랑이 합해져 초록을 만들지만 세 가지 색상이 모두 나타났다. 파랑은 음영에 따라, 압도적인 모성과의 연결을 상징할 수 있다. 노랑은 태양이나 남성성과 관련된 것으로 해석될 수 있다. 나는 브루스가, 무의식적이긴 하지만 음악활동을 통해 표현과 대화라는 부가적인 수단과 연결되기 시작하고 있다고 평가했다. 색 해석에 대한 다양한 교육을 받아온 나의 판단으로는, 남성성의 노랑이 모성의 파랑과 결합하고 있고, 아마도 나와 함께 하며 음악으로 돌봄을 받는 환경에서 브루스 자신의 젊은 남성성과 연결될 수 있는 용기가 자라고 있는 것으로 해석되었다.

세션8 세션에서 드럼과 벨, 트라이앵글을 연주하고 20분이 되었을 때, 브루스가 갑자기 자기 병실로 가서 안정을 해야겠다고 요청했다. 크리스마스 사흘 뒤였고 환경은 혼란스러웠다. 그날 밤에 브루스의 감정은 평이했고 낮에도 별 일이 없었다. 그가 세션에 흥미가 없는 것이 이상하게 느껴졌다. 하지만 그것은 자신을 안전하게 지키고자 선택한 그의 의사결정을 격려해줄 새로운 기회였다. 그것은 또한 매우 자극이 되는 환경(휴가 방문, 장난감, 사탕, '휴가 같은' 일정 등)과 함께 있으면 브루스는 악기 선택에서뿐 아니라 전반적으로 짧은 세션에서도 덜 자극적인 것을 찾는다는 것을 관찰할 또 다른 기회였다.

세션9 휴가가 끝나고 브루스는 심상 세션을 요청했으며 파란색 스카프를 선택했다. 그는 담요로 둘러싸듯이 스카프로 둘러싸달라고 부탁했다. 나는 그것을 브루스의 고치라고 부르고, 큰 나무의 가지에 견고하게 묶인 상태로 태양에 의해 따뜻해지면서 단단히 달려있는 고치의 심상에 대해 내레이션을 했다. 음악은 자연의 소리와 함께 하는 뉴에이지 피아노 음악이었다. 그것은 부드럽고 안전하게 지지해주었다. 브루스는 자신의 고치를 상상했다. 그 세션 이후로 브루스는 가장 좋아하는 곳이 '고치랩(cocoon wrap)'이라고 했다. 이 말에서는 그가 또 다른 연결을 찾은 것처럼 느껴졌다. 그는 음악과, 안전한 심상, 그리고 '고치랩'을 통합했고, 그것은 완전히 그의 것이 되었다. 파란색의 선택은 친절하고 부드러운 어머니의 품에서 쉬고 있는 것으로 해석될 수 있다.

세션10 브루스는 즐거운 음악에 맞춰 형광스틱을 연주하는 것으로 시작했다. 그런 다음 그는 음악과 심상 이완(the music and imagery relaxation)을 요청했다. 그의 색은 파랑과 초록이었다. 그는 '풀밭'에 누워 그 위에 '하늘'이 있기를 원했다. 나는 바람소리가 들어간 미니멀리스트 뉴에이지 음악인 10분짜리 곡을 사용했고, 환한 푸른 하늘이 지켜보며 풀밭에서 땅의 지지를 받는 안정감을 격려하는 내레이션을 함께 해주었다. 그는 그 심상에 머무르며 '풀밭과 하늘'을 상상했다. 밝은 초록과 파랑은 건강한 선택이라고 해석할 수 있으며, 브루스가 풀밭과 하늘로서 그 색상들을 선택하고 그 풀밭에 누워 있으려 했다는 것은 안정감을 찾으려는 선택이었다. 또한 그는 긍정적 이미지에 10분 이상 집중할 수 있음을 보여주었다. 그의 감정은 세션 내내 긍정적이고 기분 좋았다.

세션11 브루스는 '지난 시간 사용했던 음악'으로 음악과 심상 세션을 해달라고 했다. 그는 파란색 천을 선택하고, 나에게 고치처럼 자신을 말아달라고 요청했으며, 10분간 그 곡을 들었다. 음악이 끝나자 그는 즉시 그리기 시작했다. 나는 이 세션에서 어둠 속에서도 빛나는 것을 제시하려고 검정 도화지를 내밀었다. 그는 하늘의 별들, 한 그루의 나무, 고치에서 나오는 생물을 그렸다. 고치와 생물은 녹슨 갈색이었는데, 검정 도화지 위에서는 빨강으로 보였다. 이것이 그에게 방해가 되는 것 같지는 않았다. 그의 감정은 긍정적이었고 그의 태도는 조용했다. 불안이나 긴장이 쌓이는 신호도 보이지 않았다. 파란색 천의 선택과 결과적으로 빨간색이 된 고치와 생물은 그의 내면의 투쟁에 대한 나의 느낌과 일치한다고 느꼈다. 빨강은 때로 분노를 상징한다. 아마도 브루스는 자신의 무의식적 화(분노)에 대해 의식적으로 인식이 되고 있는 것 같았다. 조그만 별빛이 고치를 비추고 그것은 밤하늘 아래 모습을 드러냈다. 나무는 윤곽만 있었고, 지면이 툭 튀어나온 것으로 보아 뿌리는 중요하게 보였지만, 나무 꼭대기는 대못으로 고정시켜놓은 머리카락 뭉치 같은 것이 늘어진 덮개처럼 초록색으로 대충 그려져 있고, 몸통은 그 꼭대기에서 그은 가로선으로 명확하게 끝나있었다.

나는 브루스가 나에게 가질 수도 있는 의존에 대해 관심이 커지고 있었다. 나는 음악과 심상 활동과 함께 호흡 훈련도 제공하고 있었다. 나는 브루스가 자신이 노래하는 목소리를 의식하고 사용하도록 이끌어가고 격려하는 것에 더 집중해야 할 때가 되었다고 생각했다. 만일 브루스가 언제라도 곧 퇴원하게 되면 세상 어디에나 있는 청각적 맹공격에 어느 정도 견뎌낼 수 있을지가 가장 염려되었기 때문이다. 청각적 촉발인자가 그를 자극하면, "무슨 짓을 해서라도 살아남으라"는 그의 내면의 목소리에서 오는 공격적인 반응 대신, 그는 아마도 자신을 진정시키기 위해 노래를 할 수 있을 것이다.

세션12 나는 브루스에게 언제든 원하면 '노래부르기'를 할 수 있도록 테이프를 만들자고 제안했다. 그는 좋아했고 우리는 곡을 선정하기 위해 그의 노래 목록을 사용했다. 자신의 목소리에 대한 그의 반응은 "이게 나예요?"였다. 그는 매우 기뻐했고 자신의 노래에 맞추어 연주할 간단한 타악기를 선택하기까지 했다. 처음으로 자신의 테이프를 만들려고 노력하는 브루스의 반응과 자부심은 강력했다. 그는 허리를 세우고 웃음 지으며 앉아 있었고, 카세트를 틀어달라는 부탁까지 했다. 이 세션을 끝내면서 나는 그의 치료 계획과 과정을 다시 계획하기로 결정했다.

치료 계획과 과정 — 2단계

브루스의 정신과의사와 담당자는 음악치료 세션을 늘릴 수 있도록 전적으로 지원했다. 스케줄은 2월 첫 주에 시작하여 8주간 매일 30분 세션으로 잡았다. 브루스의 새로운 목표는 폭발적 감정 조절과 자기긍정(self-affirming)을 위한 음악활동이었다. 브루스는 4주후 거주지를 배정받고 퇴원했다.

세션의 목표는 (1)자신의 노래테이프로 노래하기, (2)음악과 심상을 사용한 이완, (3)심상의 구체화를 위한 그림그리기 등을 성공적으로 하는 것이었다. 세션의 시간과 장소는 이른 오후 브루스의 병실이었다. 브루스는 4주간 16회 세션 중에서 3회만 폭력적 행동으로 진행하지 못했다.

세션13 브루스는 처음 10분간 자신의 테이프로 노래를 부른 후 심상을 위해 파랑과 초록의 천을 선택했다. 음악이 끝나고, 브루스는 자신이 선택한 파랑과 초록의 천 사이에 자신을 그렸다. 그는 그림 제목을 '고치'라고 했다. 이것은 세션9와 10에서 강화된 것으로 보였지만, 그림은 마치 청각적 환경을 묘사한 것처럼 더 혼란스럽고 낙서같이 보였다. 세션 중에 브루스의 병실 문을 닫을 수 있었지만, 그의 방이 병동의 일반 활동에 더 노출되어 있어서 그 소리 전달이 치료실보다 훨씬 컸다.

세션14 브루스는 헤드셋과 테이프를 사용해 노래를 불렀지만 단지 몇 분간이었고, 나에게 같이 부르자고 했다. 두 곡을 부르고 그는 이완활동을 할 준비가 되었다. 그 후에 그린 그림인 '꿈 세계'는 디자인이 이전의 고치 그림과 비슷하지만 똑같지는 않은 나무 한 그루를 보여주었다. 이 나무는 견고하고 매우 단단히 심겨진 것 같았다. 늘어진 꼭대기는 여전히 잘 자라지는 못했지만 이제 제대로 색칠되었다. 새 두 마리가 근처에서 날고 있었고 둥그런 파란색 고치는 공간에 떠있었다. 브루스는 자신이 어디에 있는지 확신이 없어 보였고, 고치의 편안한 파란색을 긍정적으로 받아들인다 해도, 고치가 붙어있지 않고 공중에 있다는 사실은 안정이 되지 못하고 안전이 보장되지 못했다는 느낌을 전달하는 것 같았다. 장소와 시간을 바꾼 것이 그림에 반영된 것으로 보인다.

세션15 브루스는 노래를 3곡만 부른 뒤 이완활동으로 옮겨가자고 요청했다. 나는 모래 해변과 바다라는 매우 촉각적인 심상을 제안했다. 브루스는 모래 속을 걷고 물속을 헤치며 걷는 것이 어떤 느낌인지 안다고 했고, 태양이 얼마나 환하게 물을 비출 수 있는지에 대해 이야기했다. 이것은 그를 안정시켜줄 긍정적 심상이 될 수도 있고, 자신의 경험에 가까울수록 브루스는 자신의 심상에 집중할 수 있고 덜 분리될 것 같았다. 나는 태양이 물에 반사되어 나가는 것 같이, 반사하는 것으로 느껴질 수 있는 소리를 들려주는 Respighi의 'The Nightingale'을 선택했다. 브루스가 그림에서 야자나무 옆에 서 있는 자신을 그렸기 때문에 이것은 적절한 전환으로 보였다. 그는 그 그림을 '야자나무'라고 불렀다. 그의 야자나무는 다른 아이들이 그린 것 같은 코코넛이 없었다. 그것은 그냥 '야자'나무였다. 나무는 고치 그림보다 더 많은 그늘(보호막)을 제공했고, 그것은 브루스가 자신을 그린 세 개의 그림 중 하나였다. 그 모습은 막대기 형체였지만, 그의 그림에서 인간 모습과 비슷하게 그려진 것은 처음이었다.

세션16 세션 전에 브루스의 담당 직원이 브루스가 가족(수양가족) 방문을 받게 되어있어서 세션이 조정될 수 있는지 물어봐달라고 했다고 연락이 왔다. 나는 동의했다. 브루스는 노래 두 곡을 부른 뒤 이완활동을 요청했다. 그는 "물속에 있겠다"며 감청색 스카프를 골랐다. 복도의 소음이 커졌기 때문에 그는 휴대용 카세트플레이어 대신 헤드셋을 요청했다. 나는 그에게 시간을 알려주었지만, 그는 가족 방문이 있음에도 불구하고 그 시점에서 세션을 끝내고 싶어 하지 않았다. 심상을 위한 음악은 Respighi의 'Venus'였다. 브루스의 그림은 바다 속 거북이였고 그 심상의 줄거리는 그가 바다 위 뗏목에 있다가 물속으로 뛰어드는 것이었다. 그는 하얀색과 보라색의 게와 가재를 봤다. 그는 헤엄치고 있다가 서너 마리의 바다 거북이가 자기 위로 헤엄치고 있다는 것을 알아차리고, 그들과 합류하려고 헤엄쳐 올라왔다. 그는 바닷물이 기분 좋았지만, 배 안으로 올라오니 뜨거웠다고 했다. 그는 또 조개 몇 개와 모래를 가져왔다고 했다. 그는 검푸른 바다 아래의 초록 거북이를 그렸다. 그림은 마치 물속을 내려다보고 있는 것 같았다. 그는 그 거북이를 해리라고 불렀고 그림에는 그냥 '바다거북'이라고 했다. 환경에 어울리는 다양한 생물의 심상과 브루스의 설명은 편안하다는 느낌을 전해 주었다. 그리고 그가 배 안으로 올라와 뜨거웠다고 설명하자, 나는 그 느낌이 '물 밖에 나온 물고기' 같은 것인지 궁금했다. 수양가족의 방문은 '일상을 벗어난' 일이었는데, 음악치료 세션을 단축하지 않고 계획대로 지속하려는 그의 선택은, 특히 매우 실재적인 심상인 조개와 모래를 가지고 올라왔기 때문에, 스스로 환경에 적응하려는 의지로 느껴졌다.

세션17 브루스는 나에게 "두 곡만 노래해주세요"라고 요구하면서 그의 테이프에 노래 두 곡을 추가해달라고 했지만 'Michael, Row the Boat Ashore' 한 곡만 선택했다. 브루스는 안절부절못하고 '시계만 보는' 상태인 것 같았다. 그는 다시 파란색 스카프를 선택했고 이완을 위해 헤드셋을 사용했다. 음악은 자연의 소리와 함께 하는 뉴에이지 음악이었다. 그의 그림은 바다에서 점프하는 고래였다. 그가 그린 바다의 색이 걱정스러운 것은 아니었지만, 고래가 점프하고 그가 안절부절못한다는 사실은, 뭔가가 급히, 공격적으로 표면화될 필요가 있다는 것을 암시했다. 두 시간 뒤 그의 방을 지나가면서 나는 그가 묶여있는 것을 보았다. 그는 나에게 자신의 노래테이프를 가져다줄 수 있느냐고 물었고, 나는 그의 옆에 있는 책상 위 휴대용 카세트플레이어에 넣어 주었다. 직원은 그가 노래 몇 곡을 따라 부르면서 차분해지고 긍정적인 효과가 있었다고 보고했다. 전날, 특히 힘들었던 아침 뒤에 그는 묶이고 약물을 투여받게 되어 세션이 취소되었다는 사실과 안절부절 못했던 그의 행동을 보며, 가족 방문의 영향에 대한 나의 우려가 커졌다. 가족이 방문했던 날 그가 계획대로 세션을 진행하려고 했던 것이 나에게는 가능한 한 자신을 안정시키려는 노력처럼 느껴졌다. 그러나 이제 그는 잡힌 물고기처럼 '그물'(묶임) 속에 있었고, 나는 그의 '물 밖에 나온 물고기'와 '점프하는 고래'를 곰곰이 생각해 보았다.

세션18 "제 테이프 좀 틀어주실래요?" 내가 도착했을 때 브루스는 묶여있었다. 그는 아침에 매우 공격적이었다. 15분간 노래를 부르고나서 그는 묶여있던 것을 풀 수 있는지 물어보았다. 나는 담당자를 불렀고 브루스는 안전하다는 평가를 받았다. 규제는 제거되었다. 세션은 이완활동과 함께 계속되었지만 색깔 스카프는 없었다. 브루스는 또한 그림은 그리지 않겠다고 했다. 그는 자신의 심상의 색상과 형태를 갈색, 파란색 그리고 흰색의 타원형, 삼각형, 직사각형이라고 설명했다. 전 날의 그림을 생각해보니, '점프하는 고래' 그림은 그가 얘기한 형태(타원형과 삼각형과 흰색을 사용한 고래, 파랑과 직사각형을 사용한 바다)를 사용했다. 그 고래가 이제는 마치 삼각형 꼬리와 타원형 몸체의 형태로 해체된 것처럼 느껴졌고, 바다의 색상은 청녹색이고 직사각형이었다. 또한 나에게 놀라운 것은 태양인데, 이것은 지금까지 그가 그린 유일한 태양이기 때문이다. 그 색상 조합은 노랑과 갈색 또는 황토색으로, 오염과 감염으로 해석될 수 있는 색이다. 브루스는 또한 갈색을 얘기했는데, 내 느낌에 브루스가 앞서 공격성으로 인해 묶였던 것은 전 날의 심리 상태가 연장된 결과였다. 배설물, 땅, 악화시키는 물질들의 색상인 갈색은 아마도 깊은 무의식으로부터 제거하려고 애쓰고 있는 어떤 것일 것이다.

세션19 (브루스가 약물치료를 받고 묶인 채로 잠들어 있었기 때문에 일정을 다음날로 변경했다.) 다음날 오후 내가 그의 방에 막 도착했을 때 브루스가 위험한 행동을 한 것에 대해 직원으로부터 훈육을 받고 있어서 마음이 아팠다. 나는 그 직원에게 내가 개입해도 좋은지를 물었고 그는 좋다고 했다. 나는 출입구에 다가가 안으로 기대서서 아무렇지도 않은 듯이 'Blue-tail Fly'를 부르기 시작했다. 1절이 끝나갈 무렵 브루스는 함께 노래했다. 후렴구가 끝나자 그는 나에게 좀 더 노래해달라고 했다. 브루스는 자신의 노래테이프에서 세 곡을 더 부르자 안정되었고 '다른' 곡을 요청했다. 이번에 그는 빨강과 파랑 스카프를 선택했다. 음악은 다시 Respighi의 'The Nightingale'이었다. 나는 그에게 해변에 서서 발가락 사이의 모래를 느끼며 바다를 바라보는 상상을 해보라고 했다. 브루스는 바다에서 뛰어오르는 두 마리의 고래를 그렸다. 이번에는 태양이 없었고 바다는 하늘색이었다. 고래들은 황토색으로 윤곽을 그리고 꼬리는 두 마리 모두 푸른 바다색으로 칠했다. 브루스는 그림에 '뛰어오르는 고래들'이라고 제목을 붙였지만, 대화에서는 '두 고래의 짝짓기'라고 했다. 이 세션과 그림에 대한 나의 해석은 자신을 둘러싸기 위해 그가 선택한 스카프 색상인 빨강과 파랑에 근거해볼 때, 이 색상들은 부모(권위)로부터 분리되려는 '용과의 싸움'을 나타내는 색으로 해석되기도 한다. '고래들의 짝짓기'에 대한 언급 역시 특히 친가족 안에서 어릴 때 겪었던 장기간의 학대로 인한 성정체성에 대한 스스로의 싸움이 아닌지 의문이 생겼다.

세션20 이 날은 금요일이었고 나는 브루스가 주말에 사용할 수 있도록 그의 노래테이프와 이완용 테이프를 만들 생각이었다. 그래서 이 세션의 초점은 브루스가 헤드셋과 함께 테이프 플레이어를 작동할 수 있는지를 확인하고 어떤 경우에 이것을 요청하게 되는지 확인하는 것이었다. 그는 테이프 플레이어를 적절하게 사용했고, 그가 초조해지는 느낌이 들 때나 공포를 느끼기 시작할 때 자신의 테이프를 요청하게 된다는 것을 확인할 수 있었다. 그는 만일 이완용 테이프를 사용한다면 해변 장면을 선택할 것이라고 덧붙였다. 우리는 해변 장면을 강화하기 위해 이완을 위한 세션을 했고 브루스는 바닷가에 누워있는 자신을 그렸다. 그 모습은 함박웃음을 지으며 반은 물속에, 반은 모래위에 있었고 하늘에는 세 마리 새가 있었다. 그의 바다는 하늘색이었고 모래는 또다시 황토색이었다. 모래에 그 색상이 들어있어서 황토색 사용은 적절해 보이지만, 은유적으로 그는 전에 바다거북과 함께 헤엄쳤던 그 바다와 '발가락 사이의 모래'라는 현실감 사이에 붙잡혀 있었다. 또한 그것은 그의 하체가 잠겨있는 무의식의 바다와, 상체와 머리가 모래 위에 나와 있는 의식의 바다로 해석할 수도 있다.

세션21 (브루스가 주말에 테이프와 플레이어를 성공적으로 사용했다고 담당자는 보고했으며, 월요일 약물치료로 인해 세션은 화요일로 재조정되었다.) 내가 도착해서 만나고 싶은지 물었을 때 브루스는 "넵" 하고 대답했다. 그는 막 풀려난 참이었다. 그는 즉시 세션을 시작해서 노래 세 곡을 고른 뒤 이완용 테이프를 사용하자고 했다. 그는 아무런 색이 없는 스카프를 원했고 인덕션에 바다를 사용하겠다고 했다. 음악이 끝난 뒤 그는 배에서 낚시하고 있는 자신을 그렸다. 청록색 하늘 위로 세 마리 새가 날았고 그는 배의 후미에서 낚싯대를 잡고 미소 짓고 있었다. 그는 그 그림을 '화창한 날, 농어를 잡다'라고 불렀다. 브루스는 이 세션에서 자신감이 있어 보였다. 테이프 사용에 대해 얘기 나눌 때, 그는 자랑스러워하며 주말 동안 그것을 잘 사용했다고 알려주었다. 나는 내가 내일부터 잠시 자리를 비울 것이며 이 휴가동안 자신의 테이프와 플레이어를 이전 주말처럼 자유롭게 사용해도 된다고 다시 알려주었다.

세션22 험한 날씨로 늦어져서, 내가 마침내 브루스를 만나러 왔을 때는 저녁이었다. 그는 노래 몇 곡에 흥미가 있었고, 비록 졸린 것 같았지만, 청중(직원 한 명)이 듣고 있다는 것을 알아차렸을 때 그의 감정이 바뀌었고 상당히 밝아졌다.

세션23 "세션을 좀 일찍 끝내도 돼요?" 브루스는 또래 친구와의 체스 게임으로 매우 흥분해 있었다. 나는 그가 일찍 끝내달라고 요청했던 이전 세션처럼 마찬가지로 그의 요구대로 해줄 용의가 있었지만, 치료를 시작하자 브루스는 시간에 대해 잊어버렸고 세션은 평소처럼 진행되었다. 그는 노래 두 곡을 선택하고 나서 심상으로 진행했다. 그는 음악이 흐르는 동안 불안해보였고 그의 그림은 바다위에 반듯이 떠서 누워있는 거북이였다. 바다와 하늘은 똑같이 하늘색이었고 그 초록 거북이는 가운데에 샌드위치같이, 하지만 꼭 끼지 않게 있었다. 나는 그 색에서 고치가 생각났고 형체의 위아래에 모두 색을 사용하는 것 역시 브루스의 그림의 한 가지 주제였다. 그는 그 그림을 '수영 시간'이라고 불렀다. 세션을 마치면서, 브루스는 다음 월요일에 퇴원할 것이라는 말을 들었다고 했다. 이것은 중대한 뉴스였다. 나는 놀랐으며, 이제야 그가 안절부절못하던 행동이 이해되었다. 브루스는 더 많은 테이프, 특히 자연의 소리를 담은 테이프를 만들어줄 수 있는지 물었다.

세션24 내가 도착해서 노래 부르자고 했을 때 브루스는 유난히 슬퍼보였다. "'Jimmie Crack-Corn'부터 해요"라고 말하고 그는 밝아졌다. 그리고 'Silent Night'이 이어졌고 그 다음은 이완용 테이프를 사용했다. 그는 7분짜리 음악이 흐르는 동안 야외(자연) 장면을 배경으로 사용했다. 음악이 끝났을 때 그는 자신이 본 것을 얘기만 하고 그림은 그리지 않아도 되는지를 물었다. 그는 '타이타닉'을 설명하고 자신이 맨 아래 선실에서 독수리들과 바다거북이들을 내다보고 있었다고 했다. 그 배가 어디 있냐고 묻자, 그는 "타이타닉 아시잖아요. 가라앉았지요"라고 단순하게 대답했다. 브루스는 침몰한 배의 맨 아래에 있었지만 독수리와 바다거북을 보았다. 하늘의 생물과 바다의 생물 간의 분리가 처음에는 나에게 불안감을 주었다. 육지는 보이지 않고, 바닥에서, 내다보고 있고, 독수리와 바다거북은 모두 자신의 서식지에서는 힘이 세고 강한 생물이다. 브루스는 이전 세션에서 독수리 심상을 사용한 적이 없었고, 그림 중 두 개에 새를 그리긴 했지만, 어떤 종류든 그가 새를 본 것은 첫 번째 세션뿐이었다. 독수리는 또한 예지력이 있는 동물이고, 나는 브루스의 '통찰력'이 집단무의식에 침몰될 수 있다는 의미이기를 바랐지만, 우리가 해왔던 것처럼 그의 목소리와 심상을 연결하는 심층치료가 지속된 것과 시간을 고려해 볼 때, 그의 독수리는 고치에서 나비가 된 것처럼 나타날 것이다.

세션25 다음날은 금요일이고, 브루스가 월요일 오전 6시에 퇴원하기로 되어있었으므로, 이번이 마지막 세션이었다. 그는 병실 친구와 레고놀이를 하는 동안 부를 노래 세 곡을 골랐다. 그는 이완세션을 위해 아주 친숙한 음악을 골랐다. 그는 그림을 그리지 않겠다고 했고 좀 더 많은 테이프를 가지고 가고 싶다는 것을 나에게 상기시켜주었다. 나는 그에게 테이프들과 헤드셋이 있는 플레이어를 줄 것이라고 확실히 말해주었다. 브루스는 병실 친구와 함께 할 노래들을 고르고, 심상에 사용할 자신의 음악에 이름을 붙이면서, 음악 테이프를 더 갖고 싶은 소망을 되풀이해 말했다. 퇴원하기에는 너무 빠르다고 느꼈지만, 나는 브루스가 자신의 부정적 행동을 조절하는 방법인 노래부르기와 이완활동을 하기 위해 스스로 음악을 선택하고 사용할 수 있음을 상기했다.

논의

심층심리 접근의 중요성

1998년 Beech Brook의 연구인 '거주치료에서의 중증 정서장애 아동을 위한 음악치료'는 정서적 장애아동들에 대한 음악치료 효과를 보여주는 연구들은 풍부하지만 중증 장애아동, 특히 거주치료 환경에 있는 중증 장애아동을 위한 음악치료 중재에 대한 문헌은 부족하다고 보고했다(Hong, Hussey & Heng, 1998). 정신병원이 거주치료센터로 간주되지는 않지만, 메인주에서는 거주시설이 부족하거나 형식적 문서에 묻혀 어린이병동에서 90일 훨씬 넘게 시간을 보내는 아동들이 많다. 일부 아동에게는 6-8개월의 입원이나 몇 번의 재입원도 드물지 않다.

앞에서 브루스의 행동치료를 위한 촉발인자이자 통로가 된 청각 기능에 주목하면서 브루스 세션에서의 음악, 기법, 그림, 심상을 설명하고 해석했으며, 이제 브루스의 치료에서 중요한 요소가 자신의 '목소리'에 대한 인식을 증가시켰던 것이라고 믿는 근거를 간단히 논의하려 한다.

나는 거주시설과 병원에서 정신치료의 주요 양식이 언어임을 인정한다. 언어는, 문어든 구어든, 미국인의 의사소통의 중추가 되어왔지만, 이 언어형식은 자신의 목소리에 통제감이 없는 사람들에게는 심각한 장벽이 될 수 있다. 트라우마에 대한 문헌에는 트라우마 생존자에게 부정적 반응을 일으킬 수 있는 감각적 자극의 사례가 풍부하다. 특히 언어를 이해하기 전의 아동이 경험한 트라우마는 감각적, 상징적, 원초적인 것으로 남는다. 브루스의 사례가 확실히 그런 경우였다. 격한 행동이 시작될 때의 그의 거칠고 공포에 질린 표정과, 공격성으로 변하는 초조함, 그의 그림은 모두 '언어'가 담지 못하는 중요한 정보를 전달했다. 그가 음악활동을 구체적으로 선택하는 것과, 특히 테이프에 담긴 자신의 목소리와 함께 노래하는 관계는, 그의 내면의 목소리가 그에게 많은 것을 '말해준다'는 나의 생각을 입증해주었다. 하지만 내면의 목소리가 사용한 언어는 원초적이었고 브루스는 내면의 필요와 반응을 외부세계의 성인들이 요구하는 말로 전달할 수 없었다. 브루스는 10년간의 불행했던 삶에 순응하려고 하면 할수록 더 많은 학대를 겪게 되었고, 결국 그의 행동(내면의 목소리)으로 입원까지 하게 되었다.

브루스의 치료가 4개월 이상 진행되면서, 그는 내면의 목소리와 함께, 그리고 내면의 목소리에게, 다르게 말하기 시작했다. 그는 자존감과 안전 욕구를 보이기 시작했다. 브루스가 완치되었거나 자기조절이 완벽해진 것은 아니지만, 내면의 목소리와 대화할 수 있다는 것과 자신의 행동을 자신의 귀가 인식한 것에 대한 자동적이거나 반사적인 반응으로서가 아니라 의식적으로 선택할 수 있다는 인식을 갖게 되었다.

브루스의 친가족 내력은 학대와 무시로 일관된 가족이었다. 그는 분명히 출생 때부터, 아마도 심지어 '공포 속에 수태된' 태아 때부터 습득한 목소리에 따라 살고 있었다. 과민성 감각시스템과 분노와 공포와 슬픔을 전달하는 원초적 방식으로 인해, 그의 행동들은 공격적이고, 불안정하고, 자기 파괴적이었다. 브루스는 몇 가지 청각적 자극에 대한 자신의 반응을 인식하기 시작하면서 노래부르기, 악기연주, 지원적 음악과 함께 하는 심상을 통해 이 감정들을 표현하기 시작했다. 그는 또한 스스로 찾은 또 다른 소통방식으로 표출하고 경험하기 시작했다.

마무리

브루스의 새로운 정신과 의사에게 보내는 메모에 다음과 같은 내용을 포함시켰다.

- 브루스는 음악치료, 특히 두 가지 활동에 잘 반응했는데, 하나는 노래부르기이며, 또 하나는 위험하고 공격적인 행동의 '중단'과 조절에 목적을 두고 음악과 함께 특정심상으로 시작하는 이완활동이었다.
- 브루스의 노래테이프에는 그가 선택해서 부른 노래들이 들어있고 '노래 따라 부르기' 대처방법으로 유용했다.
- 브루스는 또한 몇 번 담당직원과 함께 노래함으로써 그의 잠재적 공격성을 단계적으로 줄일 수 있었다.
- 브루스는 이완활동을 위해 해변이나 고치 속에 있는 심상을 사용했다.
- 브루스는 심상을 구체화하기 위해서 보통 이완활동 후에 그림을 그렸다.
- 브루스는 대처방법으로 사용하기 위해 자신이 선택한 노래와 이완용 테이프 모음을 가지고 있다.
- 브루스는 이제 한두 명의 또래와 편안하게 노래 부를 수 있게 됨으로써 자존감과 자신감 향상을 보여주었다.
- 브루스는 음악교육이나 '노래수업'이 아닌 음악치료를 받았다.
- 브루스는 협동 방식으로 진행하는 논리적 접근에 잘 적응한다.

운이 나빴다고 할까, 브루스의 퇴원을 위해 그의 테이프와 플레이어를 포장해두었는데, 담당직원이 챙기지 못해서 브루스가 새 거주지로 가는 6시간의 장거리 자동차 여행에 음악이 없었다. 사흘 뒤 브루스의 새로운 정신과의사가 파일과 나의 메모를 읽은 후, 전화를 걸어 브루스의 테이프들을 보내달라고 했다. 나는 그것이 배송중이라고 확인해주었다. 거의 한 달 뒤 나는 다시 의사의 전화를 받았다. 그녀는 실수로 내 사무실에 전화했다며 '잘못 걸린 전화'에 대해 사과한 뒤, 브루스가 잘하고 있고 그 테이프들이 매우 도움이 된다고 말했다. 그녀는 자기가 '번호를 잘못' 눌렀다고 의식적으로 생각했을지 모르지만, 나는 '우연은 없다'고 믿는다.

참고문헌

Cassidy, J. W., & Ditty, K. M. (1998). Presentation of Aural Stimuli to Newborns and Premature Infants: An Audiological Perspective, *Journal of Music Therapy,35*(1), 70-87.

Cassity, M., & Cassity, J. (1998). *Multimodal Psychiatric Music Therapy For Adults, Adolescents, And Children: A Clinical Manual*. St. Louis, MO: MMB Music, Inc.

Greenspan, S. I. (1997). *The Growth of the Mind*. Reading, MA: Perseus Books.

Hong, M., Hussey, D., & Heng, M. (1998). Music Therapy with Children with Severe Emotional Disturbances in a Residential Treatment Setting, *Music Therapy Perspectives, 16*, 61-66.

Rubin, H. R., Owens, A. J., & Golden, G. (1999). *Status Report (1998): An Investigation to Determine whether the Built Environment Affects Patients Medical Outcomes*. Lafayette, CA: Center for Healthcare Design.

GIM세션 리뷰: 윌리엄 이야기 *

William·Alison Short

도입

2년 전, 중년의 사업가 윌리엄은 음악치료를 받으면서 아내와의 관계가 변화되는 것을 경험했다. 부부 관계는 GIM세션 동안의 심상과 포스트세션에 나타난다.

2년이 지난 후, 최근에 우리는 함께 이 사례를 쓰기 위해 세션 동안의 심상과 포스트세션에서 나눈 내용을 정리하려고 다시 만났다. 나는 이 최근의 만남을 녹취해서 기록했으며, 만남에서 나눈 윌리엄의 생각도 이 글에 포함시켰다.

GIM세션에서 윌리엄과 아내와의 관계는 자주 언급되었으나 심상에서는 드물게 나타났다. 세션에서, 음악을 듣는 동안 윌리엄이 직접적으로 아내를 떠올린 경우는 4번뿐이었다. 우리는 이 4번의 세션(세션 2, 3, 5, 22)을 제시하기로 했다. 각 세션에는 음악에 대한 설명,

* Hibben, J. (Ed.) (1999). *Inside Music Therapy: Client Experiences.* Gilsum NH: Barcelona Publishers.

음악 듣는 동안 윌리엄이 체험한 심상, 세션 동안 나의 질문과 말, 그리고 최근 정리하는 과정에서 언급된 윌리엄의 견해도 포함시켰다. 마지막 부분은 윌리엄이 자신의 치료와 치료의 리뷰에 대해 언급한 내용이다.

세션 리뷰

세션2

윌리엄과의 처음 세션은 사전 정보를 나누는 짧은 만남이었으므로, 세션2가 음악을 사용한 그의 첫 번째 세션이 되었다. 이 첫 번째 GIM세션에서, 윌리엄은 아내를 처음 만났을 때의 모습을 떠올렸다. 이 심상은 음악프로그램이 거의 끝나갈 때 나타났으며, 음악은 Turina의 'La Oration del Torero'였다. 이 음악의 후반부는 느린 화성 변화와 자극적인 음색의 조화가 결합된 지속음으로, 느리게 상승하는 형태에서의 고음의 현악기가 특징이다. 이 곡은 천상의 음색을 전달하듯 고음부의 화성을 길게 끌며 끝난다.

심상 작은 방목장 몇 개와 나무들, 약간의 오르막길, 암소 몇 마리가 있어요. 나는 처음 만났을 때 모습인 샤론과 함께 있어요. 너무 허술하면서도 매우 튼튼히 지은 방목장 사이로 개울이 흐르고 있어요. [아내와 하고 싶은 말이 있나요?] 나는 아내가 그렇게 많은 고통을 겪게 될지 몰랐어요. [아내가 당신에게 하고 싶은 말이 있나요?] 아내는 '도와 주세요'라고 말하고 싶어 해요. (음악이 끝나감) [아내에게 하고 싶은 말이 또 있나요?] 나는 아내를 도울 겁니다. [아내가 하려는 말이 있나요?] 없는 것 같아요.

윌리엄은 아내가 '26년 전 처음 알게 되었을 때의 모습'으로 나타났다고 말했다. 나는 어떤 느낌이었는지 물었고, 그는 이렇게 말했다. "좋기도 하고 슬프기도 해요. 아마도 우리 둘 다 눈에 콩깍지가 씌어서 시작했을 거예요. 앞으로 일어날 일을 알 수 있었다면 아마 우리는... (망설임)"

세션3

그 다음 세션에서 윌리엄은 또다시 아내의 심상을 떠올렸다. 심상은 마지막 음악인

Vaughan Williams의 'Fantasia on Greensleeves' 끝부분에서 나타났다. 대중적인 영국민요를 관현악으로 편곡한 이 곡은 받쳐주는 베이스라인과 함께 현악기가 폭넓게 연주되는 멜로디라인이 특징이며 광활한 느낌을 전달하는 듯하다.

심상 나는 계곡 근처의 풀밭에 그냥 누워있어요. (음악이 끝남) 샤론과 같이 풀밭에 누워있는 것 같아요. [음악이 더 필요하신가요?] 아니요. 그렇지 않아요.

최근 만남에서, 윌리엄은 이 세션에 대해 어렵게 말했다.

> "나는 그 세션에서 말을 별로 하지 않았지만, 어떻게 끝날지는 느낄 수 있었습니다 — 왜냐하면 내가 그 정도까지 들어서게 된 것이 처음이었고, 내가 했던 많은 세션중 매우 초기 세션이었으니까요. 그때는 긴장이 풀려 있었고, 내가 기억하는 것은 음악에 대해 마음이 열려서, 이곳에서 와서 음악에 대해 정말로 마음을 열 수 있다는 것을 알게 된 것입니다."

세션5

윌리엄의 아내는 음악 프로그램의 끝 무렵에 나타났다. 음악은 Wagner의 'Lohengrin' 1장 서곡의 마지막 부분이었다. 윌리엄의 심상이 계속되어 마무리하지 못하고, 추가 음악으로 Elgar의 'Enigma Variations' 8번을 들려주었다. Wagner 곡의 마지막은 대규모의 현악기 연주가 점점 상승하고 마지막 화성이 밑에서 위로 사라지면서 고음 하나만 남겨서, 하늘로 올라가는 듯한 느낌을 특징으로 하고 있다. Elgar는 관현악곡이지만 대부분 현악기로 시작한다. 느린 곡으로, 상승하는 느낌으로 사색적인 분위기를 만들어내는 긴 레가토 음들과 함께 오케스트라 전체가 클라이맥스에 이르렀다가 서서히 사라진다.

심상 내 마음은 돌아다니기 시작해요. 나와 샤론 사이에 나타난 저 덩어리는 뭐죠? [그 덩어리가 무엇 같나요?] 돌, 바위. [돌은 어떻게 생겼나요?] 그것은 그저 그곳에 박혀있어요. 아내는 지팡이, 지렛대를 갖고 있어요. 그것은 화강암처럼 회색이에요. (Wagner 곡이 끝나고, Elgar 곡 시작) 음악이 나에게 그것이 부드러운 동석(soapstone)이라서 쉽게 작업할 수 있다고 말해주네요. [시도해보시겠어요?] 네. 네, 해볼게요. [작업할 도구를 찾을 수 있나요?] 네, 나한테 작은 암석용 정이 있어요… [그럼 작업해보시겠어요?] 나는 돌을 완전히 부숴버리고 싶지 않아요. 옆 부분을 조금씩만 깎아내고 싶어요. [그렇게 할 수 있나요?] 네, 튀어나온 부분을 쳐낼 나무망치가 있어요. 나는 어떤 모양으로도 만들 수 있어요. [그렇게 할 수 있나요?] 오렌지 1/4쪽 같은 모양으로 깎아낼 수 있어요. [아내는 뭘 하고 있나요?] 지금 그냥 보고 있는 것 같습니다. 이 모양을 마음에 들어 하는 것 같아요. 질감에 이빨자국이 나있지만, 괜찮아 보입니다. [어떤 느낌인가요?] 좋은 느낌이에요. 나는 좋아요. 나는 할 수 있어요. [당신은 할 수 있어요. 그 돌로 하고 싶은 게 또 있나요?] 나무, 풀, 모래와 함께 두는 거요. [아내가 아직 거기 있나요?] 아니요, 어디 있는지 모르겠어요. [아내가 어디 있는지 아시겠어요?] 아뇨. [어떤 느낌이 드나요?] 내 생각에 아내는 이 근처 어디에 있는 것 같아요. (음악이 끝나고 심상은 계속됨) [아내에게 하고 싶은 말이 있나요?] 아내가 나를 믿지 않는다고 생각해요. 아내는 자신이 상처받을 거라고 생각하는 것 같아요. [아내에게 하고 싶은 말이 또 있나요?] 지금은 없어요.

포스트세션에서 윌리엄은 바위나 돌이 부드러울 수 있다는 것에 놀랐다고 했다. 세션 전, 윌리엄은 자신의 상태에 대해 "통제 불능"의 느낌이라고 말했었다. 그는 이제 그 말을, 심상체험 중에 말한 "나는 할 수 있어요."라는 말에 비추어 기억해냈다. 윌리엄의 말 뿐만 아니라, 얼굴 표정과 어조 같은 비언어적 신호 또한, 그가 훨씬 더 평온하고 집중된 느낌임을 보여주었다. 윌리엄은 최근 만남에서 이 세션에 대해 다음과 같이 언급했다.

> 오, 정말 흥미로워요. 그 때 내가 있었던 곳과 일어난 일에 대해 생각해 봅니다. 세션 기록에 있는 많은 것이 기억나고, 지금 그것을 보고 있다는 게 정말 신기한 것 같아요. 그리고 내가 받고 있던 치료가 나에게 의미 있는 음악을 사용하고 있었기 때문에 흥미로웠어요.
>
> 그것(동석)은 아내가 사용했던 것이고 집에 몇 덩어리 있는데, 이제는 쓰지 않아요. 손을 얹어 보면 거의 문질러 없앨 수 있을 것 같은 느낌이죠. 부드럽고, 다루기 쉬워요. 내가 돌을 보고 화강암 같다고 하면 딱딱하다는 뜻이죠. 하지만 동석 같다고 한다면, 다룰 수 있는 것이고요.
>
> "작업할 도구를 찾을 수 있나요?" "네, 나한테 작은 암석용 정이 있어요." (세션기록을 읽음) 그때, 나는 그 돌로 무엇인가를 하기 시작하고 있었어요. 내가 실제로 무엇인가를 하는 것에 대해 얘기하고 있다는 데 감명을 받았어요. 왜냐하면 특히 지난 2년 동안 내가 자신에 대해 발견한 중

요한 사실 중 하나가… 말만이 아니라 실제로 하는 것, 행동하는 것이 내게 큰 차이를 만든다는 것을 알게 되었기 때문이에요. 심지어 잘못된 일이라고 생각할지라도, 내가 살아온 방식인 '그냥 두면 다 어떻게 되겠지'라는 식이 아닌 무언가를 하는 게 더 낫죠. 그게 여기(세션 기록에) 있다는 게 중요하지요. 내가 실제로 뭔가를 하고 있으니까요! 그리고 그게 어떤 느낌이었는지도 기억할 수 있어요.

세션22

윌리엄의 세션에서 아내의 심상이 나오지 않는 세션들이 오랫동안 있었다. 세션5 이후 8개월이 지난 22회 세션에서, 아내의 심상이 다시 나타났다. 음악은 Gounod의 'St. Cecillia Mass' 봉헌송과 상투스였다. 이 음악은 깊이 확장되어가는 Barber의 'Adagio for Strings' 뒤에 한숨 돌릴 여유를 준다. Gounod의 두 곡은 성스러우면서도 돌보는듯한 느낌의 특징을 지닌다. 봉헌송은 부드럽게 받쳐주는 멜로디 라인과 예측가능한 화성으로 연주하는 현악기로 시작되고, 나중에 모든 오케스트라가 합류한다. 상투스는 매우 뚜렷한 화성으로 시작해 현악기들이 반복적인 음들로 연주되다가 남성 솔로가 들어오고, 합창단이 함께 한다. 이 음악의 클라이맥스는 도미넌트 7번째 코드에서 확장되어가는 합창이 계속되면서 나오고, 마침내 중심주제의 재현부와 함께 으뜸화음으로 종결된다.

심상 나는 그냥 자동차를 들여다보고 있어요. 샤론은 나와 함께 있는데, 차 안에 있는 무언가를 가리키고 있어요. 나는 그게 무엇인지 모릅니다. [좀 더 자세히 살펴보고 싶으세요?] 아뇨, 별 거 아닐 거예요. (망설임) [아내에게 하고 싶은 말이 있나요?] '미안하다'라고 사과할 일이 많아요… 아내가 원하는 게 있어요. [그게 뭔지 아내에게 물어볼 수 있나요?] 아내는 나를 신뢰하지 못하니까 나의 내면을 들여다보고 싶어 하는 것 같아요. [그 점에 대해 아내에게 말하고 싶은 게 있나요?] 그로 인한 고통이 있다는 건 알겠지만, 다 '지나간' 세월이라는 것도 알아요. 그리고 나는 지난 26년과 같은 시간이 되지 않도록 변화를 찾고 있어요. [아내에게 부탁하고 싶은 게 있나요?] 그것이 고통스럽다는 것은 알지만, 내 곁에 있어주길 바래요. [아내가 그 말에 대답하나요?] 아내는 조심스러워해요. 정말 그렇게 하기를 원한다고 생각하지만, 계속 실망해 왔으니까요. [서로 말해야 할 게 또 있나요?] 아마도 많을 거예요. (상투스의 클라이맥스, 윌리엄의 목소리가 좀 더 커지고 강해짐) 우리가 서로를 개인으로 인정할 필요가 있어요. [당신이 말하는 걸 아내가 들었을까요?] 들었을 거예요, 하지만 아내는 상처를 받아왔기 때문에 자신을 보호해야 해요. [아내에게 주고 싶은 게 있나요?] 지금은 없어요.

포스트세션에서, 나는 윌리엄에게 심상에서 아내와 그 정도 깊이까지 이야기하는 것이 어떻게 느껴졌는지 물어봤다. "어색했나요?"라는 나의 질문에 그는 "네, 하지만 좋았어요!"라고 했다. 그 심상은 근본적인 변화, 즉 윌리엄이 관계의 변화에 대한 의지를 수용했다는 것을 보여주는 것 같았다.

세션을 리뷰하면서 윌리엄이 말했다.

> 나의 변화를 심상에서 체험하는 것으로 인해 나는 변화를 겪고 있고 변화의 가능성이 내 안에 커져가고 있어요. 이렇게 말한다고 해서 나의 관계가 변화되는 것은 아니지만, 내 안에서 무언가가 일어나고 있고, 그것은 거의 뭔가… 내가 그만큼 막혀있는 상황이었다는 느낌이 들어요.
> 몇 년 전에 상담치료를 받았었고, 그 다음 선생님을 만나러 왔을 때는 부부치료 중이었어요. 그곳에서 상담하고 변화가 일어나기 시작했지만, 나는 충분히 자유롭지 않았어요. 나는 내가 자유롭지 않았다는 걸 알아요. 그러나 자유로워져야한다고는 생각하고 있었어요. 왜냐하면 나를 통해 나오는 메시지가 있었거든요 — 내가 변해야 한다는.

세션 리뷰에서의 윌리엄의 견해

이완에 대해

나는 긴장이완을 해봤지만, 이건 다른 종류, 특히 음악과 관련해서, 깊이가 다른 이완이에요. 사실 나는 오래 전에 매우 훌륭한 의사에게 간 것이 기억나는데, 그는 나에게 점진적 이완을 가르쳐주려고 했고, 나는 그가 말한 대로 하려고 했어요. 하지만 소음이 심한 환경에 있어서 모든 게 불안해져 잘 안되더라고요. 그는 음악을 들려주지 않았어요. 그 때 그가 음악을 조금 들려 주었다면, 나는 이완을 할 수 있었을 거예요!

음, 그것은 이완이었어요. 내가 기억하는 것은 음악에 내 마음이 열려서, 이곳에 와서 음악과 함께 그냥 정말로 솔직해질 수 있었다는 것을 알게 되었어요.

음악에 대해

나에게 음악, 특히 클래식음악은 또 다른 어머니와 같습니다. 나의 어린 시절을 생각하면서 그걸 말해야겠네요. 내가 어렸을 때 어머니가 항상 라디오에서 클래식음악을 듣던 기억이 있어요. 나는 대가족에서 자랐는데, 식구가 모두 있을 때는 라디오에서 시끄러운 방송이 나왔어요. 하지만 어머니가 계실 때는 클래식음악이 있었고, 잘 알려진 클래식음악이면 어머니가 따라 부르곤 하셨죠. 무슨 뜻인지 아시겠죠? 그래서 나는 음악에 대해 편안한 느낌이 있었어요. 그리고 이런 기억들 때문에 훨씬 쉽게 심상에 집중할 수 있었습니다.

음악이 어디로 가는지 모르지만, 내 안으로 분명히 들어옵니다! 내 안에서 여기저기 돌아다니지요. 그러나 나는 일부러 음악을 분석하지는 않고, 작곡가가 누구며 음악스타일이 어떤지와 같은 일반적인 것조차 생각하지 않아요. 나는 그저… "음악이구나… 어떤 음악이 여기에 흐르고 있네"라고 말할 뿐입니다. 그리고 내가 기본적으로… 이완되어 있을 때가 가장 효과적인 세션이었던 것 같아요. 그런 경우 어떤 때는 선생님이 질문하거나 말하면 싫었습니다. (같이 웃음) 왜냐하면 어떤 의미로는… 이완에 방해가 되었거든요.

네, 나는 크고 복잡한 음악은 불편해요. 어떤 의미에서는 견디기가 힘들어요. 다른 곳에서는 신경을 끄고 차단시켜버리면 되지만, 여기(치료)에서는 받아들였어요. 나는 계속 받아들이고 싶었고 통과해야 했기 때문에 가끔 "소리가 좀 커요."라고 말하곤 했지요. 나는 역동적인 음악을 좋아하지만, 조심하게 됩니다. 아버지를 떠올리게 하기 때문이죠. 왜냐하면 아버지가 계실 때는 집에서 조용히 있어야 했기 때문입니다.

음악과 에너지 상태에 대해

지난밤 나는 기순환(energy-flow)을 위해 음악을 듣고 있었어요. 그것으로 어느 정도 이완도 되는데, 명상적인 겁니다. 나는 뉴에이지 음악을 틀어 놓았는데, 알고 있는 음악이었어요. 그 음악은 아주 조용하게 시작하다가 이렇게 (손가락 하나로 찌르는 시늉을 하며) 단지 음 하나로 피아노가 들어오는데, 정말 공격적이었어요! 그러자 내 머릿속이 확 폭발했어요. 정말 소리가 컸고 소리와 함께 눈앞에 뭔가 보였는데, 보통 때는 그런 일이 없어요. 무슨 폭발 같았어요. 나에게는 아직도 그 느낌이 남아있어요! (웃음)

심상 과정에 대해

'이건 어디로부터 나오는 거지?'라고 생각했었어요. 나는 꿈속에서보다 GIM세션에서 더 많은 심상이 떠올랐던 것 같아 놀라웠어요. 그런 심상이 떠오르리라곤 생각도 못했어요! 그건 어디로부터 오는 걸까요? 그건 딱 맞는 느낌이기 때문에 나의 내면 어딘가에 있는 게 분명합니다.

치료에 대해

나는 이곳에서 치료를 받을수록, 거리낌 없이 더 자유롭게 말하게 되었어요. 그래서 자유롭게 흐르는 대로 말해보려고 해요.

지금 나에게 갑자기 생각난 것 중 하나는, 내가 심리치료를 받아서 이만큼이라도 (손으로 적은 양을 나타냄) 변했지만, 그건 정말 자연스런 나의 의사소통 방식이 아니었고, 그런 적도 없었다는 거예요. 내가 변해야 한다는 것은 알고 있었는데, 음악치료에 와보니, 치료를 신뢰하게 되었고 자유롭게 되었어요. 그리고는 편안해졌어요.

내가 알게 된 것은 치료를 받으면 받을수록 내가 해야 할 일을 더 많이 알게 된다는 것입니다. 또한 더 이상 도망칠 수도 없습니다. '회피할'수가 없어요.

기록을 리뷰하는 것에 대해

그동안 내가 해 온 치료에서 초점은 항상 '원가족(family of origin)'에 있었고 두 번째로는 원가족이 나의 대인관계 또는 다른 일에 어떻게 영향을 주는가에 있었어요. 그러나 이것(정리중인 세션 자료)은 직접적으로 나의 관계에 관한 것입니다. 관계가 어디서 시작되어 어떻게 되어가는지 그 방식이 흥미로워요.

좀 오싹하네요. 내가 한 말들을 읽고 있는데, 읽으면 왜 그 말들이 친숙하게 느껴지는지 궁금합니다. 그냥 한 말 같지가 않아요. 그냥 말이 아니라, 내가 특정한 시간에 특정한 방식으로 특정한 의미를 가지고 말했기 때문에 나에게 영향을 준다는 게 흥미롭습니다. 나는 내가 그 말을 했다는 사실을 알고 있고, 이제 그 의미를 이해하기 시작하고 있어요. 세션 기록을 보니 그 당시로 돌아가서 그 때의 감정이 되살아나고 그 의미를 명백하게 알 수 있어요.

편저자 소개

Kenneth E. Bruscia

템플대학교 음악치료학과 교수
저서 『Notes on the Practice of Guided Imagery and Music』
『Discography of Guided Imagery and Music(GIM) Programs』
『Defining Music Therapy』
『The Dynamics of Music Psychotherapy』 외 다수

역자 소개

김경혜

숙명여자대학교 영어영문학과 졸업
숙명여자대학교 국어국문학과 석·박사수료
숙명여자대학교 음악치료대학원 석사
부천대학교 겸임교수
숙명여자대학교 강사
현) GIM마음클리닉(www.gimjk.com) 원장
GIM한국심상음악치료협회 정회원
미국AMI(음악과심상협회) 펠로우

정은주

이화여자대학교 신문방송학과 졸업
숙명여자대학교 음악치료대학원 석사
숙명여자대학교 음악대학원 음악치료학 박사수료
숙명여자대학교, 나사렛대학교 강사
현) GIM마음클리닉(www.gimjk.com) 원장
GIM한국심상음악치료협회 정회원
미국AMI(음악과심상협회) 펠로우
저서 『음악심리치료 이론과 실제』(공저)
『재미있는 교과서 클래식』(공저)
역서 『신경재활 음악치료』(공역)

GIM 심상음악치료 사례연구

초판인쇄일 2018년 10월 12일
초판발행일 2018년 10월 19일

편 저 Kenneth E. Bruscia
옮 긴 이 김경혜·정은주
펴 낸 이 소 정 영
펴 낸 곳 하나醫學社

주 소 서울특별시 서대문구 거북골로 7-7(홍은동) 하나빌딩 1층
등 록 번 호 제25100-2013-000061호(1988. 4. 1)
전 화 (02)730-2555, 2556
팩 스 (02)730-2557
홈 페 이 지 www.hanampc.co.kr
E-mail hanampc1@naver.com

정가 20,000원

ISBN 979-11-85696-60-7 93510